KB265990

THE MYSTERIOUS MR. NAKAMOTO
미스터 나카모토

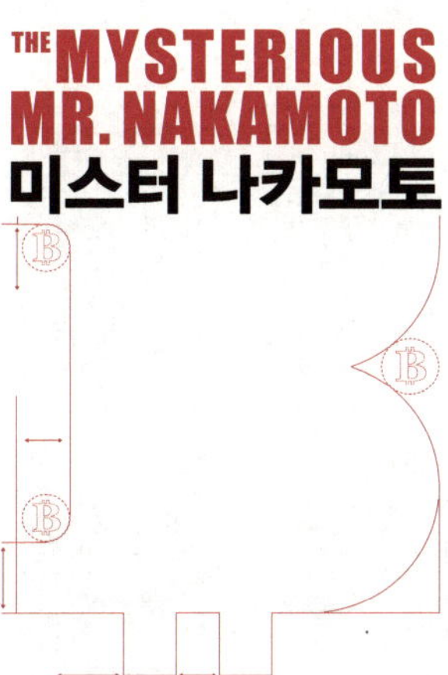

THE MYSTERIOUS MR. NAKAMOTO

미스터 나카모토

비트코인의 창시자

벤저민 월리스 지음
이재득 옮김

북플레저

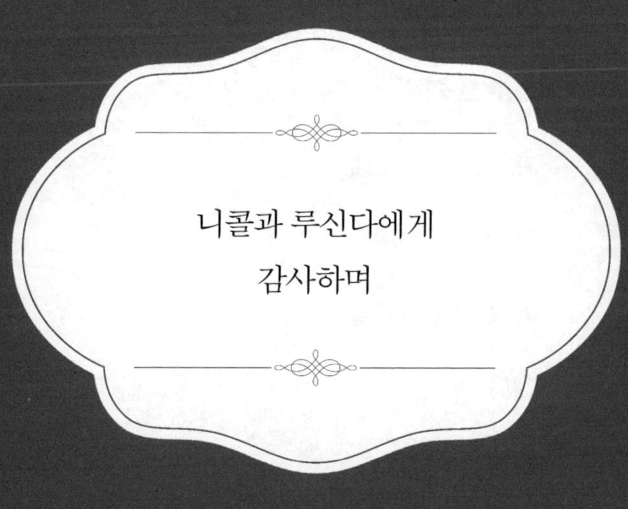

니콜과 루신다에게
감사하며

차례

1장

그 사람이야

비트코인을 개발한 사토시 나카모토라는 가명의 인물이 내가 짐작한 그 사람이더라도, 그 자신은 절대 인정하지 않았을 것이다. 그러니 인터뷰에 응할 리도 없었다. 승낙을 받아냈다고 해도 20시간을 비행하고 또 차로 8시간 이동해야 했다. 하지만 나는 어떻게든 만나봐야 했다. 그것도 반드시 얼굴을 마주하고서.

나카모토는 2011년 봄, 자취를 감췄다. 내가 나카모토에 대해 처음 알게 된 건 그해 여름 〈와이어드Wired〉지에 정부나 은행의 규제를 받지 않고, 인터넷 기반으로 운용되는 비트코인이라는 화폐에 대한 첫 특집 기사를 쓰면서였다. 이후 12년이란 시간이 흘렀어도, 비트코인을 만든 인물이 누구인지도, 그 막대한 재산은 또 어떻게 됐는지도 여전히 베일에 싸여 있다. 가면을 벗기만 하면 세상의 찬사와 엄청난 부를 독차지할 수 있는데도, 익명과 침묵으로 일관하는 나카모토의 행동은 도무지 이해할 수 없었다. 현대 과학 역사상, 혁신적인 기술을 개발해 세상에 내놓은 장본인이 이처럼 자기 공을 마다한 선례는 없었다.

추종할 실존 인물이 없던 비트코인 신봉자들은 그 가명에 전설적인 이미지를 불어넣었다. 2022년, 캘리포니아주 베벌리힐스에서 힙합 뮤지션 칸예 웨스트Kanye West는 '사토시 나카모토'라고 새겨진 야구모자를 쓰고 캐딜락에서 내렸다. 헝가리 부다페스트의 나카모토 추종자들은 후드를 쓴 으스스한 모습의 청동 흉상을 공개했고, 이것이 나카모토를 형상화한 첫 조형물이었다.

남태평양 바누아투 제도에서는 부동산 개발업자들이 '사토시섬'이라는 이름으로 이상향을 내세워 섬 지분을 판매했다. 자유 지상주의자 셋이 세계 최초의 비트코인 기반 주권 국가를 세우겠다며, 퇴물이 된 유람선을 매입해 'MS 사토시'라는 이름을 붙인 후 주민을 모집하기도 했다. 사토시 나카모토가 노벨상을 받아야 한다며 로비 활동을 벌인 과학 기술 분야 전문가도 몇몇 있었다.

하지만 나카모토의 정체는 여전히 미궁에 빠져 있었다. 일론 머스크Elon Musk와 피터 틸Peter Thiel 같은 유명 인사들도 이런저런 추측을 내놓았다. 나카모토의 정체에 집착한 이들은 새로운 단서를 찾아내거나 기존의 단서들을 더 설득력 있게 재구성하려 애썼다. 이때까지 나카모토로 지목된 사람만 해도 100명이 넘었다.

기술력으로도 풀 수 없는 수수께끼였다. 인터넷에서 찾을 수 없는 답이란 없던 시대였다. 〈워싱턴포스트〉 기자 밥 우드워드Bob Woodward에게 워터게이트 사건을 제보한 사람의 정체가 마침내 밝혀졌고, 300년 이상 수학의 난제로 남아 있던 '페르마의 마지막 정리'도 결국 증명됐으며, 극도의 은둔형 작가로 사진도 인터뷰 기록도 거의 남아 있지 않은 토머스 핀천Thomas Pynchon이 뉴욕의 유명 식료품점 자바스Zabar's에서 베이글을 샀다는 사실까지 드러났다.

나카모토에 관한 책을 쓰겠다고 결심했을 당시, 나는 10년 뒤에도 그의 정체가 여전히 풀지 못한 커다란 수수께끼로 남아 있으리라고는 상상도 하지 못했다. 세계 최초의 암호화폐 뒤에 숨어 있는 유령과 그 유령의 실체를 밝혀내려는 열기 속에, 소송, 자동차 추격전, 현상금, 750억 달러에 달한다는 나카모토의 재산, 갈취 시도, 살해 협박, SWAT[•] 팀 투입, 자살, 도주 중인 무기 밀매상, 연쇄 위조범, 가명만으로 알려진 각종 편집증 집단, 병마와 싸우며 자기 몸에 갇혀버린 천재, 유럽의 지하 벙커, 애리조나주 사막에서 발견된 여러 구의 냉동 시신, 그리고 지퍼가 잠긴 더플백 속 영국 스파이 시신까지, 다양하고 해괴한 사건과 소문이 쏟아져 나올 거라고는 더더욱 예상하지 못했다.

나카모토의 가면을 벗기려던 이전의 시도들은 번번이 실패했고, 때로는 참패를 낳기도 했다. 막대한 자원과 베테랑 탐사보도 기자들이 즐비한 〈60 Minutes〉 팀도 '불가능한 임무'라며 두 손 두 발을 다 들었다. 하지만 그때, 절대 풀 수 없을 것 같던 그 수수께끼를 드디어 내가 풀어낸 것 같았다.

하지만 왠지 불안했다. 비트코인 업계는 나처럼 그 세계의 이면을 파헤치려는 이들을 절대로 반기지 않았다. 그런데 정작 더 신경 쓰인 건 따로 있었다. 내가 밝혀낸 나카모토는 지금껏 후보선상에 오른 인물들과는 전혀 다른 사람이었다. 자신을 숨기기 위해서라면 수단과 방법을 가리지 않아왔고, 그에 대해 더 많이 알아갈수록 불안감도 커졌다. 모두가 상상해온 나카모토와는 거리가 멀었다. 자신이 위험한 존재라고 몇 차례 경고한 적이 있고, 실제로 총기를 소지하고 다녔다.

<hr>

[•]　특수 화기 침투조.

무작정 전 세계를 뒤지는 대신, 나카모토의 정확한 위치부터 파악해야 했다. 나카모토는 두 대륙에 부동산을 최소 네 채 소유하고 있었다. 처음에는 하와이 빅아일랜드의 외진 곳에 숨어 지낼 것으로 생각했고, 최근 들어서는 호주 동부 브리즈번 북쪽의 작은 해변 마을에 있을 거라고 믿기도 했다. 내 심증을 굳히려면 사설탐정팀을 고용해야 할지도 모른다는 생각이 들기 시작했다.

이런 모든 일로 시달리던 때, 맨해튼의 한 멕시코 식당에서 만난 여동생에게 그간 나카모토에 대해 알게 된 모든 걸 털어놨다.

나와 달리 동생은 "그 사람이야"라며, 확신에 차 말했다.

그러고는 동생은 천천히 마가리타를 한 모금 마셨는데, 나는 뭔가 미심쩍었다.

"그 사람이라니까!"

이런저런 이유로 확신이 들지 않는다고 동생에게 털어놓긴 했지만, 사실 이런 일에는 동생이 나보다 경험이 더 많았다. 동생은 20년 가까이 TV 뉴스 프로듀서로 일해온 베테랑이었다. FBI가 테러리스트 유나바머Unabomber의 집을 급습해 체포했을 당시, 동생은 다큐 프로그램 〈48 아워스48 hours〉 프로듀서로 몬태나 현장에 있었다.

동생은 전문 경호 인력과 동행하는 게 좋겠다고 했다. 그리고 방탄조끼를 착용하고, 현지 경찰에게도 미리 상황을 알려두라고 조언했다.

"고마워." 나는 작게 말했다. 이제 계획이 세워졌다. 방송인들은 밥 먹듯 하는 일이었다. 동생은 걱정하지 않았고, 나도 걱정이 사라졌다.

그날 밤늦게, 동생이 문자 메시지를 보내왔다.

「이상하게 잠이 잘 안 오네.」

새벽 4시 9분이었다.

「두 가지 생각이 들어. 그 사람이 집 밖으로 나와 공공장소에 있을 때 맞닥뜨리는 게 좋겠어. 또 만약을 위해 (안전한 거리에) 촬영할 사람도 배치해두고.」

「두 가지 생각이 들어. 그 사람이 집 밖으로 나와 공공장소에 있을 때 맞닥뜨리는 게 좋겠어. 또 만약을 위해 (안전한 거리에) 촬영할 사람도 배

전설 그 자체

이때부터 18개월 전인 2021년 새해 전날, 나는 이메일을 하나 받았다.

'제목: 나카모토에 관한 새로운 정보.'

〈와이어드〉지 특집 기사 이후, 이와 비슷한 이메일을 주기적으로 받아왔다.

비트코인과 비트코인이 낳은 암호화폐 산업은 당시만 해도 낯선 개념이어서, 2017년쯤에 비트코인을 샀다면 'OG'●로 불릴 정도였고, 암호화폐 산업 초창기를 취재한 기자라면 고참 대접은 물론 사토시 나카모토의 정체를 안다고 주장하는 이들에게 일 순위 접촉 대상이기도 했다. 나카모토의 정체를 알고 있다는 누군가가 끊임없이 나타났다.

보통 나는 이런 이메일에 그다지 신경 쓰지 않았다. 나카모토 관련 뉴

● Original Gangster의 약자로 범죄 집단 '초기 멤버'라는 의미.

스는 그 정체를 알게 될지도 모른다는 잠깐의 희망과 함께, 이내 설득력을 잃고 사라졌다. 그 시기 나는 영영 풀리지 않을 수수께끼일지도 모른다고 체념하기 시작했다. 그러니 발신자 이름도 없는 그 이메일에 관심이 갈 리가 없었다. 어쨌든 클릭해 메일을 열어보긴 했지만, 내용은 없고 대신 '나는 스페이스X 인턴이고, 나카모토가 일론 머스크일지도 모른다고 주장한 사람이다. 더 자세한 내용이 있다'라는 제목의 블로그 링크가 있었다. 글을 쓴 사힐 굽타Sahil Gupta라는 사람은 4년 전 머스크가 '아마도' 나카모토일 수 있다는 블로그 글로 인터넷에서 잠깐 파장을 일으킨 인물이다. 이번엔 머스크의 비서실장인 샘 텔러Sam Teller와 나눈 대화 내용을 증거로 추가했다. 내용이 부실하고 모호한 구석이 있어, 나는 답장도 하지 않았다.

이틀 후, 같은 이메일 주소로 발신자가 없는 메일이 또 한 통 날아왔다. 이번에는 프로그래머들이 작업을 공유하는 플랫폼인 깃허브GitHub 링크가 담겨 있었고, 링크된 페이지에는 사힐이 왜 머스크를 나카모토라고 확신하는지 자세한 설명이 적혀 있었다. 당시 머스크가 이런저런 매체에 자주 등장해서인지 몰라도, 나는 몇 주간 사힐의 주장을 곰곰이 생각해보게 되었다. 주장이 모호했지만, 꽤 정교하기도 해서 어떤 결론도 내릴 수 없었다. 결국, 사힐의 이메일에 답장을 보냈다. 어쨌든 사힐은 자기 주장을 퍼트려줄 사람을 찾고 있었고, 그 와중에 내가 지목된 것이다.

"화상통화에 응해주셔서 감사합니다. 기자 수백 명에게 이메일을 보냈습니다." 사힐이 말했다.

화면에 보이는 사힐은 캘리포니아주 산호세 인근의 자택에 있었고, 진한 분홍색 티셔츠에 귀를 덮는 헤드폰을 쓰고 턱수염이 좀 자라 있었다.

"사람들이 머스크에 대해 정말 지나치게 부정적으로 생각하는 것 같습니다"라며 사힐은 속이 탄다는 듯 말을 이어갔다. "사람들은 그가 어쩌다 보니 로켓을 만들고 자동차 회사를 세운 줄 알아요."

그리고 사힐은 자신이 나카모토의 실체를 알게 된 경위를 설명했다. 2015년 예일대학교 학부생이던 사힐은 스페이스X에 심취해 있었고, 캘리포니아주 호손의 스페이스X 로켓 공장에서 재고 관리 소프트웨어를 개발하는 인턴 자리를 얻게 되었다. "정말 대단한 경험이었어요." 머스크는 일주일에 서너 번쯤 사무실에 나왔고, 사힐은 가끔 복도에서 그를 마주쳤다. 스페이스X 내에서는 로켓 폭발 사고를 '뜻밖의 초고속 분해'라고 불렀는데, 사힐은 그런 사례가 발생한 후 기술을 어떻게 개선해 해당 문제를 풀어갈지 머스크가 직접 연설하는 걸 들었다고 했다. "정말 인상 깊었어요."

사힐이 비트코인에 흥미를 갖기 시작한 건 스페이스X 인턴이 된 이후였다. 컴퓨터공학도인 그는 다른 두 친구와 작업한 졸업 논문에 '페드코인Fedcoin'이라는 중앙은행 디지털 화폐를 제시했다. 이후 사힐은 "미국이 비트코인의 장점을 살려 달러를 개선할 수 있지 않을까요?"라고 그 이유를 설명했다. 논문 감사의 말 마지막은 "신화 그 자체인 사토시 나카모토에게 감사하며"였다.

사힐은 논문을 준비하면서 암호화폐 관련 문헌을 샅샅이 뒤지게 됐고, 그 시작은 나카모토가 비트코인을 처음으로 자세히 설명한 아홉 페이지 분량의 백서였다. 나카모토의 정체가 이미 오래전부터 베일에 싸여 있었다는 것도 그때 처음 알았다. 사힐은 나카모토의 글을 읽으며 머스크의 말투와 닮은 점이 많다는 데 적잖이 놀랐다. 둘 다 '승수order of magnitude'● 추론이란 표현과, '매우bloody'라는 단어를 즐겨 썼다. 문제를 가장 근본적 요소들로 분해한 후, 그 요소들에서 새로운 해결책을 구축해나가는 제1원칙 사고first principle에 근거한 논리를 펼치는 점도 비슷했다. 나카모토는 2000년대 초 페이팔 임원이었던 머스크처럼 돈을 개념적인 방식으로 설명했다. 사힐은 나카모토처럼 머스크도 C++로 프로그래밍을 했고, 경제학과 암호학에 꽤 박식하다는 사실도 발견했다. 나카모토에게서도 머스크와 같은 일종의 사명감에서 비롯된 이타적 성향이 엿보였다. "분명히 머스크예요"라고 사힐은 말했다. 그는 비트코인 창시자가 자신의 유명세에 숨어 시종일관 바로 우리 앞에서 우릴 지켜보는 건 아닐까 하고 궁금해하기 시작했다.

사힐은 졸업하면 반드시 머스크 곁에서, 그의 사무실에서 일하겠다고 다짐했다. 머스크에게 여러 번 이메일을 보냈고, 결국 머스크의 비서실장인 텔러와 전화 면접을 하게 되었다. 사힐은 대학에서 어떤 공부를 했는지 설명했지만, 회사에 필요한 인재는 아니라는 게 텔러의 답변이었다. 텔러는 행정업무를 보조할 사람을 찾고 있었고, 사힐에게 차라리 창업하라고 권했다.

"조언 감사합니다." 사힐이 답했다.

면접이 끝나기 전 사힐은 기다리던 질문을 했다.

"일론이 사토시인가요?"

사힐은 내게 15초 정도 텔러가 아무 말도 하지 않았다고 했다. 그리고 전화기 너머에서 들려온 말은 "글쎄요?"였다고 한다. 사힐은 또 다른 중요한 단서를 발견한 셈이라고 했다. "분명히 머스크가 맞아요. 제 질문

●　어떤 값에 곱해지는 숫자.

에 텔러가 멈칫했고, 또 멈칫하고 나서 한 말을 봐도 틀림없습니다.”

그해 말, 사힐은 '비트코인 창시자가 일론 머스크일지도 모른다'는 제목으로 블로그 글을 썼다. 텔러와 나눈 사적인 대화는 뺏고, 자신이 발견한 여러 가지 유사점을 글에 담았다. 나아가 비트코인 커뮤니티가 비트코인 기술을 주류 기술로 만들 방법과 그 여부를 놓고 심하게 분열된 가운데, 창시자가 돌아온다면 모든 게 분명해질 것이라고 주장했다. 몇몇 암호화폐 관련 블로그에서 사힐의 주장을 소개했고, 〈블룸버그〉도 사힐의 이론을 보도했다. 머스크는 트위터에 이렇게 썼다. “사실이 아닙니다. 몇 년 전 친구에게서 비트코인bitcoin•을 조금 받았는데, 그게 지금은 어디 있는지도 모릅니다.”

2018년, 드디어 사힐은 테슬라의 클라우드 소프트웨어 개발팀에 합류하며 머스크 밑에서 일하게 되었다. 업계 관행을 깨고, 소프트웨어 개발자와 생산직 직원을 같은 작업장에 배치한 머스크의 방식이 흥미롭고 짜릿했다. 모델 3 생산을 본격적으로 확대하던 시기였고, 사힐은 머스크가 일각의 회의론에 맞서 일을 추진해나가는 모습을 직접 목격했다. 사힐은 자신의 '일론 머스크=사토시 나카모토' 이론이 업무에 걸림돌이 된 적은 없었다고 했다. “제 믿음을 확실히 밝혔습니다. 전 진심으로 일론이 미국 건국의 아버지이자 혁신적인 과학자이고 발명가인 벤저민 프랭클린Benjamin Franklin 같은 분이라고 생각합니다. 제 매니저가 제가 쓴 글 얘기를 얼핏 꺼낸 적은 있습니다.”

이후 사힐은 전자상거래 플랫폼인 쇼피파이shopify 같은 사이트에 3D

가상 모델링을 제공하는 회사를 창업하며 테슬라를 떠났다. 하지만 해가 갈수록, 그리고 더 많은 단서를 종합해갈수록, 사힐의 믿음은 확신으로 변했다. 사힐은 페이팔 공동 창업자인 루크 노섹^{Luke Nosek}이 다보스 포럼 패널 토론에서 페이팔의 원래 목표는 은행권에 얽매이지 않는 자유로운 통화를 개발하는 것이라고 한 말을 우연히 접하게 됐다. 또한 사힐은 머스크가 나카모토처럼 글을 쓸 때 마침표 뒤에 두 칸을 띄어 쓰는 습관이 있다는 정보도 입수했다.

사힐의 동료 한 명은 머스크가 밴나이즈^{Van Nuys} 공항을 자주 이용한다고 했는데, 공항 위치가 나카모토가 딱 한 번 보안 실수를 저지른 곳과 소름 끼치도록 맞아떨어졌다. 비트코인 초창기, 나카모토가 다른 개발자에게 보낸 이메일에서 의도치 않게 드러난 IP 주소가 바로 밴나이즈 공항이 있는 로스앤젤레스 북부였다.

사힐은 초창기 비트코인 개발자들이 나카모토를 '강압적'이라고 생각한다는 걸 알게 되었는데, 머스크도 똑같은 성향이었다. 게다가 당시 대중에게 머스크란 어려운 일을 해내는 사람, 전기차를 멋지고 세련된 이미지로 탈바꿈시킨 장본인, 바지선 위에 로켓을 착륙시키는 인물이었다.

2021년 후반, 사힐은 다시 한번 자신의 확신을 공론화할 때가 왔다고 판단했다. 이제 대부분 사람은 나카모토를 선한 천재라고 보았고, 언론도 나카모토와 머스크가 동일 인물일 수 있다는 주장에 어느 정도 마음을 열고 있다고 느꼈다. 다시 오지 않을 절호의 기회였다. 마침 스페이스X는 국제우주정거장에 우주선을 도킹하는 데 성공했고 머스크도 얼마 전 〈타임〉지 올해의 인물로 선정되었다. 머스크는 심지어 인터넷 밈에서 비롯된 암호화폐인 도지코인^{Dogecoin}에 대해서도 장난스레 트윗까지 남긴 참이었다. 사힐은 이 시점에 맞춰 새 블로그 글을 게시하며 나를 포함한 기자 수백 명에게 이메일로 이 사실을 알렸다. 해당 글에 머스크 비서실장과의 일화도 최초로 공개했다.

내 컴퓨터 화면으로 보이는 사힐은 자기 주장을 "99퍼센트 확신한다"며, 회의적인 이들은 머스크에 대한 편견 때문이라고 말했다. "왜 다들 머스크의 능력을 의심하는지 아세요? 사회 전반에 객관적인 사실을 못 보게 만드는, 뭔가 깊게 뿌리박힌 고정관념이 있기 때문입니다."

나는 몇 가지가 궁금했다. 머스크가 비범한 사람이긴 했지만, 파산 직전까지 몰리고 이혼까지 겪었으며, 팰컨 로켓이 세 번 연속 발사에 실패한 2008년을 자신의 인생에서 최악의 해라고 말했다. 그런데 나카모토가 비트코인 백서를 발표한 게 바로 2008년이다. 머스크가 그런 힘든 시기에 세계 최초의 상용 암호화폐를 개발하고, 또 거의 2년에 걸쳐 관련 소프트웨어 프로젝트를 주관할 여력이 있었을까? 그것도 존재하지도 않던 전기차 산업을 일으키고, 민간 우주기업을 현실로 만들던 와중에 말이다.

사힐은 당연히 답이 있었다. 그는 2007년 머스크가 테슬라에 한 달에 3일 정도밖에 신경을 쓰지 못한 것으로 기억한다고 한 인터뷰를 보았다고 했다. 그리고 머스크가 여러 개의 서로 무관한 프로젝트를 동시에 끌어가는 비범한 능력을 보여주지 않았냐고도 되물었다. 머스크는 심지어 과감한 상품 아이디어를 백서 형식으로 발표한 적도 있다. 2013년, 머스크는 하이퍼루프hyperloop라는 새로운 교통 시스템에 대한 58페이지 분량의 분석 자료를 조용히 온라인에 공개했다.

일리가 있었다. 하지만 머스크는 그런 일들을 모두 자기 이름을 걸고 했고 겸손한 적도 없는데, 자신이 비트코인 창시자 나카모토라는 점은 왜 부인할까? 사힐에게는 이조차 모순이 아니라, 머스크의 능수능란함을 입증하는 또 다른 증거였다. "기업은 마케팅이 필수입니다. 하지만 비트코인은 그걸 개발한 사람이 누구인지 모른다는 풍문과 함께 초창기에 더 빠르고 강하게 성장했습니다."

그러면 왜 사힐에게는 머스크의 비밀을 세상에 공개하는 게 그렇게 중요한 일이었을까? "놀라운 이야기잖습니까?"라고 사힐은 답했다. 머스크가 마땅히 받아야 할 영광을 누리길 바란다고 했다. 사힐의 목표는 머스크가 그 공로를 인정받을 수 있도록 대중의 충분한 관심과 지지를 끌어내는 것이었다.

나는 사힐이 옳은지는 알 수 없었지만, 그의 집착에는 공감이 갔다. 당시 비트코인은 코인 한 개당 7만 달러에 육박하는 사상 최고가를 기록했고, 유통 중인 비트코인의 전체 시가총액은 1조 달러가 넘었다. 엘살바도르는 아예 비트코인을 법정 통화로 인정하기까지 했다. 2011년 당시만 해도 나카모토가 누구인지 아무도 모른다는 사실은 그다지 큰일처럼 여겨지지 않았다. 하지만 지금까지도 여전히 아무도 모른다는 게 과연 가능한 일일까?

그로부터 6개월 뒤, 나는 10년 전 처음 나를 사로잡았던 그 미스터리를 풀어내기 위해 직장을 그만두고 이 일에 온전히 매달리게 됐다.

가짜 인터넷 화폐

"혹시 비트코인이라는 거, 들어본 적 있어요?" 제이슨 탄즈Jason Tanz가 물었다.

나는 처음 들어보는 용어였다.

"실크로드Silk Road는요?"

마찬가지였다.

제이슨은 〈와이어드〉지 편집장이었고, 때는 2011년 6월이었다.

제이슨이 얼마 전 미국 온라인 매체 〈거커Gawker〉에 실린 실크로드 관련 기사 얘기를 꺼냈다. 다크웹dark web•에 존재하던 온라인 장터가 실크로드였고, '추적 불가한 디지털 화폐'라는 이름의 비트코인이 그 공간에서 통용되는 화폐였다. 출시된 지 채 3년도 되지 않았지만, 비트코인은 이미 유토피아적인 소프트웨어 프로젝트에서 출발해 하루 1억 3,000만 달러가 오가는 놀라운 시장으로 성장하더니, 곧 범죄, 스캔들 그리고

● 일반적인 인터넷 검색으로는 접근할 수 없는 익명 네트워크상의 공간.

가격 폭락에 시달리는 음지 네트워크로 전락했다. 하지만 경제적 불평등과 월스트리트 금융 시스템의 부패를 외치던 대규모 군중 시위인 월가 점령 시위Occupy Wall Street가 몇 달 앞으로 다가온 그때, 비트코인 이야기는 뭔가 시기적절하다는 생각이 들었다. 제이슨도 비트코인이 정말 혁신적인 개념이라고 설명했다. 이전에도 디지털 화폐를 만들려고 시도했지만, 번번이 실패했다. 인터넷이 혁신적인 이유는 중앙 통제가 없어 국경에 얽매이지 않고 빠른 정보 공유가 가능해서인데, 그 혁신성이 오히려 '이중 지불double-spending' 문제를 낳았기 때문이다. 인터넷이 일종의 복사기 같고 디지털 화폐가 단순한 비트 문자열에 불과하다면, 누군가가 똑같은 돈을 계속 복사해서 쓰는 걸 막을 방법이 있을까? 그런데 비트코인을 창안해낸 사토시 나카모토는 이 난제를 기막히게 풀어냈다.

비트코인에 관심이 가냐고 제이슨이 나에게 물었다.

나는 영문학을 전공했고 컴퓨터에 대해서는 전혀 아는 것이 없을 뿐만 아니라, 새로운 기술을 받아들이는 데 심각하게 더딘 편이었다. 인터넷이 1990년대 인기를 끌기 시작했을 때, 나는 도무지 그 이유를 알 수가 없었다. 왜 모두가 그저 인간의 수많은 발명품 중 하나에 지나지 않는 것을 마치 패러다임을 바꾸는 대단한 기술인 양 대하는 걸까? 나는 "그냥 또 다른 신제품 토스터랑 뭐가 다르다고?"라며 비웃었다.

나는 "엄청난데요!"라고 제이슨에게 답했다.

영국 시사 주간지 〈이코노미스트〉가 이미 비트코인 작동 방식을 자세히 분석한 기사를 내놓았고, 저명한 벤처 투자가 프레드 윌슨Fred Wilson은 세상을 바꿀 엄청난 잠재력 측면에서 비트코인을 정부와 기업의 비윤리적 행태를 담은 기밀문서들을 공개 및 폭로하는 위키리크스wikileaks나 중동과 북아프리카에서 일어난 전례 없는 반정부 시위인 아랍의 봄

Arab Spring에 비유했다. 비트코인을 둘러싼 스토리텔링도 너무나 매력적이었다. 현실의 화폐 시스템을 본뜬, 그러나 체제 밖에서 작동하는 불량배 같은 또 하나의 화폐 시스템이라는 개념은 토머스 핀천의 소설《제49호 품목의 경매The Crying of Lot 49》에 나오는 지하 우편망을 떠올리게 했다. 비트코인을 가장 열렬히 지지하는 이들, 곧 비트코이너들은 해커, 금을 맹신하는 금본위론자, 무정부주의자, 그리고 개인주의와 자립을 강조한 작가 에인 랜드Ayn Rand 추종자로 이루어진, 기술 발전에 대한 열망과 기존 체제에 대한 반감을 동시에 가진 강력한 사이버펑크cyberpunk ●합체였다. 나도 사토시 나카모토라는 엄청난 수수께끼에 매료됐다.

　나는 아무리 자세히 그린 지도라도 비어 있고 규명되지 않은 영역이 늘 남아 있을 수밖에 없다는 개념이 신비로웠다. 어릴 적 내 침대 옆 탁자 아래에는, 네스호의 괴물이나 버뮤다 삼각지대처럼 풀리지 않는 미스터리를 다룬, 기괴한 삽화들과 흐릿한 흑백 사진으로 가득한 커다란 책이 한 권 놓여 있었다. 시간이 흐르면서, 그런 비현실적인 전설들에 관한 관심은 1970년대 말부터 1980년대 초 사이에 넘쳐나던 희대의 도망자나 은둔자 같은 인물들에 대한 집착으로 바뀌었다. 1960년대 후반과 1970년대 초반에 활동했던 미국의 급진 좌파 무장 단체 웨더 언더그라운드Weather Underground의 도주 중인 조직원들, 1970년대 서독에서 활동했던 극좌파 무장 단체 바더-마인호프Baader-Meinhof 갱 단원들, 파라과이 정글에 숨어 지내는 전 나치 당원들, 상류층 집안 출신이지만

● 　사이버펑크(cyberpunk)는 1980년대 등장한 과학기술과 반문화적 세계관이 결합한 SF 장르이자 문화 경향이고, 이후 본문에 꾸준히 등장하는 사이퍼펑크(cypherpunk)는 어원은 비슷하지만, 암호화 기술을 통해 개인정보 보호를 옹호하는 전혀 다른 성격의 사회운동이다.

납치된 뒤 무장 은행강도가 된 패티 허스트Patty Hearst, 떠돌이 테러리스트 카를로스 더 자칼Carlos the Jackal, 언론을 철저히 기피한 토머스 핀천이나 J. D. 샐린저J. D. Salinger 같은 소설가 등, 그 시절 우리가 늘 접하고 자라며 우리에게 깊이 각인된 이야기들이다. 로버트 러들럼Robert Ludlum의 신작 소설을 빠짐없이 챙겨 읽던 나로서는, 어쩌면 이런 이야기들에 빠져드는 게 당연했는지도 모른다. 하지만 지금 생각해보면, 존재할 수도 있고 존재하지 않을 수도 있는 이 사토시 나카모토라는 인물은 이들 누구보다 훨씬 더 극단적인 무언가를 해낸 존재였다.

나는 비트코인 쪽 사람들에게 전화를 돌리고, 당시 살고 있던 브루클린에서 지하철을 타고 맨해튼 곳곳에서 열리는 비트코인 관련 모임에 나갔다. 모임 장소는 비트코인에 푹 빠진 사장이 운영하는 영세 웹 영상 제작 회사가 입주해 있는 맨해튼 한복판 건물 5층의 허름한 공유오피스일 때도 있었고, 유니언 스퀘어 근처 버블티 카페일 때도 있었다.

나는 3년 전 2008년 핼러윈에 나카모토가 Metzdowd라는 암호학 비밀 커뮤니티의 메일링 리스트를 이용해 'P2P• 전자화폐 시스템'이라는 제목의 이메일 한 통을 보냈다는 사실을 알게 됐다. 나카모토는 새로운 화폐를 설명했다. 화폐는 지원자들의 컴퓨터로 구축된, 가입과 탈퇴가 자유로운 네트워크에서 운용된다고 했다. 은행이나 정부의 입출금 데이터베이스에 의존하는 대신, 네트워크에서 공동으로 관리되는 투명한 공개 장부를 통해 이중 지불 문제를 해결할 수 있다고 했다. 이메일에서 나카모토는 더 자세하고 체계적인 설명이 담긴 링크도 남겼는데,

• 중앙 서버 없이 사용자들이 직접 데이터를 주고받는 네트워크 방식.

그 문서가 이후 '비트코인 백서'로 불리게 되지만, 단순한 백서 이상의 고차원적 개념이었다.

나카모토가 대체 화폐를 출시한 시점은 탁월했다. 마침 은행에 대한 분노가 하늘을 찌를 때였다. 바로 전 달에 리먼 브라더스^{Lehman Brothers}가 미국 역사상 가장 큰 규모의 파산 신청을 했고, 미국 중앙은행인 연방준비제도^{Fed}는 국민이 낸 세금으로 세계 최대 보험사인 AIG를 구제했다. 분산화, 곧 달걀을 한 바구니에 담지 말아야 한다는 개념이 그 어느 때보다 설득력이 있었다.

나카모토가 비트코인을 발표하기 위해 선택한 공간 또한 절묘했다. 암호학을 주제로 한 비밀 커뮤니티 Metzdowd에는 컴퓨터에 해박하면서도 권위에 반감이 있는 자유 지상주의자들 다수가 활동하고 있었다. 사토시 나카모토라는 이름을 누구도 들어본 적이 없다는 사실 역시 이상할 게 없었다. '암호 수학^{mathematics of secrecy}'에 몰두한 사람들이 드나들던 곳이었고, 대개 가명을 사용했다.

디지털 화폐의 가능성에 특히 관심이 있던 몇몇 회원은 나카모토가 작성 중이던 소프트웨어에 대해 피드백을 해주었고, 나카모토도 기꺼이 수용했다. "그 점을 지적해줘서 고맙습니다"라고 답장하기도 했고, 개인적으로 보낸 한 이메일에는 이렇게 답했다. "질문해주셔서 감사합니다. 사실 저는 이걸 거꾸로 했거든요. 모든 문제를 해결할 수 있다고 확신이 선 다음에 전체 코드를 작성했고, 그리고 나서 백서를 썼죠." 2009년 1월 초, 나카모토는 'SourceForge'•에 비트코인 알파 버전을 공개했다. SourceForge는 다양한 오픈소스 소프트웨어 프로젝트가 활발히

• 　프로그래머들이 작업을 공유하는 깃허브(GitHub) 같은 플랫폼.

진행되던 유명 사이트로, 참여하기를 원하는 프로그래머는 누구나 환영받는 협업 공간이었다. 초기 비트코이너에 따르면, 첫날만 127명이 비트코인 소프트웨어를 내려받았다고 한다.

초기 참여자 중 다수는 화폐도 이제 일종의 제품 업그레이드가 필요하다고 생각하던 개발자들이었다. 지폐와 동전은 바래고, 구겨지고, 찢어지고, 닳고, 더러워지고, 세균을 옮겼다. 액면가가 정해져 있고, 위조될 수 있고, 대량 운송도 불편했다. 하지만 비트코인은 말 그대로 '머니 2.0'이었다. 오래가고, 위조 불가능하며, 거의 무한대로 쪼갤 수 있었다. 인터넷 상거래의 오랜 꿈이던 초소액 결제가 실현될지도 모른다. 얼마든, 어디든, 즉시 송금이 가능했다.

많은 초창기 비트코이너는 개인의 자율성에 특별히 강한 신념이 있었다. 비트코인은 0과 1로 이루어진 디지털 화폐로, 전 세계의 평범한 사람들이 관리하는 클라우드 공간에 존재하기 때문에 중앙 권력의 간섭으로부터 자유로웠다. 골드바처럼 압수할 수도 없고, 은행 계좌처럼 동결할 수도 없었다. 국가 화폐처럼 중앙은행의 결정에 따라 가치가 변한다거나, 독재자의 자본 통제에 휘둘릴 일도 없었다. 신용카드 거래나 은행 송금처럼 과도한 거래 수수료가 붙지도 않았다.

초창기 비트코이너들은 대개 독특한 동기와 신념을 가진 이들이었다. 그중 특별히 더 독특한 인물은 온라인상에서 '드루이드'라는 이름으로 알려진 더스틴 트라멜Dustin Trammell이었다. 당시 30세로, 부딪쳐가며 배우는 스타일의 해커였고 컴퓨터 외에 코스프레cosplay●를 즐기기도 했다.

● 만화, 영화 그리고 애니메이션 등의 캐릭터 복장을 따라 하는 행위.

'리버티 달러^{Liberty Dollar}' 같은 금속 기반 대안 통화에도 관심이 있었고, UC 버클리의 장기 프로젝트 SETI@home(외계 지적 생명체를 찾기 위해 라디오 망원경 데이터를 크라우드소싱 방식으로 분석하는 실험)에 자기 컴퓨터의 남는 연산 용량을 기부하기도 했다. 비트코인을 알게 됐을 때는 꽤 괜찮은 프로젝트라고 생각해, 자신이 가지고 있던 컴퓨터 용량의 절반을 비트코인 소프트웨어 구동에 할애했다. 이후, 자유 지상주의적 통화 사상에도 빠져들게 되었다.

더스틴은 나카모토와 몇 차례 이메일을 주고받으며, "전자화폐와 암호학은 제가 매우 흥미를 갖고 있는 분야"라며 프로젝트에 도움을 주고 싶다는 뜻을 전했다. 나카모토의 답장은 이랬다. "확실히 저희 둘은 관심사가 비슷한 것 같습니다! 1990년대에는 이 분야에 관심 있는 사람들이 훨씬 더 많았던 것 같은데, 디지캐시^{Digicash} 같은 시도가 신뢰할 수 있는 제삼자 시스템^{Trusted Third Party, TTP}에 의존해야 했기 때문에 10년 넘게 실패를 거듭했고, 이제는 다들 아예 가능성이 없는 일이라고 생각하는 것 같습니다. 하지만 제가 시도하는 이 시스템은 제삼자에 의존하지 않는 최초의 방식이란 걸 사람들이 알아봐줬으면 좋겠네요."

나카모토가 설계한 시스템의 핵심은 일명 블록체인으로, 시스템 내에서 발생한 구매, 판매 등의 모든 거래가 끝없이 확장되며 기록되는 구조였다. 약 10분마다 최신 거래 기록들이 '블록'으로 묶여 이전 블록과 '체인'으로 연결되며, 이 연결에는 정교한 수학적 설계가 적용되어 누군가가 과거 블록의 내용을 수정하는 것은 사실상 불가능했다. 원장^{ledger}이라고 부르는 이 기록은 전통적인 금융에서는 정부나 은행 같은 기관이 관리하지만, 비트코인에서는 자발적 참여자들의 컴퓨터 네트워크상에서 관리했다. 모든 참여자의 컴퓨터가 비트코인 소프트웨어를 실행하며 네트워크 내의 다른 컴퓨터들과 통신하고, 거의 동일한 장부 사본을 실시간으로 업데이트하고 저장했다. 이 네트워크에 참여하려면 시스템이 10분마다 생성하는 수학 문제를 풀어내야 했다. 웹사이트들이 사람과 봇bot을 구별하기 위해 사용자에게 풍경 사진 격자판에서 다리가 몇 개인지 묻는 방식과 비슷한 방식으로, '작업 증명proof of work'이라고 부르는 이 요구 사항은 시스템을 장악하려는 악의적인 행위자들을 막는 역할을 했다.

이런 이상한 작업에 기꺼이 자기 컴퓨터 성능을 갖다 바치도록 만든 유인은 시스템을 고도로 정교하게 설계해, 퍼즐을 가장 먼저 푼 참여자에게 보상으로 제공한 다량의 비트코인이었다. 이렇게 나카모토는 진지한 참여자들을 끌어들이고, 그러지 못한 참여자들을 포기하게 만드는 동시에, 새롭게 발행된 비트코인을 예측 가능한 방식으로 화폐 공급망에 방출하는 시스템을 만들어냈다. 퍼즐을 푸는 이 경쟁의 주요 목적은 시스템의 무결성을 보장하는 것인데, 이후 '채굴mining'이라고 부르게 되었고, 그 이유는 바로 다량의 비트코인 보상이 따랐기 때문이다.(퍼즐을 풀려고 수백만 대의 컴퓨터가 끊임없이 작동하며 소비하는 엄청난 에너지 때문에 비트코인은 환경 운동가들 사이에서 부정적인 평판을 얻었다.)

이런 모든 기술적인 내용이 일반인에게는 난해하겠지만, 중앙 통제 없이 운영되는 화폐 시스템은 한 번도 세상에 존재한 적이 없었다. 경이로운 지적 성과였다. 19세의 정치적 성향이 강한 주코 윌콕스Zooko Wilcox●는 콜로라도대학교 볼더 캠퍼스에서 프로그래밍을 전공하던 시절부터

<hr>

● 암호화 기술과 디지털 프라이버시 분야 전문가로, 익명성과 보안성을 강조한 암호화폐 '지캐시(Zcash)'의 창립자.

탈중앙화 화폐라는 개념에 깊이 빠져 있었고, 비트코인이 세상에 등장하기 10년 전부터 그 생각 외에는 거의 다른 생각은 하지 않을 정도로 집착해왔다. 윌콕스는 이렇게 말했다. "12년 동안 거의 매일 밤, 그걸 어떻게 풀 수 있을지 고민하면서 잠들었어요. 제일 좋아하던 시간이었죠. 중앙 관리자 없이도 네트워크 참가자들이 거래를 검증하고 동의할 수 있게 하는 규칙과 보상 체계는 나카모토 말고는 절대 개발할 수 없었을 겁니다. 100년도 더 걸렸을 거예요."

비트코인을 채굴하든, 아니면 이미 채굴한 사람에게서 구매하든, 비트코인을 남들보다 먼저 보유하는 데는 특별한 매력이 있었다. 나카모토는 비트코인 총발행량을 2,100만 개로 제한했고, 이 한도는 2140년쯤에 도달할 것으로 예상되었다. 따라서 비트코인은 인플레이션이나 초인플레이션의 영향을 받지 않는 디플레이션 자산이었다. 초기 보유자들에게 비트코인의 확산은 더 큰 보상을 의미했다. 나카모토는 분산형 시스템을 연구하고 지원하는 비영리 조직 P2P Foundation의 온라인 커뮤니티에 올린 글에 이렇게 적었다.

저는 인터넷을 통해 지리적 경계를 초월한 많은 커뮤니티에서 새로운 경제적 패러다임을 실험한다는 개념이 무척이나 마음에 듭니다.

나에게 비트코인은 한 번도 존재한다고 생각해본 적 없는 세계나 세계관으로 이어지는 어떤 통로처럼, 충격적이고 놀랍게 다가왔다. 이미 세상과 담을 쌓은 자유 지상주의자들은 일상적인 화폐를 정부가 승인함으로써 가치가 부여되는 '법정 화폐fiat' 따위로 봤고, 경멸적인 기운을 담아 'f'를 강하게 발음하기도 했다. 하지만 대부분의 사람에게 익숙한 맥락 밖에서 존재하는 화폐를 접한다는 것은 데이비드 포스터 월리스David Foster Wallace의《이것은 물이다This is Water》에 나오는 물고기처럼, 자신이 물속에 있다는 사실을 모른 채 살다가 생전 처음 갑자기 물 밖으로 끌려 나와서 파닥거리는 경험과 같았다.

비트코인의 가치는 어디서 오는 걸까? 미국 달러는 세계에서 가장 안정적인 정부가 보증하는 법정 화폐로, 세금도 내고 물건값도 지불할 수 있다. 하지만 숫자와 문자로 이루어진 단순한 문자열, 곧 인터넷 어딘가에 저장된 비트코인 주소나 거래 기록 같은 정보 덩어리가 어떻게 가치를 지니게 되었을까? 2009년 10월, 뉴 리버티 스탠더드New Liberty Standard라는 비트코인 거래소가 개장했을 때, 비트코인BTC은 채굴에 필요한 전기 비용을 기준으로 개당 1센트의 10분의 1도 안 되는 가격에 책정되었다. 하지만 이후 비트코인 가격에 날개가 달렸다. 2011년 초, 개당 시세가 1달러를 넘었고, 제이슨이 나에게 전화했을 때는 17달러를 넘어섰다. 비트코인 가격이 초기에 그렇게 급등한 건 비트코인이 전 세계적으로 '디지털 금'처럼 안전한 자산으로 여겨졌기 때문이고, 거기에 돈을 벌 목적으로 몰려든 투기적 열풍이 더해졌기 때문으로 보인다.

나는 그 미지의 영역에서 뿜어나오는 톡 쏘는 기운에 끌렸다. 노스캐롤라이나에서 1984년식 캠핑카를 집 삼아 지내던 비트코인 프로그래머 제프 가직Jeff Garzik은 새로운 화폐를 구축해가는 과정 자체가 정말 흥미롭다고 했다. "단언컨대 세계 최초의 글로벌 화폐가 될 겁니다." 나는 브루클린 베드퍼드스타이베선트Bedford-Stuyvesant라는 동네의 창고형 아파트에서 비트코인 ATM을 만들고 있던 마크 서페스Mark Suppes도 만났다. 그가 손수 핵융합 장치를 제작하던 장소에서 얼마 안 떨어진 곳이었다. 수염을 기르고 반다나^{bandanna}●를 두른 마크는 무정부주의자였고, 코네티컷에서 캘리포니아까지 자동차 여행을 하며 그 모든 비용을 비트코인으로만 충당해보려 했다. 그의 여정은 소설가 잭 케루악^{Jack Kerouac}의 자유분방함을 표방했고, 그는 그 과정을 〈더 리얼 플라토^{The Real Plato}〉라는 자신의 유튜브 채널에 공유했다. 희귀 동전 애호가들은 장차 몇 년 후 사람들이 제네시스 블록^{Genesis Block}(블록체인의 첫 번째 블록)과 같은 특이한 형식의 비트코인들을 1933년 더블 이글^{Double Eagle}●● 동전처럼 서로 손에 넣으려고 하는 날이 올 거라고 했다.

나는 비트코인의 매력에 점점 빠져들었지만, 몇 가지는 여전히 모호했다. 이 새로운 화폐가 아르헨티나처럼 초인플레이션과 정부의 통화시장 개입이 잦은 곳, 멕시코나 필리핀, 아프리카의 여러 지역처럼 60퍼센트가 넘는 인구가 은행 계좌가 없는 곳에서는 매력적일 수 있다는 점은 분명했다. 하지만 미국의 비트코이너들이 현 금융 시스템에 왜 그렇게 반감을 품는지는 이해할 수 없었다. 은행이 파산하면 고객의 예금을 정부가 보증해주는 시스템인 연방예금보험은 문제 없이 잘 작동했고, ATM도 편리했다. 도대체 이 사람들은 은행권에 무엇이 그렇게 불만이었을까?

비트코인의 기술적 기반과 시스템의 각 부분이 어떻게 상호작용하는지를 이해하기도 만만치 않았다. 모임에서 사람들이 '단방향 해시 함수^{one-way hash function}'와 '내시 균형^{Nash equilibria}' 같은 개념을 줄줄이 얘기할 때면, 나는 그저 고개만 끄덕일 뿐이었고, 집에 와서는 그렇게 이해

● 머리나 목에 두르는 삼각형 또는 정사각형 천으로, 주로 패션 아이템이나 상징적 표현으로 사용됨.

●● 미국에서 1933년에 주조된 20달러에 상응하는 금화.

하지 못한 내용들을 몇 시간씩 눈이 빠지도록 공부해야 했다. 이제야 이해했다 싶다가도, 며칠 뒤 누군가에게 설명하려 들면 금세 머릿속이 하얘졌다. 그래도 프로젝트 핵심 개발자인 가직이 "비트코인은 정말, 정말 이해하기 어렵죠"라고 말해준 덕분에 조금은 위로가 됐다.

또한 비트코인은 사는 것도, 보관하기도, 사용하기도, 그리고 오래 갖고 있기도 쉽지 않았다. 가격 변동성이 극심해서, 내가 비트코인을 처음 알게 된 그달에는 단 하루 만에 가치가 99퍼센트 넘게 증발하기도 했다. 17달러에서 0.01달러로 떨어졌다. 법의 사각지대에서 운영되는 온라인 거래소들은 운영자의 신원이 불분명하고, 고객의 돈을 가지고 언제고 잠적해버릴 수 있는 날림 업체인 경우도 허다했다. 당시 최대 거래소인 Mt. Gox조차 해킹으로 2만 5,000비트코인(당시 시세로 약 50만 달러)을 도난당했는데, 이 사건은 비트코인 가격의 급락, 이른바 '플래시 크래시flash crash'를 초래했다.

비트코인을 거래소에 보관하는 대신 선택할 수 있는 대안은 개인 키private key를 '직접 관리self-custody'하는 방법이었다. 개인 키는 보통 51개의 문자와 숫자로 이루어진 문자열로, 암호화된 형태의 비밀번호 같은 개념이다. 이 개인 키는 비트코인 '지갑wallet'에 보관되는데, 이 지갑은 사실상 키에 연결된 열쇠고리에 더 가까운 개념이었다. 개인 키는 종이에 적어두거나, 강철판에 새겨 뒷마당에 묻어두거나, 빈 컴퓨터에 저장해두거나, 그냥 외워두는 방법이 있었다. 이것이 바로 자기 주권의 궁극적인 형태였고, 국경을 넘을 때 뇌에 그 키를 기억하고 있으면 몸과 함께 돈도 그대로 옮겨진다는 짜릿한 느낌이 있었다.

직접 관리는 키 숫자 하나만 잘못 기억해도 자산을 다 잃을 수 있다는 점에서 누구나 추천하는 방법은 아니었다. "너의 키가 아니면, 너의 코인이 아니다Not your keys, not your coins”라는 암호화폐 신봉자들의 구호에 잘 녹아 있는 직접 관리는 그 개념 자체에 몇 가지 문제가 있었다. 스위스 프로그래머 스테판 토마스Stefan Thomas는 비트코인 7,002개의 키 사본을 세 곳에 나누어 보관했다. 원본 지갑 키는 물리적으로 존재하는 컴퓨터가 아니라, 다른 컴퓨터가 만들어내는 가상의 컴퓨터인 '가상 머신virtual machine'에 저장했고, 다른 사본 키들은 TrueCrypt라는 오픈소스 암호화 소프트웨어로 암호화된 파일로 따로 저장했으며, IronKey라는 보안 USB 장치에도 보관해두었다. 그러나 운영 체제를 업데이트하는 도중, 실수로 그 가상 머신을 삭제해버렸다. 그래서 TrueCrypt로 암호화해둔 백업 파일을 열어보려 했지만, 그것마저도 이미 삭제되어 있었다. 해당 파일은 Dropbox●에 저장해둔 것인데, 알고 보니 Dropbox는 두 대 이상의 기기에서 동시에 접속하면 파일이 덮어쓰기되거나 삭제될 수 있는 구조였다. IronKey 비밀번호는 아예 기억도 나지 않았다. 당시 증발해버린 비트코인의 가치는 14만 달러였다. 스테판은 그때를 이렇게 회상했다. “어떻게든 복구하려고 일주일이나 애를 써봤지만, 안 되더군요. 정말 고통스러웠습니다.”

스테판에게 그런 비극이 일어나지 않았다면, 2021년 후반 그 가치는 4억 7,300만 달러에 달했을 것이다. 하지만 스테판에게만 일어난 불행은 아니었다. 데이터 분석 회사 Chainalysis에 따르면 유통 중인 전체 비트코인 중 20퍼센트가 이미 손실되었을 것이라고 한다.

내가 비트코인이라는 심오한 세계를 이해하는 데 가장 먼저 호감이

● 인터넷을 통해 파일을 저장하고 공유하는 클라우드 서비스.

간 인물은 개빈 안드레센Gavin Andresen이다. 곧 마흔한 살이 되는 개빈은 갈색 머리에 앞머리를 젤로 내리고, 가슴에 'Geek'이란 단어가 선명하게 박힌 반팔 셔츠를 입고 있었다. 나긋나긋한 말투에, 교외에 사는 두 아이의 아빠였다. 보통 사람 같으면 "내 기억력이 얼마나 안 좋은지는 제 아내한테 물어보세요" 정도로 말하고 말았겠지만, 개빈은 "우리 기억이 얼마나 부정확한지에 대한 연구를 본 적 있다"며 자세히 설명을 이어가는 사람이다. 그는 또 외발자전거를 즐겨 탔다.

개빈이 비트코인을 접하게 된 시점은 여러모로 절묘했다. 2009년, 매사추세츠대학교 지질학 교수인 아내 미셸이 안식년을 갖게 되었고, 그참에 개빈도 대학에서 인공지능 관련 연구를 하던 정규직을 그만두었다. 그리고 가족 모두 호주로 건너갔다. 이후 퀸즐랜드에서 여섯 달 동안 코코넛 던지기 놀이, 해변 달리기, 스노클링, 호주 모기인 샌드플라이에 물리기, 매부코 바다뱀 구출하기, 호주 대표 맥주 XXXX 마시기, 그리고 17년간 간직해온 염소수염 밀기 같은 걸 하며 시간을 보냈다. 미국으로 돌아가면 창업할 계획이었지만, 2010년 5월이 되어도 딱히 끌리는 아이디어는 떠오르지 않았다.

그때 개빈은 어떤 기술 전문 블로그에서 비트코인을 포함한 여러 오픈소스 소프트웨어 프로젝트에 관한 글을 읽게 됐다. 개빈은 프린스턴대학교를 나왔고 컴퓨터 기업인 실리콘 그래픽스Silicon Graphics에 근무했었다. 고향인 뉴잉글랜드 작은 마을의 입법 기구에서 활동했었고, 지역 학교 운영에도 적극적으로 관심을 가졌으며, 애머스트 여성 유권자 연맹Amherst League of Women Voters 웹사이트 작업을 자발적으로 도운 적도 있지만, 연방준비제도 같은 엘리트 집단이 통제하지 못하는 화폐라는 개념은 매력적으로 다가왔다. 개인의 자유, 군중의 지혜, 하향식 통제

대신, 자생적인 풀뿌리 민주주의를 지지했다. 혁명보다는 진화를 믿었고, '더 나은 세상을 위한 작은 발걸음'을 믿었다.

하지만 비트코인에 대한 개빈의 첫 반응은 나중에 그가 말한 대로, "이게 가능해?"였다. 비트코인 시스템이 어떻게 새로운 코인을 생성하고, 이중 지불 문제를 해결하는지 궁금했다. '비트코인'을 구글에 쳐봤지만, 결과는 고작 네 페이지였다. 개빈은 코드를 내려받아 읽어보기 시작했다. 코드 작성자는 분명 전문가였다. 그는 소프트웨어를 실행해 코인 몇 개를 직접 채굴해보기도 했다. 개빈은 시스템에 허점이 아예 없다는 걸 확신하기 전까지 정말 오랜 시간을 들여 고민하고 살펴봤다고 했다. 하지만 나를 만난 시점에 개빈은 "시스템에 근본적인 결함이 전혀 없다"고 확신했다.

개빈은 비트코인에 대해 알게 된 지 한 달쯤 지나, '비트코인 수도꼭지Bitcoin Faucet'라는 사이트를 만들었다. 당시 비트코인 한 개 가격은 0.5센트였고, 개빈은 50달러로 1만 개를 구입한 뒤, 이 코인을 나눠줄 웹사이트를 만든 거였다. 누구나 로봇과 사람을 판별하기 위한 보안 문자인 CAPTCHA만 풀면 비트코인 다섯 개를 공짜로 받을 수 있었다. 비트코인을 처음 접하는 사람도 부담 없이 참여할 수 있길 바랐다. 개빈은 사람들이 실제로 사용해야만 돈에 가치가 생긴다는 점을 잘 알고 있었다.

비트코인은 아직 소박한 가내 수공업 같던 시절이었고 '비트코인 수도꼭지'는 그 분위기와 딱 어울리는 프로젝트였다. 한 번은 개빈이 매사추세츠 근처에 사는 농부 데이비드 포스터David Forster와 점심을 함께한 적이 있는데, 데이비드는 알파카 양말을 팔면서 비트코인으로 결제받고 있었다. 당시 비트코이너들은 플로리다에 사는 라슬로 한예츠Laszlo Hanyecz가 파파존스에서 비트코인 1만 개로 피자 두 판을 샀다는 소식에 무척 흥분돼 있었다. 몇 년이 지난 뒤에도, 당시 피자 두 판의 가격이 현재 비트코인 시세로 환산하면 6억 9,000만 달러에 이른다며 사람들 사이에서 회자됐다. 비트코인 가치가 겨우 8만 5,000달러 정도였던 시점에 라슬로는 나에게 이렇게 말했다. "전혀 후회하지 않아요. 그때 그 피자 정말 맛있었거든요."

머지않아 개빈은 비트코인 포럼에서 질문을 올리기도 하고 다른 사람들 질문에 답을 달기도 했고, 나카모토에게 소프트웨어 자체의 어쩔 수 없는 결함을 수정할 수 있는 코드 일부를 보내기 시작했다. 개빈은 나카모토에 대해 아는 게 거의 없었다. 직접 만난 적도, 전화로 대화를 해본 적도 없었다. 나카모토와 긴밀하게 협업한다는 느낌은 오로지 이메일과 메시지를 통해 형성된 것이었다. 이메일과 개인 메시지에서 개빈이 느낀 나카모토는 사무적이고, 예민하며, 혼자서도 뭐든 척척 해내는 뛰어난 사람이었다. 개빈은 법적 문제가 신경 쓰였다. 예전에 대체 화폐를 만들었다가 처벌받은 사람들도 있었다. 나카모토가 체포될 수도 있을까? 미셸은 '가짜 인터넷 화폐'라며 종종 개빈에게 장난을 쳤지만, 개빈은 점점 모든 시간을 비트코인 연구에 쏟기 시작했다.

순수한 흥미도 작용했지만, 나카모토가 비트코인을 인간의 본성에 맞춰 정교하게 설계했다는 점이 존경스러웠다 비트코인을 조금이라도 보유하게 되면, 누구나 채굴을 하든, 실제로 사용하든, 주변에 알리든, 아니면 코드 작업에 참여하든, 그 시스템에 힘을 보태고 싶어진다. 비트코인의 가치가 어제보다 오늘 더 높아지길 바라기 때문이다. 비트코인 가격이 오르자 개빈은 물질적인 보상을 실시간으로 받게 되었다. 하지만 개빈은 '깨인 이기심'으로 일하고 있었다. 비트코인이 세계 주요 통화로 자리 잡을 수 있고, 어느덧 달러를 대신해 세계 기축 통화가 될 날이 올지도 모른다고 생각했다.

비트코인은 오픈소스 프로젝트였고, 사적인 이해관계와는 무관한 소집단 프로젝트 같은 개념이었지만, 그래도 책임자는 필요했다. 첫 20개월 동안 그 책임은 나카모토가 지고 있었다. 나카모토는 코드를 공개하고, 다른 개발자들이 수정안을 제안하면 그중 마음에 드는 것들을 시스템에 통합했다.

프로젝트에 참여한 지 4개월 정도가 지나자, 개빈의 노력, 개발 능력, 그리고 커뮤니티 개념에 대한 진지함은 나카모토의 신뢰를 얻은 듯 보였다. 우선 나카모토는 개빈에게 소스코드 접근 권한을 주었다. 그리고 2010년 9월경, 나카모토는 자신이 다른 프로젝트들로 바빠지고 있다며, 향후 몇 달 안에 SourceForge에 모아둔 비트코인 소스코드와 비트코인 소프트웨어를 실행 중인 모든 컴퓨터에 긴급 메시지를 전송할 수 있는 '알림 키alert key' 관리 권한을 개빈에게 넘길 것이라고 했다. 오픈소스 프로젝트에서 이 두 가지는 사실상 '리더'에게만 주어지는 권한이었고, 그 시점에 개빈은 개발에 자원한 프로그래머 다섯 명을 이끌며 사실상 수석 프로젝트 개발자나 다름없었다.

이후 몇 달간 나카모토는 개빈이 제기하는 여러 기술적인 질문에 가끔 맞장구를 쳐주기도 했지만, 개방적인 성격의 개빈은 나카모토의 은둔적인 성향이 답답하게 느껴졌다. 페이팔과 비자 카드가 위키리크스의 계정을 동결했을 때, 일부 비트코이너는 비트코인이 논란의 중심에 있는 이 단체에 도움이 될 수 있을 것이며, 그 연대가 비트코인 홍보에도 도움이 될 것이라고 주장했다. 누군가 비트코인톡BitcoinTalk 커뮤니티 게시판에 "덤벼봐!"라고 썼다. 하지만 나카모토는 발끈했다. "아니요, '덤벼봐'라니요? 이 프로젝트는 점진적으로 성장해가야 하고, 그러면서 소프트웨어를 강화해야 합니다. 위키리크스에 간곡히 요청합니다. 비트코인을 사용하지 말아주세요……. 그 파장으로 우리가 무너질 수도 있습니다."

위키리크스가 비트코인으로 기부를 받는다는 소식이 IT 전문지 〈PC 매거진〉에 기사화됐다. 일부 비트코이너는 이런 주목을 반겼지만, 나카모토는 달랐다. 그는 이렇게 썼다. "다른 맥락에서 이런 관심을 받았더라면 더 좋았을 겁니다. 위키리크스가 벌집을 건드렸고, 이제 벌떼가 우리 쪽으로 몰려오고 있습니다."

비트코인을 취재하던 기자들에게 개빈은 자연스럽게 가장 먼저 연락해야 할 인물이 되어 있었다. 온화하고 합리적이었고, 정치적 성향도 유연했으며, 실명을 드러내고 활동하는 데도 거리낌이 없어, 나카모토와 달리 비트코인의 대변인 같은 존재였다. 하지만 나카모토는 개빈이 언론과 접촉하는 모습에 점점 불편함을 느끼는 듯했다. 2011년 4월 말, 나카모토는 개빈에게 이메일을 보냈다. "저를 불가사의한 인물처럼 계속 얘기하고 다니는데, 그러지 않았으면 좋겠어요. 언론은 그걸 해적 화폐 같은 식으로 몰고 가니까요."

그게 나카모토와 한 마지막 연락이었다. 내가 그해 7월 처음 개빈을 만났을 때, 개빈은 이미 몇 달째 나카모토에게서 아무 연락도 받지 못했다고 했다. 앞서 4월 26일, 개빈은 아무렇지도 않게 나카모토에게 자신이 버지니아주 랭글리에서 비트코인에 관심 있는 CIA 관계자들에게 강연하기로 했다고 이메일을 보냈지만, 나카모토는 역시 아무 답도 하지 않았다고 했다. 같은 시기, 개빈은 프로젝트에 참여한 또 다른 개발자 몇 명에게도 같은 내용의 이메일을 보냈다.

그렇게 나카모토는 사라졌다.

4장

요란한 빈 수레

"그래서 나카모토가 누군지 알아요?"

만약 누군가가 안다면, 그건 분명 개빈일 것이다.

개빈은 이렇게 말했다. "실제 이름은 몰라요. 언젠가 가면을 벗어던지면 만나게 될지도 모르겠지만, 그런 일은 없을 겁니다."

개빈과 다른 개발자들은 몇 가지 사항에 의견이 같았다. 나카모토가 백서를 발표한 두 번째 장소는 피어 투 피어P2P를 지향하는 이상주의자들을 위한 비영리 단체인 P2P Foundation의 웹사이트였다. 사이트의 프로필에 나카모토는 거주지를 일본이라고 밝혔지만, 그가 일본인이라고 믿는 사람은 없었다. 영어가 완벽했고 원어민처럼 부드럽고 자신감도 넘쳤다. 영국인이거나 영연방 국가 출신일 거라고 추측됐다. 제네시스 블록에는 〈런던타임스(더 타임스)〉지의 헤드라인이 포함돼 있었고, 비트코인 소스코드와 비트코인톡 게시판에 남긴 글에서도 나카모토는 colour, optimise 같은 영국식 철자를 썼다. 〈런던타임스〉지의 헤드라인에는 나카모토의 의도가 녹아 있었다. '영국 재무장관, 두 번째 은행

구제금융 임박.'

　나카모토는 자신의 정체를 숨기는 데도 지독하게 철저했다. 비트코인 도메인 bitcoin.org는 anonymousspeech.com이라는 익명화 사이트masking service•를 통해 등록했고, 이 사이트조차 도쿄의 임시 주택 중개업체가 만든 것이었다. 이때 나카모토는 anonymousspeech.com에서 vistomail.com의 이메일 계정을 발급받았고, 이 이메일 서비스는 보낸 날짜와 시간을 조작할 수 있는 기능을 제공했다. 나카모토가 사용한 세 번째 이메일 주소는 무료 웹메일••gmx.com의 계정이었다. 비트코인톡을 'Theymos'라는 이름으로 운영한 마이클 마쿼트Michael Marquardt는 나카모토가 실크로드 같은 다크웹 사이트에 접속할 때 필요한 브라우저 익명화 소프트웨어인 TORThe Onion Router을 사용해 자신의 IP 주소를 숨긴다고 확신했다. 나카모토는 의사 표현도 의도적으로 모호하게 했다. 개빈에 따르면, 기술적인 질문에는 프로그래머끼리만 알아들을 수 있는 전문 용어로 답했고, 개인적인 이야기를 끌어내려고 수차례 시도했지만 번번이 실패했다고 했다.

　나카모토의 코드에는 그의 정체를 암시하는 여러 단서가 담겨 있었다. 개빈은 커트 보니것Kurt Vonnegut과 재키 콜린스Jackie Collins 같은 작가들의 문체만큼이나, 프로그래머들도 다 각자의 고유한 스타일이 있다고 느꼈다. 나카모토가 비교적 연배가 있는 사람일지도 모른다는 정황도 있었다. 개빈이 보기엔 나카모토의 코딩 스타일은 다소 구식이었고, 구글 스위스 지사에서 일하던 아일랜드 출신 개발자 마이크 헌Mike Hearn은

•　도메인 소유자를 감춰주는 마스킹 서비스.
••　Gmail처럼 웹 브라우저를 통해 접속해서 이메일을 확인하거나 보낼 수 있는 방식.

나카모토가 변수 이름을 정할 때 1990년대 윈도즈^{Windows} 프로그래머들 사이에서 유행하던 헝가리식 표기법^{notation}을 사용했다고 지적했다. 오픈소스 운동 자체가 윈도즈 같은 폐쇄형 시스템에 대한 반발로 생겨났다는 점을 고려하면, 윈도즈 배경을 가진 사람이 그런 오픈소스 프로젝트를 이끌고 있다는 사실은 다소 아이러니했다.

개발자들 사이에서 나카모토에 대한 평가는 엇갈렸다. 개빈은 나카모토가 실력 면에서 상위 10퍼센트에 드는 프로그래머라고 생각했지만, 초창기 비트코인 개발자이자 무정부주의자 해커인 아미르 타아키^{Amir Taaki}는 전혀 다른 의견을 가지고 있었다. 아미르는 런던의 버려진 건물을 무단 점거해 살았고, 나중에는 3D 프린터로 총기를 제작하는 일에 몰두하기도 했으며, 시리아 내전에서는 쿠르드 민병대와 함께 전선에서 싸운 인물이다. 그는 나카모토가 프로그래밍을 배워본 적이 없을 거라고 확신했다. 비트코인의 개념 자체는 탄탄하다고 봤지만, 코드는 뒤죽박죽이라고 평가했다. 모든 기능이 두 개의 커다란 파일에 뒤섞여 있고, 전문가라면 당연히 해뒀을 모듈화 작업이 전혀 되어 있지 않았다는 것이다. 그래서 나카모토가 교수일지도 모른다는 생각이 들었다고 했다. "오랜 시간 팀 단위로 프로그래밍을 해본 사람은 이렇게 생각하게 됩니다. '이 코드를 다들 이해할 수 있을까?' 그러면서 점차 개념을 추상화하고, 알아보기 쉽게 구조화하는 법을 배우게 되죠. 기본적인 디자인 패턴, 표준적인 코딩 방식도 익히고요. 그런데 이런 건 학계 사람은 배울 기회가 적죠. 현업 엔지니어라면 어떻게 하면 버그 없이, 또 이해하기 쉽게 만들 수 있을지 고민하죠." 수학을 전공한 아미르는 나카모토의 백서를 읽으면서 수학적·통계적 도구를 능숙하게 다루는 사람이라는 인상도 받았다고 했다.

개빈은 소수 몇 명 혹은 한 명이 비트코인 코드를 작성한 것 같다는 인상을 받았다. 프로그래머들이 협업할 때는 보통 코드에 정기적으로 주석을 달아 서로 이 코드가 어떤 기능을 수행하는지 설명한다. 하지만 비트코인 소프트웨어에는 그런 주석이 거의 없었다. 비트코인이 아주 정교하고, 출시되었을 때부터 너무나도 부드럽게 작동해 한 사람의 머리에서 나온 결과물일 리 없다는 의견도 많았다. 백서에서 '우리'라는 표현이 사용된 점을 들어, 나카모토는 분명 여러 사람이나 기관을 대표하는 이름일 것이라는 주장이었다.

내가 비트코인에 대해 알게 되었을 무렵, 그 신생 커뮤니티에서는 이미 나카모토의 정체를 둘러싼 온갖 추측이 넘쳐났다. 그런 추측은 나카모토가 사라지기 전인 2011년 1월 무렵부터 이미 시작되었다. 그즈음에는 나카모토를 추종하는 이들까지 생겨났다. 비트코인에 더 작은 단위가 필요할 수밖에 없게 되자, 커뮤니티는 비트코인의 100만분의 1을 '사토시'●라고 부르기 시작했다. 같은 달, 누군가 나카모토가 마지막으로 비트코인톡에 글을 남긴 날짜가 12월 13일이라는 사실을 발견했다. 커뮤니티는 발칵 뒤집혔다. 나카모토가 프로젝트를 떠난 것일까? 혹시 죽은 건 아닐까? 그러면 이제 누가 바턴을 이어받지? 이때부터 몇몇 사람이 처음으로 나카모토의 진짜 정체에 대해 공개적으로 의문을 제기하기 시작했다.

누군가가 나카모토를 1930년대부터 집단 필명으로 논문을 발표해온 프랑스 수학자 단체 '니콜라 부르바키Nicolas Bourbaki' 같은 존재일지

●　실제로 1사토시는 0.00000001비트코인을 의미한다. 1비트코인=1억 사토시.(저자주)

도 모른다는 얘기를 꺼냈다. 이런 신비로움 자체가 비트코인에 매력과 아우라를 더해준다는 사람도 있었고, "이 사람은 그냥 관심받는 게 싫은 겁니다. 그게 좋은 거죠. 명예가 아니라 이상을 좇는 사람이라는 뜻이잖아요. 제 생각엔 우리도 그걸 존중하고, 이 사람을 그냥 내버려두는 게 맞아요"라고 하는 이도 있었다. 하지만 결국 사람들의 입에는 여러 이름이 오르내리기 시작했다. 혹시 소설 《크립토노미콘Cryptonomicon》에서 이미 디지털 화폐를 예견한 작가 닐 스티븐슨Neal Stephenson? 아니면 위키리크스를 만든 호주 출신의 줄리언 어산지Julian Assange? 100만 달러의 수학상을 거절한 러시아의 은둔형 천재 그리고리 페렐만Grigori Perelman?

하지만 괜한 소동이었다. 1월 13일, 개빈은 나카모토가 '까다로운 버그'와 관련해 이메일을 보내왔고, 그냥 바쁜 거였다며 커뮤니티를 안심시켰다. 하지만 2011년 4월 16일, 'Wobber'라는 비트코인톡 사용자 한 명이 "나카모토가 글을 안 올린 지 꽤 됐습니다"라며, '사토시 나카모토는 누구인가?'라는 제목의 새 게시글thread을 올렸다.

Wobber는 나카모토가 혁신적인 아이디어를 내고도 과시하거나 자기 이름을 내세우거나 혹은 자신의 명성을 이용하지도 않고 유유히 사라진 점에서 정말 전문적이고 비범한 인물이라고 했다. 마치 가면을 쓴 정의의 기사 '쾌걸 조로'처럼, 아니면 중앙은행과 정부라는 골리앗 같은 무시무시한 상대를 향해 돌팔매질을 한 가면 쓴 다윗에 비유했다. 개빈이 나카모토일지도 모른다고 주장하는 사람도 있었다. 개빈은 호주에서 태어나 어린 시절 미국으로 이주한 경험이 있어, 나카모토가 미국식과 영국식 철자를 독특하게 잘 섞어 쓴다는 점과 맞아떨어진다는 것이었다. 어떤 사람은 나카모토가 자기 자신과 소통하려고 가짜 인물을 창조했을 가능성도 제기했다.

정보가 너무 부족하다 보니 다들 아주 작은 단서에도 집착했다. 이름 자체에 뭔가 단서가 있지 않을까? 일본어로 '사토시 나카모토'는 '중앙 정보central intelligence'라는 의미로 번역될 수도 있어서, 비트코인의 탄생 배경에 정보기관이 얽혀 있을 거라는 추측이 나왔다. 비트코인이 미국 국가안보국National Security Agency, NSA의 작품일 수 있다는 가설이었다. NSA가 장기적인 전략 아래, 전 세계에 포진한 요원들에게 비밀리에 자금을 송금하거나, 적국이 안전하다고 착각하게 만들어 거래에 나서도록 유도한 후 NSA 본부에서 그 움직임을 감시하기 위한 일종의 허니팟 honeypot●으로 활용하기 위해, 은밀한 금융 네트워크를 구축한 것이라는 이야기였다.

완전히 터무니없는 추측은 아니었다. 미국 해군연구소Naval Research Laboratory는 다크웹의 기반이 된 익명화 소프트웨어 TOR을 개발했고, FBI는 조직 범죄자들이 의심 없이 사용하도록 암호화된 휴대전화와 메시징 서비스를 탑재한 ANOM이라는 시스템을 비밀리에 만들어 퍼뜨려 800명 넘게 체포했다. 그리고 1996년 여름, NSA 정보보안 연구기술실 산하 암호학 부서 소속 연구원 세 명은 〈화폐를 만드는 방법: 익명 전자화폐의 암호학〉이라는 장문의 논문을 내부적으로 발표했으며, 이 논문은 이후 대중에게 공개되기도 했다.

또한 나카모토라는 이름은 삼성(SAmsung), 도시바(TOSHIba), 나카미치(NAKAmichi), 모토로라(MOTOrola)라는 대형 IT 기업들의 이름을 합성한 형태로 볼 수도 있어, 대기업들의 음모가 숨어 있을지도 모른다는 설도 있었고, 소셜 미디어 플랫폼 레딧Reddit 사용자들은 자신들의

●　　의도적으로 설치해 외부의 비정상적인 접근을 유도·탐지하는 시스템.

해독 능력을 총동원해, 사토시 나카모토가 '엄마, 저 NSA 공무원이 되었습니다(Ma, I took NSA's oath)' 또는 '그래서 한 남자가 똥을 쌌다(So a man took a shit)' 같은 문구의 알파벳 순서를 재배열한 결과라고 주장했다.

사람들은 나카모토가 가명을 사용한 이유도 파헤치기 시작했다. 유명세라는 번거로움을 피하기 위해서일까? 정부가 암호학자들을 추적한 역사 때문일까? 괴롭힘을 피하려는 이유일까? 비트코인이 적을 만들 것을 예상해서? 아니면 그냥 익명으로 지내고 싶어서? 혹은 자신의 다른 사업들과 구분하고 싶었을 수도 있다.

5월에는 그원 브랜원Gwern Branwen이 나카모토에 대한 자기 생각을 밝혔다. 그원은 실리콘밸리에서 인기 있는 몇몇 블로그에서 팔로워가 꽤 많은 가명의 개발자이자 작가다. 그는 사토시 나카모토는 누구든지 될 수 있다고 했다. 비트코인은 "수학이나 암호학적 혁신이 필요하지 않았다"고 주장하며, 기존 기술들을 영리하게 조합한 결과물일 뿐이라고 했다. "결국 나카모토는 암호학 관련 배경이 필요 없으며, 그냥 독학한 프로그래머일지도 모릅니다!"

7,000개가 넘는 비트코인을 잃어버린 스위스의 비트코이너 스테판은 나카모토가 남긴 500개가 넘는 포럼 게시글의 작성 시각을 그래프로 정리해 이 질문에 체계적으로 접근했다. 분석 결과, 북미 시각으로 밤에 해당하는 시간대에는 게시 활동이 뚜렷하게 줄어드는 경향이 나타났다. 스테판은 비트코인 개발자인 마이크 헌이 "나카모토는 영국 영어를 씁니다"라고 확신했다고 했다. 스테판은 어느 정도 윤곽을 잡은 듯 보였다. 미국인은 아닐지 몰라도, 미국에 사는 미혼 남성! "오컴의 면도날Occam's razor이죠." 곧 불필요하게 복잡한 가정을 세우기보다 가장 단

순한 설명이 정답일 가능성이 높다는 것이 스테판의 생각이었다.

스테판이 그래프를 비트코인톡에 올렸는데, 반대 의견이 쏟아졌다. 나카모토가 비트코인 작업에 몰두한 시간이 평일 '업무 시간 외'라면? 그렇다면 그가 글을 올린 시간대는 오히려 서유럽 시간대일 수도 있다는 주장이었다. "해커가 밤에 잔다고 누가 그래요?"라며 항의하는 이도 있었고, "그렇다면 주말에는 패턴이 달라졌어야지"라고 지적하는 이도 있었다.

삼 년 전, 인터넷 전체를 무너뜨릴 수도 있는 기술적 결함을 발견하며 주목을 받은 서른두 살의 컴퓨터 보안 전문가 댄 카민스키Dan Kaminsky는 나카모토가 은행 조직의 어떤 팀일 수도 있다고 생각했다. "나카모토는 금융기관 소속의 소규모 팀일지도 몰라요. 그냥 그런 느낌이 들어요."

댄은 나카모토의 정체성에 대해 '요란한 빈 수레' 같다고 덧붙였다. "하지만 저는 그게 비트코인 자체와는 별 관계가 없다고 봅니다. 비트코인은 나카모토보다 더 큰 개념이니까요." 내가 다른 사람들에게 여러 번 들어온 생각과 같은 의견이었다. 비트코인 창시자인 사토시 나카모토가 누구인지 정확히 밝혀지지 않았다는 점이 비트코인의 본질과 설계에 핵심이었다.

비트코인과 그 창시자에 대한 궁금증이 좀처럼 머릿속에서 떠나지 않았다. 어쩌면 간단한 문제일지도 모른다. 인터넷에서 떠도는 이야기나 추측들은 다 비슷비슷하게 들렸다. 나카모토의 활동 시간대까지 그래프로 그려가며 이름의 철자까지 하나하나 분석하기도 했지만, 정작 전화 한 통 해보려 한 사람은 없었다. 온라인에서는 사실인 양 받아들여지는 가설도, 실제로 확인하거나 검증해보면 전혀 근거가 없거나 틀렸다는 게 드러나는 경우가 허다했다. 어쩌면 나카모토는 편안한 게임 의자에 앉아 키보드를 만지작거리며, 나 같은 사람의 전화를 기다렸을지도 모른다. 나는 나카모토가 사용하는 이메일이라며 개빈이 알려준 satoshin@gmx.com으로 메일을 보내 인터뷰를 요청했다.

답장을 기다리는 동안, 나카모토일지도 모를 몇몇 인물을 접촉해보았다. 그중 한 명은 애덤 백Adam Back인데, 1990년대에 해시캐시Hashcash 라는 스팸 방지 소프트웨어를 개발한 영국 출신의 암호학자다. 이 소프트웨어는 컴퓨터 작업이 정직하다는 것을 증명하기 위해 계산 퍼즐, 곧 '작업 증명' 방식에 기반해 작동했는데, 이 기술은 훗날 나카모토가 비트코인에 도입한 핵심 기술이기도 했다. 사실 애덤은 나카모토가 처음으로 접촉한 인물로 알려졌다. 나카모토는 2008년 8월, 애덤에게 이메일을 보내 비트코인 백서에 해시캐시를 어떻게 인용하면 좋을지 물었다고 한다. 애덤이 나카모토라는 이름을 처음 접하게 된 때였다.

애덤과 이메일을 주고받는 동안, 나는 점점 아미르의 말에 설득되었다. "애덤은 일관된 스타일이 있어요. 나카모토와는 달라요." 아미르는 애덤이 표준 프로그래밍 규칙을 따르며 C 언어로 작업하고, 유닉스/리눅스 프로그래머였다고 설명했다. 반면 나카모토는 스타일이 불규칙하고, C++로 작성하며 윈도즈 사용자였다. 또한 애덤은 당시 철저한 개인 정보 보호주의자로 알려져 있었기에, 익명성을 일정 부분 희생하고 모든 거래 내역을 투명하게 공개하는 블록체인 구조를 쉽게 받아들일 사람은 아니었다. 블록체인의 장점이자 동시에 한계는 그 안에서 벌어지는 모든 일이 누구에게나 들여다보인다는 점이었다. 나는 또, 누군가의 추적을 극도로 꺼리는 사람이 자기 작업을 참고문헌에 끼워 넣는 일처럼 눈에 띄는 실수는 하지 않았으리라 생각했다.

가장 유력한 나카모토 후보 중 하나는 데이비드 차움David Chaum이었다. 거구에 버켄스탁 샌들을 즐겨 신는 전자화폐 사업가로, 북부 캘리포니아에서 폭스바겐 밴을 몰다 '알았다!Eureka!'를 외친 적도 있고, 한 번은 욕조 안에서 번뜩이는 아이디어를 떠올리기도 했다. 그는 익명 거래를 가능하게 해주는 암호화 프로토콜을 설계했고, 추적 불가능한 디지털 화폐에 관한 여러 특허를 보유했으며, 네덜란드에서 운영한 디지캐시를 거의 실현할 뻔한 인물이다. 또한, 가명을 쓸 만도 했다. 몇 년 전, 〈와이어드〉 기자가 무심코 나이를 물었을 때 그는 "그건 비밀입니다"라고 잘라 말했다. 내 이메일에 데이비드는 "지금 좀 바쁩니다"라는 짧은 답장을 보내왔고, 이후 아무리 다시 메일을 보내도 더 이상 답은 오지 않았다.

하지만 데이비드와 오랫동안 협업한 네덜란드 출신 암호학자 스테판 브란즈Stefan Brands는 나와 통화할 때 비트코인은 데이비드의 작품이 아니라고 확신했다. "데이비드는 익명성이 완벽히 보장되지 않는 일은 절대 하지 않아요." 또한 데이비드가 박사 학위도 있고 '학계에서도 인정받는' 인물이지만, 비트코인을 만든 사람은 학사 학위 정도를 보유한 보안 개발자일 가능성이 높다고 지적했다. 스테판은 비트코인에서 정교한 설계 구조가 엿보인다고 했지만, 그보다 더 인상 깊은 것은 사람들이 자발적으로 비트코인 채굴과 사용에 참여하도록 유도하는 경제적 보상 구조라고 했다. 그러면서 자기도 혹시 개빈이 나카모토가 아닐까 하는 의문이 든다고 했다. 내가 "개빈은 아니라고 하던데요"라고 하자, 스테판은 이렇게 대답했다. "이 일을 한 사람이 정체를 감추려고 작정하고 접근한 건 분명하죠. 그러니 만약 정말 개빈이 나카모토라면, 인정할 리가 없겠네요."

스테판이 확신한 한 가지는 비트코인 개발에는 암호학에 대한 기본 지식이 필요하고, 탈중앙화를 중시하는 자유 지상주의적 경제사상에 뿌리를 두고 있는 만큼, 이를 만든 사람은 1990년대 초에 활동한 어떤 급진적 집단과 분명 연관되어 있을 거라는 점이었다. 이 집단을 거론한 사람은 스테판만이 아니었다. 과거 그 집단 소속이었던 한 사람은 그들을 '총을 든 수학자들'이라고 표현했다.

총을 든 수학자들

1992년 9월 어느 토요일 정오, 혁명적 사상을 가진 20명이 캘리포니아주 오클랜드에 있는 한 주택의 거실에 모였다. 에릭 휴즈_{Eric Hughes}의 집이었다. 에릭은 수학과 대학원생으로, 모르몬교 집안에서 자랐으며, 서부영화에 등장하는 카우보이처럼 프린지 스웨이드 재킷을 즐겨 입었다. 최근에 산 집이고 아직 가구를 들여놓지 않아, 사람들은 앉으려고 베개를 가져왔다.

에릭의 친구 팀 메이_{Tim May}가 회의를 시작했다. 키가 크고 수염이 난 팀은 물리학자로 인텔 초창기 직원 시절 칩 재설계루 이어진 중요한 문제를 해결했다. 스톡옵션으로 서른네 살에 은퇴할 수 있었고, 또 그 덕분에 책을 읽고 글을 쓸 시간이 많았다.

팀의 머릿속에 맴돌던 영감의 일부는 두 소설에서 비롯됐다. 하나는 에인 랜드의 《아틀라스_{Atlas Shrugged}》로, 그리스 신화 속 거인 아틀라스가 세상의 짐을 벗어던지듯, 뛰어난 지식인들이 무능하고 평범한 대중이 구성한 '시시한 세상'을 외면하고 '갈트의 협곡_{Galt's Gulch}'이라는 엘리트적 자유 지상주의의 이상향으로 떠나는 내용을 담고 있다. 다른 하나는 버너 빈지Vernor Vinge의 중편 SF 소설《진정한 이름들True Names》로, 가상 현실 속에서 닉네임으로 활동하는 해커 집단이 현실 세계에서 자신들을 보호하기 위해, 정부를 일컫는 '진정한 적True Enemy'을 포함한 다양한 적에 맞서 싸우는 내용을 담고 있다. 팀은 데이비드 차움이 고안한 익명 디지털 화폐와 데이비드의 꿈을 현실로 만들어준 암호학의 여러 혁신을 거론하며, 이제 그 두 소설 속 세계가 현실이 될 수 있다고 확신했다.

2,000년이 넘는 시간 동안, 비밀 통신을 연구하는 암호학은 메시지를 암호화하고 복호화(해독)하는 데 동일한 비밀 키를 사용하는 대칭 방식에 기반해 있었다. 이 방식에서는 메시지를 주고받는 쌍방이 동일한 키를 공유해야 했기 때문에, 보안상의 취약성과 실질적인 비효율성이라는 문제를 동시에 안고 있었다. 키가 중간에 가로채일 위험이 있었고, 발신자와 수신자는 반드시 사전에 서로 알고 있어야 했다. 이 방식은 완전하진 않았지만, 수 세기 동안 어느 정도 실용적으로 쓰일 수 있었다. 예를 들어 황제가 군사 지휘관에게 명령을 전달할 때처럼, 서로 신원이 분명한 상황에서는 가능한 방식이었다.

하지만 인터넷이 막 태동하던 시기, 선견지명이 있던 기술자들은 수십억 명의 낯선 사람이 온라인에서 서로의 통신을 암호화하길 원하게 될 미래를 상상했고, 그런 세상에서는 기존의 암호 대칭 방식은 분명 한계가 있었다.

1970년대, 스탠퍼드대학교의 휘트필드 디피Whitfield Diffie와 마틴 헬먼Martin Hellman, 그리고 캘리포니아대학교 UC 버클리의 랠프 머클Ralph Merkle은 수학적으로 연관된 두 개의 키를 생성하는 놀라운 방법을 각각

독립적으로 발견해냈다. 하나는 비공개 키로 자신만 가지고 있고, 다른 하나는 그 비공개 키에서 파생되긴 했지만 원래 키를 역으로 추론할 수는 없는 공개 키로, 누구나 사용할 수 있도록 배포하는 방식이었다. 다른 사람이 이 공개 키로 메시지를 암호화하면, 그 메시지는 해당 비공개 키 없이는 해독할 수 없었다. 처음으로, 서로 모르는 사람들끼리도 안전하게 통신할 수 있는 길이 열린 것이다.

이 과정은 거꾸로도 사용할 수 있다. 예를 들어, 누군가가 문서에 자신의 비공개 키로 '서명'(정확히는 암호화)하면, 누구나 그 사람의 공개 키로 이를 풀 수 있는지 확인함으로써, 진짜 그 사람이 서명했는지 검증할 수 있게 된다. 이로써 전자 서명, 곧 온라인에서 자신의 신원을 증명하는 수단이 탄생했다.

팀은 이 모든 아이디어를 선언문 형식으로 정리해왔고, 에릭의 거실에서 그것을 큰소리로 읽었다. "지금의 세계를 뒤덮고 있는 커다란 기운이 있습니다." 팀은 가부좌를 하고 바닥에 앉아 있는 참석자들에게 외쳤다. "그것은 바로 암호 무정부주의의 기운입니다!" 팀이 말하는 그 커다란 기운은 긍정적인 의미의 기운이었고, 정부가 검열하거나 개입할 수 없는 안전하고 추적 불가능한 이메일과 온라인 결제 시스템을 갖춘 미래였다. 팀은 이러한 기술이 범죄에 악용될 가능성은 인정했지만, 그게 문제가 될 거로 생각하지는 않았다. 팀은 공개 키 암호 방식이 중세 시대의 질서를 뒤흔든 인쇄기의 발명이나, 미국 국경에 변화를 불러온 철조망의 발명처럼 혁명적이라고 믿었다. 그는 선언했다. "그러므로 수학의 신비한 분야에서 나온 이 사소한 발견이 지식재산을 에워싼 철조망을 끊어버릴 철조망 절단기 같은 역할을 할 것입니다."

자신이 상상한 '사이버 공간의 자유 국가Libertaria in Cyberspace'라는 이상향 외에도, 팀은 어떤 긴박한 위협도 느꼈다. 덥수룩하게 수염을 기른 전직 반핵 운동가인 필 짐머만Phil Zimmermann은 이미 PGPPretty Good Privacy라는, 누구나 공개 키 암호를 이용할 수 있는 무료 암호 소프트웨어를 공개했다. 컴퓨터에 복사본을 설치하면, 이메일을 암호화하여 발송할 수 있었다. 이에 미국 정부는 강력한 암호화 기술을 토마호크 순항 미사일 같은 무기에 해당한다고 보고, 필에 대한 법적 조치를 추진하고 있었다. 팀과 에릭, 그리고 썬 마이크로시스템즈Sun Microsystems의 초창기 직원이자 후에 팀처럼 일찍 은퇴할 수 있었던 전자 프런티어 재단 Electronic Frontier Foundation 공동 설립자 존 길모어John Gilmore는 암호학을 대중의 손에 쥐여주고 싶어 했다.

팀이 선언문을 다 읽고 난 후, 일부 여성 참석자 중 주드 밀혼Jude Milhon은 그룹의 이름을 '사이퍼펑크cypherpunks'로 하자고 제안했다.(주드는 당시 암호화와 개인정보 보호를 지지하며 열정적이고 헌신적으로 활동했기 때문에 성녀 주드St. Jude라고 불렸다.) 이들은 현실 세계에서 실질적인 행동을 해나가기로 결의했다. "사이퍼펑크는 코드를 작성한다"는 에릭의 말처럼.

그 후 모두는 몇 시간 동안 암호 무정부주의 게임Crypto-Anarchy Game을 했다. 팀과 에릭이 수학적 프로토콜과 추상 개념인 익명성, 디지털 화폐 등을 구체적으로 이해하고 새로운 사고를 자극하기 위해 고안한 게임이었다. 감시를 피하려는 마약 밀매상, 스파이를 추적하는 첩보 요원, 그리고 정보 거래자처럼 참가자들은 각기 다른 역할을 맡았다. 팀과 에릭은 가짜 화폐를 나누어 주며 '전자화폐'라고 했고, 이메일에서 식별 정보를 제거하여 외부인이 발신자와 수신자를 추적하기 어렵게 만드는 서비스인 리메일러remailer를 시뮬레이션하기 위해 빈 봉투 안에 또 다른 빈 봉투를 넣었다. 많은 메시지가 잘못 전달되거나 참석자들이 봉투에 우표를 잘못 붙이기도 하는 등 그야말로 혼돈의 도가니였지만, 모두가 게임을 즐겼다.

사이퍼펑크 운동에 이끌려온 사람은 대부분 남성인데, 성격과 배경은 천차만별이었다. 자신이 알프스 근처의 작은 나라 리히텐슈타인의 왕자라고 주장하는 이도 있었고, 머리부터 발끝까지 가죽옷을 입고 나타난 사람도 있었다.

존 드레이퍼John Draper라는 사이퍼펑크는 '캡틴 크런치Captain Crunch'라는 별명으로 더 잘 알려졌는데, 1970년대에 캡틴 크런치 시리얼 상자에 들어 있는 호루라기가 미국 최대 이동통신사 AT&T의 자동 통화 경로 설정 시스템을 우회하는 데 필요한 정확한 주파수, 곧 2,600헤르츠를 낸다는 사실을 발견해 장거리 전화를 공짜로 거는 방법을 알아냈기 때문이다(이 일로 드레이퍼는 연방 교도소에서 복역했다).

이후, P2P 파일 전송 프로토콜 비트토렌트BitTorrent를 발명한 브램 코언Bram Cohen, 록밴드 그레이트풀 데드Grateful Dead의 작사가이자 전자 프런티어 재단 공동 설립자인 존 페리 발로John Perry Barlow, 암호화 인스턴트 메신저 서비스 시그널Signal의 창립자 목시 말린스파이크Moxie Marlinspike, 위키리크스 창립자 줄리언 어산지도 합류하게 된다.

샌프란시스코 베이 에어리어Bay Area의 사이퍼펑크들은 한 달에 한 번 만났는데, 주요 소통 공간은 누구나 가입할 수 있는 메일링 리스트였다. 많은 사람이 실명을 사용했지만, Black Unicorn이나 Pr0duct Cypher처럼 닉네임만으로 이름을 알린 존경받는 단골 참석자도 있었다. 여러 개의 아이디를 만들어 이 리스트에 '닉네임'으로 글을 올리는 것을 재미 삼아 하는 이도 있었고, 유용한 도구로 활용하는 사람도 있었다. 인터넷은 아직 방향이 정해지지 않은 미지의 영역이었고, 낯선 이들과 새로운 방식으로 관계를 맺을 수 있는 무한한 가능성의 공간이었다. 닉네임은 학력이나 이력 대신, 오직 아이디어 자체로 평가받겠다는 이상을 뜻하기도 했다.

사이퍼펑크들은 초기 인터넷을 '챗' 하며 비웃듯 받아들인 사람은 분명 아니었다. 오히려 이들은 디지털 네트워크 세계가 개인의 사생활에 어떤 위협이 될지 꿰뚫어보는 예리한 통찰력과 오직 암호학만이 그것을 지켜낼 수 있다는 확신을 공유하며 거대한 가능성을 엿보았다. 정부 간섭을 원치 않는 반국가주의자이든, 권위주의 국가에서 반체제 인사들의 안전을 우려하는 시민권 운동가이든, 단지 이메일을 타인의 감시 없이 주고받고 싶은 일반인이든 모두에게 중요한 문제였다. 암호학은 에릭이 즐겨 말했듯 '극도의 불신에서 비롯된 수학적 산물'이었다. 사이퍼펑크 짐 맥코이Jim McCoy에 따르면, 에릭은 경찰이 차를 수색할 구실을 주지 않기 위해 늘 차를 완벽히 청소해두었다고 한다.

'코드는 곧 언어다code is speech'라는 핵심 사이퍼펑크 신조에 따르면 코드에 대한 어떠한 규제도 표현의 자유를 보장하는 미국 수정 헌법 제1조 위반이나 다름없었다. 정부가 '컴퓨터 프로그램'을 범죄로 규정한다고? 이에 애덤은 수출 금지된 암호화 공식이 적힌 티셔츠를 제작해 판매했고, 정부에 맞서 항의하던 사이퍼펑크들이 보란 듯이 이 티셔츠를 입고 국제선 비행기에 탑승했다. 금기된 알고리즘을 아예 몸에 문신으로 새긴 사이퍼펑크도 있었다.

미국 사법당국이 무료 암호 소프트웨어 PGP 배포를 근거로 필을 기소하려 하자 사이퍼펑크들은 PGP 소프트웨어 인쇄본과 디지털 본을 국외에 대대적으로 유포해 미국 정부가 더는 손쓸 수 없게 만들었다. 1993년 클린턴 행정부가 감시용 백도어^{backdoor}• 칩인 클리퍼 칩^{Clipper Chip}을 전화기에 장착하도록 제조업체들을 압박하자, 사이퍼펑크들은 전자제품 매장에 들어가 'Big Brother Inside'라는 스티커를 해당 기기에 붙이며 항의 시위를 벌였다.

개인적인 이유로 개인정보 보호에 관심이 생긴 사이퍼펑크도 있었다. 과거 PGP 임원이었던 진 호프먼^{Gene Hoffman}은 사이퍼펑크들이 단지 추상적인 이상만으로 뭉친 집단은 아니라고 했다. "개인정보권은 공감받기 힘든 주제입니다. 사이퍼펑크 운동에 참여한 많은 사람이 자기 삶의 어떤 부분을 감추고 싶어 했습니다. 하지만 사이퍼펑크 운동과 BDSM•• 사이의 접점을 쉽게 찾을 수 있을까요?"

'미트스페이스^{meatspace}'•••라는 용어를 만들었다고 전해지는 사이퍼펑크 더그 반스^{Doug Barnes}는 이런 주장에 대해 다소 다르게 반응했다. "제가 아는 대부분의 사이퍼펑크는 지나치게 공유하는 편이죠. 공공연히 다자 연애를 실천하던 사람도 많았고요"라며 일부 사이퍼펑크의 모순을 지적했다.

기술과 혁명을 결합하는 것은 때때로 불안정한 결과를 낳았고, 사이퍼펑크 중에는 자신을 크립토-아나키스트^{crypto-anarchists}라 칭하는 강경파도 출현했다. 기술이 정부의 필요성을 아예 없애줄 수 있다고 믿은 자유 지상주의자들보다 더 급진적인 사람들이었다. 팀은 기업 비밀이 불

• 시스템이나 소프트웨어에 의도적으로 숨겨진 비밀 출입구.

•• 구속(Bondage), 규율(Discipline), 지배와 복종(Dominance and Submission), 가학과 피학(Sadism and Masochism) 등 다양한 성적 정체성과 행위를 포괄하는 개념.

••• 인터넷이나 가상 공간과 대조되는 실제 물리적 세상을 의미하는 속어.

법 거래되고, 내부 거래가 인정되는 익명 정보 시장인 블랙넷BlackNet을
상상했다. 디지털 화폐로 세금을 피할 수 있다는 희망을 드러내는 사이
퍼펑크도 있었다.

사이퍼펑크 짐 벨Jim Bell은 '암살 정치Assassination Politics'라는 글에서,
특정 공직자의 사망 날짜를 예측하고, 이를 맞힌 사람에게 익명 디지털
화폐로 엄청난 보상을 해주는 웹사이트를 만들자고 제안했다. 이론적으
로 최초 현상금을 모금한 이들은 범죄 책임에서 벗어나면서, 누군가에
게 살인하도록 동기를 부여하게 되는 구조였다. 벨은 나중에 탈세와 미
국 국세청IRS 요원을 스토킹하고 괴롭힌 혐의로 연방 교도소에서 몇 년
간 복역했다.

PGP 설립자 필은 범죄 기소 위협에 놓였고 성품이 온화했으며 지난
3년간 대중에게 긍정적인 이미지를 얻기 위해 매일 양복을 입고 다녔
다. 그는 PGP가 주최한 사이퍼펑크 모임에서 Lucky Green이라는 닉
네임을 사용하는 한 회원이 "사이퍼펑크 사격 동호회Cypherpunks Gun Club
가 다음 주 토요일에 사격 모임을 엽니다. 누구든 환영합니다"라며 더플
백에서 AR-15 돌격소총과 탄창을 꺼내는 것을 보고 큰 충격을 받았다.
필은 당시 PGP의 사무실은 은행 건물에 있었다고 했다.

일부 사이퍼펑크는 교조적이었고, 이들의 활동이 전문 암호학자들과
현업 프로그래머들, 해커들을 짜증 나게 할 정도로 길고 불필요한 논쟁
으로 번지기도 했다. PGP에서 일했고 후에 애플에서도 근무했던 존 칼
라스Jon Callas는 초기 모임에 참석했던 경험을 이렇게 회상했다. "당시
'사이퍼펑크는 코드를 작성한다'는 말이 있었어요. '코딩하느라 정신없
는데, 사이퍼펑크까지는 무리겠지?'라는 생각을 했죠." 나중에 비트토
렌트 개발자 브램 코언은 해커 회의를 주최하면서 '구현 가능성이 희박

한 이론 중심의 암호학'이나 '키 에스크로key escrow•에 관한 정치적 논쟁' 같은 주제는 분명히 제외한다고 발표했다. 하지만 다들 역사적인 순간과 장소에 살고 있다는 느낌만은 공유했다. 사이퍼펑크가 된다는 것은 마치 미국 서부 개척 마차에 앉아 있는 듯한 전율과 같았다. 대의를 향해 용감하게 새로운 미래로 나아가기 위해 선봉에 서 있는 셈이었다.

사토시 나카모토도 사이퍼펑크일지 모른다는 추측은 가명 사용, 탈중앙화, 그리고 자유 지상주의적 경제 구조에 대해 그가 보인 관심 때문이었고, 그래서 스테판 같은 사람들이 나에게 디지털 화폐의 필요성을 지속적으로 주장해온 급진적인 기술 개발자들을 찾아가보라고 권한 것이다. 많은 사이퍼펑크는 디지털 화폐를 자신들 활동의 궁극적인 목표, 곧 팀이 말하는 '사이버 공간의 자유 국가'의 완성으로 여겼다. 구화폐가 일련번호와 은행을 통해 추적할 수 있다면, 미래의 화폐는 익명성을 가질 것이다. 구화폐가 정치 및 정부와 연결되어 있었다면, 미래의 화폐는 독립적으로 존재할 것이다. 더 급진적인 사이퍼펑크들은 정부의 화폐 발행 독점과 과세 권한에 도전하는 수단으로, 개인이 소유한 디지털 화폐에 집착했다.

사이퍼펑크들은 데이비드 차움에 대해 복잡한 감정을 품고 있었다. 디지털 화폐의 컴퓨터공학적 기반을 마련한 그의 1982년 논문 〈추적 불가능한 결제를 위한 블라인드 서명Blind Signatures for Untraceable Payments〉은 사이퍼펑크들 사이에서 경전이나 다름없었다. 에릭도 한때 데이비드의 회사 디지캐시에서 일한 적이 있는데, 많은 사이퍼펑크는 데이비드의 상업적 성향이 불쾌했다. 데이비드는 자신의 특허를 집요하게 보호하

● 암호화 키를 제삼자에게 보관하게 하는 방식.

는 데 주저하지 않았다. 또한 사이퍼펑크적 시각에서 보았을 때, 데이비드의 디지털 화폐에는 치명적인 결함이 있었다. 화폐를 발행하고 거래를 검증하여 이중 지불을 방지하는 '조폐 기관mint'이 필요했던 것이다. 데이비드는 미주리주 세인트루이스에 있는 마크 트웨인 은행Mark Twain Bank을 설득해 이 역할을 맡게 했다. 하지만 사이퍼펑크들의 눈에 조폐 기관은 결국 신뢰를 전제로 한 제삼자였고, 시스템 전체를 무너지게 만들 수 있는 허점이자 공격 표적에 불과했다. 탈세를 우려한 정부가 폐쇄할 수도 있고, 범죄자가 이 가상의 '포트 녹스Fort Knox'●의 열쇠를 쥔 사람을 해칠 수도 있다. 사이퍼펑크 제임스 A. 도널드James A. Donald는 훗날 이렇게 썼다. "네로는 로마가 목이 있는 존재이면 좋겠다고 한 적이 있습니다. 그래야 단칼에 벨 수 있다며. 우리도 정부에 그런 목을 들이댄다면, 반드시 베어지겠죠."

결국 디지털 화폐는 사이퍼펑크들이 결코 이루지 못한 꿈이 돼버렸다. 1990년대 후반에 접어들며 초기 사이퍼펑크들이 점차 그룹을 떠나기 시작했다. 지루해졌거나 직장과 가정으로 바빠진 이들도 있었고, 넘쳐나는 스팸 메일과 모든 사소한 조치도 '검열'이라 비판하는 무정부주의자들로 가득한 메일링 리스트에서 필연적으로 나타날 수밖에 없는 혼란에 지치기도 했다. 9·11 테러 이후, 암호학을 통한 개인정보 보호라는 공통된 신념 아래 잠잠하던 내부의 정치적 의견 차이가 고개를 들며 그룹은 더욱 분열되었다.

하지만 사이퍼펑크들은 여전히 특허 만료를 축하하는 파티를 열었다. 2005년 7월, 캘리포니아주 포르톨라 밸리의 한 야외 호프집에서는 데

● 미국 켄터키주에 있는 금고 시설로, 미국 재무부 산하의 금괴 저장소가 있는 곳.

이비드의 17년 특허인 '블라인드 서명'의 만료를 축하하는 모임이 열렸다. 그리고 같은 해, 유럽 북서부 북해, 거센 바람이 몰아치는 옛 대공포 인공 시설에서 몇몇 사이퍼펑크가 외국 데이터 피난처를 구축하려 시도하자, 짧지만 찬란한 사이퍼펑크 에너지가 다시금 타오른 적도 있었다. 하지만 1990년대 후반부터 2008년까지는 디지털 화폐의 암흑기였다. 부분적인 이유는 9·11 이후 테러와의 전쟁에 따른 대체 화폐 단속 때문이었는데, 대체 화폐 중 가장 성공적이었던 e-gold조차 자산 압류, 민사 소송, 그리고 형사 고발로 막을 내렸다.

가장 열성적인 사이퍼펑크들조차 희망을 잃어가기 시작했다. 제임스 도널드는 이제 예전만 못한 사이퍼펑크 메일링 리스트에 이렇게 썼다. "팀 메이는 암호학을 통한 대변화가 요원한 희망이라는 사실을 깨닫고, 결국 만성적 불만에 빠졌습니다." 하지만 제임스를 비롯해 좀 더 낙관적인 이들도 있었다. "갈 길이 멀긴 하지만, 그래도 우리는 나아가고 있습니다." 전자화폐에 대한 기대를 끝까지 내려놓지 않는 사이퍼펑크도 소수 있었다. 그런데 내가 이들의 역사를 파고들수록, 늘 같은 이름들이 반복해서 등장했다.

6장

웨이

웨이 다이Wei Dai는 아마추어 암호학자로, 비트코인이 사용한 소프트웨어 도구 모음인 Crypto++ 라이브러리를 만들었고 관리까지 하던 인물이어서 일부 사람이 그를 나카모토일지도 모른다고 생각했을 수도 있는데, 더 큰 이유는 1998년에 웨이가 쓴 하나의 개념 때문이었다.

그가 'b-머니b-money'라고 부른 이 개념은 훗날 비트코인에 구현될 여러 요소를 결합한 것이었다. 첫째, 모든 거래를 공동으로 기록하고 함께 관리하는 피어 투 피어 네트워크, 둘째, 계산 문제를 풀어야만 화폐를 발행할 수 있는 시스템, 그리고 사용자의 신원을 보호하기 위한 공개 키 암호 기술이다. 그리고 웨이의 b-머니는 애덤의 해시캐시처럼, 비트코인 백서 말미에 나카모토가 이름을 명시한 몇 안 되는 선구적 개념이었다.

웨이 역시 나카모토처럼 신비로운 인물이다. 1990년대 후반 워싱턴 대학교를 졸업했다는 사실 외에 그에 대해 알려진 것은 거의 없었다. 인터넷에서 사진 한 장 찾아볼 수 없었다. 이런 인물은 분명히 극도로 조심스럽고 신중하게 접근해야 했다.

2011년 여름, 나는 웨이에게 이메일을 보내 "당신이 사토시 나카모토죠?"라고 다짜고짜 물었다.

"저는 나카모토가 아닙니다." 웨이의 답장이었다.

비트코인이 등장하기 훨씬 전, 웨이는 수년간 암호학을 연구한 끝에 처음 생각한 것만큼 그렇게 미래에 중요하지 않을 것이라고 결론을 내렸고, 대신 철학에 더 관심을 갖게 되었다고 했다. 이후 그는 실리콘밸리의 미래학자들 사이에서 인기 있던 블로그이고 '인간의 합리적 사고 연마'를 핵심으로 다룬 레스롱LessWrong에서 대부분의 시간을 보냈다고 한다.

웨이는 계속해서 이렇게 적었다. "나카모토는 제가 아는 사람은 아닌 것 같아요. 비트코인을 독자적으로 발명한 것으로 보이고, 제가 쓴 b-머니 기사도 애덤이 알려주기 전까지는 몰랐다고 하니까요. 그윈의 추측처럼, 나카모토는 전문적인 암호학자는 아닐 것 같아요. 아마 학생이나 프로그래머일 겁니다. 저도 Crypto++ 작업을 시작할 때 학생이었고, 그때 b-머니에 대한 글도 썼으니까요."

웨이는 나에게 나카모토에게서 받은 이메일 몇 통을 전달해줬다. 2008년 8월에 보낸 첫 번째 이메일에서 나카모토는 비트코인 백서에 b-머니를 인용하고 싶다고 하며, 웨이가 그것을 언제 발표했는지 알고 싶다고 적었다. 두 번째 이메일은 2009년 초에 받았고, 비트코인 소프트웨어로 연결되는 링크가 포함되어 있었다. 이 메일을 받은 날은 나카모토가 그 소프트웨어를 발표한 다음 날이었다. 나카모토는 "당신이 b-머니 논문에서 해결하려고 한 목표를 거의 모두 이룬 것 같아요"라고 썼다.

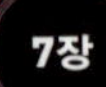

붐붐

비트코인톡 커뮤니티에서 자주 거론되는 또 다른 인물은 닉 사보^{Nick Szabo}였고, 나는 그에게도 연락을 시도했다. 닉은 웨이보다 조금 덜 은둔적이었지만, 이력에 대해서는 거의 알려진 것이 없었다. 그는 나중에 나에게 '모호함을 통한 보안'을 믿는다고 말했다.

닉은 자연스럽게 현실적인 행동을 중시하는 사이퍼펑크들에게 끌렸다. 암호학은 그가 말한 '자유 지상주의적 현실 정치' 곧 '지적 자위'가 아니라 '실용적 공학'이었다. 1993년 4월, 오리건주에서 지내던 그는 (그곳에서 컴퓨터 제조업체인 Sequent에서 일했다) '전자 프라이버시 보호 방법'에 대한 소책자를 작성해 포틀랜드 자유 지상주의자 모임에서 나눠주었다. 또한 그는 포틀랜드 지역 TV 포럼에 출연해 AT&T를 퇴사한 이유를 AT&T가 클리퍼 칩을 지지하는 것에 반대했기 때문이라고 설명했고, 'Big Brother Inside'라는 고품질 스티커를 만들어주는 사람에게 200달러 선주문을 하겠다고 말하기도 했다. 얼굴 인식 기술을 차단할 방법으로 자신의 이미지를 '암호화'하자고 주장하며, 지나치게 눈에 띄는 스키 마스크나 야간에 선글라스를 쓰는 대신 다양한 모자, 헤어스타일, 화장 등을 활용하자고 제안했다.

키가 크고 둥글고 탄탄한 체형에 패션에는 별로 신경을 쓰지 않던 닉은 워싱턴주에서 자랐고, 사회주의를 경멸하는 아버지의 영향을 받았다. 닉의 아버지는 헝가리 출신으로 부모가 공산주의자에게 농장을 몰수당하는 모습을 목격했고, 대학생이던 1956년 소련의 괴뢰 정부 반대 시위에 참여했다가, 이후 미국으로 망명해 식물학자가 되었다. 회계사였던 닉의 어머니는 수학을 좋아했고 자식들을 위해 사무실에서 애플 투Apple II를 가져온 적도 있었다.

젊은 시절 닉이 가장 좋아한 공상과학 소설은 자신의 두 가지 큰 관심사인 자유 지상주의 철학과 우주 공간을 결합한 로버트 하인라인Robert Heinlein의《달은 무자비한 밤의 여왕The Moon Is a Harsh Mistress》이었다. 워싱턴대학교에서 컴퓨터공학을 전공하던 닉은 캘리포니아주 패서디나에 있는 제트 추진 연구소Jet Propulsion Laboratory 심우주 통신망Deep Space Network 관련 부서에서 보이저, 갈릴레오, 마젤란 같은 우주 탐사선 통신 일정을 조정하는 인턴십을 시작했다.(10년 후 웨이도 여기에서 근무하게 된다.) 이 경험은 닉의 인생을 바꿔놨다. 닉은 화성 탐사 로봇Mars Rover에서 인공 신경망 연구에 이르기까지 제트 추진 연구소와 근처 캘리포니아공과대학교에서 활발히 진행되던 다양한 소규모 프로젝트를 보면서 미국 우주 개발 프로그램에 실망하게 되었다. 우주 정복이라는 장기적인 목표보다는 대중의 관심을 끌기 위한 우주 정거장과 우주 왕복선에 집중하는 프로그램이었다. 세금을 낭비하며 NASA의 부패한 관료들이 주도하는 겉만 번지르르한 홍보성 '우주 비행사 숭배 의식' 프로그램으로 보였다.

닉은 자신의 신체 감각을 마치 다른 사람의 과학 장비를 통해 얻은 데이터처럼 지적으로 분석하는 수준에 이르기도 했다. 심지어 성적 흥분에도 평균값을 계산했다. 닉은 데이트 신청을 한 백 명 이상의 여성 중 '절반 이상'에서 '발기'가 일어났다고 말했다. 캔자스의 곡 〈Dust in the Wind〉를 들으면 우울해졌다. "어떤 음악은…… 제 경험상 감정에 아주 강한 영향을 미칩니다."

그가 반격할 때까지 계속된 중학교 시절 괴롭힘 같은 안 좋은 경험으로 닉이 공격적으로 변했을 수도 있다. 닉은 "덕분에 기억에 남겠네요, 꼰대님", "그래도 이보다는 더 똑똑하신 줄 알았습니다", 혹은 "제안 하나 할게요. 제발 세상 좀 똑바로 봐요!"라는 식으로 동의하지 않는 주장에 대해서는 냉소적이었다. 닉을 혐오한 이들은 닉이 조울증 처방을 받아야 한다거나, '심각한 외로움에 시달리는' 사람이라고 하거나, "어릴 때…… 성추행당한 거 아니냐?"라고 묻기도 했다.

닉은 사이퍼펑크 메일링 리스트를 구독한 지 얼마 지나지 않아, 모임에 직접 참석하려고 오리건을 떠나 샌프란시스코 베이 에어리어로 이사했다. 대면 만남만큼 온라인상 교류도 충분히 자극이 된다고 느꼈지만, 새롭고 신나는 삶을 만끽하고 있었다. 8월의 어느 날 밤 자정이 지나, 닉은 로스가토스 남쪽으로 차를 몰아 도시 불빛을 벗어나 산타크루즈산맥 기슭까지 갔다. 거기서 캠핑 의자를 펴고 담요와 스웨터를 잔뜩 뒤집어쓴 채, 맑게 갠 밤하늘을 올려다보았다. 두 시간 동안, 닉은 소행성 채굴, 우주 식민지 건설, '목성 크기만 한 두뇌' 같은 상상에 잠겼고, 수십 개의 눈부신 유성이 밤하늘을 가로지르는 장관을 감상했다. 어떤 유성은 말 그대로 '터지면서 폭발하는 불덩어리' 같았다고 했다.

이틀 뒤 닉은 사이퍼펑크 모임에 참석했다. 존 길모어, 에릭 휴즈, 팀 메이, 그리고 공개 키 암호화를 공동 개발한 휘트필드 디피 같은 쟁쟁한 인물들이 모인 자리였다. 그 모임에서 애플의 휴대용 디바이스 뉴턴Newton 개발자이자 1985년 11월 〈플레이보이〉지에 '사이퍼렐라Cypherella'라는 이름으로 사진이 실린 모델 로마나 마차도Romana Machado가 자신이 직접 개발한 스테고Stego 소프트웨어를 선보였다. 스테고는 이미지를 이용해 비밀 메시지를 숨길 수 있게 해주는 무료 프로그램이다.

　로마나는 '엑스트로피언스extropians'라는 모임의 일원이기도 했고, 닉도 곧 이 모임에 깊이 관여하게 되었다. 엑스트로피언스는 트랜스휴머니즘transhumanism, 곧 극단적인 수명 연장을 목표로 하는 사람들의 모임이었다. 이들은 인지 능력을 높이는 스마트 약물smart drug부터 인공지능, 그리고 미래에 인간의 의식을 클라우드에 업로드할 수 있게 된다는 '특이점Singularity'까지 아우르는 다양한 주제에 관심을 가졌다. 닉은 이를 '미래의 승천Future Rapture'●이라고 불렀다.

　엑스트로피어니즘은 모든 형태의 확장을 지향하는 이념이었다. 엑스트로피언 티셔츠에는 '앞으로, 위로, 밖으로Forward, Upward, Outward'라는 문구가 적혀 있었고, 회원들은 제이 프라임 포지티브Jay Prime Positive, 톰 '모로' 벨Tom 'Morrow' Bell, 맥스 모어Max More, 데이비드 빅터 드 트랜센드David Victor de Transcend 같은, 밝고 기술 낙관적인 닉네임을 사용했다. 팀이 '장난삼아' 만든 엑스트로피언 별명은 클라우스! 본 퓨처 프라임Klaus! von Future Prime●●이었고, 닉은 가끔 '!붐!붐!Boom!Boom' 또는 '!붐!붐 본 패스트 프라이미벌!Boom!Boom von Past Primeval●●●'이라는 이름을 썼다.

●　　인간의 정신이 클라우드로 올라가는 미래의 사건을 종교적 승천에 빗댄 표현.
●●　'최고의 미래에서 온 클라우스.'
●●●　'원시시대에서 온 붐붐.'

엑스트로피언들은 미래에 대한 긍정적인 전망에 정부, 중력, 또는 노화 같은 제약을 향한 자유 지상주의적 반감을 결합했다. 전형적인 엑스트로피언은 수많은 과학 소설을 읽고, 기술을 신앙처럼 숭배하는 무신론자였다. 사이퍼펑크 출신도 있지만, 골수 엑스트로피언은 쾌락주의에 더 심취했다. "삶이 즐겁지 않다면 오래 살 이유가 있을까?" 엑스트로피언스 회원인 더그 반스는 "엑스트로피언들은 분명 더 좋은 약이 있었다"고 회상하며, "확실히 더 잘생겼고, 더 건강했다"고 덧붙였다. 엑스트로피언스 공동 창립자인 톰 '모로' 벨은 기술밖에 모르는 샌님들이 예쁜 여자들과 어울릴 기회가 있는 게 '일종의 우리 브랜드'라고 동조했다.

엑스트로피언스의 관심 목록은 21세기 실리콘밸리 미래 지도자들을 위한 강의 계획서와도 같았다. 생명 연장, 우주 식민지 건설, 홈스쿨링, 건강 최적화를 위한 바이오 해킹, 의식 업로드, 인공지능, 자주권, 해상 도시 건설, 디지털 화폐, 반국가주의, 트랜스휴머니즘, 다원적 법체계, 미래의 사건이나 결과에 대한 예측을 거래하는 시장예측 시장, 디지털 유목민(엑스트로피언에게는 테크 유목민), 그리고 문화적 진화를 이해하려는 밈학memetics 등이 그들의 관심사였다.

엑스트로피언스의 꽤 많은 회원이 이미 영향력 있는 인물이거나, 곧 영향력을 발휘할 인물이었다. 닉 보스트롬Nick Bostrom은 옥스퍼드대학교 철학과 교수로 우리가 모두 비디오 게임 속에 살고 있다는, 소위 시뮬레이션 가설을 정립했다. 믿기 어려운 가설이지만, 일론 머스크와 그의 동료들이 대개 동의한다. 로빈 핸슨Robin Hanson은 현대 예측을 개척했고, 에릭 드렉슬러K. Eric Drexler는 나노기술 열성 지지자였고, 로봇 공학자 한스 모라벡Hans Moravec은 자신을 클라우드에 업로드하는 비전을 제시했다. 바트 코스코Bart Kosko는 퍼지 논리●의 대중화에 앞장섰고, 엘리에저 유드코스키Eliezer Yudkowsky는 저명한 AI의 종말론자이자 통계학과 게임 이론에 집중하는 합리주의 운동의 리더이기도 했다.

처음에 닉에게 엑스트로피언은 과거 자신이 좋아하던 공상과학 소설에나 나올 법한 기발한 허구라고 치부한 냉동 보존cryonics, 의식 업로드, 나노기술 같은 아이디어에 대해, 금방이라도 실현될 것 같은 미래 프로젝트를 대하듯 진지하게 이야기하는 엔지니어라도 되는 듯한 사람이었다. 하지만 이제 닉도 일찍 출근하지 않아도 될 때면 잠에서 깨 비몽사몽 침대에 누워 꿈꾸듯 이런저런 아이디어를 곱씹기 시작했다.

몸을 최적화해야 할 시스템의 하나로 보는 프로그래밍 관점이 맘에 들었던 닉은 알코어 생명 연장 재단Alcor Life Extension Foundation에 가입했고, 체중 감량을 시작했으며, 케톤 수치를 관찰하려고 컵에 소변을 보았고, 지방 섭취를 줄이고, 삶거나 날것으로 먹을 수 있는 저지방 음식 위주로 식단을 조절했다. 다이어트 콜라를 고수하며, 비타민과 미네랄 보충제, 맑은 정신을 유도하는 뇌 기능 개선제 딥쏘트Deep Thought, 그리고 식욕 억제제 아큐트림Acutrim을 복용했다. 일주일에 두 번, 한 번에 1.6km(1마일) 수영도 했다. 여섯 달 만에 닉은 110킬로에서 80킬로까지 살이 빠졌고, 이후에도 주로 샐러드를 먹으며 체중을 유지했다.

젊고 미혼인 닉은 여성을 만날 기회를 찾아다녔고, 건강 관리에 극단적인 방식을 쓴 데는 분명 허영심이 일부 작용했을 것이다. 하지만 파스칼의 내기Pascal's Wager를 신봉하는 사람이기도 했다. 17세기 프랑스 철학자 블레즈 파스칼Blaise Pascal이 제시한 원래 개념은 종교 개념이 섞인

● 참/거짓, 1/0과 같은 전통적인 이진법적 논리 대신, 부분적인 진리를 허용하는 논리 체계.

내기였다. 곧 신이 존재한다면, 가장 좋은 선택은 신이 존재하는 것처럼 행동하여 천국에 갈 가능성을 극대화하는 것이다. 하지만 엑스트로피언의 해석은 가능한 한 오래 건강하게 살아야만, 의식 업로드나 냉동 보존 후 부활 기술이 당신이 죽기 전에 실용화될 가능성을 높일 수 있다는 것이다.

닉은 엑스트로피언이 꿈꾸는 좀 더 먼 미래에도 열정을 보였다. 나노 기술과 죽음의 정의에 관심을 가졌다.(엑스트로피언은 가끔 자신들을 '반죽음주의자'라고 불렀다.) 그는 의식 업로드가 가능해지고 성욕이 종족 번식에 더 이상 필요해지지 않으면, 성욕의 목적을 재설계할 수 있다는 개념이 마음에 들었다. "만약 내가 월급날 오르가슴을 느낀다면, 단순 숫자 나열에 불과한 돈 때문이 아니라, 일 자체에 대한 동기가 더 커질 겁니다."

닉은 캘리포니아주 쿠퍼티노에 황갈색 외관의 지붕이 높은 집으로 이사했다. 넥서스-라이트Nexus-Lite라는 의도적 공동체intentional community● 였다. 룸메이트 네 명 중에는 스테고를 개발한 로마나도 있었고, 가끔 다 같이 파티도 즐겼다. 1994년 3월 어느 토요일에는 엑스트로파갠자 Extropaganza●●라는 이름을 붙인 포틀럭 파티●●●를 열었다. 파티 참석자 중 일부는 서로 '엑스트로피언 악수'를 주고받기도 했다. 엑스트로피언스 공동 창립자인 맥스 모어가 고안한 것으로, 손가락을 엇갈리게 끼운 다음 위로 튕기듯 쏘아 올리는 동작이었다. 닉이 책벌레라는 점을 빼고, 룸메이트들은 정치적 성향 면에서는 비슷했다. 예를 들어, 로마나는 파티 중

● 　뜻을 공유하는 사람들이 자발적으로 함께 사는 커뮤니티.
●● Extropianism(엑스트로피어니즘)과 Extravaganza(떠들썩한 파티)의 합성어.
●●● 각자 음식을 가져오는 식사 모임.

에 성관계에서 상대를 지배하는 조련사dominatrix 복장을 하고 국가를 상징하며, 남자 친구는 납세자라는 이름표를 달고 목줄에 매인 채 그녀를 따라다니는 퍼포먼스를 벌이기도 했다.

엑스트로피언과 사이퍼펑크 사이에서 시간을 보내면서 닉은 점점 더 행복한 사람으로 변해갔다. 화를 내며 공격적이던 우주 개발 운동가의 모습은 사라졌다. 예의 바르고 공감할 줄 아는 사람이 되어갔다. 과거에는 조용하고 내성적이며 남과 눈을 잘 마주치지 않는 성격이었지만, 엑스트로피언들 사이에서 명석함과 함께 '착하고 온화한 사람'이라는 평이 돌았다. 다양한 주제에 대한 뛰어난 교양 덕분에, 닉을 직접 만난 적이 없는 엑스트로피언 중에는 그의 이름이 사실 닉네임일지도 모른다고 믿는 이들도 있었다.

닉은 '욕망과 야망에만 몰두하는 무임승차자' 같아 보이는 친형과 달리, 자유 지상주의를 지향하면서도 에인 랜드의 이기주의를 배척했으며, 자신을 더 큰 공동선을 위해 기꺼이 자발적으로 봉사하는 '커뮤니터리언communitarian'이라고 여겼다. 1993년쯤, 닉은 자유당Libertarian Party ●, 그리고 자유 지상주의 정치와 이별하고, '자유롭지 않은 세상에서 나 자신을 위한 자유를 만들어나간다'는 개인주의적 행동으로 방향을 틀었다.

이 시기 닉은 동전을 넣으면 초콜릿 바를 내주는 자판기처럼, 인간의 개입 없이 스스로 작동하는 암호화 기술 기반의 자동 실행 컴퓨터 코드에 특히 깊이 빠져들었다. 닉은 이를 '스마트 계약smart contracts'이라고 불렀다. 닉의 또 다른 큰 관심사는 디지털 현금과 이를 통한 온라인 시

●　개인의 자유를 극대화하고 정부의 간섭을 최소화하는 것을 목표로 1971년에 설립된 미국 정당.

장 활성화 가능성이었다. 잠깐 에릭처럼 네덜란드에서 데이비드가 개발한 디지캐시에서 일하기도 했다.

1998년, 웨이는 닉이 자유를 증진하는 다양한 기술을 집중적으로 논의하기 위해 만든 비공개 메일링 리스트 리브텍lib-tech에 처음으로 b-머니에 대한 글을 썼다. 같은 해, 닉도 해당 메일링 리스트에 자신이 구상한 비트골드bit gold를 처음으로 제안했다. 닉은 이를 '신뢰에 의존하지 않는 독립적인 디지털 화폐'라고 설명했다. b-머니와 마찬가지로 비트골드는 비트코인의 예고편이었다. 비트골드는 신뢰가 확보된 제삼자를 없애고, 사이버 공간에서 귀금속처럼 '위조할 수 없는 희소성'을 재현하려는 열망에서 비롯되었다. 비트코인처럼 비트골드는 컴퓨터 연산 퍼즐을 풀어 채굴되며, 그 해답은 컴퓨터 네트워크로 확인되고, 각 해답은 이전과 이후의 해답과 암호 방식으로 연결되고, 비트골드 역시 비트코인처럼 '채굴자miner' 개념도 포함될 계획이었다.

2008년 10월 나카모토가 비트코인 백서를 발표한 후, 닉은 비트골드와의 연관성을 직접적으로 언급하기보다는 2005년에 작성한 비트골드 블로그 글을 그해 12월에 다시 게시했다. 닉이 처음으로 비트코인이라는 이름을 언급한 것은 그 이듬해 5월로, 비트코인이 비트골드와 '매우 유사하게' 작동한다고 했다. 그는 이후 비트코인을 '비트골드 아이디어의 구현'이라고 설명하기도 했다.

그윈이 비트코인에 기술적으로 새로운 점이 전혀 없다고 했을 때, 닉은 비트코인을 옹호하고 나섰다. "암호학적 기능들을 단순히 나열한 것이 아니라, 거의 아무도 관심을 두지 않았던 목표를 이루기 위해 정교하게 얽힌 수학과 프로토콜이 복합된 시스템입니다." 닉은 또 "비트코인 같은 혁신이 더 일찍 등장할 수 없었던 가장 큰 걸림돌은 '왜'에 대한 문제였습니다. 비트코인을 대략적으로만 이해한 거의 모든 사람이 형편없는 개념이라고 생각했습니다. 저를 포함해, 웨이 그리고 또 다른 사이퍼펑크인 할 피니^{Hal Finney} 정도만이 (할이나 웨이가 실제로 나카모토가 아니라고 가정할 때) 나카모토가 나타날 때까지 그 아이디어(웨이의 경우 자기 아이디어)를 어느 정도 의미 있게 추구한, 제가 아는 유일한 사람들입니다. 암호 전문가이면서 이런 '금본위론자' 아이디어에 공감할 수 있는 자유지상주의자는 본래부터 매우 드물었습니다"라고 덧붙였다.

2011년 여름, 내가 닉에게 비트코인을 경험해봤냐고 물었을 때, 닉은 이렇게 답했다. "없습니다. 사고 싶은 건 있는데 비트코인을 받아주는 곳이 없어서요. 새로운 통화 시스템이 도입될 때 흔히 겪는 문제죠. 하지만 나카모토의 백서와 인터넷 자료들 및 소스코드는 읽어봤습니다."

웨이를 만났을 때처럼 닉에게도 단도직입적으로 물었다. 나카모토가 아무도 자기에게 직접 나카모토냐고 물어보지 않아서 실망했을 수 있다는 가능성을 배제하지 않고.

"당신이 나카모토인가요?"

"아닙니다."

내가 왜 "할이나 웨이가 실제로 나카모토가 아니라고 가정할 때"라고 했냐고 묻자, 닉은 "논리적인 추측일 뿐입니다"라고 했다. 그러면서 웨이의 b-머니 개념은 도무지 이해가 안 된다고도 했다.

나는 닉에게 몇몇 다른 나카모토 후보도 언급해봤다.

닉은 "더 이상 이 문제에 대해 이런저런 추측을 그만하고 싶습니다. 세상에 엄청난 기여를 한 인물이고, 그 보답으로 그의 사생활을 존중하고 싶습니다"라고 답했다.

하지만 닉은 할에 대한 언급은 잊지 않았다. 스티븐 호킹처럼 심각한 장애가 있다고 주의를 주면서도, 꼭 인터뷰해보라고 권했다. 할에게 연락해보라고 한 사람은 닉이 처음은 아니었다. 마이크 헌도 '깊이 있는 통찰'을 얻게 될 거라고 했고, 닉은 할을 '이런 종류의 시스템을 처음 구현한 사람'이라고 설명했다.

8장

가명으로 만난 사람들

닉과 연락을 주고받은 지 몇 주가 지나도록 답을 찾는 데는 별다른 진전이 없었고, 그 무렵 나는 세계 최초 비트코인 콘퍼런스에 참석하게 됐다. 티켓 하나를 사는 것도 여간 번거로운 일이 아니었다. 가격은 26달러였는데, 비트코인으로만 결제할 수 있었다. 나는 그냥 200달러어치 비트코인을 사기로 했다. 손에 잡히지도 않고, 눈에 보이지도 않고, 당장 쓸 데도 없는 뭔가를 코인 하나당 14달러나 주고 산다는 건, 아무래도 제정신이 아닌 것처럼 느껴졌다.

나는 비트코인 지갑 키를 잃어버려 막대한 손실을 본 스테핀 도마스처럼 되고 싶진 않았다. 먼저 도쿄에 본사를 둔 Mt. Gox에 계정을 만들었다. 당시 가장 믿을 만한 비트코인 거래소로 손꼽히던 곳이었다. 그다음 아이오와에 있는 송금 플랫폼 드월라Dwolla에 가입했다. 드월라는 내 은행 계좌를 인증해야만 입금을 받아줬는데, 이 과정에만 나흘이 걸렸다. 그 후 내 은행 계좌에서 드월라로 돈을 이체했는데, 이게 또 하루가 걸렸다. 그다음 드월라에서 샌프란시스코에 있는 거래소 트레이드힐

Tradehill로 돈을 옮겨 14비트코인으로 바꿨다. 그리고 트레이드힐에서 비트코인 네 개를 내 컴퓨터 지갑 주소로 인출한 뒤, 그중 약 2.3개를 콘퍼런스 측에 보냈다.(그 시점 비트코인 가격은 11달러 아래로 떨어져 있었다.) 남은 비트코인은 다시 트레이드힐에서 Mt. Gox로 옮겨 보관했다.

이런 게 미래의 돈이라고?

등록은 맨해튼 중심, 5번가 상업지구에 있는 브루스 와그너Bruce Wagner 의 OnlyOneTV 유튜브 채널 사무실에서 진행되었는데, 이곳에서 〈The Bitcoin Show〉라는 유튜브 채널 콘텐츠를 제작했다. 8월 말이 었고, 사람들은 거의 모두 남성이었고, 어떤 안전장치도 없고 이해하 는 사람도 거의 없어 보이는 돈에 관해 이야기하기 위해 다들 멀리서 왔 다.(6개월 전에 1달러 이하였던 1코인당 시세는 15달러까지 치솟았다.) 개빈 안 드레센은 매사추세츠에서, 제프 가직은 노스캐롤라이나에서, 스테판 토 마스는 스위스에서, 그리고 '비트코인 예수'로 알려진 비트코이너 로 저 버Roger Ver는 일본에서 왔다. 명찰을 받으려고 줄을 서 있을 때, 내 앞 에 제드 맥케일럽Jed McCaleb이 있었다. 그는 훗날 블록체인 기반 핀테 크 기업인 리플Ripple을 설립했고, 원래 자기가 가장 좋아하는 게임 카드 (Magic: The Gathering Online eXchange)를 거래하는 사이트로 Mt. Gox를 만들고 이후 매각한 인물이다. 참석자는 약 65명이지만, 브루스 는 이 행사를 '2011 뉴욕 비트코인 콘퍼런스 & 월드 엑스포'라는 이름 으로 브랜드화했다.

그날 저녁 우리는 맨해튼 서쪽 중심부 헬스키친Hell's Kitchen에 있는 허 드슨 이터리Hudson Eatery라는 레스토랑에 모였다. 브루스가 비트코인을 결제 수단으로 받는 몇 안 되는 가게라고 소개한 곳이었다. 우리는 '가 명으로 만난 사람들'이라는 이름 아래 친목을 다졌다. 다음 날, 이스트

45번가에 있는 루스벨트 호텔에서 열린 기조연설에서 개빈은 비트코인이 주류가 되어 '평범해지는' 날이 올 것이라고 내다봤고, 제프는 비트코인이 오해받기 쉬운 만큼 홍보를 강화해야 한다고 강조했으며, 스테판은 비트코인 응용 프로그램을 개발하는 것이 시급하다고 지적했다.

나는 비트코인을 딱히 혁명처럼 느끼지는 않았다. 콘퍼런스 기간 중 스테판은 비트코인을 받는 한 식당에서 결제하는 게 너무 번거로워 결국 달러로 계산하기도 했다. 그래도 행사에는 투박하지만 활기찬 에너지가 넘쳤다. 참가자들은 비트코인을 주제로 장밋빛 미래를 그려보기도 하고 서로 교류하며 나카모토에 관한 온갖 추측도 주고받았다.(이때까지도 나카모토는 내 이메일에 답하지 않았다.) 이 무렵 이미 비트코인을 둘러싼 대화에는 종교적 색채가 스며들기 시작했다. 나카모토가 채굴한 첫 번째 블록 이름은 제네시스Genesis 블록●이었고, 행사 기념 티셔츠에는 '나는 사토시다I AM SATOSHI'라는 문구가 적혀 있었다. 행사 내내 돌던 얘기는 "혹시 나카모토가 여기 우리 중에 있는 게 아닐까요?"였다.

하지만 내 생각은 달랐다. 나카모토는 이렇게 돌아다니는 사람이 아니었다.

● 제네시스는 성경의 창세기라는 의미.

로저스

닉이 나에게 소개해준 디지털 화폐 애호가 할 피니는 밝은 미소를 지닌 사람으로, 영화 〈앵커맨 Anchorman: The Legend of Ron Burgundy〉에 출연해도 손색없을 만큼 풍성하고 마치 자로 잰 듯 반듯한 콧수염을 기르고 있었다. 샌님 기질이 넘쳤고, 예전에 무료 신문에 '과학이나 기술 관련해 어떤 질문이라도 1달러에 답해드립니다'라는 광고를 낸 적도 있을 만큼, 어려운 문제에 부딪혀도 늘 호기심을 가지고 도전하는 인물이다. 1970년대 후반 비디오게임 산업 초창기, 게임 기업 인텔리비전 Intellivision사의 '스페이스 배틀Space Battle'과 아타리Atari의 '트론의 모험 Adventures of Tron' 프로그래머로 일할 당시에는 인텔리비전의 '메이저리그 베이스볼Major League Baseball' 음향 효과 제작에도 참여했다.

인텔리비전 하드웨어에는 소리를 프로그래밍할 수 있는 칩이 내장되어 있었고, 당시 동거인이자 동료인 데이비드 롤프David Rolfe는 할이 경기장 소리를 구현하려고 "파형 패턴을 파고들었다"라고 회상했다. "컴퓨터가 아직 소리를 못 내던 시대에 소리 프로그래밍 칩이 무슨 소용이 있었겠어요? 애초에 컴퓨터가 관중 소리가 어떤지 알았겠냐고요. 그 무렵 〈천국의 사도Heaven Can Wait〉라는 스포츠 코미디 영화 제작에 참여했는데, 할은 그 영화에서 관중 응원 장면에 유독 집중했고, 이후 관중의 함성, 휘파람, 에어 호른 소리까지 꽤 그럴듯하게 재현해냈어요." 할은 심지어 타자가 아웃되었을 때 심판이 외치는 "Yer out!" 소리도 제법 비슷하게 만들어냈다.

할은 언제나 퍼즐을 좋아했다. 석유 기업에서 기술자로 일하는 아버지를 따라 가족이 캘리포니아, 루이지애나, 그리고 텍사스로 이사 다니던 어린 시절부터 공책에 자신만의 비밀 문자와 숫자 암호를 만들어 적었다. 상상력이 풍부한 아이였고, 공상과학에 흥미가 많았다. 공공도서관에서 빌린 UFO 목격담에 관한 책을 밤늦게까지 읽으며, '외계인이 어둠 속 어딘가에 숨어 있는 건 아닐까?' 하는 소름이 돋는 듯한 짜릿한 상상을 하며 자랐다. 종종 '왜 나는 인류 역사 전체를 통틀어 하필 지금, 여기서 태어났을까?'라는 질문에 빠져 지내던 아이였다.

고등학생이 되어 다시 캘리포니아로 돌아온 할은 포트란FORTRAN으로 프로그래밍을 배워, 학생 데이터를 펀치카드에 저장하는 작업을 맡아 하며 재학 중이던 아카디아 고등학교의 행정업무를 도왔다. 1974년 고등학교를 수석 졸업한 후 캘리포니아공과대학교에 진학했고, 대학에서도 할은 늘 최상위권이었다. 벼락치기로도 최고의 성적을 받아내는 수재 중 수재였다. 하지만 할은 놀라운 두뇌만큼이나 밝고 친절한 성격으로도 주위에 잘 알려져 있었다. 함께 기숙사 생활을 했던 친구는 "자기 차 폭스바겐 비틀에 친구들을 잔뜩 태워 새벽 3시에 토미스 버거Tommy's를 먹으러 갔어요"라고 할을 기억했다.

할은 과학과 기술을 사랑했다. 대학 시절 캠퍼스 커플이었고 이제는 아내가 된 프랜과는 자녀와 반려동물의 이름을 별자리와 행성에서 따서 지었다. 로디지안 리지백Rhodesian ridgeback 종의 반려견 아키Arky는 목동자리Boötes에 있는 별 이름에서 따왔다. 할은 엑스트로피언스에 관심을 갖게 되면서, 관련 메일링 리스트를 통해 꾸준히 자신의 의견을 밝혔다. 대학 시절 간질 발작을 겪은 적이 있고 가족 중에도 알코올중독 이력이 있어서 술을 마시진 않았고, 건강하게 살려고 다양한 방법을 시도했다. 1년 좀 못 되게 채식을 해봤고 키토제닉ketogenic이라는 고지방 저탄수화물 식단도 시도해봤으며, 항산화 비타민 보충제를 챙겨 먹었고, 체중 관리 프로그램 웨이트워처스Weight Watchers 프로그램에도 참여했다.

할은 엑스트로피언들 사이에서 인기를 끌던, 한층 더 급진적인 선택도 했다. 1992년 10월, 할은 프랜과 함께 알코어 생명 연장 재단에 가입하려고 최근에 이사 와 살던 샌타바버라에서 로스앤젤레스 동남쪽 리버사이드까지 운전해 갔다. 알코어에는 머리만 냉동하는 '뉴로neuro'라는 상품과 좀 더 비싼 전신 냉동 상품이 있는데, 두 사람은 후자를 선택했다. 자신들이 사망하면, 언젠가 기술 발달로 다시 '활성화reanimate'될 거라는 희망으로 시신을 냉동하는 것이다. 이 둘은 각각 목걸이나 팔찌 형태로 착용 가능한 응급 인식표도 받았다. 할은 그날 이후 촘촘히 글자가 새겨진 그 철제 인식표를 항상 몸에 지니고 다녔다. 인식표에는 24시간 비상 연락 번호, 전화를 하면 보상이 주어진다는 안내, '생체 정지biostasis 매뉴얼', 그리고 '방부처리 및 부검 금지'라는 문구가 새겨져 있었다. 이는 '비활성화de-animation'된 할을 처음 발견한 사람에게 그가 냉동 보존 회원임을 알리고, 신체 보존이 지체되거나 방해되지 않도록 관련 담당자에게 연락할 수 있도록 하기 위해서였다. 프랜은 나중에 이렇게 말했다. "할은 신을 믿지 않았습니다. 미래를 믿었습니다."

할은 엑스트로피언들과 교류하며 자신의 평생을 바치게 될 프로젝트를 알게 되었다. 할은 필 짐머만이라는 사람이 세계 최초의 개인용 암호화 프로그램을 개발했다는 기사를 접했다. 누구나 개인 컴퓨터에서 실행하여 외부인이 읽을 수 없는 이메일을 주고받도록 해주는 프로그램이며, 정부가 이를 국가 안보에 대한 위협으로 간주한다고 했다. 할은 프로그램을 내려받아 실험해보고 크게 감동했다. 그 후, 할은 도서관으로 달려가 더 많은 자료를 찾아보았고, 그곳에서 데이비드 차움의 논문을 접하게 되었다. 논문에는 새로운 암호화 기술이 어떻게 온라인에서 개인의 프라이버시를 보장해주는지에 대한 개념적, 수학적 설명이 담겨 있었다. "정말 깜짝 놀랐습니다." 할은 나중에 이렇게 회상했다.

할은 암호학의 '미스터리와 역설' 부분에 매료되었다. "제가 항상 좋아하는 개념은 이해하기 힘든 걸 완전히 이해하게 되면 동시에 실용적인 능력도 갖춰진다는 점입니다." 할은 자신이 그런 것을 접할 때마다, 자기 안에서 강박에 가까운 흥미가 솟구친다는 걸 깨달았다. "절대로 머리로 어쩔 수 있는 게 아닙니다."

암호학은 할에게 마법과 같았다. 할은 팀과 마찬가지로 버너 빈지의 《진정한 이름들》과 거기 나오는 '추적 불가능한 정체들'에 푹 빠져 있었다. 할은 버너의 판타지에서 기술적 결함을 찾아내기도 했다. 또한 팀처럼 할도 암호학이 어릴 때 좋아하던 퍼즐 맞히기의 어른 버전처럼 느껴지는 동시에, 《진정한 이름들》에서 그려진 미래를 현실로 만들 수 있는 수단이 될 것임을 즉시 알아챘다. 닉네임을 예로 들면, 누구나 Secret Squirrel이라는 이름을 사용할 수 있지만, 오직 한 사람만이 공용 키와 연결된 비공개 개인 키의 소유권을 증명할 수 있다는 점을 할은 분명히 알아봤다. "제게는 너무나도 선명하게 보였습니다. 현재 우리는 개인정보 유출 문제, 컴퓨터의 지나친 확산, 대규모 데이터베이스, 중앙집중화 등의 문제에 직면해 있습니다. 그런데 데이비드는 완전히 다른 방향을 제시하고 있습니다. 정부와 기업이 아니라 개인에게 권력을 주는 방식으로요. 컴퓨터가 사람을 통제하는 대신, 보호하고 자유롭게 해주는 도구로 사용될 수 있다는 거죠."

할은 필 짐머만을 돕겠다고 자원했고, 이후 몇 년 동안 낮에는 본업을, 퇴근 후에는 아름다운 캘리포니아 센트럴 코스트에서 PGP 코드 작업을 하며 시간을 보냈다. 이후 PGP가 법적 문제를 해결하고 수익을 추구하는 회사로 성장했을 때, 할은 창립 멤버 중 한 명으로 합류했다. 퍼즐 풀기와 개인정보 보호에 대한 할의 열정을 완벽하게 결합한 이상적인 직장이었다.

편집증과 자폐적 성향이 강한 분야에서 할의 유쾌하고 평범한 성격은 돋보였다. PGP에서 함께 일했던 윌 프라이스Will Price는 1990년대 PGP에서 일했던 다른 암호학자와 비교하며 할을 추켜세웠다. '스티븐 호킹 수준의 천재'지만, 잘 안 씻고, 무료로 배포될 코드만 작성했으며, 은행 계좌가 없어서 급여를 받지 않으려 했다고 한다. "그래서 하는 수 없이 급여 대신에 컴퓨터를 드렸습니다. '미쳤다'라고까지 할 건 아니지만, 2000년 이후로 자취를 감췄습니다. 아마 산속에 들어가 살고 있을 겁니다."

할은 외적으로는 더 평범한 사람이다. 가족과 시간을 보내는 걸 좋아했고, 윌은 "정말 균형 잡힌 사람이었고, 평온하고 절대 화내는 일이 없었습니다"라고 했다. 필도 비슷한 말을 했다. "때때로 비정상적으로 똑똑한 사람들은 그 대가를 치르게 되죠. 성격이 어딘가 모가 난 구석이 있거든요. 하지만 할은 그런 대가를 치른 적이 없었습니다. 인간성, 친절

그리고 우아함을 잃지 않았어요. 영화배우 톰 행크스가《뷰티풀 데이 인 더 네이버후드A Beautiful Day in the Neighborhood》에서 연기한 프레드 로저스 Fred Rogers 목사 같은 사람이에요.”

할은 여러 면에서 전형적인 사이퍼펑크다. 실제로 코드를 작성했고 자유에 대한 신념이 강했다. 하지만 일부 동지보다는 더 사회 친화적이 었다. 그는 19세기 미국에서 노예들이 북부로 탈출할 수 있도록 도와준 비밀 조직망 ‘지하철도Underground Railroad’가 활약하던 시절에 만약 암호 학이 있었다면 노예제 폐지론자들에게 큰 도움이 되었을 거라고 말했 다. 필은 이렇게 말했다. “자유당 가입까지 하며 정부의 개입을 극도로 꺼리는 자유 지상주의자들은 보통 공감 능력이 떨어집니다. 반면, 할의 공감 능력은 훌륭했습니다.”

할은 익명성과 가명 사용에 단점이 있긴 하지만 “사회 모든 구성원에 게 실질적인 이익을 제공할 것”이라고 결론지었다. 그는 정치적 보복 에 대한 두려움 때문에 익명으로 발행한《연방주의자 논집The Federalist Papers》●을 자주 예로 들었다. 그러면 내부 고발자들과 반체제 인사들은 어떨까? 할 자신도 온라인에서 여러 가명을 사용해왔다. “제 생각에는 암호 관점에서 주장하는 무정부주의는 개인에 대한 방대한 데이터베이 스가 끊임없이 축적되는 현실에 맞설 수 있는 수단입니다. 개인이 자기 정보를 스스로 통제하는 방법이죠.” 할은《진정한 이름들》을 언급하며 이렇게 말했다. “실명이 드러나는 것이야말로 가장 큰 재앙이며, 이는 해 커와 정부 양쪽으로부터의 다양한 위협에 노출되는 것을 의미합니다.”

할에게도 이런 문제들은 결코 책상머리 이론 따위가 아니었다. 이메

● 미국 헌법의 비준을 지지하기 위해 쓰인 정치철학 에세이 모음집.

일에 실명이 언급됐다가 상사인 필이 감옥에 가는 사태로 이어질 수도 있다는 생각만으로도 감정이 북받쳤다. 자신은 이미 PGP 관련 활동 때문에 형사 처벌을 받을 가능성을 우려해 자비로 1,000달러를 들여 변호사를 고용했고, 사이퍼펑크 동료들에게도 PGP를 무기로 간주한 정부가 그들을 무기수출통제법 Arms Export Control Act 위반으로 판단하면 최대 100만 달러 벌금과 징역 10년형에 처할 수 있다고 경고했다. "정말 역겨운 일이지만, 요즘 세상에서는 아무리 조심해도 지나치지 않습니다. 왜 여러 익명 및 가명 사용자가 Pr0duct Cypher처럼 가명을 만들고 은밀하게 글을 올리는지, 충분히 이해할 수 있지 않습니까?"

사이언톨로지교 Church of Scientology●가 내부 문서를 유출한 익명 사용자를 추적하던 중, 핀란드의 한 남성이 운영하는 리메일러 remailer 서버가 급습을 당했고, 이를 계기로 할은 암호화된 익명 리메일러 중 최초의 시스템 중 하나를 직접 개발해 운영하기 시작했다. 시스템은 메시지가 여러 서버를 거쳐 전달되고, 각 서버는 오직 그 전 단계와 다음 단계의 서버 정보만 알 수 있도록 설계되었다. 또한 미국 정부가 인기 있는 소프트웨어 패키지를 수출할 때 국내 버전보다 약한 암호화를 의무화하자, 할은 이 정책의 불합리함과 상업적 약점을 부각하기 위해 동료 사이퍼펑크들에게 수출용 넷스케이프 브라우저의 암호를 뚫어보라는 과제를 제안했다. 한 팀이 한 달 만에 성공하자, 할은 또 한 번 넷스케이프 보안 해킹 과제를 띄웠고, 이번에는 단 32시간 만에 뚫렸다.

리메일러는 할이 만들고자 한 프라이버시를 존중하는 세상의 기반이었다. 하지만 그가 진정으로 몰두한 것은, 그 기반 위에 세워질 디지털

●　인간을 영적 존재로 믿고 과학기술을 통한 정신 치료와 윤회를 믿는 종교.

화폐였다. 공공의 암호 사용 권리를 둘러싼 논란으로 그의 열정은 한동안 주춤했지만, 그 권리가 어느 정도 확보되자 다시 불붙었다. 신용카드는 소액 결제에 적합하지 않았고, 카드가 없으면 이용 자체가 불가능했으며, 개인정보 보호 측면에서도 한계가 뚜렷했다. 할이 전자화폐에 주목한 것은 이런 실용적인 이유 때문이기도 했지만, 더 근본적인 이유는 은행들이 마음대로 돈을 찍어내 인플레이션을 유발한다는 데 대한 문제의식이었다.

할은 디지털 화폐 현실화에 필요한 세부 사항들을 진지하게 고민했다. 정부의 반응은 어떨까? 다른 대체 화폐는 있을까? 할은 민간 발행 화폐의 역사를 연구했고, 미국 남북전쟁 때부터 시행되어온 한 세법 규정에 따라 무거운 세금 처벌을 받았다는 사실을 발견했다. 대체 화폐와 물물교환이 국세청의 감독을 받았다는 사실도 알게 됐다. 데이비드 차움이 보유한 특허에 대한 우회 방법도 연구했다. 할은 또한 정부를 우회하는 시스템에서도, 종이 화폐를 디지털 화폐로 전환하는 그 지점이 정부가 통제력을 행사하는 '검문소'가 될 것이라는 점을 예견했다.

할은 법망을 피할 수 있는 단기적 방법으로 '교육용 게임' 개발을 상상했고, "이러한 게임을 구현하려는 사람은 해당 게임을 익명으로 (사실 가명으로) 출시하는 것을 고민해볼 만합니다. 이렇게 하면 처벌하려는 입장에선 단일 처벌 대상이 사라지게 되는 겁니다"라고 말했다.

몇몇 뜻이 맞는 사이퍼펑크와 함께, 할은 새로운 화폐의 이름을 두고 여러 가지를 떠올렸다. '크립스cryps', '크라이뎃crydets', '이머니emoney', '이캐시ecash' 같은 아이디어도 있었고, 할은 데이비드의 성에서 따온 '차움스Chaums'를 제안하며, "데이비드가 특허 침해로 우리를 고소하진 않겠죠!"라고 비꼬기도 했다. 또 다른 아이디어 회의 후, 할은 'CRypto cASH'의 철자를 조합한 '크래시(CRASH)'라는 이름을 제안했다.

다들 이런저런 새로운 디지털 화폐 시스템을 제안할 때마다, 할은 격려하거나 취약점을 지적하며 일관된 피드백을 제공했다. 데이비드가 컴퓨터에 설치된 변조 방지 암호화 하드웨어를 통해 이중 지불을 막는 방식을 제안했을 때, 할은 '방향이 잘못됐다'라고 생각했지만, 데이비드의 디지캐시를 시험 삼아 사용해보는 데는 적극적이었다. Pr0duct Cypher가 '매직 머니Magic Money' 시스템용 소프트웨어를 게시했을 때, 할은 "와! 대단한 작품이네요!"라고 칭찬했다. 이틀 후, 할은 매직 머니가 보안상의 결함이 있다는 의견을 공유했다.

할은 디지털 화폐의 외관에 대해서도 고민했다. 그는 미국 구지폐를 다룬 오래전 출간된 책을 읽으며 어떤 지폐들이 '놀라울 정도로 아름답다'는 사실을 깨달았다. Pr0duct Cypher에게 보낸 답장에서, 할은 '아름다우면서도 희소한 디지털 화폐' 개발에 대한 가능성을 물었다. 특정한 수량에 발행 연도를 찍는 방식을 상상했다. 디지털 화폐는 본래 실체 없이 인터넷상에 존재하는 정보 조각들이지만, 할은 '지폐마다 기하학적이고 정교한 패턴의 무늬를 적용하는 방식'처럼, 개별 화폐 단위를 시각적으로 표현하는 방법도 제안했다. "조금만 더 고민하면, 매직 머니의 자연스러운 아름다움과 희소성을 감상할 수 있는 뷰어 프로그램을 만들 수 있을 것 같습니다. 디지캐시를 진지하게 수집하는 이들에게도 그 뷰어 프로그램은 필수 아이템이 될 겁니다."

디지털 화폐 침체기인 2000년대 초반, 할은 문제 해결에 집중한 몇 안 되는 사람 중 하나였다. 문제를 해결하는 데 자신의 자유 시간을 대부분 쏟을 만큼 집착했다. 2004년, 할은 닉이 제안한 비트골드를 자신의 방식으로 구현한, 재사용가능 작업 증명Reusable Proofs of Work, RPOW 방식을 발표했다. 비트골드에서 제안된 작업 증명 방식을 그대로 사용하면서도, 암호화를 활용해 보안성과 희소성을 확보했다. 신뢰할 수 있는 제삼자를 대신해, 참가자 컴퓨터에 탑재된 특수 하드웨어를 통해 시스템을 분산화하고자 한 것이다.

RPOW는 크게 주목받지 못했지만, 4년 뒤 나카모토가 비트코인을 발표했을 때 Metzdowd 메일링 리스트에서 이를 처음으로 칭찬한 사람이 바로 할이다. 할은 나카모토에게 소스코드에 대한 피드백을 건넸고, 나카모토가 2009년 1월 9일에 비트코인 소프트웨어를 출시했을 때 할의 컴퓨터는 블록을 공유하고 거래를 검증하는 두 번째 컴퓨터, 곧 노드node가 되었다. 할은 자신의 트위터에 '달리고 있는 비트코인'이라고 적었다.

그 트윗은 할의 새로운 취미를 언급한 것이기도 했다. 주로 앉아서 하는 일이 많았던 할은 중년에 접어들며 몸무게가 77킬로에서 113킬로까지 늘었고, 비만 진단을 받은 뒤 다이어트를 시작해 하프 마라톤에 출전했다. 할은 73킬로까지 살을 뺐고, 2009년 초에는 몸 상태가 최고였으며 첫 마라톤을 준비 중이었다.

10장

긍정적 사고

　비트코인 관련 트윗을 올린 지 한 달 뒤, 할은 달리기 기록이 나아지지 않는 걸 느꼈다. 예전보다 쉽게 지치고 쥐도 더 자주 났다. 할과 함께 달리던 프랜은 예전과 달리 대화하며 달리는 걸 버거워하는 그를 봤다. 그 점을 언급하자, 할은 평소답지 않게 짜증 섞인 말투로 "뛰면서 어떻게 말을 해"라고 쏘아붙였다.

　할은 자신의 말이 술 취한 사람처럼 가끔 뭉개져 나오는 걸 느꼈다. 오른손은 자주 떨렸다. 물리치료사인 프랜은 무언가 잘못됐다는 걸 직감했다. "내가 뭐랬어요. 병원 가보자고 했잖아요." 5월에 로스앤젤레스 마라톤에 출전한 할은 오른쪽 다리에 쥐와 경련이 너무 심해져 20킬로미터 지점에서 멈추고 말았다.

　1979년 결혼한 이후로 할과 프랜은 결혼기념일마다 함께 자전거를 탔다. 결혼한 햇수만큼 1.6킬로미터(1마일)씩 늘여가며 달리자고 약속했다. 올해는 결혼 30주년이었고, 두 사람은 산루이스오비스포^{San Luis Obispo}의 한 호텔에서 출발해 대략 50킬로미터를 잡고 2인용 자전거 여행에 나섰다. 하지만 처음으로 할이 너무 힘들어해 완주할 수 없었다. 일주일 뒤, 할은 루게릭병ALS 진단을 받았다.

할의 목소리는 점점 약해졌고, 발음이 흐려졌으며, 손에 힘도 약해졌다. 할은 "제 목소리와 손에서 처음 증상이 나타나는 게 정말 짜증 나고 걱정됩니다. 제가 가장 자주 사용하고, 가장 중요한 출력 채널인데 말입니다"라고 온라인 커뮤니티이자 블로그인 레스롱 커뮤니티에 걸맞은 표현을 써 자신의 상황을 적었다.

할은 루게릭병에 걸린 사람 중 90퍼센트 이상이 더 이상 스스로 호흡할 수 없을 때 죽기를 원한다는 사실에 놀랐다. 할은 전혀 그럴 생각이 없었다. 인공호흡기를 달고라도 살아갈 작정이었다. 할은 델라웨어 대학교 음성 연구소에서 제공하는 무료 음성 은행 서비스의 도움을 받아 자신의 목소리를 땄고, 그렇게 저장된 목소리를 합성기로 재생할 계획이었다. 할은 스티븐 호킹이 루게릭병을 앓았던 40년 동안 뺨 근육을 떠는 방식으로 분당 열 단어를 쓸 수 있었다는 이야기를 읽은 적이 있었다. 할은 레스롱에 이렇게 썼다. "저도 아마 코드를 작성할 수 있을지도 모릅니다. 그리고 제 꿈은 마비된 몸으로도 오픈소스 소프트웨어 프로젝트에 이바지하는 것입니다. 정말 가치 있는 삶이 될 겁니다."

그해 12월, 프랜은 루게릭병 퇴치를 위한 기금을 모으는 릴레이팀의 일원으로 샌타바버라 국제 마라톤에 참가했다. 프랜은 기록 장치를 할에게 건넸고, 두 사람은 할이 지팡이를 짚고 전 구간 중 마지막 3킬로미터를 함께 걸었다. 할은 어릴 때부터 스키를 타서 가장 난코스인 더블 블랙 다이아몬드 코스를 넘나들고 공중 묘기까지 펼칠 만큼 실력이 뛰어났지만, 그해 12월 마지막으로 스키를 탔을 때 초보자용 슬로프를 지켰고 리프트에 오르고 내리는 것조차 힘겨워했다.

할은 자신의 운명을 매우 긍정적인 태도로 받아들였다. 필은 그런 할을 영국 코미디 그룹 몬티 파이선Monty Python이 출연한 영화에서 흘러나오던 노래 〈항상 인생의 밝은 면을 보라〉에 비유했다. 병이 꽤 진행된 뒤 필이 할의 집을 찾았을 때, 할은 이렇게 말했다. "이제는 책 읽을 시간이 좀 더 생겼어요."

할은 레스룽에 이렇게 적었다. "루게릭병 환자는 하나같이 이 병이 얼마나 끔찍한지, 더는 할 수 없는 일이 얼마나 많은지 이야기합니다. 하지만 아무도 이제껏 한 번도 해보지 못한 새로운 일들을 할 수 있게 됐다는 사실은 보지 못하는 것 같아요. 저는 전동 휠체어를 써본 적도 없고, 눈으로 컴퓨터를 조작해본 적도 없고, 제 목소리를 흉내 내도록 훈련된 음성 합성기를 써본 적도 없습니다. 루게릭병 환자 포럼 같은 곳에서 이런 게 기대된다고 하면 저보고 다들 미쳤다고 할 거예요. 하지만 여기 계신 분들은 이해해주실 겁니다."

의자에서 일어날 수 없게 됐다고? 그건 전동 보조 의자와 지지대 하나면 충분히 해결됐다. 원래 타자가 빨랐던 할은 오른손을 쓸 수 없게 되자 왼손만으로도 빠르게 타이핑하는 법을 익혔다. 왼손마저 힘이 약해져 이번엔 손가락에 부목을 대 두 손가락으로 타이핑했다. 쓸 수 있는 손가락이 딱 하나 남았을 때도 그 손가락 하나로 타이핑했다. 손을 완전히 쓸 수 없게 된 뒤에는 눈동자 추적 장치로 갈아탔다. 눈 근육마저 약해지자, 한 번에 네 글자 중 하나만 고를 수 있는 간소화된 입력 방식의 화면으로 바꿨다. 휠체어 생활로 욕창이 생겨 누군가의 도움을 받아 수시로 자세를 바꿔야 하는 상황에 이르자, 할은 시선 추적 소프트웨어로 휠체어를 조종할 수 있는 시스템을 직접 만들어냈다. 그때를 프랜은 이렇게 기억했다. "그 장치를 만들며 정말 신나했어요. 그게 할에겐 말 그대로 최고의 기쁨이었죠. 자기가 즐거워하는 일로 뭔가를 성취하면, 늘 정말 행복해 보였던 사람이에요."

2011년 8월, 내가 할에게 연락했을 때 할은 눈동자 추적 장치만으로 의사소통할 수 있었다. 그런데도 그는 내 이메일에 친절하게 답장을 보내왔다. 할은 비트코인이 계속 향상될 것이라고 예상했고, 그 과정에 "다양한 버전 간 분열과 경쟁이 초래될 수 있다"라고 했다. 비트코인이 중요한 역할을 하게 되면서 국제 화폐 시스템이 더 복잡해질 것으로도 기대했다. 또한 더 이상 채굴할 수 있는 비트코인이 없고, 비트코인의 무결성을 유지하기 위한 경제적·기술적 유인이 바뀌었을 때, 시스템의 안정성이 흔들릴 수 있다고도 봤다. 비트코인과 그 후속 프로젝트들이 지속적으로 직면할 문제들에 대해서도 우려했고, "비트코인을 통해 얻는 교훈은 참담한 컴퓨터 보안의 현주소일 겁니다. 디지털 화폐를 도난으로부터 지켜내는 일이 예상보다 훨씬 어렵다는 사실이 입증된 거죠"라고 했다.

나는 할이 사토시 나카모토인지 물었다. "아니요, 저는 나카모토가 아닙니다. 앞으로 살날도 얼마 안 남은 입장에서, 비트코인처럼 세상을 바꿀 수 있는 잠재력이 있는 무언가를 만들어낸 장본인이라면 얼마나 좋겠어요. 또 제 정체를 밝혀도 잃을 것이 없지 않겠습니까? 저는 나가모토가 아닙니다."

나는 웨이가 나카모토일 가능성에 대해서도 물었다. "저는 웨이를 오랫동안 알고 지냈습니다. 아주 뛰어난 사람이고, 비트코인처럼 창의적인 무언가를 만들어낼 능력이 충분히 있는 사람입니다. 하지만 저는 나카모토의 글쓰기 스타일이 웨이와는 다르다는 인상을 받았어요."

할은 나카모토의 정체에 대한 추가 질문을 정중히 거절했다. "찬물을 끼었고 싶지는 않습니다만, 전 무언가를 과도하게 추측하는 걸 별로 안 좋아합니다. 나카모토는 분명 자신의 사생활을 중요하게 생각하는 사람이고, 아마도 그의 창작물에 대한 존경과 감사의 마음을 표현하는 가장 좋은 방법은 그의 뜻을 존중하는 일일 겁니다.”

11장

거품을 터뜨릴 뾰족한 핀

11년 뒤, 마이애미. 어느 저녁 콜린스 애비뉴를 따라 호텔로 걸어가던 중, 반대편에서 빠른 걸음으로 지나가는 대머리에 붉은색 머리의 남자가 눈에 들어왔다. 나는 깜짝 놀라 또 한 번 그를 쳐다봤다. 안경을 쓰고, 반바지에 반팔 셔츠, 양말을 신고 검정 컨버스 운동화를 신고 있었다. 나는 뒤돌아 멀어지는 그 뒷모습을 바라봤다. 저 사람, 설마?

내 뒤에 걷고 있던 한 남자가 말했다. "방금 그 사람, 애덤 백이에요. 저도 순간 다시 쳐다봤어요."

세 친구와 함께 반대 방향으로 걷고 있던 한 남자가 말했다. "그 사람, 몰타에 개인 섬이 있다던데, 맞죠?"

4월 어느 목요일, 비트코인 2022 콘퍼런스 기간이었다. 최근 마이애미는 미국에서 가장 암호화폐 친화적인 도시로 자리 잡았고, 약 2만 6,000명이 행사에 참석했다. 2011년만 해도 무명의 암호학 컨설턴트였던 애덤은 이제 자신이 공동 창립한 30억 달러 규모의 블록체인 인프라 기업, 블록스트림Blockstream의 수장이 되어 있었다. 다음 날, 애덤이 무대에서 발표를 마친 뒤, 암호화폐 전문 매체 기자들과 팬들은 그를 에 워싼 채 질문하고 사진촬영을 요청했다. 10년 전만 해도 무명 프로그래 머였던 사람들이 이제는 업계 슈퍼스타가 되어 있었다.

비트코인은 처음에 컴퓨터 분야를 넘어서는 데 시간이 좀 걸렸고, 그 제약을 벗어난 후에도 크게 주목받지 못했다. 2012년 〈굿 와이프The Good Wife〉라는 드라마에는 미국 정부가 비트코인 창시자를 '불법 온라 인 화폐'를 만든 혐의로 추적하는 내용이 있다. 〈심슨 가족The Simpson〉 에서는 광대 크러스티Krusty the Klown가 비트코인에 투자했다가 파산하 는 이야기가 그려졌다. 2013년 말, 비트코인이 거래 화폐인 다크웹 장 터 실크로드가 폐쇄되었고, 창립자 로스 울브리히트Ross Ulbricht는 체포 됐다. 2014년에는 내가 남아 있던 비트코인 7개를 보관해두었고, 안전 하고 신뢰할 수 있다고 믿었던 Mt. Gox가 85만 비트코인을 분실하며 결국 파산 절차에 들어갔고, 소유주 마크 카펠레스Mark Karpelès도 체포 되었다. 마크는 절도 혐의는 벗었지만, '전자 기록 위조'로 유죄 판결을 받았다.

비트코인의 변동성은 투자자들에게는 흥미로웠고, 대부분의 사람에 게는 두려운 측면이었다. 급격한 변동성의 첫 사례는 2011년 일어났다. 1달러에서 32달러, 그리고 다시 2달러로 급등과 급락을 했다. 2013년 초에는 13달러에서 260달러로 상승한 뒤, 일주일도 채 되지 않아 50달 러까지 곤두박질쳤다. 그해 후반, 100달러가 채 안 됐던 코인당 가격은 1,100달러 이상까지 솟구쳤지만, 12월에는 불과 몇 주 만에 가치가 절 반이 증발했다. 하지만 극단적인 가격 상승과 하락, 여러 차례의 해킹과 사기 사건에도 비트코인의 가치는 어쨌든 상승했다.

비트코인이 점차 더 널리 받아들여진다는 신호들도 곳곳에서 나타나기 시작했다. 2014년, 미국 상원은 '실크로드를 넘어: 가상화폐의 잠재적 위험, 위협, 약속'이라는, 의외로 희망적인 청문회를 열었다. 리처드 브랜슨Richard Branson은 자신의 우주기업 버진 갤럭틱Virgin Galactic이 '혁명을 일으키고 있는' 비트코인을 결제 수단으로 받겠다고 발표했다. 빌 게이츠는 비트코인을 '흥미롭고', '통화보다 나은', 그리고 '기술적 걸작'이라고 평가했다. 1년 후, 웹 브라우저를 처음 개발한 뒤 벤처 투자자가 된 마크 앤드리슨Marc Andreessen은 이렇게 말했다. "우리는 20년 후, 비트코인을 지금의 인터넷처럼 이야기하게 될 것이라고 확신합니다." 차츰 비트코인이 해킹되지 않는 시간이 길어졌고, 그 존재감도 점점 더 확고해졌다.

이제 비트코인이 세상에 나온 지 13년이 지난 시점, 비트코인 한 개의 가치는 6만 5,000달러를 넘었고, 비트코인은 훨씬 더 거대한 산업의 일부가 되었다. 한때 암호학을 뜻하던 '크립토Crypto'라는 단어는, 암호학자들의 불만 속에 이제는 암호화폐를 뜻하게 되었다. 놀랍게도 2011년 당시 존재했던 유일한 암호화폐인 비트코인을 변형하거나 응용한 형태로 현재는 1만 6,000개가 넘는 암호화폐가 존재하며, 총합산 가치는 최근 3조 달러를 넘어섰다. 미국인 가운데 86퍼센트가 암호화폐에 대해 들어본 적이 있고, 16퍼센트는 사용하거나 거래하거나 투자해본 적이 있다.

그렇다고 사람들이 비트코인을 이해한다는 뜻은 아니었다. 나도 11년 동안 이해해보려 애써왔지만, 여전히 확신이 없었다. 사람들은 "비트코인이 뭐예요?"라고 물었지만, 간단히 답할 수 있는 질문이 아니었다.

하루는 장인이 이렇게 물었다. "비트코인이 왜 가치가 있는 건가?"

나는 "그러면 금은 왜 가치가 있죠?"라고 되물었다.

장인은 짜증 섞인 눈빛으로 말했다. "내가 이 질문만 하면 왜 다들 되묻기부터 하지?"

플로리다행 비행기에서, 나는 뱅크오브아메리카^{Bank of America}에서 디지털 자산 관련 일을 하는 남자와 비트코인 채굴자에게 대출을 해주는 남자 사이에 앉았다. 두 사람 모두 최신 암호화폐 프로젝트들의 빠른 변화와 역동적인 흐름에 비하면 비트코인은 매력이 떨어진다며 '지루하다'고 표현했다. 디파이^{DeFi}(탈중앙화 금융), NFT(대체 불가능 토큰), 다오^{DAO}(탈중앙화 자율 조직) 같은 실험은 이더리움^{Ethereum} 블록체인에서 주로 일어났다. 하지만 비트코인의 이러한 '지루함'이야말로 가장 먼저 주류 암호화폐가 될 수 있는 이유이기도 했다. 마이애미에서는 와이오밍주 상원의원 신시아 루미스^{Cynthia Lummis}가 비트코인 관련 법안을 주제로 한 대담을 할 예정이었고, 폭스^{Fox} 뉴스의 터커 칼슨^{Tucker Carlson}은 비트코인을 50억 달러 이상 보유한 기업 마이크로스트래티지^{MicroStrategy}의 마이클 세일러^{Michael Saylor}와 인터뷰를 진행할 예정이었다. 출입증을 받으려고 줄을 서 있다가, 파나마에 살며 파라과이의 외진 지역에서 수력발전으로 비트코인을 채굴한다는 두 남성과 대화를 나눴다. 비트코인 로고 색깔인 주황색 옷을 맞춰 입은 커플도 눈에 띄었다.

건물 안을 돌아다니는 사람들은 내가 10년 전 콘퍼런스에 참석했을 때보다 남성 비율이 약간 낮기는 했지만, 이번에 만난 남성들은 좀 더 반항적인 분위기를 풍겼다. 나는 지나치면서 본 티셔츠와 후드티에 적힌 문구들을 메모했다.

표현의 자유 절대론자

비트코인 vs 전 세계

2층 긴 복도에서 나는 카펫에 떨어진 쓰레기처럼 보이는 물건을 자세히 살펴보았다. 여기저기 뜯겨나간 5달러짜리 지폐였다. 누군가가 잘게 찢어놓았는데, 아마도 달러에 대한 반감에서 비롯된 짜증이거나, 아니면 즉흥 예술 행위일지도 모른다.

'로스를 석방하라!'라는 큰 팻말이 있었다. 실크로드 창립자이자, Dread Pirate Roberts라는 이름으로 활동하다 감옥에 갇힌 로스 울브리히트를 석방하라는 청원서에 백만 명의 서명을 받으려는 것이었다. Dread Pirate Roberts는 《프린세스 브라이드Princess Bride》의 등장인물로, 어떤 이들이 나카모토에 대해 갖고 있는 개념처럼 한 개인이 아니라, 한 사람에서 다른 사람에게 넘어가는 정체성을 상징했다.

비트코인이 더 주류가 된 걸까? 아니면 주류가 더 비트코인처럼 변한 걸까? '주체적인 개인이 되는 법'이라는 제목의 패널에는 B를 팔뚝에 새긴 유명한 크립토 인플루언서 로버트 브리드러브Robert Breedlove, 당시 미국 NFL 미식축구팀 버팔로 빌스Buffalo Bills의 쿼터백인 맷 바클리Matt Barkley, 그리고 암호화폐 하드웨어 지갑● 제조업체인 렛저Ledger의 CEO

● 　암호화폐를 송금하거나 거래할 때 필요한 개인 키를 보관하는 장치.

파스칼 고티에Pascal Gauthier가 참여했다. 파스칼은 손가락 여섯 개에 반지를 끼고 있었다.

자기 주권은 비트코인의 자유 지상주의적 정신의 궁극적 확장 개념이었다. 패널리스트들이 이야기하는 것을 들으면서, 나는 그 이념이 비트코인의 시작에 필요했을 것이라는 점에는 동의했지만, 계속해서 비트코인 문화의 지배적인 이념으로 남아 있는 것은 오히려 걸림돌이 된다고 느꼈다. 비트코인은 팬도 많았지만, 그만큼 비판하는 사람도 많았다. 강경한 자유 지상주의는 일반인에게는 거부감을 주었다. 인간에 대한 신뢰가 너무 부족해서 기계들로 이루어진 네트워크를 신뢰한다는 측면은 뭔가 음침하고 실망스러웠다. 대부분의 사람은 은행, 경찰, 공공 서비스에 의존하는 것을 선호했다. 반자동 소총을 들고 지켜내는 무정부 상태의 석유 시추 시설에서 아이들을 홈스쿨링하고 싶어 하는 사람은 적었다.

게다가 피해 사례가 속출하자 암호화폐가 더 나은 해결책이라고 주장하기는 어려웠다. 할이 우려했듯이, 비트코인이 초창기에 겪은 심한 가격 변동, 범죄, 예기치 못한 사고 같은 문제들이 오히려 더 빈번해졌다. 이제 비트코인의 가치는 훨씬 높아졌고, 그만큼 위험도 커졌다. 웨일스에 사는 한 남자는 당시 시세로 3억 2,000만 달러에 달하는 8,000비트코인의 키가 담긴 하드디스크 드라이브를 실수로 버렸고, 지난 9년 동안 그걸 찾으려고 쓰레기 매립지를 파헤쳐왔다.

비트코인을 지켜주는 유일한 수단이 문자와 숫자로 된 문자열뿐이라면, 폭력은 필연적일 수밖에 없다. 네덜란드에서는 38세의 비트코인 투자자가 자기 집에서 복면, 방탄조끼, 경찰 제복을 입은 강도들에게 습격당했다. 그는 경찰에, 강도들이 네 살 난 딸이 보는 앞에서 자신을 한 시간 넘게 고문했다고 진술했다. 이들은 그의 손을 등 뒤로 묶고, 머리에

총을 들이대고, 샤워기 호스로 물고문하고, 전동 드릴로 다리와 발에 구멍을 일곱 군데나 뚫고, 목을 매다는 등 온갖 잔혹한 방법을 다 썼다.

비트코인 맥시멀리스트(또는 맥시maxi)로 불리는 비트코인 열성 지지자들은 자신들이 주류에서 밀려날 위험이 있는데도, 그런 위험 요소들이 '일반 대중normy'에게 어떻게 받아들여지는지에는 무관심한 듯 보였다.

"옳소!"

그 소리는 내 오른쪽에서 들렸다. 거기 앉아 있던 남자가 앞으로 몸을 기울여 열중하고 있었다. 중앙 통로 반대편에는 프랑스 일렉트로닉 듀오 다프트 펑크Daft Punk처럼 짙은 쉴드가 내려진 오토바이 헬멧을 쓴 남자가 있었다. 익명성이 현실 세계로 옮겨온 모습이었다.

렛저 CEO 파스칼은 전 세계 70퍼센트가 민주주의 국가에 살지 않는다고 말했다.

"와!" 내 옆에 앉아 있던 남자가 외쳤다.

그 후, 거리에서 나는 루드비히 폰 미제스Ludwig von Mises, 머리 로스바드Murray Rothbard, 프리드리히 하이에크Friedrich Hayek 같은 자유 지상주의 경제학자들의 이름이 적힌 팻말을 들고 있는 남자를 지나쳤다. 그 근처에서는 이번 콘퍼런스와 일부러 시기를 맞춘 총기 애호가들이 모여 있었다. 암호화폐에 반대하는 보기 드문 그래피티도 있었다. '엿먹이라, 암호화폐. 다단계 사기고 시시하다.'

점심 식사 후, 페이팔을 창립했고 이후 벤처 투자가로 변신한 피터 틸의 연설이 예정되어 있었다. 사토시 나카모토는 마치 투명 인간처럼 어디에나 존재했다. 주요 연설과 패널 토론이 진행된 나카모토 스테이지Nakamoto Stage에는 사토시 나카모토의 글에서 발췌한 내용들이 회전하며 나타나는 화면들이 양쪽에 배치되어 있었다. 화면에 나타나는 글귀들은 다이아네틱스Dianetics● 같은, 외부인에게는 진부하게, 내부인에게는 심오하게 느껴졌다.

"만약 금이 도난당했을 때 납으로 변한다면?"

"이걸 일반 대중이 이해할 수 있게 설명하는 건 정말 힘듭니다. 비교 대상이 전혀 없거든요."

"20년 뒤엔 비트코인 거래가 폭발적으로 늘어나 있거나, 전혀 없을 겁니다."

"비트코인 네트워크는 비정형적 단순함 덕분에 오히려 견고합니다."

틸이 무대에 오르기 전, 1999년에 촬영된 영상이 먼저 나왔다. 화면에서는 지금보다 훨씬 젊고 마른 틸이 온라인 화폐의 미래에 대해 열정적으로 이야기하고 있었다. 그는 중산층 모두가 인터넷이 가능한 휴대전화를 갖게 되면, 중국이나 인도 같은 나라는 통신망을 차단하거나 통화 주권을 포기해야 할 상황에 놓이게 될 것이라며, 5년 안에 그런 일이 벌어지리라 예측했다.

곧이어 흰색 폴로 셔츠를 입은 틸이 무대 오른쪽에서 등장했다. 그는 앞줄을 향해 100달러짜리 지폐 뭉치를 툭 던지며 말했다. "이런 게 아직도 통한다는 게 좀 말이 안 되지 않나요?" 그러곤 관중에게 물었다. 시가총액 8,130억 달러에 달하는 비트코인이 12조 달러 규모의 금을 왜 아직 대체하지 못 했느냐고. 틸은 비트코인이 법정 화폐 시대의 종말을 알리는 일종의 경고라고 했다.

틸은 'BTC vs ETH'라는 문구가 적힌 슬라이드를 띄웠다. 당시 이

● 사이언톨로지의 이론으로, 사람의 정신적 트라우마가 현재의 감정과 행동에 영향을 미친다고 주장함.

더 ether는 두 번째로 가치 있는 암호화폐였다. 'BTC' 위에는 카메라를 향해 기관총을 겨눈 남성의 사진이 있었고, 'ETH' 위에는 보라색 바지를 입고 한껏 어정쩡한 모습을 한 이더리움 창립자 비탈릭 부테린 Vitalik Buterin의 사진이 있었다. 비트코인은 기술적으로 혁신적이고 우수한 동시에, 정치적 운동이기도 하다고 틸은 말했다. 그리고 그 길을 가로막고 있는 건 '이 운동의 적들'이라고 덧붙였다.

"그 적들을 공개하며 제 연설을 마칩니다. 비트코인을 막고 있는 사람들 리스트입니다." 틸은 그들을 폭로하고 싶다고 했다. 자신이 '적 1호'라고 부르는 사람의 사진을 슬라이드에 띄웠다. 워런 버핏 Warren Buffett이었다. 버핏은 현명한 투자 전략으로 유명했고, 컨트랙트 브리지 contract bridge 카드 게임을 사랑하고, 자신의 모든 재산을 기부하기로 약속했다고 알려져 있었다. 하지만 틸이 볼 때, 그런 버핏에게는 어두운 면이 있었던 모양이다. 틸은 버핏을 '고향 오마하에서 사회적으로 고립된 할아버지'라고 불렀다.(버핏의 죄는 비트코인을 '쥐약'이라고 한 것이었다.) '적 2호'는 금융기업 JP모건 체이스의 CEO 제이미 다이먼 Jamie Dimon이었다. 틸은 그를 '편향된 뉴욕 은행가'의 대표적 인물로 꼽았다.(다이먼은 비트코인을 '쓸모없는 것'이라고 깎아내린 실수를 저질렀다.) '적 3호'는 자산운용사 블랙록 BlackRock의 CEO 래리 핑크 Larry Fink였다.(핑크가 저지른 죄는 명시되지 않았다.) 이 세 사람을 54세의 틸은 '장로정치 집단'이라고 불렀다. 틸은 이 노인들을 '혁명적인 청년 운동'을 상징하는 야자수가 무성한 마이애미 사진과 대조했다. 그리고 이렇게 말했다. "우리는 이 콘퍼런스를 박차고 나가 세상을 정복해야 합니다!"

그 넓은 공간에 있던 청중이 환호성을 질렀다. 틸이 이 연설을 한 시점쯤, 틸의 투자 회사가 8년 동안 보유해온 비트코인 상당량을 매도했다는 사실이 나중에 밝혀졌다.

틸은 연설을 마무리하며, 자신이 언급한 '적들'이 사실은 '국가의 연장선'에 불과하다고 말했다. 반면, 비트코인은 기업이 아니며 이사회도 없다고 강조했다. 틸은 또 이렇게 덧붙였다. "우리는 나카모토가 누구인지 모릅니다."

나는 벤처 투자자이기도 한 친구 앤디와 함께 밖으로 나갔다.

"대단하네." 앤디가 고개를 저으며 말했다.

'우리는 나카모토가 누구인지 정말 모른다.' 2011년, 그는 소수의 커뮤니티만 관심을 보인 실험적 화폐의 무명 프로그래머였다. 그러나 10년 후, 그는 시가총액 1조 달러 프로젝트의 전설적인 창립자가 되었다. 시가총액 기준, 비트코인은 테슬라 바로 아래, 메타(페이스북) 바로 위로, 세계에서 아홉 번째다. 나카모토가 아직도 자신의 정체를 밝히지 않았다는 그 사실 자체도 대단하다. 그리고 이제 그는 엄청난 부자다.

컴퓨터공학자 세르히오 데미안 러너^{Sergio Demian Lerner}는 초기 블록체인을 정교하게 분석한 결과, 약 110만 비트코인이 동일한 장비로 채굴되었으며, 그 장비는 아마도 나카모토의 것으로 추정했다. 그 당시 그 비트코인들의 가치는 약 400억 달러에 달했다. 나카모토는 비트코인 최대 보유자였고, 그 가격에 막대한 영향을 미칠 수 있는 사람이었다.

2021년 봄, 암호화폐 거래소 코인베이스^{Coinbase}가 개장과 동시에 860억 달러의 시가총액을 기록했을 당시, 코인베이스가 미국 증권거래위원회^{SEC}에 제출한 투자 설명서에는 나카모토의 신원이 공개되거나 그가 보유한 비트코인이 이동하는 경우를 잠재적 위험 요소로 명시했다. 나카모토가 누구인지, 그의 동기와 의도가 무엇인지 따져봐야 할 이유는 충분했다. 틸 역시 2000년 앵귈라섬에서 열린 금융 암호학 콘퍼런스에 참석한 사람 중에 나카모토가 있었을지도 모른다고 추측했다.

회의장 밖에는 비트코인에 열광하는 청년들이 우르르 몰려다녔고, 혁명적인 열정, 마이애미가 풍기는 향락적 분위기, 그리고 금융과 기술에 대한 진지한 논의가 독특하게 혼합된 분위기였다. 나는 앤디에게 최근 다시 나카모토를 밝혀내고 싶은 열정이 불붙었다고 했다. 앤디는 왜 그렇게 작게 말하냐고 물었다. 나는 여전히 낮은 목소리로, 비트코인 세계에서 나카모토 미스터리는 결점이 아니라, 오히려 꼭 필요한 기능적 특성이라고 설명했다. 비트코인이 진정으로 탈중앙화하려면, 순수한 출발점 같은 요소가 필요했다. 비트코인에 일부 집단에서만 환영받는 특정 정체성을 지닌, 결함 있는 '인물'이 존재한다면, 비트코인이 그 자체로 받아들여지고 대중적으로 확산할 가능성은 낮아질 수밖에 없다.

그래서 비트코이너들 사이에서 나카모토라는 가명은 신성시되었고, 그에 대한 추적은 금기시되었다. 일부는 비트코인 창시자가 세금 회피 혐의로 기소되거나 자신의 비트코인 자산을 노린 신체 공격을 피하려고 숨어지내리라 추측했지만, 일반적인 견해는 그가 이타적인 행동을 했다는 것이었다. 극성 비트코이너들은 나카모토를 추적하는 일을 일종의 신성모독으로 간주했으며, 마치 사이언톨로지 교도가 제노^{Xenu} ● 에 대해 질문을 받는 것과 같다고 여겼다.

또한 나카모토의 정체를 파헤치려던 기자들 때문에 빚어진 불미스러운 일도 많았다. 지나치게 자신만만하거나 쉽게 믿었다가 망신당한 기자들이 있었고, 소송에 휘말려 10만 달러 이상을 물어낸 기자도 있었다. '살해 협박'을 받은 기자도 있었다. 한 일반인은 언론의 무분별한 취재

● 사이언톨로지에서 신과 같은 존재.

로 삶이 송두리째 망가졌다. 비트코인에 집착하는 기자들에 대한 전반적인 반감이 생겨난 것도 무리가 아니었다. 이는 암호화폐에 대한 주류 언론의 보도 전반에 깔린 대중의 경멸적 시각과 맞물려 있었다. 비트코인의 몰락을 성급하게 단정한 기사들을 모아놓은 사이트 '비트코인 오비추어리Bitcoin Obituaries'에는 440편이 넘는 기사가 올라와 있었고, 내가 2011년 〈와이어드〉지에 기고한 '비트코인의 흥망성쇠The Rise and Fall of Bitcoin'도 있었다.

하지만 내가 마이애미에 온 가장 큰 이유는 그날 오후 늦게 열리는 닉 사보의 강연을 듣기 위해서였다. 오후가 반쯤 지난 시각, 짧고 희끗해진 머리의 닉은 나카모토 스테이지에 성큼성큼 올라섰다. 셔츠는 바지 밖으로 꺼내 입었고, 머리에 무선 마이크를 달고 있었다.

온라인 밖 세상으로 나온 닉은 조명과 관심을 꺼리는 듯 보였다. 예외가 있다면, 질문 없는 슬라이드 중심의 발표 정도였는데, 그조차도 마치 직접 나와 읽어주는 블로그 글 같았다. 1년 전, 〈하퍼스〉지 기자가 닉의 강연을 언제고 꼭 한번 보러 가겠다고 하자, 닉은 이렇게 답했다. "저에게 따로 접근하지는 말아주세요."

닉이 강연을 시작했다. "오늘 저는 지금의 비트코인이 있게 해준 여러 가지 꿈과 아이디어에 관해 이야기할 것입니다. 그런 꿈을 꿨던 주인공들은 BB(비트코인 이전) 시대 사람들로, '자유 지상주의적 꿈'을 실현하는 데 이바지한 사람들입니다. 예를 들어, '돈의 정치적 중립'과 '계약의 비폭력적 이행' 등이 그분들이 꾸었던 꿈입니다." 닉은 비트코인의 길을 열어준 여러 컴퓨터공학자에게도 경의를 표했다. 탈중앙화 원칙을 중심으로 비트코인의 기원을 설명한 셈이었다.

닉 뒤 배경 화면에 운석들이 달을 가로지르는 장면을 보여주는 등, 주최 측이 강연을 화려하게 꾸미려 애썼지만, 닉의 발표는 다양한 이름과 핵심적인 내용들을 딱딱하게 나열하는 데 그쳤고, 풍부하고 자세한 설명은 빠져 있었다. 닉은 사이퍼펑크와 엑스트로피언들, 그리고 옛 친구들인 팀 메이와 할 피니에 관해 이야기할 때만큼은 확실히 생기 있게 보였다. 내가 가장 듣고 싶은 것은 비트코인 역사에서 닉이 자신을 어떻게 이야기할 것인가였고, 나는 닉이 사토시 나카모토라고 확신했다.

나카모토 연구

2011년 말, 내가 〈와이어드〉에 기사를 냈을 때, 기자 두 명이 이미 사토시 나카모토일 수 있는 인물들을 지목했다. 〈더 뉴요커〉의 조슈아 데이비스Joshua Davis는 나카모토가 경험 많은 암호학자일 것이라 보고, 이 분야의 연례 학회인 크립토Crypto가 열리는 캘리포니아주 샌타바버라를 직접 찾았다. 그곳에서 그는 머리가 긴 23세의 아일랜드 청년 마이클 클리어Michael Clear를 어렵사리 찾아냈다. 마이클은 나카모토가 갖췄을 법한 조건들을 여러 가지 충족하고 있었다. 암호학을 전공한 대학원생이고, 영국식 철자를 쓰며, 개인정보 공개에 신중한 성격이었다.(마이클이 다녔던 트리니티칼리지 프로필 페이지에는 동기들과 달리 사진도, 전화번호도 없었다.) 피어 투 피어 네트워크를 연구하던 그는 컴퓨터공학 학부 시절 학과 수석을 차지한 수재였고, 통화 거래용 소프트웨어 개발에도 참여한 경험이 있었다.

강의가 열리던 건물 앞 계단에서, 조슈아는 마이클이 비트코인이 작성된 언어인 C++로 코딩할 줄 안다는 중요한 사실을 알게 되었다. 하지만 조슈아가 "당신이 나카모토입니까?"라고 노골적으로 묻자, 마이클은 웃기만 했고 대답은 하지 않았다. 대신 비트코인의 설계를 검토해보겠다고 했다. 일주일 뒤, 마이클은 조슈아에게 이메일을 보내 자기가 나카모토의 정체를 알아낼 수 있을 것 같다고 했다. 마이클은 분명히 '사토시 나카모토는 누구인가'라는 수수께끼에 빠져든 듯했지만, 동시에 복잡한 감정도 내비쳤다. 그는 조슈아에게 이렇게 조언했다. "익명으로 남기로 한 사람이나 사람들은 그 결정에 큰 뜻이 담겨 있을 텐데, 그 정체를 공개하는 것은 옳지 않은 일일 겁니다." 그러면서 '여러모로 나카모토의 프로필과 일치하는 한 사람'의 이름을 제시했다.

그 사람은 핀란드의 가상화폐 연구자인 빌리 레돈비르타Vili Lehdonvirta인데, 나카모토냐는 질문에 그 역시 웃으며 자신은 C++를 잘 다루지 못하고 암호학 경험도 없다고 대답했다. 조슈아는 빌리의 해명을 믿었고, 다시 마이클에게 돌아가 결국 마이클 자신이 나카모토냐고 물었다. 이에 마이클은 "저는 나카모토가 아닙니다. 하지만 제가 나카모토라 해도, 절대 당신에게 말하지 않았을 겁니다"라고 했다. 그리고 마이클은 비트코인 커뮤니티에서 일종의 유행어처럼 떠돌던 말을 꺼냈다. 나카모토의 정체는 중요하지 않다는 것. 바로 그것이 탈중앙화 화폐의 본질이라는 얘기였다. 우두머리가 없다는 것이 가장 큰 특징이었다. 조슈아의 기사가 나온 후, 마이클은 자신이 나카모토가 아니라고 강력히 부인했다. 당시 조슈아에게 애매하게 대답한 건 '농담'이었다고 해명했다. "저는 다른 사람의 창의와 노력에 대해, 아주 간접적인 형태로라도 공로를 인정받는 일은 절대 용납할 수 없습니다."

한편 〈패스트 컴퍼니〉의 기자 애덤 페넌버그Adam Penenberg는 놀라운 유사점을 하나 발견했다. 과거 스티븐 글래스Stephen Glass의 언론 사기를 폭로한 적이 있는 그는 이번에도 나카모토의 정체에 흥미를 느껴, 나카모토가 쓴 글에서 독특한 표현을 골라 검색해보기로 했다. 그중 하나인 '계산상 되돌리기 거의 불가능한'이라는 문장을 검색하자, 흥미로운 결과가 나왔다. 바로 그 표현이 들어 있는 보안 통신 방식에 대한 특허 출원서가 검색된 것이다. 출원일은 2008년 8월 15일, 나카모토가 bitcoin.org 도메인을 등록하기 딱 3일 전이었다. 페넨버그는 "이건 정말 기막힌 우연입니다"라고 썼다. 특허에는 세 명의 이름이 공동 저자로 올라가 있었다. 뮌헨에 사는 닐 킹Neal King과 찰스 브라이Charles Bry, 그리고 뉴저지에 사는 블라디미르 옥스만Vladimir Oksman이었다. 페넨버그는 이들과 관련된 다른 우연의 일치들도 발견했다. 브라이는 bitcoin.org 도메인이 '핀란드 인터넷 기업'을 통해 등록되기 6개월 전에 핀란드를 방문한 적이 있고, 킹의 페이스북에는 월스트리트를 비판하는 글들이 넘쳐났으며, 아마존에 킹이 남긴 서평들은 나카모토의 포럼 글을 연상시킨다는 것이 페넨버그의 판단이었다. 킹이 영국식 철자를 쓰지는 않았지만, 페넨버그는 이미 나카모토가 자신을 쫓는 이들을 헷갈리게 하려고 일부러 영국식 표현을 '미끼'처럼 심어두었다고 믿었다.

페넨버그가 브라이에게 연락했을 때, 컴퓨터공학자인 브라이는 "제가 나카모토가 아니라는 말씀을 드리게 돼서 죄송합니다. 실망하셨죠?"라고 하며, 나머지 특허 공동 출원자 둘도 나카모토가 아니라는 걸 '절대 확신'한다고 했다. 킹은 페넨버그에게 자신들 특허의 초점이 비트코인과는 매우 다르다고 하며, "'사토시 나카모토는 누구인가'라는 질문을 듣기 전까지 비트코인에 대해 들어본 적이 없다"고 말했다. 이제 여기저기서 비트코인에 대해 알게 된 킹은 비트코인이 '해결해야 할 문제가 없는 해결책'이라고 생각한다고 덧붙였다.

페넨버그는 킹의 주장이 설득력 없다고 생각했다. 페넨버그는 나카모토를 찾았다고 주장하지는 않았지만, 자신의 정황 증거가 조슈아가 찾은 증거보다 훨씬 더 설득력 있다고 믿었다. 나는 페넨버그에게 동의할 수밖에 없었고, 페넨버그나 조슈아처럼 구글링으로 특이한 문구를 찾는 방법을 생각해내지 못한 나 자신을 원망했다.

이후 2년 동안, 이제 막 시작된 '나카모토 연구'에 이렇다 할 진전은 보이지 않았다. 그러던 중 2013년 12월 1일, 스카이 그레이Skye Grey라는 사토시 나카모토를 연상시키는 닉네임을 사용한 누군가가 새로 개설된 블로그인 LikeInAMirror에 '사토시 나카모토는 (아마도) 닉 사보'라는 제목의 글을 올렸다.

그레이는 페넨버그처럼, 비트코인 백서에서 눈에 띄는 표현을 골라내 인터넷 검색을 했다. '타임스탬프 서버timestamp server'나 '신뢰할 수 있는 제삼자trusted third party' 같은 표현들이 있었고, 검색 결과 닉이 작성한 비트골드 관련 글들이 나왔다. 그레이는 나카모토가 닉의 글을 충분히 읽고 비슷한 방식으로 글을 썼을 가능성을 인정하면서, 글에서 드러나는 말투나 문장 구성처럼 기술적인 내용과는 관련 없는 표현에도 주목했다.

결과는 비슷했다. 그레이는 닉의 글에 자주 등장하는 몇 가지 표현을 암호학 관련 학술 문헌과 비교해가며, 몇 가지 흥미로운 사례를 지적했다. 예컨대 "반복적으로 등장하는 쉼표 없이 쓴 '물론the problem of course is' 같은 표현," "닉의 블로그에서 자주 등장하는 '~와 같은 특징이 있다can be characterized'라는 표현(암호학 논문에서는 1퍼센트 비율로 나타남)," 그리고 "가설을 설명할 때 사용하는 '취지상for our purposes'이라는 표현(암호학 논문에서 1.5퍼센트 비율로 등장)"등이었다.

그레이는 닉이 백서를 썼거나, 아니면 누군가 닉의 글쓰기 스타일을 모방해서 썼을 것이라고 주장했다. 하지만 나카모토가 사용한 영국 영어식 철자 'favour'가 닉의 글에서는 보이지 않는다는 점도 주목했다. 그레이는 "이 논문은 여러 명의 저자가 썼을 가능성이 매우 높다"고 결론지었으며, 아니라면 페넨버그가 믿었듯이 위장하려는 목적으로 영국식 철자를 의도적으로 포함했을 가능성도 있다고 보았다.

그레이는 다른 증거들도 닉을 가리킨다고 생각했다. 왜 백서에는 애덤 백과 웨이 다이만 인용되었고, 분명히 직접적인 영감을 준 닉 사보는 빠졌을까? 왜 닉은 탈중앙화 디지털 화폐를 가장 오래 지지해왔는데도 비트코인이 출시된 후 몇 달이 지나서야 비트코인을 인정했으며, 그나마도 자신의 긴 논문 끝부분에 간단하게만 언급하고 말았을까? 그레이는 2008년 4월, 백서가 발표되기 6개월 전 닉이 블로그에 "(복잡한 보안 시스템을 구현하지 않고도, 신뢰할 수 있는 제삼자를 활용하는 방식 등을 통해) 시연하거나, 실험적인 시장에서 테스트해본다면, 비트골드는 더 큰 성과를 거둘 수 있습니다. 저와 같이 코드로 구현해볼 사람 없나요?"라고 쓴 데 주목했다. 또한 비트코인이 출시되자, 불과 몇 달 전까지만 해도 닉이 적극적으로 밀던 비트골드 프로젝트가 '완전히 잠잠해졌다'고 강조했다.

그레이는 어쨌든 백서 작성을 주도한 사람은 닉이라고 주장했다. 어쩌면 비트코인의 코딩은 다른 사람이 했을지 모른다고도 보았다. "비트코인을 발명한 나카모토 같은 인물이라면, 남의 아이디어에 의지해 모든 자원을 쏟아붓기보다는, 그 아이디어의 원조 격인 사람에게 먼저 연락했을 겁니다."

그레이는 훗날 "단순한 호기심 때문이었죠. 저는 미스터리를 좋아하거든요"라고 밝히며 조사에 나선 동기를 설명하면서도, 그다지 호응은 긍정적이지 못했음을 인정했다. "세상에 엄청난 영향을 미치기 시작한 순간부터, 익명으로 남을 권리는 없는 거 아닐까요?" 그레이는 조사 결과를 공개한 이유가 "비트코인을 만든 사람이 '나쁜 사람'일지도 모른다는 우려를 해소하기 위해서였다"고 덧붙였다.

영국 코미디언이자 금융 관련 도서 작가인 도미닉 프리스비Dominic Frisby는 나카모토가 갖추었을 법한, '컴퓨터 코딩, 수학, 데이터베이스, 회계, 피어 투 피어 시스템, 디지털 소유권, 법, 스마트 계약, 암호학, 그리고 화폐 역사' 같은 일련의 전문적 기술에 주목했다. 그는 비트코인 출시 방식이 오픈소스 기술 스타트업에 대한 경험이 있다는 걸 보여준다고 봤다. 소프트웨어의 철통 방어 능력은 보안에 능숙한 해커를, 나카모토의 문체는 작가를, 그의 가명은 비밀을 지키는 데 능숙한 사람을 나타냈다. 나카모토는 인내, 예지력, 겸손, 성실, 그리고 인간 심리에 대한 예리한 통찰을 보여주었다. 비트코인 같은 걸 만들 동기가 있고, 그것을 어디에 어떻게 공개해야 할지에 대한 감각까지 갖춘 사람은 자유 지상주의자나 사이퍼펑크뿐이라는 것이다. 프리스비는 P2P foundation 웹사이트에 나카모토가 생일이라고 등록한 1975년 4월 5일에 주목했다. 4월 5일은 1933년 프랭클린 루스벨트Franklin D. Roosevelt 대통령이 미국 시민의 금 보유를 불법화한 날이고, 1975년은 미국인이 다시 금을 보유할 수 있게 된 해다. 프리스비는 또한 2007년, 42세의 나이로 법대를 졸업한 닉이 또 다른 큰 프로젝트를 시작할 시간이 있었다고 언급했다.

프리스비의 정황 증거는 설득력이 있었지만, 정작 닉은 이렇게 말했다. "왜 저를 나카모토라고 생각하고 신상을 터셨죠? 뭐 익숙한 일이긴 합니다만." '신상 털기doxing'라는 표현은 원래 누군가의 주소나 주민등 록번호 같은 개인정보를 공개하는 것을 의미했는데, 이제 신원에 대한 추측만으로도 충분히 신상 털기라고 느끼는 닉 같은 사람들이 생겨날 정도로, 나카모토의 정체는 세간의 큰 관심사였다.

그레이와 프리스비가 찾아낸 증거들 모두 설득력이 빈약했다. 두 사 람은 나카모토가 학술 논문 형식을 빌려 비트코인을 발표했다는 점과, 그의 온라인 활동이 여름철에 눈에 띄게 늘었다는 점을 크게 강조했다. 그레이는 "닉은 상당한 논문 발표 경력이 있는 교수다"라고 썼다. 하지 만 닉은 교수가 아니었고, 과거에도 교수였던 적이 없었다. 또한 닉은 학문적인 스타일로 폭넓은 주제에 대해 블로그 글을 쓰긴 했지만, 학술 적인 출판물을 낸 적은 전혀 없었다. 심지어 그레이가 명백한 증거라고 해석한 '전자 서명'이나 '암호학적 증명' 같은 용어들은 암호학에서는 아주 흔한 용어였다.

다음 해, 〈뉴욕타임스〉 기자 너새니얼 포퍼Nathaniel Popper는 타호 호수 Lake Tahoe 근처의 한 헤지펀드 매니저 집에서 열린 업계 모임에서 닉에 게 직접 물어볼 기회를 잡았다. 포퍼는 암호화폐 전문 기자로 초대받았 고, 닉은 비트코인 관련 신생 스타트업인 바우럼Vaurum 직원 자격으로 참석했다. 만찬 전 칵테일 시간에 나카모토 얘기가 나오자, 닉은 옆에 있던 사람들에게 이렇게 말했다. "확실히 말씀드리는데, 저는 나카모토 가 아니고, 대학 교수도 아닙니다." 이후 포퍼가 닉을 주방으로 데려가 더 깊이 캐묻자, 닉은 이렇게 인정했다. "겹치는 점이 워낙 많다 보니, 저 도 그렇고 다른 사람들도 그게 좀 이상하게 느껴질 수 있습니다." 이후 닉은 포퍼에게 이메일을 보내 분명히 선을 그었다. "이미 여러 차례 말씀드렸지만, 이런 추측은 듣기 좋긴 해도 사실이 아닙니다. 저는 나카모토가 아닙니다." 그로부터 얼마 후, 포퍼는 닉이 '대중의 관심을 받는 것에 불안감을 느껴' 바우럼을 그만뒀다고 보도했다.

그레이, 프리스비, 그리고 포퍼 모두 닉이 2008년 10월 이후 자신의 오래전 비트골드 관련 글을 다시 게시한 사실을 지적하며, 비트코인 이후에 작성된 것처럼 보이게 해 자신에게 의혹이 집중되는 것을 막으려 했다고 주장했다. 하지만 〈뉴욕타임스〉가 실리콘밸리 관계자들이 나카모토라고 믿는 사람으로 닉을 지목한 이후에도, 구체적인 증거가 부족해 그 주장은 설득력 없는 모호한 가설일 뿐이었다.

2022년 봄, 내가 나카모토인지 물어본 지 11년이 지났고, 나에게도 그리고 이후 다른 사람들에게도 닉은 거듭 부인했지만, 닉에 대한 의심은 가시지 않았다. 세상은 여전히 닉이 마치 나카모토인 것처럼 대했고, 그 방식은 기이했다. 과테말라의 프란시스코 마로킨 대학교는 그의 〈디지털 계약과 디지털 화폐에 대한 연구〉를 언급하며 그에게 명예 박사 학위와 교수직을 수여했다. 팟캐스터 팀 페리스Tim Ferriss는 그를 '암호화폐의 조용한 거장'으로 소개하며 두 시간 반 동안 인터뷰를 진행했는데, 닉이 프로그램에 출연한 분명한 배경에 대해 한 번도 언급하거나 질문하지 않았다. 닉은 특별할 것 없는 이야기를 반복했지만, 사람들의 관심은 늘 충만했다.

그 누구보다도 닉이 나카모토일 거라는 증거가 더 많았지만, 다른 후보들이 등장하며 닉은 어쩐지 묻혀가는 듯했다. 하지만 오히려 시간이 지나면서 닉에게 주목해야 할 여러 가지 이유가 추가됐다.

어나니머스

　내가 새롭게 제시하는 닉이 나카모토라는 첫 번째 증거는 더 이상 그의 부인을 그다지 신뢰하지 않게 되었다는 점이다. 과거 닉의 말을 믿었던 나는 순진했다. 닉이 정직했는지 아닌지와는 별개로, 가명을 쓰던 사람이 결국 정체가 드러난 사례를 많이 접하게 되었기 때문이다.

　1996년, 영문학 교수 도널드 포스터Donald Foster는 문체의 유사성을 근거로, 빌 클린턴Bill Clinton의 1992년 대선 캠페인을 소재로 사실에 허구를 약간 덧댄 베스트셀러 소설《프라이머리 컬러스Primary Colors》의 익명 저자 '어나니머스Anonymous'가 바로 기자인 조 클라인Joe Klein이라는 사실을 밝혀냈다. 클라인은 격분하며 강하게 부인했다. 그는 〈뉴욕타임스〉 기자에게 "맙소사, 정말로 제가 쓴 게 아닙니다!"라고 소리쳤고, 60초짜리 자동응답 메시지로 자신이 저자가 아니라는 말을 남기기도 했다. 평론가로 활동하던 CBS 뉴스에서도, 몸담고 있던 〈뉴스위크〉 동료들에게도 부인했고, 결국 〈뉴스위크〉는 다른 후보자들에 대한 추측을 기사로 내보내기까지 했다. 하지만 끝내 클라인은 자신이 바로 '어나니

머스'라고 인정했다.

마크 펠트Mark Felt FBI 전 직무대행 부국장은 워터게이트 사건을 파헤친 〈워싱턴포스트〉 기자 밥 우드워드와 칼 번스타인Carl Bernstein에게 비밀 제보를 해준 딥 스로트Deep Throat가 자신이 아니라며 반복해서 자세하게 부인했다. 펠트는 법정 위증죄를 알면서도 딥 스로트가 아니라고 증언했다(하지만 이내 진술을 철회했다). 그는 〈월스트리트저널〉과 한 인터뷰에서 딥 스로트가 여러 사람을 합성한 인물일 수 있다고 주장하기도 했다. 자신의 회고록에서 펠트는 "나는 우드워드와 번스타인에게, 또는 누구에게도 정보를 유출한 적이 없다!"고 강조했다. 그러나 수년 후, 번스타인의 아들 제이컵이 여름 캠프에서 만난 친구가 〈하트퍼드 쿠란트Hartford Courant〉지에 제이컵이 펠트를 딥 스로트라고 했다고 하자, 펠트는 〈하트퍼드 쿠란트〉지에 "아니다. 내가 딥 스로트라면 더 잘했을 것이다. 더 효과적이었을 것이다"라고 말했다. 결국 펠트도 자신의 실체를 인정했다.

이런 사람들은 '일관되게' 부인했다. 우드워드는 나중에 이렇게 회상했다. "펠트의 반복적인 부인은 슬프게도, 위기에 처한 사람이나 자신이 위기에 처했다고 믿는 사람은 자기를 보호하고 빠져나오기 위해 무엇이든 말한다는 사실을 확실히 해줄 뿐이었습니다. 살다 보면 우리는 모두 자기 삶의 여러 가지 모습 중 어떤 한 가지에 몰두하게 됩니다. 단순화와 반복을 거치며 그 이야기는 굳어지고, 우리는 그 정체성을 고수하려 들죠." (우드워드는 자신이 하는 말의 뜻을 잘 알고 있었다. 그는 〈워싱턴포스트〉 동료인 리처드 코언Richard Cohen에게 딥 스로트는 펠트가 아니라고 거짓말을 하여, 코언이 펠트를 딥 스로트로 지목한 칼럼을 쓰지 않도록 막았다.) 애초에 익명으로 남기로 한 동기가 있고, 그 익명을 유지하는 불편을 감수할 수 있다면, 이를 부인하는 일 정도는 사소한 것이다.

나카모토의 정체를 밝혀내려는 시도가 낳는 혼란은 공개 키 암호화의 공동 개발자인 랠프 머클의 사례를 통해 잘 드러난다. 그의 연구는 비트코인 백서에 인용된 여덟 편의 참고문헌 중 하나였고, 그가 고안한 데이터 구조인 '머클 트리Merkle tree'는 블록체인의 블록을 구성하는 데 핵심적으로 사용됐다. 당연히 그는 나카모토 후보 명단에 이름을 올렸다.

한 인터뷰에서 그 질문을 받은 머클은 "저는 나카모토가 아닙니다"라고 말했다.

"그럼, 명단에서 당신 이름은 빼도 되겠네요?"

"물론입니다. 그런데 진짜 나카모토가 '네, 제가 나카모토예요'라고 말할 거 같아요?"

"그럼, 자신이 정말 나카모토라고 해도 말 안 하시겠네요?"

"어림도 없죠."

뒤늦은 깨달음의 과시

많은 추가적인 단서가 닉을 지목했다. 나카모토의 작전 보안^{operational security, OPSEC} • 수준은 인터넷이 개인정보를 식별할 수 있는 모든 방식을 깊이 고민하고 실제로 그것을 우회할 수 있는 기술을 연습해온 사람만 구현할 만한 수준이었다. 비트코인 출시 전에 나카모토의 코드를 검토한 암호학자 레이 딜린저^{Ray Dillinger}는 이렇게 말했다. "그의 익명 유지 능력은 사실상 타의 추종을 불허합니다. 나카모토 외에는, 인터넷상에서 자신이 원할 때 정말로 신원을 숨길 수 있는 사람을 본 적이 없습니다."

닉은 비트코인이 등장하기 훨씬 전인 15년 전부터 인터넷상 신원 보호 문제를 고민해왔다. 닉은 1993년 동료 사이퍼펑크들에게 이렇게 말했다. "이런저런 인터넷 가명을 써본 제 짧은 경험에 비추어보면, 진짜 이름^{True Name}을 암시하는 단서를 남기지 않기 위해 늘 신경을 곤두세워야 하니 정작 다른 일에 집중하기가 힘듭니다. 공유 파일에서부터 맞춤

• 자신의 활동이나 정보를 적에게 노출하지 않기 위해 취하는 모든 조치.

법 오류 및 습관까지 모든 게 잠재적 위험 요소죠. 위험은 도처에 도사리고 있어요. 지금 우리가 가진 도구들만으로는, 결연한 의지를 가진 적을 상대로 오랜 시간 동안 가명을 유지하는 건 사실상 불가능에 가깝고, 기본적인 보안 수준조차 유지하는 것도 꽤 번거로운 일입니다."

닉은 자신이 나카모토가 아니라고 계속 부인해왔지만, 극구 부인하지는 않았다. 비트코인 백서에서는 닉의 명백한 영향이 언급되지 않았다가, 이후 나카모토가 비트코인톡 커뮤니티에서 "비트코인은 1998년 사이퍼펑크 커뮤니티에 발표된 웨이 다이의 b-머니와 닉 사보의 비트골드의 구현이다"라고 밝힌 점은 뭔가 석연치 않았다. 닉의 아이디어가 비트코인에 끼친 영향은 너무 분명해서, 2008년 말 Metzdowd 메일링 리스트에서 처음으로 나카모토에게 응답한 사이퍼펑크 제임스 도널드는 비트코인을 '비트골드 코인'이라 부르기도 했다. 하지만 이에 대해 할 피니는 비트코인에 관한 여러 궁금증을 해결하는 가장 좋은 방법은 비트코인의 소스코드를 공개하는 것일 수 있다고 말하면서 이렇게 답했다. "비트골드라는 이름으로 SourceForge에 프로젝트가 하나 개설되어 있긴 하더군요. 다만 아직 코드는 올라오지 않았습니다."

닉은 왜 자신의 작업이 비트코인 백서의 참고문헌에서 누락된 것에 대해 단 한 번도 불쾌함을 드러내지 않았을까? 겸손해서라면, 적어도 할을 위해 "맞습니다. 할의 RPOW가 백서에 인용되지 않은 건 이상하네요"라고 말할 수는 있었을 것이다. 그는 "제가 이루어낸 일이 아닙니다. 저의 C++ 실력은 나카모토에게 한참 못 미칩니다"라고 말한 적도 없다. "사람들이 왜 저를 나카모토라고 생각하는지는 이해하지만, 이제 그 소문은 접어두죠. 2008년과 2009년에 직장 상사도 있었고, 그때 사귀던 사람도 있었습니다. 둘 다 제가 당시 하루 12시간씩 전혀 다른 일에 매달리고 있었고, 제가 수년간 노력했지만 성공하지 못한 일을 나카모토가 해냈을 때 미치도록 부러워했다는 것도 증언해줄 수 있습니다"라고 말한 적도 없다.

닉은 누구에게도 명확하게 설명할 의무는 없었지만, 자신이 나카모토일 수도 있다는 여러 추측을 인정한 적이 거의 없었다는 그 사실 때문에 의심이 끊이지 않았다. 결국 사람들은 그가 나카모토일 수도 있거나, 아니면 다들 그렇게 생각해도 닉 자신은 크게 신경 쓰지 않는다는 인상을 심어준 셈이다.

닉의 침묵만큼 의심을 증폭시킨 이유는 침묵과는 정반대되는 닉의 몇 가지 행동 때문이었다. 그윈 브랜원이 비트코인이 그렇게 혁신적이지 않다고 주장했을 때, 닉은 그 주장에 대해 '뒤늦은 깨달음의 과시'에 불과하다며 조목조목 반박했다. 또 실리콘밸리의 투자자 발라지 스리니바산Balaji Srinivasan이 비트코인 창시자 이름을 딴 텔레그램 방에서 조정 권한을 행사했을 때, 닉은 그를 '나카모토의 이름이 자기 재산인 양 굴면서, 그 이름을 이용해 사람들을 검열하는 딱한 기업 문화에 젖은 사람'이라며 조롱했다. 그리고 닉은 분명히 자신을 암호화폐의 창시자로 생각하며 이렇게 말한 적도 있다. "정부가 개입하지 않는 화폐의 오랜 역사가 있었기에 신뢰를 최소화한 암호화폐의 창안도 가능했다."

2022년, 나는 닉이 남긴 수많은 인터넷 글을 깊이 들여다보면서, 비트코인 창시자의 말투나 사고방식이 곳곳에서 울려 퍼지는 듯한 느낌을 받았다. 나카모토는 한번은 이렇게 적었다. "제 말을 믿지 않거나 이해하지 못한다면, 저도 설득할 생각은 없습니다. 미안합니다." 또 한번은 "이해하지 못한다면 더 이상 도와줄 수 없습니다"라고도 썼다. 2011년에 닉이 나에게 보낸 장문의 이메일을 다시 읽어봤을 때도, 나카모토처럼 마침표 다음에 공백 두 칸을 띄웠고, 'BTW(By the way)' 같은 인터넷 속어도 사용했다. 닉은 나카모토처럼 칼 멩거Carl Menger의 이론이나 존 내시John Nash의 균형equilibrium 이론에서 나오는 어휘와 개념을 자연스럽게 인용하며 즐겨 사용했다.

나카모토는 이렇게 쓴 적이 있다. "이 설계는 제가 수년 전에 고안한 다양한 형태의 거래를 폭넓게 지원합니다. 에스크로 거래●, 보증 계약, 제삼자 중재, 다자 서명 거래 등이 포함되죠." 닉은 이미 1994년에 "저는 온라인 데이터 서비스용 계약서 작성과 거래 설계 기술에 특히 관심이 많습니다"라고 썼고, 중년에 이르러서는 그 관심을 좇아 3년간 법대로 돌아가는 길을 택하기도 했다.

미래의 돈에 대해 말은 무성했지만, 비트코인이야말로 최초의 실제로 작동하는 탈중앙화된 디지털 화폐 시스템이었다. 닉은 언제나 자신의 꿈에 현실적인 엄격한 기준을 적용해왔고, 비현실적인 이상주의자들을 '헬로 키티 같은 작자들'이라고 부르며 경멸했다. 지금 당장 실현 가능성을 수치로 분석하며, 모든 논의를 실용적인 관점에서 바라봤다. 우주 프로젝트는 시장 논리에 기반해야 한다고 확신했다. "먼저 사람들의 필요를 충족시키면, 사람들이 올 것입니다. 복지 사업이 아닙니다."

1990년대 초, 닉은 가진 돈 대부분을 퀄컴Qualcomm과 오르비털 사이언스Orbital Sciences 같은 우주 기술 선두 기업에 투자했다. 사람들이 자신을 '고지식한 회계사bean counter'라고 부르는 걸 불쾌해한 닉은 소행성을 이동시켜 금성을 지구처럼 만드는 계획에 필요한 현금 흐름 분석을

● 거래 당사자 사이에 제삼자, 곧 에스크로 중개자가 개입해 물품이나 서비스가 제대로 전달될 때까지 돈이나 자산을 보관해주는 방식의 거래.

엑셀 시트로 제시했다. 닉은 무엇이든 과학적 가능성뿐만 아니라, 경제적 가능성까지도 알고 싶어 했다. "현실은 꿈을 깨는 대신, 우리가 꿈을 실현할 방법을 알려줍니다."

닉은 화폐의 기원에 대해서도 깊이 있는 연구를 해왔다. 마치 고고학자처럼 실물 화폐를 다루며, 달팽이 껍데기 구슬, 타조알 껍데기, 매머드 상아처럼 역사적으로 화폐 역할을 해온 다양한 형태의 물건에 매료되었다. 과거 북미 인디언이 화폐로 사용했다는 왐펌wampum이라 부르는 조개껍데기 염주에서 유래한 'shell(돈, 원래 의미는 조개)', 'shell out(큰 지출을 하다)' 같은 속어 표현도 즐거운 탐구 대상이었다. 또한 닉은 19세기 자유 은행 시대●에, 인디애나주의 분 카운티 은행Boone County Bank이나 그레이트 웨스턴 철도회사Great Western Railroad Company 같은 민간 기업이 발행한 지폐들을 수집했다. 닉은 이 시기 화폐에 정치인 얼굴이 없는 점을 특히 높이 샀다.

닉이 나카모토일지도 모른다는 주장이 나올 때마다 반복적으로 제기된 반론 중 하나는 그가 프로그래머로 알려지지 않았다는 점이다. 하지만 닉은 대학에서 컴퓨터공학을 전공했고, 졸업 후에도 여러 소프트웨어 관련 직종에서 일한 경력이 있었다. 나는 인터넷 초기의 흔적들을 뒤지다가, 1990년대 초반 어느 시점에 닉이 자신을 "소프트웨어 아키텍처 및 엔지니어링 경험이 풍부하고, 해킹 실력이 뛰어나며, C/C++와 MS-DOS에 능숙하다"고 자랑한 글을 찾아냈다. 책상 위에 C/C++ 관련 서적만 최소 여섯 권은 올려놓는다고도 언급했다. 또 다른 글에서는

● 1837~1864년, 미국 자유 은행법을 기반으로 연방 정부의 통제를 받지 않고 민간 은행이나 보험사 등이 자체 지폐를 발행하던 시기.

"저는 코드를 꽤 잘 짜는 편입니다"라고 쓰기도 했다.

닉이 일본어를 공부한 적이 있고, 일본 문화에도 관심이 많았다는 사실도 발견했다. 사토시 나카모토의 이니셜 SN은 닉 사보의 이니셜을 거꾸로 놓은 것과 같았고, 이는 일본과 헝가리에서 성이 먼저 오는 이름 규칙과 맞아떨어졌다. 헝가리에서는 Nick Szabo는 Szabo Nikolas가 되고, 일본에서는 Szaboshi Nickamoto 정도가 된다.

2017년 팀 페리스의 팟캐스트에 출연했을 때도 닉은 수상쩍은 발언을 했다. 인터뷰 도중 닉은 이렇게 말실수했다. "제가 비트코…… 금, 비트골드를 이중 구조로 설계했죠." 닉은 마이애미 강연에서도 비슷한 말실수를 했다. "제가 구현…… 아니, 설계한 비트골드에서는…….."

어떻게 닉이 나카모토가 아닐 수 있겠는가?

청동 냄새

　마이애미 콘퍼런스가 끝난 직후, 내가 회사를 그만두기 전, 업무차 텍사스에 들른 김에 저스틴 포지Justin Posey를 오랜만에 만났다. 저스틴은 시스코Cisco에서 엔지니어링 총괄 이사로 일하는 젊은 컴퓨터공학자다. 마지막으로 본 건 거의 2년 전, 옐로스톤 국립공원에서 자신의 사냥개(비즐라 품종)와 서 있던 모습이었다. 저스틴은 지난 10년 가까운 세월 동안 로키산맥 어딘가에 숨겨졌다는 보물 상자를 찾아 헤맸다.

　텍사스주 오스틴의 한 이탈리안 식당에서 저녁을 먹으며 나는 저스틴에게 내가 최근 몰두하고 있는 일에 대해 털어놨다. 저스틴은 비트코인이 처음 공개됐을 때 워싱턴주 레드먼드에 살고 있었는데, 그때 마이크로소프트의 한 임원이 비트코인에 유난히 관심을 보인 기억이 있다고 했다. 그러다가 대화는 '보물' 이야기로 흘러갔다. 산타페에 사는 괴짜 미술상 포레스트 펜Forrest Fenn이라는 인물이 있는데, 그는 루비, 다이아몬드, 금화, 콜럼버스 이전 시대 아메리카 대륙 유물, 현금, 보석 등으로 가득 찬 청동 상자를 숨긴 뒤, 아홉 개의 단서가 담긴 시 한 편을 포함한 회고록을 자비로 출간해 세상 사람들을 보물찾기에 뛰어들게 했다.

수천 명이 이 보물찾기에 뛰어들었다. 다섯 명이 목숨을 잃었는데, 셋은 강에 빠져 죽었고, 한 명은 추위에 얼어 죽었고, 또 한 명은 절벽에서 떨어져 죽었다. 지나친 집착 끝에 체포되거나 파산한 사람도 있었고, 결혼이 파국으로 치달은 이들도 있었다. 수십 명이 수수께끼를 풀었다고 장담했지만, 보물을 손에 쥔 사람은 없었다. 보물 위치가 옮겨졌거나 애초에 그 자리에 있지 않았다는 식의 해괴한 이론으로 모순을 설명하기도 했다. 보물 사냥꾼들이 '해법'이라고 하는 주장 중에는 황당한 것도 많았다. 펜은 보물이 산타페 북쪽 어딘가에 묻혀 있다고 명시했지만, 어떤 사냥꾼은 펜의 집 뒷마당에 묻혀 있다고 확신했다. 그가 내세운 논리는 이랬다. "산타페에서 북쪽으로 출발해 지구를 한 바퀴 돌면, '산타페 북쪽'인 펜의 집 뒷마당에 도달하게 됩니다."

다른 이론 중에는 시와 더 그럴듯하게 맞아떨어지는 것들도 있었다. 보스턴에서 평생 경찰로 일했고 석사 학위도 두 개나 있는 마이클 오코넬Michael O'Connell은 펜의 시를 모눈종이에 올려놓고 마침표와 작은따옴표를 제거해보니, 가장 긴 두 문장이 각각 '31' 자로 이루어져 있다는 사실을 발견했다. 펜은 어린 시절 옐로스톤 국립공원으로 캠핑하러 갔을 때, 국유림 등산로 '31'번 맞은편 오두막에 머물렀다고 한다. 이 단서를 바탕으로 마이클은 시에 담긴 아홉 개의 단서를 하나하나 해독했고, 특정 위치를 지목했다. 내가 저스틴과 이 얘기를 하던 시점에는 이미 다른 사람이 보물을 찾아낸 뒤였지만, 그 위치는 여전히 밝혀지지 않았다. 마이클은 자신이 알아낸 그 장소가 보물이 숨겨져 있던 곳이 틀림없다고 굳게 믿었다.

마이클의 주장 외에도, 그럴듯할 뿐만 아니라 거의 틀림없이 맞을 거라고 느낀 주장이 많았다. 그러나 결국, 모두 틀렸다. 보물찾기에 대한 깊이 있는 유튜브 영상을 올린 맷 데모스_{Matt DeMoss}는 내게 이렇게 말했다. "사람들은 해법에 너무 흥분해 있어요. 하루에 다섯 통 정도 이메일을 받는데, 이메일마다 가리키는 곳이 다 다릅니다. 하지만 모두 자신이 찾아낸 해법을 위해 죽을 각오가 되어 있는 사람들이죠. 이게 뭐에 비유할 수 있냐면, 종교적인 신앙 같은 거죠. 사람의 뇌는 접붙이기에 탁월합니다. 지구에서는 오리온자리 가운데 별 세 개를 연결해 이름 붙인 오리온자리의 허리띠_{Orion's Belt}라는 게 있는데, 다른 행성에서는 그런 연결고리가 안 나오겠죠? 인간은 무언가를 끌어다 없는 걸 있게 만드는 재주가 있습니다."

오스틴에서 내가 저녁을 함께한 저스틴은 보물을 찾는 데 철저함과 창의성을 총동원했다. 복잡한 자물쇠를 따고 2만 달러가 넘는 총기용 금고를 열면서 기술을 연마했고, 보물이 지하에 묻혀 있을 경우를 대비해 사냥개가 청동 냄새를 40피트(약 12미터) 거리에서 맡을 수 있도록 훈련하기도 했다. 또, 펜이 보물찾기에 관해 이야기하는 영상 속 눈동자 움직임을 분석하는 머신러닝 알고리즘을 만들어냈고, 보물이 와이오밍에 있다는 사실을 정확히 예측해냈다. 비록 다른 사람이 먼저 보물을 찾았지만, 저스틴은 나중에, 시에 등장하는 'too'나 'for'처럼 발음은 같지만, 숫자 2('two')와 4('four')로도 읽을 수 있는 단어들에 단서가 숨어 있었다는 이야기를 들었다. 이 숫자들을 순서대로 나열하면 옐로스톤 국립공원 안의 좌표가 만들어졌다. 저스틴이 이 해법에 대해 처음 나에게 이야기했을 때, 나는 완전히 설득당했다. 시의 단어들에서 도출해낸 단 하나의 좌표가 공교롭게 보물이 실제 숨겨져 있던 위치와 일치한다는 게 과연 단순한 우연이었을까?

저스틴 역시 그 해법이 설득력 있다고 느꼈지만, 좀 더 신중한 입장이었다. "사후 확증 편향hindsight bias과 아포페니아apophenia를 조심해야 합니다."

"아포페니아요?"

"서로 관련 없어 보이는 정보에서 패턴을 찾으려는 성향을 말하는 거죠. 그 시에서 숫자를 끌어낼 방법은 정말 많아요."

그리고 저스틴 말대로, 통계적 설득력을 갖춘 그 해법도 결국 틀린 것으로 드러났다.

내가 포레스트 펜의 보물찾기에서 배운 교훈 중 하나는 드문 우연이 증명할 수 있는 건 아무것도 없고, 사실 그리 드물지도 않다는 것이다. 또 다른 교훈은 누군가의 확신과 그 사람 주장의 설득력을 착각해서는 안 된다는 것이다. 나는 이제 굳게 믿는 이론들, 심지어 가장 그럴듯한 이론도 곧이곧대로 받아들이지 않게 되었다.

오히려 이 교훈들을 나카모토를 찾는 데 더 잘 쓸 수 있을 것 같았다. 펜은 보물찾기의 목적이 사람들을 소파에서 일으켜 세워 자연 속으로 나가게 해, 디지털 기기에서 벗어나게 하는 것이라고 말했다. 나카모토는 오직 인터넷상에서만 존재했으며, 그 세상에서는 너나 할 것 없이 정보를 창의적으로 이어 붙이는 데 몰두했다. 나카모토 미스터리에 빠진 많은 사람은 음모론자들이 세상을 이해하는 방식처럼, 어떤 패턴을 찾아보려고 했다. 인터넷에서 우리는 상관없는 정보들을 짜맞춰 일관된 이야기를 만들어내는 법을 배웠고, 모두 카이저 소제Keyser Sözes●처럼 되어버렸다.

● 영화 〈유주얼 서스펙트(The Usual Suspects)〉에 등장하는 범죄 조직의 불가사의한 두목.

스페이스X 인턴이었고, 나카모토가 일론 머스크일지도 모른다고 주장하던 사힐 굽타가 떠올랐다. 그 이론으로 나를 참 귀찮게 하기도 했었다. 어느 날 그는 이렇게 말했다. "제삼자 관점에서 말씀드리는데요, 사람들이 당신이 처음으로 '일론 머스크=사토시 나카모토' 이야기를 쓴 기자라는 걸 알면 책을 더 많이 살 거 같네요."

나중에 사힐은 내게 머스크 인터뷰 링크를 보내왔다. 팟캐스터 렉스 프리드먼Lex Fridman이 머스크에게 "머스크가 나카모토일지도 모른다는 얘기가 있던데요"라고 언급한 영상이었다.

"아닙니다." 머스크가 대답했다.

"확실해요?"

"백 퍼센트요."

"진짜로 나카모토라면, 말해주실 건가요?"

"그럼요."

머스크는 무언가가 담긴 머그잔을 입에 가져가 한 모금 마셨다.

프리드먼이 물었다. "나카모토가 익명이라는 사실, 그게 좋은 걸까요, 안 좋은 걸까요? 여자일 수도 있고 여럿일 수도 있겠죠? 인류 역사에서 어떤 특정 기술의 발명자, 아니면 창시자라고까지 할 수 있는 인물이 완전히 익명이라는 거 참 흥미롭고도 이례적인 일 아닌가요?"

13초 후, 머스크가 입을 열었다.

"음, 비트코인이 출시되기까지 어떤 아이디어들이 어떻게 발전해왔고, 또 누가 그런 생각들을 글로 남겼는지는 알 수 있죠. 하지만 실제 누가 비트코인을 만들었는지는 저도 모르겠네요. 하지만 비트코인을 낳은 아이디어들이 어떻게 발전했는지는 꽤 분명합니다. 그리고 그 과정에서 가장 큰 역할을 한 사람은 아마 닉 사보일 겁니다. 자신은 나카모토가 아니라고 주장하지만, 글쎄요. 그게 뭐 그렇게 중요한가요?"

"그렇다면…… 아마도 어떤 사물의 탄생에 이르게 된 아이디어의 진화 과정에 관여한 인물들이 그 사물의 창조자보다 더 중요할 수도 있겠네요."

"바로 그거죠!"

잠시 후 머스크는 이렇게 말했다. "이름이란 게 도대체 무슨 의미가 있죠? 아이디어가 중요할까요, 아이디어에 붙은 이름이 중요할까요?"

이 영상에 대해 사힐은 이렇게 말했다. "영상에서 두 가지 결론을 내릴 수 있습니다. 머스크가 진실을 말하거나, 아니면 거짓으로 부인하거나 말이죠. 프리드먼의 질문을 피한 점, 노련한 개발자가 아니어서 쉽게 반박될 수 있는 닉을 후보로 언급한 점, 그리고 답변 후 물컵을 집어 든 점 등은 모두 거짓으로 부인했다는 걸 보여주는 행동입니다."

'정말' 질문을 피한 걸까? 닉이 노련한 엔지니어가 아니라는 게 '확실'할까?

사힐은 머스크가 피한 질문이 나카모토가 익명이라는 사실이 좋은지 아닌지를 묻는 질문이라고 바로잡으며, 닉이 작성한 공개된 코드 샘플을 봐도 '입문 단계의 자바스크립트' 수준이라고 말했다.

"그 영상에서 머스크가 진실을 말했다고 생각하세요?" 사힐이 나중에 또 한 번 집요하게 물었다.

"제 생각엔 그런 것 같아요. 하지만 제가 뭘 알겠어요?" 내가 대답했다.

"머스크가 나카모토일 가능성을 시사하는 정황이 스무 개쯤 있고, 아니라는 정황은 하나뿐입니다. 머스크가 불안한 듯 부인하고, 물을 마시고, 결국 질문에 제대로 답하지 못한 장면이요."

나는 그렇게까진 확신이 안 선다고 말했다.

사힐은 계속 자기주장을 밀어붙였다. 그는 다소 강압적인 어조로 이렇게까지 말했다. "당신이 이 미스터리를 밝혀낸 최초의 기자라야, 다들 당신 책을 사려고 들지 않겠어요?"

느린 추격전

2014년 3월 6일 로스앤젤레스, 라이언 나카시마Ryan Nakashima는 잠에서 깬 핸드폰으로 이런저런 기사를 살펴보고 있었다. AP 통신 미디어 및 기술 전문 기자로서, 어떤 뉴스가 돌고 있는지 파악하는 것이 그의 일이었다. 그날 아침, 그의 시선을 끈 것은 이미 전 세계의 여러 매체에서 다루던 〈뉴스위크〉 특집 기사였다. 표지는 가면 쓴 남자를 강렬하게 표현한 흑백 삽화였고, 그림 위에는 '비트코인의 얼굴'이라는 문구가 크게 박혀 있었다.

그 기사는 라이언이 맡고 있던 두 분야와 겹치는 부분이 있었다. 사토시 나카모토의 정체에 대한 의문은 얼마 전 세르히오 데미안 러너가 110만 개의 비트코인을 채굴한 뒤 한 번도 사용하지 않은 나카모토에 대한 조사를 발표한 이후 다시 큰 주목을 받기 시작했다. 난데없이 나타난 무명의 개발자, 아니면 집단이 전 세계 최고 부자 대열에 올라선 것이다. 그리고 그간 라이언이 취재해온 굵직한 또 하나의 주제는 신문과 잡지의 쇠퇴였다. 〈뉴스위크〉는 최근 몇 년 사이 두 번이나 매각됐고,

2012년 말에는 인쇄판 발행을 중단했다. 새롭게 〈뉴스위크〉를 인수한 IBT 미디어는 미디어 시장이 그 어느 때보다 치열해졌는데도 인쇄판으로 다시 도전해보겠다고 뛰어든 참이었다. 그런 점에서 4,500단어라는 긴 분량임에도 라이언이 몰입해 읽을 만큼 대단한 기사였다.

사토시 나카모토는 사실 로스앤젤레스에 버젓이 숨어 있었다. 다른 기자들이 '사토시 나카모토'라는 이름을 가명으로 전제하고 취재를 이어간 반면, 〈뉴스위크〉의 리아 맥그래스 굿맨 Leah McGrath Goodman 은 그런 가정을 두지 않았다. 그녀는 귀화 기록 데이터베이스를 샅샅이 뒤져, 일본에서 태어난 미국 시민인 도리언 프렌티스 사토시 나카모토 Dorian Prentice Satoshi Nakamoto 라는 사람을 발견했다. 흥미로운 점이 꽤 많은 인물이었다. 64세의 무직 엔지니어로, 캘리포니아 폴리테크닉 주립대학교 California Polytechnic State University 에서 물리학을 전공했고, 글을 쓸 때 마침표 뒤에 두 칸 띄어쓰기하는 습관이 있었고, 그의 아내에 따르면 미국식과 영국식 철자를 모두 사용했다. 도리언과 연락을 끊고 지내던 친동생은 굿맨에게 형에 대해 이렇게 말했다. "진짜 개자식이죠. 기밀 정부 프로젝트에 참여한 적도 있지만, 한동안 도대체 뭘 하고 사는지 도통 모르겠더라고요. 뭐든 부인할 겁니다." 도리언은 전립선암과 뇌졸중을 앓았는데, 그때가 사토시 나카모토가 비트코인 프로젝트에서 사라진 때라는 점과도 일치했다.

2월 초, 굿맨은 도리언이 주문을 넣은 모형 기차 회사에서 그의 이메일 주소를 입수한 뒤, 취미에 관해 물어보는 이메일을 보냈다. 도리언은 십 대 시절부터 모형 기차에 빠졌으며, '수동 선반, 밀링 머신, 연삭기'를 이용해 부품을 직접 가공한다고 답했다. 하지만 이력에 관한 질문에는 '얼버무리는' 태도를 보였고, 비트코인 이야기를 꺼내자 아예 연락을 끊었다고 굿맨은 썼다. 도리언의 아들 에릭은 굿맨에게 아버지가 비트코인에 관해선 절대 이야기하지 않을 거라고 말했다고 한다.

그래서 굿맨은 로스앤젤레스 북동부 교외 템플 시티Temple City에 있는 도리언의 집을 찾아갔다. 자녀를 여섯 둔 도리언은 아내와 별거 중이었고, 93세의 어머니와 지내고 있었다. 그는 창문 너머로 그녀를 엿보면서도 문은 열어주지 않았다. 잠시 후, 지역 보안관실 소속 경관 두 명이 도착했다. 모르는 여자가 한 시간째 문을 두드리고 집 앞 계단에 앉아 있다고 도리언이 신고한 것이었다. 굿맨이 경관들에게 자초지종을 설명할 때 도리언이 청바지와 티셔츠, 운동화, 양말만 신고 집 밖으로 나왔다. 그는 굿맨에게로 가서 몇 가지 질문에 짧게 답했다. "저는 더 이상 그 일과 상관없습니다. 할 얘기가 없다고요." 이후 굿맨은 도리언이 그렇게 답하며 손사래를 쳤다고 적었다. "이미 다른 사람들에게 넘겼어요. 이제 제 소관이 아닙니다. 저는 더 이상 아무 관련이 없어요." 도리언은 다시 집으로 들어갔고, 굿맨도 자신이 잡은 특종을 그가 확인해준 셈으로 생각하며 자리를 떠났다.

비트코인 지지자들은 이 기사에 격렬히 반발했다. 소원해진 가족들 인터뷰에 더해, 도리언의 집과 자동차 사진, 심지어 집 주소와 차량 번호판까지 식별할 수 있게 실렸기 때문이다. 나카모토의 원래 코드 중 3분의 2를 비트코인 개발자들이 다시 쓴 시점에 리더 역할을 하고 있던 개빈 안드레센은 트위터에 이렇게 적었다. "〈뉴스위크〉가 나카모토 가족의 신상을 털기로 작정했다니 참 실망스럽군요. 굿맨의 인터뷰 요청에 제가 왜 응했을까요?" 하지만 이런 반응은 어쩌면 예정된 수순이었는지도 모른다.

라이언은 도리언의 주소를 확인하고 사무실에서 멀지 않다는 것을 알게 되었고, 편집장에게 차를 몰고 가서 인터뷰를 시도해보자고 제안했다. 라이언은 템플 시티가 패서디나 Pasadena 동남쪽에 있는 아시아계 미국인이 많은 교외 지역으로 알고 있었다. 라이언은 이렇게 말했다. "맛있는 만두가 먹고 싶으면 그쪽으로 가야죠."

도리언의 집에 도착했을 때, 라이언은 그 집 정원이 '매우 일본계 미국인 스타일'이라고 느꼈다. 집 밖에는 석등이 있었고, 차고에는 은색 토요타 코롤라가 덮개로 씌워져 있었다. 부잣집처럼 보이진 않았다. 푹푹 찌는 아침이었다. 이미 피곤해 보이는 열 명 가까운 기자들이 이웃집 잔디밭에 앉아 서로 얘기를 나누고 있었다. 잠복 취재를 여러 번 해본 라이언은 이번에도 별반 다르지 않을 거로 예상했다. 몇 시간 동안 기다리다 아무 일도 일어나지 않으면 빈손으로 돌아갈지도 모른다.

갑자기 문이 열리고, 수수하지만 약간 부스스한 남자가 밖으로 나왔다. 기자들은 앞다퉈 달려들어 질문을 쏟아냈다. "지금은 질문 안 받겠습니다. 누가 점심 사주시죠?" 라이언은 무리 뒤쪽에 있었고 누군가가 그 틈을 타 질문을 할 거라고 예상했다. 하지만 "묘한 정적이 흘렀어요. 왠지 모르겠지만, 아무도 아무 말도 하지 않았습니다."

라이언이 손을 들었다. "제가 사드릴게요."

"저는 이 사람과 가겠습니다." 도리언이 말했다.

라이언은 "이분이랑 가겠습니다"라고 말하며 도리언의 팔을 잡고 기자들 틈을 빠져나와, 낡은 파란색 프리우스 자기 차로 향했다.

차 안에서 도리언은 초밥을 먹고 싶다고 했다.

"그러시죠." 라이언이 답했다.

라이언은 그때를 이렇게 회상한다. "뭔가 촉이 왔죠. 비트코인 창시자가 왜 점심을 얻어먹으려고 했을까요?"

라이언은 녹음기를 켜고 질문을 시작했다. 이후 그는 녹음된 내용을 나에게 보내왔는데, 2시간 44분이 고스란히 담겨 있었다.

도리언은 자신이 비트코인 창시자가 아니란 점부터 분명히 했다.

"저는 전혀 관계가 없습니다. 그러니 점심 안 사주셔도 괜찮습니다."

라이언은 자신이 아는 가장 가까운 초밥집이 있는 아르카디아로 차를 몰았다. 둘 다 다른 기자 몇 명이 차로 자신들을 따라온다는 것을 알았다.

라이언과 도리언이 마코라는 초밥집에 들어갔을 때, 라이언은 도리언이 자기와 인터뷰하기로 한 결정을 다른 기자들이 존중해줄 것으로 생각했다. 하지만 차로 따라온 기자들은 좁은 식당을 비집고 들어와 자리를 차지하고 앉았다. 안 되겠다 싶어서 둘은 다시 차로 돌아갔고, 라이언은 상사에게 전화해 도리언을 사무실로 데려갈 테니, 초밥을 주문해 달라고 부탁했다.

I-10고속도로를 타고 서쪽으로 달리던 라이언은 지금 경찰에 걸리면 일이 커질 수 있겠다 싶어 속도 제한을 철저히 지켰다. "과거 로스앤젤레스에서 벌어진 O. J. 심슨 추격전이 떠오를 정도로 정말 느리게 달렸습니다." 뒤따르던 차량 중 한 대에 타고 있던 기자는 상황을 실시간으로 트윗했다. "일부 정체 구간과 신호등 몇 개를 지나, 저희는 다시 #나카모토 바로 뒤에서 #비트코인추격전을 이어가고 있습니다."

라이언은 여러 가지 다른 방식으로 도리언에게 비트코인 창시자가 맞냐고 물었지만, 도리언은 계속해서 부인했다. 라이언은 도리언의 부인을 어떻게 받아들여야 할지 몰랐다. 도리언은 비밀스러운 인물이고, 〈뉴스위크〉의 굿맨도 그 점을 지적했다. 나카모토의 가장 큰 특징은 노출을 꺼린다는 점이었다. 라이언은 도리언의 행동에 숨은 저의가 있을

지, ‘비트코인’을 ‘비트콤^{bitcom}’으로 발음하며 일부러 모른 척하는 걸까 생각했다. 하지만 도리언은 정말로 비트코인에 대해 모르는 것 같았다. 라이언은 이렇게 기억했다. “거짓말한다고 해도 그렇게까지 숨기긴 쉽지 않죠.”

로스앤젤레스 도심 소재 AP 통신 본사가 있는, 녹음이 우거진 저층 업무 단지에 다다르며 라이언은 추격자들을 따돌릴 계획을 설명하고 직원 출입구를 지나 지하 주차장으로 차를 몰았다. 둘은 차에서 내리자마자 엘리베이터를 향해 달렸다. 라이언은 3층을 눌렀다. 〈LA타임스〉의 앤드리아 창^{Andrea Chang}이 엘리베이터를 향해 달려오는 것이 보였다. 문이 닫히려던 찰나, 마치 공포 영화처럼 한 손이 문 사이로 튀어나왔다.

문이 열리며 엘리베이터 안으로 들어온 창이 다짜고짜 도리언에게 물었다. “당신이 비트코인의 창시자 맞습니까?”

엘리베이터 문이 닫혔고, 도리언이 대답했다. “아닙니다. 저는 한 번도 관여한 적이 없습니다.”

창은 훗날 내게 이렇게 말했다. “그 후에 제가 왜 그 모든 상황에 순순히 응하고 기자와 이야기까지 했느냐고 물었더니, ‘공짜 점심’ 때문이라고 하더라고요.”

위층에 도착한 라이언은 도리언을 데리고 사무실 안으로 들어갔다. 창은 복도에 남겨졌고, 곧 다른 기자들도 모여들었다.

회의실에서 도리언은 운전면허증을 꺼내 보였고, 라이언은 사진을 찍었다. 그리고 라이언은 해당 〈뉴스위크〉 기사를 출력해 도리언과 함께 한 줄씩 읽으며 설명했다. 도리언은 여전히 비트코인과 아무런 관련이 없다는 입장을 고수했다. 그는 진심으로 혼란스러워 보였고, 사람들이 왜 이 일에 이렇게 난리법석인지 이해하지 못하는 것 같았다. 라이언은 이 모든 일이 오해였음을 깨닫기 시작했다. 두 시간 동안의 인터뷰를 마치고 라이언은 도리언을 건물 뒤쪽 출구로 안내했다. 계단을 통해 도리언은 다른 기자들의 눈을 피해 건물을 떠났다. 라이언은 도리언이 나카모토가 아니라고 부인했다는 기사를 작성했고, 기사는 그날 늦게 나갔다.

CNN이 카메라와 마이크를 들이대고 덮친 기자들에 둘러싸인 도리언의 모습을 계속 방영하던 그다음 날, 진짜 나카모토가 침묵을 깨고 나타났다. 2011년 홀연 잠적한 이후 처음이자 마지막으로, 나카모토는 P2P Foundation의 소셜 네트워크 NING에 예전의 gmx.com 이메일 계정으로 글을 올렸다. "저는 도리언 나카모토가 아닙니다."

펜실베이니아 소재 Juola & Associates는 상당히 정확한 언어 분석 기법으로 익명 문서의 실제 작성자를 찾는 문체 감식 전문 업체로, 과거 기자들이 제시한 나카모토 후보들의 글을 비교한 적이 있다. 평균 단어 길이, 단어 조합, 품사 사용 등과 같은 기준을 활용한 결과, 닐 J. 킹Neal J. King이 가장 유력한 인물로 지목되었다. 하지만 그 분석에는 분명한 한계가 있었다. 후보자 중 나카모토가 있다는 전제가 바탕이 되었기 때문이다. 〈포브스〉지는 Juola & Associates에 도리언 나카모토가 쓴 모형 기차에 관한 공개 포럼 글 등을 추가해 다시 한번 분석을 요청했다. 이번에도 닐 킹이 가장 높은 유사도를 보였고, 적어도 도리언 나카모토가 비트코인의 창시자일 가능성은 배제됐다.

굿맨은 온라인상에 "정확한 통계 분석을 위한 데이터가 부족하다"고 했지만, 문체 감식 전문가인 패트릭 주올라Patrick Juola는 도리언이 작성한 약 1,700단어와 10,000자 분량의 글이 신뢰할 수 있는 결과를 도출하기에 충분하다고 확신했다.

〈뉴스위크〉는 자사의 '높은 편집 및 윤리적 기준'과 함께, "보도된 사실들은 도리언 나카모토 씨가 비트코인 개발에 관여했음을 강력히 시사하므로, 본지는 리아 굿맨 기자와 그녀의 기사를 강력히 신뢰합니다"라는 공식 입장을 내놓았다. 이러한 대형 뉴스가 논쟁과 논란을 낳는 것은 자연스럽고 예상되는 일이다. 많은 특종이 비슷한 반응을 일으켜왔다.

다음 날, 기자들이 다시 도리언의 집 밖에 모여들었고, 경찰서에서는 몇 시간마다 도리언을 확인하기 위해 순찰차를 보냈다. 〈뉴스위크〉는 곧 다른 언론사들로부터 '엄청난 오만'과 '억지 기사'라는 비판을 받았다. 〈LA타임스〉는 〈뉴스위크〉가 위조된 '히틀러 일기'를 게재했다며 비꼬았다.

벤처 투자자 마크 앤드리슨은 도리언이 전화를 받지 않은 것을 굿맨이 회피로 해석한 데 대해 이렇게 꼬집었다. "지구상에 전화가 오면 누구인지 확인하지 않고 그냥 받는 사람이 있나요? 지금이 1962년인가요?"라고 물었다. 앤드리슨의 동료는 "최고 등급의 보안 기밀 접근 권한을 가진 사람이 400만 명이나 되고, '사토시'라는 이름과 '나카모토'라는 성은 일본에서 꽤 흔하다"라고 지적했다.

10일 후, 도리언의 변호사는 강경한 어조의 성명을 통해, 도리언이 비트코인과 아무런 관련이 없다고 전면 부인했다. 도리언은 비트코인에 대해 처음 듣게 된 것이 2월, 곧 굿맨이 아들에게 연락한 이후라고 말했다. 암호학이나 피어 투 피어 네트워크, 대체화폐 같은 분야를 연구하거나 다뤄본 적도 없으며, 2013년에는 '심각한 금전적 어려움'으로 인터넷 서비스도 끊었다고 밝혔다.

다음 달, NewsweekLied.com이라는 웹사이트가 등장했다. 웹사이트에는 도리언이 '〈뉴스위크〉 기사로 우리 가족이 피해를 보았습니다'

라는 문구가 적힌 팻말을 들고 있는 사진이 올라와 있었다. 사이트에 따르면, 도리언의 어머니는 〈뉴스위크〉 기사와 그 여파에 심각한 충격을 받아, 정부가 자신을 집에서 내쫓아 요양 시설로 보내려 한다고 믿게 되었고, 소원했던 아내와 자녀들도 더 멀어졌다고 한다. 웹사이트에는 기부를 위한 비트코인 지갑 주소^{bitcoin address}•와 법적 대응 기금의 연락처가 함께 게재되었고, 이 기금은 최종적으로 2,000명의 기부자에게서 48비트코인을 모금했다. 당시 가치로는 약 2만 3,000달러였다.

보통 사람들처럼 도리언도 돈과 은행 수수료에 대한 불만을 토로했을 뿐인데, 굿맨은 도리언이 은행을 극도로 혐오하는 사상을 가진 사람으로 오해했다. 그녀는 자신의 기사에서 도리언 나카모토와 사토시 나카모토 사이의 여러 불일치를 인정했지만, 그런 모순을 자신이 엉뚱한 사람을 쫓고 있다는 증거로 보지 않고 무시해버렸다. 둘의 영어 스타일 차이도 버젓이 무시했다.(도리언이 아마존에 남긴 로열 단스크 버터 쿠키 리뷰를 보면 도리언의 영어는 사토시 나카모토처럼 유창하지도 않고, 구어체에 더 가깝다. "버터 맛이 정말 많아요……. 아이들도 좋아합니다. 크리스마스에 딱이고 다른 기념일에도 잘 어울릴 것 같네요.") 굿맨은 도리언의 회피와 비밀스러움을 관심받기 싫어하는 내성적인 사람의 자연스러운 반응으로 보는 대신, 사토시 나카모토라는 사실을 뒷받침하는 근거로 확대해석했다.

〈뉴스위크〉 기자 리아 굿맨도 나카모토를 쫓던 많은 사람처럼 부인을 곧바로 나카모토로 단정 지어버리는 함정에 빠진 듯했다.

• 비트코인 공개 키를 짧고 읽기 쉬운 형태로 변형한 고유 식별 문자열.(저자주)

헝가리식 추리

사힐 굽타가 일론 머스크를 사토시 나카모토라고 주장한 걸 보고 그가 아포페니아에 빠졌다고 생각한 만큼, 2022년 봄 즈음에는 나도 같은 오류에 빠진 건 아닐까 하는 걱정이 들었다. 머스크가 지적했듯, 닉은 비트코인의 사상적 기반을 제공한 인물 중 한 명임이 분명했다. 비트코인을 창시할 만한 지식과 기술, 동기를 모두 갖춘 드문 인물이고, 그간 비트코인과 관련된 닉의 행동도 수상했다. 하지만 나는 또 나름대로 내 확신을 흐릴 수 있는 것들은 애써 무시한다는 걸 알고 있었다.

1990년대 캘리포니아 IT업계의 많은 사람은 일본에 매료돼 있었다. 외부인에게 의미심장해 보였던 닉의 어휘 선택은 디지털 통화 관련 커뮤니티에선 표준 용어와 같았다. 커뮤니티에는 비교적 소수만 활동했지만, 그 소수 중 단 한 명만이 나카모토가 될 수 있었다. 철자가 완벽한 나카모토와 달리, 닉의 온라인 대화에는 종종 성급하고 조잡한 면이 보였다. 또한 b-머니는 애초에 닉이 자신의 비공개 메일링 리스트인 리브텍에 처음 올린 것이기 때문에, 그것을 사이퍼펑크 메일링 리스트에 발표한 사람은 웨이 다이라고 언급한 것은 닉이라면 절대로 하지 않았을 일이다.

얼핏 보면 우연처럼 보이는 몇몇 정황도 더 자세히 들여다보면 오히려 오해를 일으킬 수 있었다. 그레이, 프리스비, 그리고 포퍼가 모두 주목하던 닉의 '다시 날짜를 수정한 블로그 게시글들'은 그렇게 수상한 건 아니었다. 원래 게시일은 여전히 URL에 남아 있었고, 닉은 글을 재게시하기 전에 블로그가 '재방송 시즌'에 들어간다고 공지했다. 닉이 "저와 같이 코드로 구현해볼 사람 없나요?"라며 협업을 제안한 시점은 나카모토가 비트코인 백서를 발표하기 6개월 전이지만, 나카모토는 소프트웨어를 작성하는 데 1년 반이 걸릴 것이라고 말했다. 심지어 2008년 4월, 비트코인 백서를 발표하기 6개월 전까지만 해도 닉의 비트골드 아이디어는 코인이 생성된 시점에 따라 가격을 복잡하게 책정하는 데 집중하는 등, 실용성이나 단순성 면에서 정리되지 않은 상태였다. 그런 닉이 과연 그 후 6개월 만에 비트코인의 단순하고 명료한 구조를 완성할 수 있었을까?

나는 닉의 성격에 대해서도 의문이 들었다. 그가 나카모토일 거라고 믿기 위해서는, 수십 건의 인터넷 토론에 활발히 참여하고 수십만 단어에 달하는 글을 자신의 실명으로 써온 사람이 정작 자신의 가장 큰 업적에 대해 공로를 인정받지 않기로 결심했다는 믿음을 가져야 했다. 이전의 나카모토 추적자들은 영국식 철자, 포럼 게시글 작성 시각, 〈런던타임스〉지 헤드라인 인용 등을 모두 눈속임이라고 치부했는데, 나는 닉 사보가 2년에 가까운 시간 동안 그러한 '변장'을 하고 다녔다는 걸 상상하기 힘들었다. "저는 변호사가 아닙니다"라든지(닉은 그 시점에 이미 법학 학위가 있었다), "저는 글쓰기보다는 코딩을 더 잘합니다"(누가 보기에도 닉은 오히려 그 반대였다) 같은 나카모토의 말들이 사실은 치밀하게 계산된 기만이었을까? 심지어 프로젝트가 성공할지 실패할지 알 수 없던 시점에도 닉은 개인 이메일에서조차 철저히 다른 사람인 척하며 행동했단 말인가? 2008년 여름, 나카모토가 해시캐시 창립자인 애덤 백에게 처음 이메일을 보냈을 때, 나카모토는 웨이 다이의 b-머니를 전혀 들어본 적 없는 것처럼 행동했다. 이후 애덤이 그것을 언급하자, 나카모토는 비트코인 백서가 공개되기 3개월 전, 비트코인 소프트웨어가 출시되기 6개월 전에 웨이에게 이렇게 말했다. "당신의 아이디어를 확장해 정상적으로 작동되는 시스템으로 만들었습니다." 이 모든 것은, 비트코인의 성공을 예측하기 어려웠던 시점에 굳이 그런 수고를 해가며 혼란을 조장했다는 뜻이며, 닉이 일부러 자신이 아닌 다른 사람인 척 어설픈 연기를 했다는 뜻이다.

나는 더 근본적인 모순이 있다고 느꼈다. 닉은 본능적으로 엑스트로피언적 성향을 지닌 인물로, 자유롭고 유연하게 사고했다. 그의 관심은 스마트 약물, 유전자 공학, 미래의 기업 등 끊임없이 새로운 분야로 옮겨 다녔다. 한때는 "150개가 넘는 프로젝트에 몰두하고 있다"고 자랑할 만큼 열정적인 창작자였다. 그는 '플레이도 펀 팩토리Play-Doh Fun Factory'●에서 영감을 받아, 인간의 도움을 받아 자기 복제가 가능한 구조물을 설계했다. 또 '닉의 카탈로그N-Cat'라는 사이트를 만들어, 자신의 글, 리메일러 소프트웨어, 사이퍼펑크 목록 요약본 등 엑스트로피언 친화적인 콘텐츠를 판매했다. 밈의 가격을 매기는 방법론을 제안하기도 했고, 독창적인 아이디어를 내거나 다른 플레이어의 아이디어를 '파괴'

●　　점토를 사출하는 어린이 장난감.

하면 점수를 얻는 '헝가리식 추리'라는 게임도 만들었다. '혜성 물질 처리'에 관한 메일링 리스트도 있었고, 만화나 기타 지식재산으로 활용할 수 있을 만큼 귀엽게 만든 '마이크로로봇'도 있었다. '사막의 꽃 작전'은 걸프 전쟁을 끝내기 위한 복합 전략이었으며, '국가주의적 위계를 축으로 한 신뢰 체계에서 네트워크 기반의 신뢰 체계로 고통스럽게 전환해야만 문제를 해결할 수 있는 주인공'이 등장하는 공상과학 소설도 있었다.(닉은 어쩌면 당연하게도, 줄거리나 인물보다는 세계관과 배경 설정에 더 큰 관심을 가졌다.) 이후 그는 컴퓨터 보안과 인터넷 상거래에 관한 난해한 에세이들로 이름을 알리게 되었고, 주제는 '권한의 분산과 그 주장 검증'에서 '소액 결제에 대한 심리적 저항 요인'에 이르기까지 다양했다.

닉이 정말로 나카모토가 비트코인 개발에 쓴 3년 반을, 소매를 걷어붙이고 코드 오류 수정에 몰두하며, 또 그사이 온갖 사소한 것까지 신경 쓸 수 있었을까? 닉은 누구보다도 거시적 사고에 능한 인물로, 인터넷을 통해 직접 사상을 퍼뜨린 자유 지상주의적 컴퓨터공학계의 재레드 다이아몬드Jared Diamond● 같은 존재였다. 시장과 기업의 역사에 관한 책을 쓰고 있다거나, 새로운 프로그래밍 언어를 개발 중이라는 등 야심 찬 프로젝트들을 발표했지만, 어느 것도 빛을 보지는 못했다. 닉은 마흔이 넘어 법대를 졸업했는데, 내가 알기로 한 번도 변호사로 일한 적이 없다. 어쩌면 닉은 자신만 아는 실제 성과가 있을지도 모르지만, 세상이 본 닉은 언제나 아이디어만 넘치는 사람이다.

캐나다 몬트리올 콩코디아대학교의 블록체인 전문 컴퓨터공학자 제러미 클라크Jeremy Clark는 2014년 프린스턴대학교 캠퍼스에서 열린 비

●　《총, 균, 쇠》의 저자.

트코인 전문가 모임에 참석해, 첫날 비공개 워크숍에서 닉과 대화를 나눴다. 그 무렵 닉은 이미 여러 차례 자신이 나카모토가 아니라고 부인했고, 제러미는 닉과 대화하며 그의 말이 진심이라고 더 확신하게 되었다. 제러미는 이렇게 말했다. "닉은 여전히 비트골드가 비트코인보다 낫다고 생각하는 것 같았습니다. 그것이 제가 닉의 말을 진심이라고 믿는 이유입니다. 비전문가가 보면 비트코인 백서와 비트골드 백서가 비슷한 단어를 많이 써서 비슷해 보이지만, 실제로는 완전히 다른 개념이거든요." 워크숍에서는 참석자들이 돌아가며 10분씩 화이트보드 앞에 서서 발표했는데, "닉의 발표는 너무 두서가 없어서 오히려 더 의심이 들었어요. 나카모토는 표현이 아주 명료했거든요"라고 말했다.

마지막으로 나는 궁금했다. 왜 닉은 이제까지 자신이 나카모토라고 인정하지 않았을까? 비트코인이 출시되었을 당시 법적 위험을 우려했다면 이해할 만하지만, 출시 후 13년이 지난 지금까지 암호화폐를 사용하거나 만든다고 해서 체포된 사람은 없었다. 만약 개인적인 안전 문제라면, 잠재적인 표적이 되고도 즐겁고 생산적인 삶을 살았던 갑부들의 사례는 얼마든지 있었다. 그리고 나카모토라고 밝히지 않는 것은 부와 명예, 그리고 특히 닉에게 중요했을, 자기 아이디어가 진지하게 받아들여지고 경청 받으며 얻는 영향력 같은 실제적인 이득을 포기하는 것과 마찬가지였다. 수년 동안 그는 불모의 영역에서 블로그를 운영하며, 자신의 주장을 읽고 응답해주는 사람들과 열렬히 댓글을 주고받았다.

나는 닉이 나카모토라는 믿음을 잃기 시작했다. 다시 말해 나카모토가 누구일지 사실상 아무것도 모르는 원점으로 돌아왔다는 뜻이었다. 이제 아무런 직감조차 없이 다시 처음부터 시작해야 했다.

18장

"제 아버지는 정직한 분입니다"

도리언 나카모토 사건은 비트코인 지지자들이 "나카모토를 그냥 내버려두라"며 그의 정체를 파헤치려는 시도에 반대하는 주장에 감정적인 설득력을 더해주었다. "도리언이 진짜 나카모토가 아닌데도, 리아 굿맨은 결국 이 남자의 집에 100만 비트코인짜리 표적을 그려놓은 셈이죠"라고, 실명은 조던 피시Jordan Fish이며 암호화폐 분야의 영향력 있는 인물인 크립토코베인CryptoCobain은 트윗했다. 하지만 이 사건은 진짜 나카모토가 누구인지 밝혀야 한다는 반대 입장에도 힘을 실어주었다. 도리언처럼 무고한 사람이 더는 피해를 보지 않도록 말이다. 결국 〈뉴스위크〉의 보도 참사 이후에도, 아니 어쩌면 그 때문에 더욱 나카모토를 둘러싼 집착은 확산할 뿐이었다.

〈뉴스위크〉 보도가 나온 지 몇 시간 후, 텍사스에서 열린 비트코인 콘퍼런스에서는 1980년대부터 1990년대 초까지 약 10년 동안, 할 피니가 도리언과 인구 3만 1,000명 규모의 같은 교외 지역에 살았을 뿐 아니라, 그 거리가 불과 3킬로미터도 채 되지 않았다는 소문이 돌기 시작했다. 사람들은 할과 도리언이 서로 알고 있는지, 혹은 할이 실제로 사토시 나카모토이고 이웃의 이름을 빌려 썼는지 의심했다.

통계에 집착하는 것으로 유명한 블로그인 레스롱에서 로빈 핸슨은 예전의 엑스트로피언 동료인 할 피니가 알려진 것보다 비트코인에 더 깊이 관여했을 가능성이 최소 15퍼센트는 된다고 추정했다. 〈포브스〉 기자 앤디 그린버그Andy Greenberg도 이 소문을 들었고, 또 다른 가능성을 떠올렸다. 혹시 도리언이 비트코인을 발명했지만, 영어 실력이 부족한 탓에 그 아이디어를 세상에 터뜨린 사람은 할이 아닐까?

그린버그는 할의 글 2만 단어를 모아, 몇 시간 전에 이미 할 동료의 글 샘플을 검토한 Juola & Associates의 문체 감식 전문가들에게 추가 분석을 의뢰했다. 그 후 그린버그는 할의 아내 프랜에게 연락해 남편에게 대신 질문해달라고 부탁했다. 그때 할은 인공호흡기를 착용하고 있었고, 눈과 눈썹 움직임으로 간신히 예나 아니오를 대답할 수 있었다. 할은 도리언이나 비트코인 발명과는 아무런 연관도 없다고 부인했다. 그린버그가 여전히 믿지 못하자, 프랜은 직접 와서 물어보라고 했다. 그린버그가 샌타바버라로 가기 전, Juola & Associates의 존 노커John Noecker가 연락을 해왔고, 할의 글이 그동안 검토한 것 중 비트코인 백서와 가장 유사하다고 말했다.

그린버그가 할 집에 도착해 질문하자, 할은 눈과 눈썹의 움직임으로 힘겹게 자신이 나카모토가 아니며 비트코인의 창조와는 아무런 관련이 없다고 표시했다. 할의 아들 제이슨은 그린버그에게 아버지의 지메일 계정을 보여주었고, 그 안에는 할과 나카모토가 주고받은 이메일이 10통 넘게 있었다. "제 아버지는 정직한 분입니다. 비트코인 개발에 참여했더라면 숨기셨을 분이 아닙니다. 아버지는 관련이 없어요." 그제야 그린버그는 아니라고 확신했다. 정말로 그저 어처구니없는 우연에 불과한 일이었다.

그런버그의 기사가 나온 후, 비트코이너들은 피부에서 나는 신호를 읽어 키보드와 휠체어를 제어할 수 있게 해주는 전자 스위치를 구매하고 싶어 하던 할 가족에게 당시 1만 6,000달러에 해당하는 25비트코인을 기부했다. 하지만 전자 스위치는 할이 아직 제어할 수 있던 근육과 호환되지 않았고, 결국 할 가족은 그 돈을 말기 치료 비용에 쓰기로 했다. 할의 눈에 띄는 재정적 어려움은 그가 사토시 나카모토가 아니라고 다들 하던 생각을 다시 한번 확인해주었다.

2014년 8월 말 화요일, 할과 프랜은 전세 응급 항공기를 타고 애리조나주 스코츠데일로 갔다. 개인 비행장에 도착한 둘은 파라다이스 밸리 병원 중환자실로 이송됐다. 최근 본사를 캘리포니아주에서 애리조나주로 옮긴 알코어 생명 연장 재단의 수술팀은 이미 병원에 도착해 A-1436 회원이 도착하기를 기다렸다. 병원은 과거에도 여러 알코어 회원을 접수한 적이 있어서 의료진은 곧 벌어질 일에 대해 잘 알고 있었다.

루게릭병 진단을 받고 거의 5년이 지난 58세의 할은 예전만큼 두뇌 회전이 빠르지 않다는 것을 느끼기 시작했다. 지적 활동이 삶의 중심이었던 그에게 이는 특히 가혹한 일이었고, 상태는 점점 더 악화했다. 할은 더 이상 의사소통이 불가능해지면 연명 치료를 받지 않겠다는 뜻을 분명히 밝혀두었다. 가족들이 마지막 인사를 나눈 뒤, 담당 의료진은 할이 의식을 잃도록 약물을 투여한 후 인공호흡기를 제거했다.

의사들은 할이 한 시간 안에 호흡을 멈출 것으로 예상했지만, 38시간이 지난 8월 28일 오전 8시 50분이 되어서야 임상 사망 판정이 내려졌다. 그제야 수술팀은 신속히 할의 시신을 인근 시설로 옮길 수 있었다. 속도가 생명이었다. 냉동 보존에서 가장 중요한 것은 '신체 조직의 생명력을 보존하는 것'이었다.

할의 시신은 환자형성기patient-former라고 부르는 맞춤 제작한 좁은 스테인리스강 침대에 옮겨졌다. "팔이 침대 밖으로 나와 있으면 환자가 얼었을 때 몸을 넣기 어렵습니다"라고 엑스트로피언 공동 창립자이자 현 알코어 CEO인 맥스 모어가 나중에 내게 말했다. 외부 냉각을 위해 순환 얼음 욕조 가동이 시작되었고, 그 후 의료진은 할의 기도에 튜브를 삽입하고, 펌프를 이용해 혈액 순환을 재개했으며, 인공호흡기로 호흡을 다시 일으켰다.

수술팀은 튜브로 할의 심장에서 가능한 한 많이 혈액을 제거했다. 혈액은 얼기 쉬워서, 그 대신 알코어의 M-22라는 화학 보존액을 주입했다. 프랜은 이 모든 일을 지켜봤고, 맥스는 동료 엑스트로피언들에게 상황을 계속 업데이트했다. "할 피니는 지금 냉동 보존되고 있습니다."

혈액이 심장에서 몸 전체의 장기와 조직에 원활히 공급되는 관류가 끝난 후, 할의 체온은 섭씨 -110도로 빠르게 낮춰졌다. 얼마 후, 할의 신체가 고체화되는 과정에서 발생할 수 있는 골절을 방지하기 위해 체온을 내리는 속도가 느려졌다. 4일 후, 할의 체온은 -160도에 도달했고, 할의 시신은 번호가 매겨진 알루미늄 용기에 봉인되었으며, 그 용기는 듀어Dewar라는 3미터 높이의 강철 보온병 플라스크 안으로 내려져 450리터의 액체 질소에 담겼다. 할은 알코어의 128번째 회원이다. 많은 알코어 회원과 마찬가지로, 할의 냉동 보존 비용은 생명보험으로 대부분 충당되었다.

맥스는 옛 엑스트로피언 친구를 기리며 이렇게 말했다. "할, 나는 많은 사람이 나와 같은 마음일 거로 생각하네. 언젠가 자네와 다시 대화할 날을 고대하며, 자네의 부활을 기념하는 파티를 열기를 기대하네.”

남편이 냉동 보존된다는 사실로 자신을 위로하던 프랜은 이후 이렇게 말했다. “할은 그저 세상이 어떻게 변했을지 보고 싶을 뿐이라고 했어요. 정말 놀랍고 경이로운 곳이 될 거로 생각했거든요.”

일부 비트코이너는 할의 성을 따, 비트코인의 1,000만 분의 1을 ‘피니Finney’라고 불렀다.

19장

단어들의 묶음

2022년 5월, 오스틴에서 돌아온 나는 조사 범위를 넓히기로 결심했다. 이건 컴퓨터의 세계에서 나온 미스터리였고, 그렇다면 컴퓨터로 풀 수 있어야 했다. 하지만 지금까지 문체 감식 결과는 혼란만 낳았다. 영국에서는 한 컴퓨터 언어학 교수가 학생들에게 비트코인 백서를 나카모토 후보들의 글과 비교해보는 과제를 냈고, 그 결과 가장 유사한 인물은 닉 사보였다. Juola & Associates는 처음에는 닐 킹을, 그다음에는 할 피니를 나카모토와 가장 유사한 인물로 지목했지만, 이후 도미닉 프리스비에게는 닉 사보와 할 피니가 꾸준히 가장 높은 유사도를 보였다고 밝혔다. 조지타운대학교의 한 컴퓨터공학도는 닉 사보, 할 피니, 웨이 다이, 팀 메이, 그리고 호주의 암호학자 이안 그리그Ian Grigg를 비교한 끝에, 백서의 저자로는 닉, 웨이 또는 팀이, 이메일 작성자로는 이안이나 할이 유력하다는 결론을 냈다. 또 다른 학자 두 명은 약간 다른 후보군을 분석한 결과, 개빈 안드레센이 가장 가까운 인물이라는 판단을 내렸다.

후덥지근하던 6월의 어느 날, 나는 피츠버그의 허름한 거리 한복판에 있는 문체 감식 전문가 패트릭 주올라의 연구실을 찾았다. 우리는 지하실에 놓인 긴 탁자 앞에 마주 앉았다. 평소 같으면 대학원생들로 북적였을 공간인데, 그가 교수로 있는 듀케인대학교는 여름 방학 중이었고, 그곳엔 우리 둘뿐이었다.

패트릭은 쉰여섯 살이었고, 말총머리에 염소수염을 기르고 있었으며, 어딘가 유쾌한 분위기를 풍기는 사람이었다. 아이다호 출신 수학 교수의 아들로, 어릴 때부터 《인사이클로피디아 브라운Encyclopedia Brown》 탐정 시리즈와 컴퓨터, 외국어를 좋아했다. 왜 문체 감식 분야에서 일하게 됐는지 알 만한 취미였다. 패트릭은 조잡하고 들쭉날쭉해 신뢰하기 어려운 문체 감식이라는 기술을 신뢰할 수 있고 일관되며 권위 있는 과학으로 탈바꿈시키는 일을 평생의 업으로 삼았다. 과학적 문체 감식의 전제는 다른 문체 감식 전문가의 표현을 빌리면 '인간 스타일롬human stylome', 곧 사람마다 고유한 글쓰기 스타일이 존재한다는 것이다. 문체 감식은 암호 해독처럼 빈도상의 변이frequency anomalies •를 이용해 코드를 푼다.

• 암호의 오래된 사례 중 하나는 카이사르 암호(Caesar cipher)다. 율리우스 카이사르가 수하 장군들에게 보낸 메시지를 적이 가로채도 읽지 못하게 하려고 사용한 방식이다. 치환 암호(shift cipher)라고도 불렀는데, 카이사르는 자신이 선호하는 3과 같은 하나의 숫자를 정한 뒤, 원문의 각 알파벳을 그 숫자만큼 알파벳 순서상 뒤로 밀어 보냈다. 그럼, B는 E로, C는 F로 바뀌는 식이다. 따라서 원문 "Veni Vidi Vici(왔노라, 보았노라, 이겼노라)"는 암호문 "Yhql Ylgl Ylfl"이 된다. 이 암호를 풀기 위해서는 각 글자를 반대 방향으로 세 글자씩 다시 옮기면 된다. 놀랍게도 이 암호는 무려 900년 동안 깨지지 않았다. 그러다 알킨디(al-Kindi)라는 아랍 철학자가 그리스어 고문서를 번역하던 중 결정적인 통찰을 얻었다. 하나의 알파벳 안에서도 특정 글자들이 다른 글자보다 더 자주 사용된다는 사실이었다(현대 영어에서 가장 자주 쓰이는 알파벳 일곱 개는 E, T, A, I, O, N, S 순이다). 알킨디는 암호화된 텍스트에서 글자들의 출현 빈도를 세고 그것에 순위를 매기는 방식으로, 어떤 글자가 실제로 어떤 알파벳을 뜻하는지 알아낼 수 있었다.(저자주)

1960년대 초,《연방주의자 논집》의 저자를 통계적으로 분석하려 했던 초기 연구자들은 the, an, with, but 같은 기능어 빈도에 주목했다. 주제와 무관하게 저자를 구별할 수 있다는 장점이 있고, 대체로 무의식적으로 사용되며 조작하기도 어렵기 때문이다.

작가가 자신의 정교한 단어 선택, 능숙하게 조율된 문장, 그리고 구조적인 문장에 자부심을 느낄지라도, 컴퓨터는 순서는 무시하고, 그저 단어의 빈도, 품사의 빈도, 그리고 단어들의 특정 조합의 빈도 같은 숫자만을 바라본다. 컴퓨터라는 기계와 그것을 다루는 컴퓨터 언어학자들에게 작가가 소중히 여기는 작품은 그저 '단어들의 묶음'에 지나지 않았다.

패트릭은 2013년에 문체 감식의 위력을 공개적으로 증명할 수 있었다. 그 해, 그는 〈런던타임스〉에서 온 전화를 받았다. 〈런던타임스〉는 로버트 갤브레이스Robert Galbraith의 소설《쿠쿠스 콜링The Cuckoo's Calling》의 저자가 사실《해리 포터》를 쓴 조앤 K. 롤링Joan K. Rowling이라는 제보를 추적하고 있었다. 기자가 가진 증거는 롤링과 갤브레이스 두 사람의 에이전트와 편집자가 같고, 갤브레이스는 초보 작가라고 하기엔 글솜씨가 능숙하며, 군 출신 남성이라는 소개와 달리 여성복 묘사에 뛰어나다는 정황 증거였다. 패트릭이 이 문제 해결에 도움이 되었을까?

패트릭은 자신이 '혼선 요소'라 부른 영국 여성 범죄소설 작가 세 명의 작품을 롤링의《캐주얼 베이컨시The Casual Vacancy》옆에 나란히 두고, 이 네 작가의 작품을《쿠쿠스 콜링》과 비교했다. 패트릭의 소프트웨어는 작가를 식별할 때 신뢰할 수 있다고 판단된 네 가지 요소, 곧 단어 길이, 가장 흔한 단어 100개, 그리고 자주 등장하는 두 글자 및 네 글자 묶음을 기준으로 분석했다. 모든 항목에서 롤링 작품이 가장 비슷한 점이 많이 발견됐다. 분석 결과로 롤링이라는 사실이 입증되지는 않았지만, 갤브레이스가 롤링이거나, 적어도 매우 유사한 문체를 가진 인물이라는 점을 강하게 시사했다. 이 사실을 바탕으로 기자는 롤링의 에이전트에게 접근했고, 롤링은 자신이 갤브레이스라는 사실을 인정했다.

피츠버그에 있는 자신의 지하 연구실에서, 패트릭은 사토시 나카모토의 저자 추정 문제를 '매우, 매우 다루기 어려운' 사례라고 설명했다. 그가 보기에 나카모토가 남긴 글도 "그리 많지 않고…… 지목된 후보자의 절반이 남긴 글은 나카모토가 남긴 글보다도 분량이 적습니다"라고 했다.

패트릭은 여러 문체 감식 전문가의 분석 결과가 상충하는 것은 나카모토가 일부러 혼란을 주려 했다기보다는, 애초에 여러 사람이 공동으로 썼을 가능성이 크다는 뜻으로 보였다. "살인 도구에서 지문을 지운 것과 비슷하죠. 지문이 없으면 범인을 알 수는 없지만, 최소한 그 사람이 자신이 잘못한 일을 알았고 증거를 감추려 했다는 건 알 수 있습니다." 나카모토의 정체를 둘러싼 연구에서 불가피하게 따라오는 씁쓸한 특징은 영리한 컴퓨터 프로그램을 만들고 그냥 무료로 나눠준, 아무리 생각해도 죄라 할 수 없는 일을 한 사람에 대해, 살인 수사에서나 쓸 법한 언어를 쓰게 된다는 점이다.

나카모토 미스터리가 풀기 힘든 이유 중 하나는 그 특수한 성격 때문이었다. 이것은 패트릭과 그의 동료들이 말하는 폐쇄형 미스터리가 아니었다. 패트릭은 이에 대한 비유로 애거사 크리스티 Agatha Christie 의 《구름 속의 죽음 Death in the Clouds》을 들었다. "에르퀼 푸아로 Hercule Poirot 가 프랑스에서 영국으로 가는 비행기를 타고 가던 중 누군가가 기내에서 죽습니다. 분명히 살인 사건이죠. 그러면 범인은 비행기 안에 있는 사람

중 하나일 수밖에 없습니다. 문제는 그중 누구냐는 거예요."

나는 나카모토 미스터리는 오히려 지갑을 훔친 범인을 가려내려는 경찰의 용의자 식별 절차와 비슷하다고 생각했다. 용의자들을 세워놨지만, 정작 범인은 그 안에 없을 수도 있는 문제였다. 지금까지의 여러 문체 분석 시도는 대체로 몇몇 사이퍼펑크에만 집중했다는 공통점이 있었다. 나카모토가 왜 반드시 그들 중 한 명이어야 한다고 가정하는 걸까? 나는 스스로에게 물었다. 관련 있는 포럼과 이메일 리스트를 대대적으로 문체 분석해, 수만 명의 후보를 평가하는 방식으로 훨씬 넓은 범위를 자동으로 검색하는 게 기술적으로 가능할까?

비용이나 실행 가능성은 차치하고, 패트릭은 내가 제안한 방식의 수색이 나카모토 미스터리 해결에 맞지 않다고 생각했다. 그는 "이건 밀실 살인 사건이 아닙니다. 등장인물이 제한된 추리극에 더 가깝죠"라며, 후보자 범위가 명확히 정해지지는 않았지만, 대체로 좁게 한정된 경우라고 설명했다. "나카모토는 소수의 후보군 중 한 명일 가능성이 높다고 비교적 확신할 수 있습니다."

나는 닉 사보가 비트코인을 만들 수 있을 만큼의 기술, 지식, 동기를 모두 갖춘 사람은 극소수라고 말한 것이 떠올랐다. 패트릭 역시 나카모토는 거의 확실히 사이퍼펑크들과 연관되어 있으며, 특히 1990년대 후반 디지털 화폐를 개발하던 몇몇 인물 중 한 명일 가능성이 높다고 생각했다. 패트릭은 이렇게 말했다. "이건 오히려 구식 탐정 기법이 문체 분석보다 더 효과적일 수 있는 사례라고 봅니다. 그 사람이 실제로, 물리적으로 그 글을 쓸 수 있는 상황이었느냐가 중요하죠. 어떤 이들은 당시 안식년 중이었거나, 4년 전에 이미 세상을 떠난 예도 있어서 애초에 프로젝트에 참여하는 것 자체가 불가능했을 겁니다. 제가 즐겨 읽던 탐정 소설에서는 항상 동기, 수단, 기회를 따집니다. 여기서도 '기회'는 핵심이에요. 만약 어떤 인물이 그 문서가 작성된 장소에서 대륙 하나쯤 떨어진 곳에 있었다면, 문체 분석 결과가 뭐라고 나와도 의미가 없습니다. 문체 분석은 보조적인 증거를 제시하는 데는 유용하지만, 그건 마법도 아니고 점술도 아니에요."

내가 듣고 싶어 한 대답은 아니었다. 나는 실망해서 펜실베이니아를 가로질러 집으로 돌아왔다. 쉬울 거로 생각하지는 않았지만, 아마도 아예 불가능한 일일 수도 있겠다는 생각이 들었다. 나는 도무지 어디부터 시작해야 할지도 몰랐다. 나카모토의 비밀을 알고 있는 사람이 몇 명인지도 여전히 미지수였다. 나는 패트릭이 말한 '집단'일 가능성이 있다는 주장에 회의적이었다. 하지만 나카모토가 한 사람이라면, 주변 사람한 명이라도 그가 무엇을 하는지 알고 있었거나, 강하게 의심하지 않았을까?

지금 와서 보면, 한 세대를 정의했고 현대 미스터리의 전형적인 사례인 딥 스로트의 정체는 우스울 정도로 많은 사람이 이미 알고 있던 사실이었다. 해리 로빈스 홀더먼H. R. Haldeman은 자신의 기밀 출처를 근거로, 당시 대통령 리처드 닉슨Richard Nixon에게 FBI에 스파이가 있다고 보고했고, 훗날 그 인물을 마크 펠트라고 지목했다. 연방 검사 한 명은 펠트가 법정에서 증언하는 중에 딥 스로트의 정체를 알게 되었고, 펠트는 여자 친구에게도 그 비밀을 털어놨다. 〈워싱턴포스트〉 기자 밥 우드워드는 편집장 벤 브래들리Ben Bradlee와 레너드 다우니 주니어Leonard Downie, Jr., 기사 공동 작성자 칼 번스타인, 그리고 '자신의 과거에서 중요한 부분을 차지하는 일이었기에' 장차 배우자가 될 엘사에게도 그 사실을 말했다. 칼의 전 부인 노라 에프런Nora Ephron은 펠트가 딥 스로트라는 사실을 확신했고, 이를 아들 제이컵에게도 이야기했을 것으로 보인다.

하지만 나카모토의 경우에는, 테러리스트 유나바머처럼 단 한 사람만이 비밀을 알고 있었던 사례에 더 가까울지도 모른다고 나는 생각했다. 세상에서 가장 엄청난 비밀이 어떻게 15년 동안 아무에게도 누설되지 않았을까? 이혼이나 사업 파탄, 탐욕이나 질투, 원한 같은 인간관계의 변수들을 다 견뎌냈다고? 로버트 갤브레이스가 사실 조앤 K. 롤링이라고 밝혀진 일이 좋은 예다. 그 정보를 영국 신문에 흘린 사람은 롤링의 변호사가 소속된 로펌의 한 파트너의 아내와 절친한 친구였다. 어쩌면 나카모토는 아무에게도 털어놓지 않았는지도 모른다.

나는 닉이 쓴 에세이 제목이 떠올랐다. '신뢰할 수 있는 제삼자는 보안의 허점이다.' 시간이 흘러도 아무런 정보 유출이 없다는 사실은, 나카모토가 죽었거나 초인적으로 신중한 인물일 가능성을 더 높여줬다. 과거 테러리스트 유나바머(시어도어 존 카진스키Theodore John Kaczynski)의 정체가 드러난 것도 결국 일종의 문체 분석 덕분이었다. 그의 형수가 〈워싱턴포스트〉에 실린 3만 5,000단어 분량의 기술과 문명을 반대한다는 선언문을 읽고, 몬태나에 사는 남편의 은둔자 형과 말투가 소름 끼치게 닮았다고 느낀 것이 계기였다. 나는 나카모토의 정체를 밝혀낼 수 있는 유일한 실마리도 문체 분석뿐이라고 생각해왔다. 하지만 이제는 확신이 무너졌다. 그리고 얼마 안 있어, 이 문제가 생각보다 훨씬 복잡하다고 말하는 사람을 만나게 되었다.

영국 애스턴대학교가 문체 분석 결과를 발표하며 닉을 지목하자, 2014년 프린스턴대학교에서 열린 기술 세미나에 닉과 함께 참석한 콩코디아대학교 교수 제러미 클라크는 그 결과에 대해 "터무니없이 불충

분해요. 사람을 13명 놓고 비교하면, 누군가는 반드시 제일 유사하게 나올 수밖에 없잖아요"라고 반박했다.

내가 전화를 걸었을 때, 제러미는 나카모토 이야기를 할 수 있어서 오히려 반가워하는 눈치였다. "많은 사람에게 이 얘기를 꺼내보려고 했지만, 다들 별로 관심이 없더라고요."

제러미는 나카모토에 대해 몇 가지 흥미로운 분석을 내놓았다. 그중 하나는, 나카모토가 학자처럼 행동하지 않았다는 점이다. 학자들은 보통 자신이 속한 분야의 선행 연구를 자세히 검토하고 인용하게 되어 있다. 곧 자기 논문이 서 있는 '거인의 어깨'들이나, 때로는 무너뜨리고자 하는 기존 이론들을 꼼꼼히 언급하는 게 학계의 관행이다. 하지만 나카모토의 인용은 빈약했다. 그의 백서는 학술지의 심사 절차를 거쳤더라면 웃음거리로 취급됐을 것이다. 그리고 학자들은 대부분 자기 이름을 걸고 논문을 발표할 충분한 동기가 있다. "대부분의 학자라면 어떤 식으로든 인정을 받으려고 하죠. 익명으로 하지 않고, 논문으로 정리해서 학회에 제출할 겁니다."

제러미는 나카모토가 소프트웨어 업계의 관행을 따르지 않았다는 점을, 다른 이들의 지적을 되풀이하며 강조했다. "혼자 코딩을 잘한다고 해서, 꼭 뛰어난 소프트웨어 엔지니어는 아닙니다." 다른 사람들이 지적했듯이, 제러미도 비트코인의 암호 기술이 실용적이긴 했지만, 기술적으로 정교하지는 않았다고 말했다.

하지만 제러미가 가장 하고 싶어 한 이야기는 베이지안 확률^{Bayesian probability}에 관한 것이었다. 실리콘밸리에서 영향력을 행사하는 합리주의자^{Rationalist} 커뮤니티가 중시하는 통계적 접근 방식으로, 이들은 과거 엑스트로피언들과 가장 유사하며 구성원도 일부 겹친다. "제가 아무런 단서도 주지 않는다면, 제가 나카모토일 확률은 얼마일까요?” 제러미가 말했다. “대략 70억 분의 1이죠. ‘영국 출신이다’, ‘캐나다식 철자를 쓴다’, ‘문장 끝에 띄어쓰기를 두 칸 한다’, ‘암호학에 대해 잘 안다’ 같은 정보는 후보군을 좁히는 데는 도움이 되지만, 특정 인물이 나카모토일 확률 자체는 여전히 극도로 낮습니다. 만약 어떤 후보가 자신은 나카모토가 아니라고 부인한다면, 그것을 믿게 할 만한 ‘압도적인 증거’가 필요합니다. 비범한 주장에는 비범한 증거가 필요하다는 뜻입니다.” 제러미는 내가 잠자코 있는 사이 당혹스러워하는 기색을 눈치챘는지, 이렇게 덧붙였다. “좀 지나치게 형식적인 사고방식일 수도 있겠네요.”

제러미는 이런 우화를 들려주었다. 한 경찰관이 가로등 아래에서 열쇠를 찾고 있는 술 취한 남자를 발견한다. 경찰이 “열쇠를 어디서 잃어버렸느냐”고 묻자, 남자는 “저기 덤불 속이요”라고 대답한다. 그러자 경찰이 “그런데 왜 여기서 찾고 있느냐”고 묻고, 남자는 이렇게 답한다. “여기가 밝으니까요.”

나카모토 신봉자들이 닉 사보나 할 피니 같은 인물의 이름을 거론할 때마다, 제러미는 리누스 토르발스Linus Torvalds를 떠올렸다. 북유럽 출신 20대 프로그래머로, 유닉스 운영 체제의 무료 버전인 리눅스를 개발하며 오픈소스 소프트웨어 운동에 불을 지핀 인물이다. 리누스는 본명을 밝히고 리눅스를 발표했지만, 제러미는 이렇게 반문했다. “만약 리누스가 익명으로 그 일을 했다고 쳐봐요. 익명의 그 사람이 그라고 누가 짐작할 수 있었겠어요? 무명의 핀란드 대학원생일 뿐이었는데요.” 제러미의 말에 따르면, 리누스가 스스로 정체를 드러내지 않았더라면 사람들은 유닉스를 만든 켄 톰프슨Ken Thompson이나 그와 비슷한 이름의 인물이 했을 거라고 생각했으리라는 것이다.

"다들 탁상공론만 하고 있습니다. 환한 곳만 들여다보죠. 인터넷에 논문을 올렸거나, 게시판에 글을 쓴 사람들 말이에요. 하지만 '덤불 속'에는 훨씬 더 많은 사람이 있어요. 어쩌면 나카모토는 게시판에 한 번도 글을 올린 적 없고, 특허도 내본 적 없는 사람일지도 모릅니다."

나카모토가 아무도 들어본 적 없는 인물일 수 있다는 이야기를 꺼낸 사람은 제러미가 처음은 아니었다. 스위스 출신 프로그래머 스테판 토마스 역시, 나카모토는 웨이, 할, 닉 같은 잘 알려진 인물이 아니라, 그들의 추종자 중 한 사람일 수 있다고 추측했다. 스테판은 이렇게 말했다. "세상엔 천재가 많습니다. 그렇다면 천재적인 아이디어도 얼마든지 나올 수 있죠." 문체 감식 전문가 패트릭도 비슷한 이야기를 했다. 공개 키 암호 기술을 처음 고안한 사람들 역시, 당시에는 '아무도 들어본 적 없는 인물'들이었다.

게다가 나카모토는 "저는 글쓰기보다는 코딩을 더 잘합니다"라고 밝힌 적이 있다. 어쩌면 그는 평소에 자기 생각을 글로 남기는 습관이 없는 사람인지도 모른다. 인터넷상에 어떤 흔적도 남기지 않은 인물일 가능성도 있다.

"얼마나 깊이 팔 수 있을까?"

2015년 11월 12일 아침, 나는 메일함에서 새벽 1시 39분에 도착한 이메일 한 통을 발견했다.

제목: 나는 사토시 나카모토를 해킹했다

'바이러스 검사 안 됨'이라는 괄호 속 경고 문구가 꽤 찜찜했다. 하지만 보낸 사람 주소가 satoshi.nakamoto@vistomail.com이었고, 나는 나카모토의 몇 안 되는 알려진 계정 중 하나가 비스토메일 계정이라는 사실이 기억났다. 조심스럽게 이메일을 열어봤다.

오타투성이의 두 문장이 적혀 있었다.

나카모토는 호주에 있는 크레이그 라이트 박사Dr Craig Wright고, 완전 몹쓸 인간입니다. 비트코인으로 2억 달러를 벌어놓고는 직원들한테 말도 못하게 하고, 우리를 쓰레기처럼 대하고, 개처럼 일하지 않으면 잘라버리죠.

첨부파일은 모두 열다섯 개였다.

그 무렵 나는 비트코인 관련 뉴스에 거의 관심을 끊고 있었다. Mt. Gox 사태 이후 흥미가 식었고, 나카모토를 찾으려는 사람들은 헛물만 켜고 있었다. 얼마 전 전혀 다른 사건을 취재하던 중, 흥신소 사람들이 제보자를 가장하고 접근한 일도 있어서, 평소보다도 유난히 의심이 많아진 참이었다. 파쇄기를 샀고, 낯선 사람에게서 온 첨부파일은 더더욱 조심하게 되었다.

나는 그 이메일을 피싱 시도이거나 시간 낭비에 불과한 근거 없는 주장으로 여겨, 호주에 있는 그 사람에 대해 더 알아보려 하지 않고 그냥 보관해두었다.

그 시점 비트코인은 성숙의 중요한 기로에 있었다. 다행히 비트코인은 지난 한 해 동안 몇 가지 중요한 전환점을 넘었다. 마이크로소프트와 델Dell은 비트코인으로 결제를 받기 시작했고, 미국 최초 정식 거래소인 코인베이스Coinbase가 출범했다. 하지만 내부적으로 비트코인 커뮤니티는 프로젝트가 더 많은 트래픽을 처리하려면 어떻게 성장해야 할지에 대해 분열되어 있었다. 확장성 문제는 2009년 할 피니와 제임스 도널드 같은 사람들이 이미 경고한 문제였다.

비트코인은 처음부터 모순을 품고 있었다. 대중화 없이는, 비트코인은 열성 지지자들이 원하는 대로 국가를 넘어서는 커다란 현상이 될 수 없었지만, 현실적으로 대중의 지지를 받으려면 정부의 규제하에서 어느 정도 전통적인 금융기관들과 통합되어야만 했다. 그런데도 자유 지상주의자들과 암호화폐 무정부주의자들은 대다수 사람이 결코 자유 지상주의자나 암호화폐 무정부주의자가 될 수 없다는 사실을 받아들이지 못했다. 비트코인이 채택되려면 반드시 기존 체제와 결합할 수밖에 없었다.

이 모순은 이제 블록체인에서 각 블록이 수용할 수 있는 거래 수에 관한 기술적이지만 격렬한 논쟁으로 불거졌고, 이는 원래 불안정하던 비트코인 생태계를 분열시킬 위험 요소가 됐다. 확장 지지자들Big Blocker 중 개빈 안드레센은 비트코인을 더 빠르고 유용한 제품으로 만들기 위해 블록 크기를 키워야 한다고 주장했다. 반면 비트코인 개발자들이 다수 포함된 소형 블록 지지자들Small Blocker은 블록이 커지면 더 강력하고 값비싼 컴퓨터가 필요하게 되고, 결국 비트코인의 탈중앙성이 위협받으리라 생각했다. 소형 블록 지지자인 닉은 블록 크기 확장이 '무모하고', '엄청난 보안 위험'을 초래할 것이라고 경고했다.

하지만 리더가 부재한 비트코인 세계에서 이런 미래 방향성에 대한 논쟁의 결론을 찾는 일은 불가능에 가까웠다. 결국, Big Blocker이자 핵심 개발자인 마이크 헌은 교착 상태에 지친 나머지 비트코인 XT라는 비트코인 쪼개기, 일명 하드 포크hard fork를 시작했다. 개빈이 작성한 코드로 블록 크기를 8배 확장하려는 시도였고, 오히려 논란만 더 키웠다. 그때 나카모토의 이메일 주소 중 하나(satoshi@vistomail.com)에 접근할 수 있던 누군가가 비트코인 개발자들 메일링 리스트에 글을 올리며 비트코인 XT를 '매우 위험한 포크'라고 비판했고, 마이크와 개빈이 "그들이 존중한다고 했던 '창립자의 비전'을 위반했다"고 비난했다. 그는 "현 상황을 지켜보고 있자니 매우 실망스럽다"고도 적었다. 이 게시물에 대해 대부분은 나카모토가 쓴 글이 아니며 그의 이메일이 해킹당했다고 생각했다.

긴장을 더한 것은, 이제 사람들이 이야기하는 암호화폐가 비트코인만이 아니게 되었다는 점이다. 비트코인보다 훨씬 유연한 신예 이더리움이 등장하면서 주목을 받았는데, 이더리움은 화폐 기능은 물론, 스마트 계약을 지원하고 탈중앙화 앱을 구축할 수 있는 플랫폼으로서, 비트코인의 기능을 훨씬 넘어서는 블록체인 기술의 가능성을 보여주었다.

내가 받은, 혹은 그와 유사한 크레이그 라이트에 관한 이메일은 과거에 나카모토에 대해 글을 쓴 여러 사람에게도 발송되었고, 그들 중 일부는 그 정보를 바탕으로 취재에 나섰다. 비트코인을 1990년대 아이디어의 재탕에 불과하다고 깎아내리며 닉을 자극하던 가명 블로거 그윈 브랜원은 〈뉴스위크〉의 도리언 나카모토 보도 소동 이후 할 피니의 집에서 마지막으로 목격된 〈와이어드〉 기자 앤디 그린버그와 손잡고 제보를 추적하기 시작했다.

그린버그와 브랜원은 곧 나카모토와 일치하는 여러 단서를 밝혀냈다. 크레이그 라이트는 사이퍼펑크 메일링 리스트를 구독한 적이 있고, 금본위제를 지지했으며, C++ 프로그래머이자 사이버 보안 전문가였고, 정부의 세금 정책에 불만을 품은 자유 지상주의자였으며, 호주인이자 일본 문화 애호가였다.

이 둘은 또한 크레이그 라이트와 사토시 나카모토 사이의 직접적인 관계를 보여주는 듯한 단서들도 찾아냈다. 2008년 8월 비트코인 백서가 발표되기 몇 달 전, 크레이그는 자신의 블로그에 곧 비트코인 백서를 발표할 예정이라고 적었다. 그는 백서가 공개되고 몇 주 뒤에 올라온 또 다른 게시물을 통해, 자신에게 연락할 때 무료 암호 소프트웨어인 PGP 키를 사용해달라고 요청했다. 기자들은 그 PGP 키가 satoshin@vistomail.com이라는 이메일 주소(나카모토가 Metzdowd 메일링 리스트에 백서를 발표할 때 사용한 주소와 거의 동일한 주소)와 연결되어 있다는 사실을 밝혀냈다.

또한 그린버그와 브랜원은 크레이그의 블로그에서 삭제된 페이지도 하나 발견했는데, 제목은 '비트코인'이고 날짜는 2009년 1월 10일로 되어 있었으며, 그 안에는 "비트코인 베타 버전이 내일 공개된다. 이건 탈중앙화 방식이다. (……) 우리는 될 때까지 시도한다"라는 내용이 적혀 있었다. 사실 비트코인은 1월 9일에 가동을 시작했지만, 브랜원과 그린버그는 크레이그가 호주 북동부에 있다는 점을 고려하면 시차로 설명될 수 있다고 봤다. 그들은 이후 같은 제목으로 다시 올라온 글도 찾아냈는데, 이 역시 삭제된 상태였고 원래의 내용 대신 "비트코인, 일명 쓸데없는 참견쟁이 (……) 가끔은 등잔 밑이 정말로 어둡다는 사실에 나는 늘 놀란다"는 식의 문장이 적혀 있었다.

이 외에도, 크레이그의 회사 중 한 곳에 대한 공개 감사 문서를 통해 그가 비트코인의 초기 시절에나 축적할 수 있었을 법한 막대한 수량의 비트코인을 보유하고 있다는 점도 확인했다. 크레이그의 블로그에서 삭제된 또 다른 이미지에는 SGI라는 회사가 크레이그의 회사 클라우드크로프트Cloudcroft를 위해 슈퍼컴퓨터를 제작하기로 한 계약서가 보였다. 크레이그의 링크드인 프로필에 따르면, 그는 박사학위도 두 개나 보유하고 있었다.

12월, 두 사람은 크레이그에게 연락해 "우리가 당신의 비밀을 알고 있습니다. 만나서 이야기할 수 있을까요?"라고 제안했다. 이후 그들은 Tessier-Ashpool@AnonymousSpeech.com에서 이메일 한 통을 받았다. Tessier-Ashpool은 사이버펑크 소설가 윌리엄 깁슨William Gibson의 3부작 소설 《스프롤Sprawl》에 등장하는 가족 이름이고, AnonymousSpeech.com은 나카모토가 사용하던 익명성을 중시하는 이메일 서비스 중 하나였다. 〈와이어드〉지는 이 이메일이 비스토메일 계정에서 발송된 것을 확인했는데, 비스토메일 역시 나카모토가 사용하던 이메일 서비스였고, 발신자의 IP 주소는 파나마에 기반을 두고 있었다. 이메일에는 이렇게 적혀 있었다. "계속 파고는 있군요. 그런데, 얼마나 깊이 팔 수 있을까요?"

21장

크레이그

나는 호주 브리즈번에서 자란 크레이그 라이트가 어린 시절 사교성이 부족하고 어딘가 서툰 아이였다는 사실을 나중에 알게 되었다. 친구들에게 "내 딱정벌레랑 놀래?" 같은 식으로 말을 걸었고, 방 안에 틀어박혀 몇 시간이고 지내며, 운동을 별로 좋아하지 않았고, 사람 많은 곳에서는 쉽게 불안해했다고 한다.

가족에 따르면, 그의 아버지는 '괴팍하고 감정 기복이 심한' 사람이며, 아내와 세 자녀에게 신체적·언어적 학대를 일삼았다고 한다. 크레이그의 부모는 그가 다섯 살 때 이혼했고, 이후 크레이그와 두 여동생은 술에 의존하며 생계를 꾸려가는 어머니 밑에서 자랐다.

크레이그는 의지할 만한 어른이 필요했다. 학교를 마치면 동생들과 으레 외할머니 집에 갔고, 크레이그는 '팝pop'● 이라고 부른 도널드 앤드루 라이넘Donald Andrew Lynam과 많은 시간을 보냈다. 라이넘은 아마추어

●　할아버지보다 친근한 표현.

무선 통신이 취미였고, 제2차 세계대전 중 아시아에서 했던 경험은 집안 곳곳에서 볼 수 있었다. 필리핀에서 그린 유화들이 여기저기에 걸려 있었고, 무선 장비가 가득한 방에는 일본군이 호주 점령을 염두에 두고 만든 점령 화폐가 담긴 낡은 상자도 있었다. 라이넘은 일본 문화에 대해 자주 이야기했고 크레이그는 그 이야기에 빠져들었다. 침실에는 일본식 표창과 진짜 일본도도 있었다. 청소년기에 접어든 크레이그는 검은색 닌자 복장에 복면을 쓰고 근처 공원에서 일본도를 휘두르기도 했다.

크레이그가 또래와 어울리기 시작한 방법은 '던전 앤 드래곤^{Dungeons & Dragons}'이나 프랭크 허버트^{Frank Herbert}의 《듄^{Dune}》 시리즈 같은 덕후 취향의 관심사를 통해서였다. 석 달 어린 사촌 맥스와는 기술에 대한 공통된 관심 덕에 가까워졌다. 둘은 회로 기판을 만들고, 코모도어 64 컴퓨터[•]를 가지고 놀았으며, 그래픽 없이 텍스트만으로 진행되는 롤플레잉 게임을 즐겼고, 분산 서비스 거부 공격^{DDoS} ^{••}으로 서로의 컴퓨터를 마비시키며 놀았다. "우린 말 그대로 코드 전쟁을 했어요"라고 맥스는 회상했다.

청소년 시절, 크레이그는 머리를 주황색으로 염색하고 잘 씻지도 않았다. 여동생 다니는 끊임없이 닌자 놀이를 하는 오빠를 창피해했고, 다른 아이들은 크레이그를 괴짜라고 불렀다. 가톨릭 수도사들이 운영하는 사립 고등학교에서는 또래에게 따돌림과 괴롭힘을 당했다. 한번은 참다 못해 어떤 아이의 코를 부러뜨리기도 했다.

크레이그는 공허한 현실을 꿈으로 채웠다. 요리사, 도배공, 컴퓨터

[•] 1980년대 초반에 출시된 개인용 컴퓨터로, 당시 매우 인기 있었던 제품.
^{••} 일명 '디도스 공격'으로 여러 대의 컴퓨터를 이용해 특정 웹사이트나 서버를 마비시키는 공격.

공학자가 될 거라고 말했다. 자기가 악명 높은 해커 집단 리전 오브 둠 Legion of Doom 멤버라고 주장하기도 했다. 다니는 오빠가 늘 "언젠가는 세상을 바꿀 무언가를 만들 거야!!!"라고 했다고 한다. 크레이그의 엄마와 삼촌 도널드는 크레이그가 충분히 이해받지 못한다고 느낄 때, 이야기를 지어내 살을 붙이는 경향이 있었다고 말했다.

크레이그는 호주 공군 9년 장교 훈련 프로그램에 합격했지만, 1년도 채 되지 않아 제대했다. 삼촌 도널드는 크레이그가 전역한 이유를 "성격 때문이었을 겁니다. 크레이그가 사람들과 잘 지내는 편은 아니잖아요?"라고 말했다고 한다. 26세가 된 크레이그는 사이버 보안 분야에서 경력을 쌓던 중, 인터넷에서 만난 캐나다 여성과 결혼했다. 크레이그보다 열여덟 살 많았고, 크레이그의 어머니보다 한 살 정도 어린 나이였다.

비슷한 시기에 크레이그는 사람들이 사용하는 단어를 고쳐주거나 옥스퍼드 영어 사전에서 인용하기도 하며, 사이퍼펑크 메일링 리스트에 10번 넘게 글을 올렸다. 그가 관심을 가진 주제는 금융기관이 온라인으로 서비스를 제공한다는 개념이었다. 그는 이렇게 적었다. "대중은 보통 은행이 돈을 안전하게 지켜줄 것이라고 맹목적으로 믿지만, (미국 정부가 지원하는) 사용자 친화적인 데이터 암호화 방법이 생기기 전까지는 사기 행위가 일어날 여지가 상당히 큽니다."

크레이그는 팀 메이가 올린 자유 지상주의에 관한 글에 이런 댓글을 적었다. "개인적으로 저는 대학을…… 돈을 내며 다녔습니다. 등록금 전액을요. 암에 걸렸을 때는 대출을 받았고요. 저는 엔지니어이지만, 주유소에서도 일해봤습니다. 그럼, 왜, 어떤 이유로 저는 매년 수만 달러를 내며 다른 사람들을 도와야 하죠? 제가 정부의 도움을 받은 적이 없으니, 저도 내지 않아야 한다고 생각합니다. 그리고 제가 무엇을 위해 내는 건가요? 체제 유지를 위해서요? 다들 충분히 도움을 받는다고 생각합니다. 이제는 그냥 엉덩이 떼고 일 좀 하세요.”

크레이그는 그 글에 자신이 가끔 사용하던 일본어 가명 중 하나인 ‘도샤이^{doshai}’라는 이름을 서명으로 남겼다.

그 글에 다른 사이퍼펑크인 호주 출신의 줄리언 어산지는 이렇게 답했다. “정말로 우리가 당신의 어리숙한 정치적 견해가 필요할까요?”

데이브

2000년대 초, 크레이그는 데이비드 클라이먼David Kleiman이라는 미국인과 친구가 되었다. 당시 크레이그는 Lasseters Online Casino와 Centrebet 같은 인터넷 도박 회사 보안 관련 일을 돕고 있었다. 데이브는 1990년대 오토바이 사고로 하반신이 마비되었고, 플로리다 남부에 살던 컴퓨터 포렌식 전문가였다. 항공기용 알루미늄으로 제작한 USB 드라이브를 목에 걸고 다녔고, 총기 일련번호를 비밀번호로 사용했으며, 스트립쇼를 하는 여성들과 사귀었다.

둘은 온라인에서 만난 후, 서로 자격증을 늘려가는 데 열중하며 더 친해졌다. 데이브는 전문 자격증에 특히 집중했고, 자기 서명 뒤에 수많은 자격증 약자를 붙여서 친구들이 그를 '굽이굽이 흐르는 미시시피강 데이브'라고 부를 정도였다. 무려 200개가 넘는 직무 관련 자격증에 고급 학위들도 계속 늘어가던 크레이그는 이메일 서명에 "Dr. Craig Wright LLM GSE GSM GSC MMiT MNSA MinfoSec CISSP/ISSMP CISM CISA(박사 크레이그 라이트, 법학 석사, 글로벌 시스템 엔지니어, 글로벌 시스템 관리, 글로벌 보안 컨설턴트, 기술 연구소 회원, 네트워크 보안 관리 석사, 정보 보안 석사, 정보 시스템 보안 전문가, 정보 시스템 보안 관리 전문가, 정보 보안 관리자, 정보 시스템 감사 전문가)"라고 적었다. 그들은 〈하드디스크 데이터 덮어쓰기Overwriting Hard Drive Data〉라는 논문을 공동 저술했고, 미국 국토안보부DHS와의 계약을 따내기 위해 파트너십을 결성했다.

데이브는 건강 문제로 고통받고 있었다. 2011년 초부터 감염 증상으로 2년 동안 병원에 입원했고, 46세 때인 2013년 3월 말, 의사의 만류를 뿌리치고 퇴원했다. 그는 친구에게 이렇게 말했다. "의사들에게 가서 꺼지라고 했지." 그로부터 한 달 뒤, 데이브는 마이애미에서 북쪽으로 한 시간 거리에 있는 리비에라 해안 근처 농가에서 시신으로 발견됐다. 침대 옆 휠체어에 기대어 죽어 있었고, 근처엔 45구경 반자동 권총과 총알이 든 탄창이 있었다. 경찰은 매트리스에서 총알구멍처럼 보이는 흔적을 발견했고, 주방 테이블 위에는 마시다 만 테킬라와 위스키병들이 놓여 있었다. 집 안 곳곳에는 휠체어 자국과 마른 대변과 피가 튄 자국들이 남아 있었다. 데이브의 시신은 부패가 상당히 진행된 상태였다. 독성 검사 결과, 혈액에서는 코카인 성분이 검출되었으며, 사인은 관상동맥 질환으로 밝혀졌다.

크레이그는 데이브의 친구들에게 발송된 단체 이메일을 통해 사망 소식을 들었고, 유튜브에 추모 영상을 올렸다. "데이브는 특별한 사람이었습니다." 크레이그는 말을 더듬으며, 때때로 목이 멘 쉰 목소리로 말했다. "데이브는 언제나 받는 것보다 훨씬, 훨씬 더 많이 주는 사람이었어요…… 데이브가 제 친구인 게 정말 자랑스럽습니다."

다음 해 2월, 크레이그는 데이브 아버지에게 편지를 썼다. "안녕하세요, 루이스. 아드님과 저는 비트코인의 핵심 인물 세 명 중 두 사람입니다. 저는 그저 아드님이 어떤 일을 했었는지 알려드리고 싶을 뿐입니다. 데이브가 세상을 혁신할 발명의 핵심 일원이었다는 점을 알아주시기 바랍니다." 또한 데이브의 컴퓨터 시스템을 잘 갖고 있으라고 당부하며, '데이비드 몫을 찾아드리는 걸' 도와주겠다고 했다.

루이스 클라이먼은 93세여서, 아들 아이라가 대신 연락을 주고받았다. 아이라는 형이 비트코인을 상당량 보유했을 거라는 말을 선뜻 믿기 어려웠다. 형은 세상을 떠나기 전, 휴대전화 요금은 친구들이 대신 내주었고, 집 대출금도 갚지 못해 압류 직전이었으며, 이를 피하려 고금리 대출까지 받았다.

크레이그는 아이라에게 이렇게 답장했다. "데이브가 현금은 없었을지 몰라도, 가난하진 않았습니다." 크레이그는 수백만 달러어치의 비트코인이 담긴 데이브 명의의 해외 신탁에 대해 언급했고, 자신들과 W&K라는 회사 명의로 수주한 '국토안보부의 연구 프로젝트 몇 건'에 대한 이야기도 꺼냈다. 그러면서 아이라를 믿고 사토시 나카모토라는 가명을 둘러싼 비밀을 털어놓겠다고 했다. "이 일에 관여한 누구도, 죽은 후조차도, 세상에 알려지길 원하지 않습니다. 사토시 나카모토라는 신화는 그만큼 압도적인 영향력을 지니고 있죠. 저는 데이브의 가족이 이 사실을 알았으면 하지만, 동시에 데이브 자신은 세상이 아는 것을 바라지 않았다는 점도 알아주셨으면 합니다."

곧 아이라는 크레이그에 관한 생각을 바꿨다. 2009년 추수감사절 저녁 식사 자리에서, 형 데이브가 '부유한 외국인 남자'와 함께 '디지털 화폐'를 만들고 있다고 이야기한 일이 떠올랐다. 아이라는 데이브의 친구에게 보낸 이메일에 이렇게 썼다. "일단 난 크레이그 라이트가 진짜라고 믿는 쪽이야. 이 사람이 진짜라는 증거가 넘쳐. 아니면 지금껏 본 적 없는 수준의 치밀한 사기꾼이자 해커이거나. 진심으로 이 사람하고 데이브 둘 다 천재라고 생각해. 정말 엄청난 거 같아."

아이라는 이제 형이 비트코인의 탄생에 어떤 역할을 했는지 더 알고 싶어졌다. "정말 데이브가 그 아시아인 이름으로 원본 PDF 작성에 참여했나요?"

크레이그의 답장은 이랬다. "지금은 많은 걸 말해줄 수 없어요. 하지만 네, 데이브는 그 PDF와 관련이 있습니다. 데이브가 vistomail 계정을, 저는 gmx 계정을 가지고 있었죠."

3월 초, 아이라는 막대한 돈이 생길 거라는 기대에 흥분하면서도 또 놓친 것 같아 두려워했다. 데이브가 사망한 후, 아이라는 형의 이런저런 서류를 버리고 하드디스크 몇 개도 포맷해버렸다. 아이라는 크레이그에게 이렇게 말했다. "30만 비트코인이 수중에 들어올지도 모르지만, 그걸 회수할 방법을 모른다고 생각하면 잠이 안 옵니다. 그것만 있으면 제 가족과 태국에 있는 아내 가족의 인생이 완전히 바뀔 텐데 말이죠."

아이라가 크레이그에게 칭찬을 아끼지 않자, 크레이그는 이렇게 말했다. "사토시 나카모토는 한 명이 아닙니다. 저는 겸손과는 거리가 멀지만, 그렇다고 데이브의 공을 가로챌 생각은 없습니다. 아이디어는 제가 냈지만, 데이브 없이는 절대 구현하지 못했을 겁니다. 데이브는 제 의견에 귀 기울여주었고, 제 실수를 고쳐줬습니다."

한 달 뒤, 아이라는 호주 세무청 조사관 앤드루 밀러Andrew Miller에게서 크레이그가 W&K를 상대로 낸 소송에 대해 아는 게 있느냐고 묻는 이메일을 받았다. 이메일에는 최근 크레이그가 호주에서 작성한 두 가지 문서도 첨부됐는데, 그 문서에는 데이비드 클라이먼의 서명이 있었고, '모든 가치'를 크레이그에게 양도한다는 내용이 적혀 있었다.

이제 크레이그가 의심스러워진 아이라는 끊임없이 질문을 쏟아냈다. 크레이그는 매번 명쾌하게 답변해주었지만, 아이라는 왠지 불안감이 더 커졌다. 크레이그는 데이브 가족에게 엄청난 금액을 약속했지만, 늘 어떤 이유를 대며 아직 회수하지 못했다고 했다. 아이라는 소송을 고려하게 되었다. 그러다 2015년 10월경 크레이그는 아이라의 메일에 답장을 멈췄다.

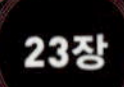

위험천만한 일

2015년 12월 8일 오후 4시 25분, 〈와이어드〉지는 '비트코인의 창시자 사토시 나카모토는 아마도 이 무명에 가까운 호주의 천재일 것이다'라는 제목으로 단독 보도를 냈다. 앤디 그린버그와 그원 브랜원은 자신들이 수집한 증거를 자세히 설명하면서도, 도리언 나카모토 해프닝이 아직 사그라지지 않았다는 점을 의식해 신중한 입장을 덧붙였다. "크레이그 라이트가 비트코인을 발명했든, 아니면 그가 정말 그렇게 믿게 만들고 싶어 하는 대단한 사기꾼이든 둘 중 하나일 겁니다."

한 시간 반쯤 뒤, 기술 전문 매체 〈기즈모도 Gizmodo〉도 자체 특종 기사를 내놓았는데, 색다른 반전이 있었다. 크레이그 라이트가 혼자 일한 게 아니라는 것이었다. 제목은 이랬다. '이 호주인은 자신과 죽은 친구가 비트코인을 만들었다고 주장한다.' 기사는 데이비드 클라이먼이 2011년에 크레이그 라이트에게 보낸 것으로 보이는 이메일을 인용했다. "라이트, 미쳤어? 이건 위험한 일이야. 하지만 우리가 하려는 일에 난 믿음이 있어." 〈기즈모도〉 기자들은 크레이그가 나카모토라는 데 확신을 보이며, 해당 이메일 자료가 "인터뷰를 통해 입증됐다"고 주장하면서도, "나카모토에 대해 글을 쓰는 일은 위험천만한 일"이라는 점도 인정했다.

〈와이어드〉와 〈기즈모도〉 보도에 대응해, 비트코인 관련 온라인 커뮤니티인 레딧의 r/Bitcoin에서는 해당 주장에 의문을 제기하며 분석을 진행했다. 비트코인 개발자 중 한 명인 그레그 맥스웰Greg Maxwell은 크레이그의 PGP 키가 당시에는 존재하지 않았던 소프트웨어를 이용해 생성된 것으로 보인다고 지적했다. 미국 기술 전문 뉴스 사이트 〈마더보드Motherboard〉의 세라 정Sarah Jeong 기자는 MIT대학교가 운영하는 공개 PGP 키 목록에 크레이그의 키가 2008년 이전에 생성된 것처럼 나타나지만, 이 목록은 쉽게 조작될 수 있다고 밝혔다.

〈와이어드〉도 기사를 내기 전에 이미 이상한 점들을 눈치챘다. 〈와이어드〉는 "가장 설명하기 어려운 점은 크레이그 라이트의 관련성을 입증하는 가장 강력한 증거로 꼽힌 세 개의 블로그 게시물이 모두 사후에 수정됐다는 것이다. 그중 최소 하나는 2013년 이후에 비트코인과 관련된 내용을 추가했다"라고 덧붙였다.

크레이그 라이트에게 슈퍼컴퓨터를 공급했다던 SGI 측은 IT·기술 뉴스 웹사이트 〈지디넷ZDNET〉에 "라이트의 회사인 클라우드크로프트에 납품한 적이 없으며, CEO인 크레이그 스티븐 라이트와도 아무런 관계가 없다"고 밝혔다. 크레이그가 박사학위를 받았다고 주장한 찰스 스터트 대학교Charles Sturt University도 〈포브스〉에 "본교에서 석사 학위 세 개를 취득한 것은 사실이나, 박사 학위를 받은 적은 없다"고 말했다. 비트코인 커뮤니티에서는 크레이그가 신비주의적인 이미지를 내세우는 것이 나카모토의 소박하고 조용한 성격과는 정반대라며, 자신이 직접 폭로 이메일을 기자들에게 보낸 것이 아니냐는 의혹까지 제기했다.

마침 〈와이어드〉와 〈기즈모도〉의 기사가 인터넷에 올라오던 바로 그때, 몇 년간 크레이그의 여러 회사를 세무 조사해온 호주 국세청의 요청을 받은 호주 연방 경찰이 그의 집과 사무실에 압수 수색을 단행했다. 시드니 북부 교외 고튼Gordon에 있는 그의 자택과 인근 노스라이드North Ryde의 사무실에서 경찰은 여러 상자 분량의 자료를 압수해 갔다. 그 무렵 크레이그는 이미 마닐라행 비행기에 있었고, 며칠 뒤에는 런던으로 향했다.

〈와이어드〉는 기사를 내보낸 지 사흘 뒤, 새로운 후속 기사를 올렸다. "새로운 단서들, 비트코인 창시자로 지목된 크레이그 라이트가 사기꾼일 수 있음을 시사하다." 〈기즈모도〉 역시 한발 물러섰다. "크레이그 라이트와 비트코인을 둘러싼 미스터리는 아직 풀리지 않았다."

Juola & Associates는 곧 크레이그 라이트를 나카모토 후보군에 추가하고 문체 분석 테스트를 돌렸다. 결과는 변함없었다. 할 피니가 여전히 가장 유력했다.

나는 이게 크레이그 라이트에 대한 마지막 소식이 될 줄 알았다.

24장

나카모토 체크리스트

나는 2022년 여름 피츠버그에서 조앤 K. 롤링의 정체를 밝혀낸 패트릭 주올라의 연구실을 방문하고 돌아온 뒤, 사무실 벽에 기대어 있던 회색 합판 보드에 100명이 넘는 사토시 나카모토 후보자의 명단이 담긴 표를 붙였다. 지금까지 사토시 나카모토일 거라고 제기된 사람들이었다. 대부분은 사이퍼펑크라 불리는 익숙한 인물이었고, 수학, 암호학, 경제학 같은 인접 분야의 덜 알려진 이름도 있었다. 일부는 비트코인 소프트웨어 프로젝트에 참여한 프로그래머였고, 또 다른 이들은 새로운 암호화폐의 창시자들이었다. 그리고 빌 게이츠, 스티브 잡스, 영화 〈뷰티풀 마인드A Beautiful Mind〉의 주인공인 수학자 존 내쉬John Nash처럼 누구나 다 아는 '유명하고 똑똑한 사람'들도 포함되어 있었다. 나는 각 후보자에 대해 찬반 논거를 나열해봤다. 내가 가장 즐기는 취재의 묘미였다. 누군가가 숨기고 싶어 하는 그걸 찾아내는 일. 큐브Cube의 창시자 에르뇌 루비크Ernö Rubik는 한때 이렇게 말했다. "좋은 퍼즐은 공정하다. 아무도 거짓말하지 않고 아주 명확하며, 문제 해결은 오직 당신에게 달려 있다.” 나카모토 미스터리가 그 범주에 속하는지는 확신할 수 없었지만, 이 프로젝트에 몰두하는 것은 매우 만족스러웠다.

그 표 위에는 나카모토 후보라면 반드시 충족해야 할 조건 목록을 붙였다.

사용하는 소프트웨어

코딩 습관

나이

소재지

스케줄

영어 사용 능력

국적

문체

정치 성향

개인적 상황 (나카모토는 비트코인을 연구할 시간을 어떻게 확보했을까? 그가 그때 프로젝트를 내려놓은 이유는?)

이력 (“저는 변호사가 아닙니다.”)

성격 (겸손, 자신감, 까칠함, 감사함)

비트코인을 만든 동기

절대 밝혀지지 않을 가명을 만든 의도, 통찰력, 그리고 전문성 (누가 범죄도 저지르지 않았는데 범죄 현장을 치울까? 2008년 당시 어떻게 그 정도로 개인정보 보호에 특출났을까?)

거액의 재산을 포기할 수 있는 수도사 같은 절제력

나카모토가 말수는 극히 적었지만, 완전히 허구의 인물을 만들기 위한 정교한 조치를 하지는 않았다는 전제하에 목록을 작성했다. 하지만 나카모토 특유의 특징 중에는 좀 더 유연하게 해석할 수 있는 것들도 있었다. 예를 들어, C++ 코딩 실력은 갖추었을 수도 있고 아닐 수도 있는 문제지만, 영국식 영어의 흔적은 상대적으로 쉽게 가장할 수 있었고, 시간 기록time-stamping은 조작될 수 있었으며, 정치적 성향 또한 충분히 있을 수 있었다. 나카모토는 한 번은 자유 지상주의적 표현인 "우리는……새로운 자유의 영역을 얻을 수도 있습니다"라고 썼지만, 또 다른 때는 비트코인이 "자유 지상주의 관점에 매우 매력적일 것"이라고 좀 더 거리감을 둔 표현을 사용했다.

다른 벽에는 여러 가지 콜라주처럼 이미지들을 모아놨다.

그간 내가 취재해온 대부분의 이야기에는 생생함이나 친밀감이 자연스럽게 따라왔다. 관타나모 수용소 취재 때는 끈 없는 운동화, 남성용 스틱형 암내 제거제 같은 미성년 수감자의 소박한 소지품이 있었다. 샌프란시스코에 사는 생일 파티 광대로 일하는 사람의 집에서는 그가 사각팬티 차림으로 욕실 거울 앞에 서서 볼에 분을 바르는 모습을 지켜봤다. 폴란드에서는 15년 만에 혼수상태에서 깨어나 공산주의의 몰락을 통째로 놓쳐버린 철도 노동자와 그를 정성껏 돌보던 아내와 함께 일주일을 보냈다.

비트코인은 실체가 없어 머릿속에 또렷한 이미지를 떠올리기 어려웠다. 암호화폐를 시각적으로 표현하려고 여러 차례 시도했지만, 대부분은 영화 〈뷰티풀 마인드〉에서 휘갈겨 쓴 숫자들이 카메라를 향해 떠다니는 장면처럼 끝나버렸다. 마이애미에서 나는 900평이 넘는 규모의 전시홀을 거닌 적이 있는데, 그곳에서 "역사상 가장 큰 비트코인 미술관"이라는 문구가 눈에 들어왔다. 전시의 제목은 '비트코인 르네상스'였고, 그 설명은 다음과 같았다. "1494년 복식부기 발명으로 인류는 새로운 번영의 시대를 맞이했고, 곧 예술의 황금기가 뒤따랐다. 2008년 이후, 비트코인 발명으로 인류는 또 한 번 번영의 길로 접어들었다."

굳이 미간을 찌푸리며 해석해야 하는 예술은 아니었다. 비트코인의 상징 ₿, 공개 키 주소, 백서, 'JUST HODL IT'('hodl'은 비트코인 업계에서 'hold', 곧 끈질기게 버틴다는 의미의 '존버'처럼 장기 보유를 뜻하는 은어) 같은 유명 슬로건을 창의적으로 표현한 작품들이 전시돼 있었다. 엘살바도르 대통령 나이브 부켈레Nayib Bukele처럼 비트코인계의 유명 인사도 있었고, 비트코이너들이 소속감을 나타내기 위해 흔히 사용하는 눈에서 레이저를 쏘는 밈 이미지도 빠지지 않았다. 빈센트 반 고흐Vincent Van Gogh의 〈별이 빛나는 밤The Starry Night〉의 별을 ₿로 바꿔 그린 작품도 있었고, 《라임으로 배우는 비트코인Rhyming Bitcoin》이라는 그림책을 출간한 이도 있었다. 비트코인 커뮤니티의 집단적 분노 정서를 반영하듯 도발적인 작품이 많았다. JP모건 체이스 CEO 제이미 다이먼의 얼굴이 녹아내리는 그림, ₿와 $가 서로 검을 맞대고 있는 장면, 다양한 인종의 노예들 위에 모노폴리Monopoly 보드를 얹고 게임을 즐기는 백인 노인들(작품 제목 '거짓된 이윤'), 중앙에 ₿ 모양과 "법정 화폐를 뜯어 고친다Fiat Facelifter"라는 문구가 새겨진 황동 호신용 너클, 볼리바르Bolivar● 와 파피어마르크Papiermark●● 같은 '실패한 법정 화폐' 순위표 옆에 비트코인, 금,

<hr>

● 　베네수엘라의 공식 화폐.
●● 　1920년대 극심한 초인플레이션 당시, '종이처럼 가치가 없어진 독일 마르크 화폐'를 지칭함.

은으로 구성된 '건전한 화폐 대안' 순위표까지 다양했다.

나는 비트코인의 중심 없는 이상향을 이끄는 얼굴 없는 리더 나카모토가 어떻게 시각적으로 표현될지 궁금했다. 그 무렵엔 이미 비트코인 문화의 종교적 성격이 아주 노골적으로 드러나 있었다. 백서는 경전이었고, 복음 전도자 비트코이너들은 구원받은 자들이었으며, 그 외의 사람들은 파멸할 자들이었다. 나카모토는 막대한 재산을 장기 보유하고 있는 이타적 존재이자, 그들의 초연한 신이었다.

2016년 아마존에서 판매된 끄덕이 인형 같은 나카모토의 조형물들은 대체로 전형적인 아시아인 이미지에 기대고 있었다. 마이애미의 어떤 예술가들은 얼굴 없는 후드 차림의 인물로, 또 어떤 이들은 저항과 혁명의 아이콘이던 가이 포크스Guy Fawkes 가면을 씌워 그를 표현했다. 도리언 나카모토의 얼굴도 여기저기서 등장했다. 점묘화로 그려지기도 했고, 대통령 대신 그의 얼굴이 들어간 달러 풍의 '비트코인 지폐'에도 등장했으며, 투명 아크릴 케이스에 담긴 수집용 카드에도 있었다.(카드 중 하나에는 할 피니가 그려 있기도 했다.) 〈뉴스위크〉의 어이없는 폭로 보도가 있고 몇 년 뒤, 도리언은 각종 비트코인 콘퍼런스에 참석했고, 그곳에서 그는 일종의 우상처럼 추앙받았다. 한때 도리언을 사토시 나카모토로 지목한 리아 굿맨을 거세게 비난한 바로 그 커뮤니티가 이제는 기꺼이 그의 얼굴을 나카모토의 대체 이미지로 소비하고 있었다.

비트코인 예술이 이렇게 직설적인 이유를 알 것 같았다. 나 역시 무형의 것을 유형화하려는 충동을 느꼈다. 비트코인 소품들을 그림으로 걸어두려는 욕구는 나카모토를 특정해 실체를 밝히려는 욕구와 크게 다르지 않았다.

내 사무실 벽 콜라주에는 비타민 D가 부족한 듯 창백한 얼굴들, 기묘

한 장치들, 이해하기 어려운 행동들을 담은 이미지가 가득했다. 기분이 내킬 때면 의자를 획 돌려 그 이미지들을 바라보며 비트코인 세계에 대한 감을 다시 잡았다. 벽에는 각각에 개인 키와 비트코인 주소가 내장되고 위변조 방지 홀로그램 스티커로 밀봉된 금속 실물 코인인 카사시우스Casascius 코인, 채굴기, 비트코인 키 보관용 USB, 그리고 8,000비트코인의 키가 들어 있는 하드디스크 드라이브가 묻혀 있다는 웨일스의 쓰레기 매립지 사진, 프랑스 일렉트로닉 듀오 다프트 펑크의 오토바이 헬멧을 쓴 남자들, 마스크를 쓴 얼굴 위에 디지털 아바타를 투사한 또 다른 남자들, 비트코인의 격렬한 가격 변동을 산맥처럼 보여주는 그래프도 있었다.

이 모든 것을 처음 본 아내는 미소를 지었다. 사실 약간 비꼬는 듯한 미소로 이렇게 물었다.

"여기에 실 같은 것도 붙여 연결하고 그럴 거야?"

과거에 연락하던 인물들과 새롭게 접촉하려는 이들에게 연락을 취하는 과정에서, 나는 새로운 형태의 저항에 부딪혔다. 그중 하나는 내가 처음 비트코인에 관해 썼을 때부터 인터넷에 자리 잡은 양극화 현상이었다. 디지털 화폐에 오래전부터 관심을 가져왔고 카리브해 섬 앙길라Anguilla에 사는 달변가 사이퍼펑크 로버트 헤팅가Robert Hettinga에게 메시지를 보냈을 때 그는 나를 트위터에서 차단했고, 942명의 팔로워에게 이렇게 자랑했다. "10년 전이라면 기자랑 얘기해보겠다고 '왼쪽 고환이라도 내놨을 겁니다.' 하지만 지금은 '극성 MAGAMake America Great Again 지지자'가 돼서 '진보 성향 막장 쇼' 따위에 글 쓰는 작자한테는 욕부터 퍼부을 겁니다."

마찰의 상당 부분은 사토시 나카모토를 둘러싼 금기에서 비롯되었다. 그의 정체를 캐는 일에 본능적으로 반감을 품은 무리가 예전부터 있었다. "나카모토는 엄청난 공헌을 했고, 그의 뜻은 존중받아야 한다. 중요한 건 사람이 아니라 아이디어고, 코드다." 개빈 안드레센의 말대로 '세상을 바꾼 기술의 거룩한 창시자'라는 전설이 덧씌워지면서, 그가 누구인지에 대한 단순한 질문조차 비트코인 지지자들에게는 도발처럼 받아들여졌다. 이런 흐름 속에서, 도리언 나카모토의 실명 공개 사건으로 분위기가 더욱 악화했다. 비트코인 커뮤니티에서는 '신상 털기'라는 표현이 유명인의 이름조차 언급해서는 안 된다는 개념으로 확대되었다. '사고의 자유와 시장의 자유'라는 슬로건을 내건, 미국의 자유 지상주의 성향 잡지 〈Reason〉은 비트코인의 창시자 신원을 캐려고 '혈안되고 경솔한 작가들'을 혐오하며, '나카모토를 내버려둬라!'라는 제목의 기사를 냈다. 내가 영국의 비트코인 전문 팟캐스터 피터 맥코맥^{Peter McCormack}과 이야기하려고 시도했을 때, 그는 링크드인에서 자신을 '전업 기자'라 소개했지만 이렇게 냉소했다. "저는 나카모토의 정체를 다룬 기사를 좋아하지 않습니다. 그는 익명을 선택했고, 그 결정을 존중해야 한다고 생각합니다."

나카모토를 둘러싼 이 모든 출입 통제선 같은 게 내겐 너무 터무니없이 느껴졌다. 나카모토는 자신이 개발한 신기한 장치를 광장 한가운데 내던졌고, 그렇다면 누가 왜 그런 일을 했는지 묻는 건 지극히 자연스러운 일 아닌가. 닉 사보가 나카모토라는 주장을 스카이 그레이가 내놓았을 때, 이에 반발한 사생활 절대주의자들의 반응을 보며 나는 레딧에 달린 한 사람의 글에 깊이 공감했다. "나카모토가 누구든 상관없고 앞으로도 알고 싶지 않다는 사람들 모두, 당신들의 그 무관심을 자랑스러워하는 모습은 존경하지만 전 정말 이해가 안 됩니다. 이건 인터넷에 남은 마지막 진짜 미스터리 중 하나고, 게다가 엄청나게 흥미진진하잖아요. 제게도 그 초연 수준의 무관심을 전수해주세요. 쿠키랑 케이크에 대한 집착을 좀 꺾어야 하거든요."

앨라배마주 모빌Mobile에서 소프트웨어 매니저로 일하는 빌 도드Bill Dodd와 이야기를 나눈 적이 있다. 뾰족한 반다이크vandyke 스타일의 턱수염과 콧수염을 한 빌은 나카모토 탐구에 머신러닝을 적용한 사람인데 이렇게 물었다. "분명 익명으로 지내길 원하는 사람의 신상을 까발리는 행위가 초래할 도덕적 위험성에 대해 당신은 어떻게 생각하나요?"

나는 뭔가 질책을 받을 듯한 기분이 들었지만, 빌은 알고 보니 호기심과 공감 능력을 겸비한 다정한 사람이었다.

나는 나카모토가 어떤 사람인지에 따라 달라질 것 같다고 답했다.

비트코인 초창기 토론이 오갔던 Metzdowd 메일링 리스트의 글들을 컴퓨터가 학습하도록 한 빌은 이렇게 말했다. "제 말이 그 말입니다. 전 처음에는 단순히 궁금해서 시작했어요. 많은 시간을 들인 건 아니고…… 그냥 비트코인이라는 게 형성기였기 때문에 알고 싶었던 거죠." 빌은 처음에는 회의적이었지만, "늦게 알게 된 사람으로서도 10년이 지나도록 이 미스터리가 계속되는 게 참 흥미로웠어요. 미스터리라는 건 풀라고 있는 거잖아요. 저도 왔다 갔다 합니다. 한편으로는 비트코인이 이 시대에 중요한 한 부분이 되었는데, 그 창시자의 진짜 이름조차 알려지지 않았다는 점이 마치 아직 끝나지 않은 이야기처럼 느껴지면서도, 또 한편으로는 제가 50대나 60대에 은퇴해 런던 같은 곳에서 지내고 있는데 CNN 방송 차량이 와서 시끄럽게 하면 싫을 거 같습니다. 양쪽 입장 모두 이해합니다."

민감한 사안인 데다, 나카모토 실명 공개 시도가 몇 차례 실패하자 비트코인 커뮤니티 내에서 피로감도 쌓여 있었다. 이런 분위기를 고려해 나는 사람들에게 접근하는 방식을 바꾸었다. 상대방에 따라 처음 조사 주제를 설명할 때 다소 도발적으로 들릴 수 있는 '나카모토의 정체' 대신, 좀 더 품격 있어 보이는 '비트코인의 기원'이라는 표현으로 바꾸어 말하기도 했다.

나는 나카모토라는 이름을 꺼내지 못하게 되는 상황을 떠올려보았다. 어쩌면 알고 나면 별것 아닐 수도 있다는 생각도 들었다. A라는 사람이든 B라는 사람이든, 어차피 아무도 모르는 평범한 인물일 수 있지 않을까? 디지캐시에서 일했고, 후에 좀 더 개인정보 보호에 중점을 둔 암호화폐 지캐시Zcash를 만든 사이퍼펑크이자 스스로 나카모토 후보로 거론하기도 한 주코 윌콕스는 2017년에 이렇게 썼다. "나카모토가 아직 살아 있다면 좋겠어요. 그래야 그도 우리처럼 무지하고 실수도 하고 평범한 사람이라는 걸 알 수 있을 테니까요."

평범한 보통 사람

크레이그 라이트가 사토시 나카모토라는 주장이 공개되었다가 부인된 지 다섯 달 후인 2016년 5월 2일 월요일, 나는 뉴스 기사에서 이 호주인의 이름을 다시 보게 되었다. 이번에는 다들 그가 정말 나카모토라고 믿는 분위기였다. 오전 8시에 〈이코노미스트〉와 BBC가 일제히 내놓은 발표로 시작되었는데, 두 매체는 "크레이그 라이트 씨가 비트코인 창시자가 소유한 것으로 알려진 코인을 이용해 자신의 주장을 뒷받침하는 기술적 증거를 제시했다. 비트코인 커뮤니티와 핵심 개발팀의 주요 인사들이 그의 주장을 확인했다고 말했다"라고 전했다. 그중, 비트코인 성장 지원을 위해 설립된 비영리단체인 비트코인 재단Bitcoin Foundation의 공동 창립자 존 마토니스Jon Matonis는 '내가 나카모토를 만난 이야기'라는 블로그 글에서 BBC에 "나는 크레이그가 나카모토라는 데 100퍼센트 확신한다"라고 밝혔으며, 비트코인 발명을 "구텐베르크 인쇄기 발명에 버금가는 일"이라고 평가했다. 하지만 크레이그의 주장을 가장 신뢰한 인물은 비트코인의 전 수석 개발자인 개빈 안드레센이었다. 그는 블로그에 "나는 크레이그 라이트가 비트코인을 발명한 사람이라고 믿는다"고 적으며, 이렇게 덧붙였다. "우리는 영웅 만들어내기를 좋아하지만, 그들이 어떤 도달할 수 없는 이상에 미치지 못하면 금세 미워합니다. 사토시 나카모토가 NSA 프로젝트의 코드명이라거나, 원시적인 화폐 체계를 발전시키기 위해 미래에서 온 인공지능이라면 더 멋졌을지 모릅니다. 하지만 그는 그런 존재가 아닙니다. 우리처럼 불완전한, 평범한 보통 사람입니다. 그가 이번 발표로 몰려올 소란을 잘 견뎌내고, 자신이 사랑하는 학습과 연구, 그리고 혁신을 계속해나가길 바랍니다."

개빈은 한 달 전 자신이 어떻게 확신하게 되었는지도 설명했다.

개빈이 특별히 아끼는 숫자

런던 중심가 자갈길 바로 아래층에 있는 호텔 비즈니스 스위트룸에서 값비싼 정장을 차려입은 남자 몇몇이 긴장된 표정으로 서성이고 있었다. 개빈은 시차로 머리가 멍했지만, 집중하려 애썼다. 전날 밤 보스턴에서 밤 비행기를 타고 온 그는 비행기 안에서도 제대로 잠을 못 잤고, 오전 11시쯤 코벤트 가든 호텔에 도착한 뒤 겨우 두 시간쯤 눈을 붙였을 무렵 노크 소리를 들었다. 개빈이 이곳에 온 이유는, 크레이그 라이트가 자신이 사토시 나카모토임을 증명하려는 모습을 직접 보기 위해서였다.

개빈은 크레이그 라이트의 주장을 검증해줄 인물로는 가장 적합했다. 〈MIT 테크놀로지 리뷰〉는 그를 '비트코인을 실제로 만든 사람'이라 부르기도 했다. 비트코인의 초기 활동으로 충분한 돈을 벌어 원한다면 언제든 은퇴할 수 있었고, 당시에는 비트코인 재단의 수석 과학자였다. 무엇보다도 그는 나카모토와 누구보다 직접적으로 많이 교류한 인물로, 누가 비트코인의 창시자인지 판단하기에 최적의 인물이었다.

개빈은 비행기에 오르기까지 설득이 꽤 필요했다. 자신이 나카모토라고 주장하는 사람들에게 수없이 연락을 받아 피로감이 쌓여 있었기 때문이다. 하지만 비트코인 재단 공동 창립자 존 마토니스가 크레이그 라이트는 다르다고 조언했다. 그렇게 개빈은 런던에 오기 전 크레이그와 이메일을 주고받으며 그의 목소리에서 익숙한 느낌을 받았다. 크레이그는 개빈이 몇 달 동안 함께 일한 그 사람처럼 들렸고, 비트코인에 대한 이해력도 훌륭했다. 개빈은 크레이그가 나카모토일 가능성을 점점 더 확신하게 되었다.

공개 키 암호화의 가장 큰 장점은 개빈이 크레이그를 믿지 않아도 된다는 점에 있었다. 이론적으로 나카모토는 자신의 신원을 암호학적으로 증명할 수 있어야 했다. 블록을 성공적으로 채굴한 사람은 자동으로 자신이 미리 지정한 비트코인 주소로 비트코인 보상을 받게 되는데, 나카모토가 채굴한 것으로 알려진 일부 초기 블록들이 존재해, 그 주소들의 개인 키를 소유하고 있음을 증명할 수 있는 사람은 (키를 도난당하거나 누군가에게 넘겨주지 않은 한) 오직 나카모토뿐이었다. 마토니스에 따르면, 크레이그는 이미 자기에게 이 증명을 해 보였고, 이후 한 달 안에 언론 발표에 참여할 기자들에게도 비슷한 증명을 할 예정이었다. 개빈은 그중에서도 가장 중요한 참석자였다.

런던으로 떠나기 전, 개빈은 크레이그에게 "다음 중 일부 또는 진부를 보고 싶다"고 말했다. 개빈이 좋아하는 작가 중 한 명인 커트 보니것의 인용구인 '그럴 수밖에 없다(so it goes)'라는 문구와 '2016년 4월 7일'(런던 회의 날짜)이 나카모토의 개인 PGP 키로 서명된 것, 나카모토가 채굴한 비트코인 블록과 연관된 개인 키로 서명된 최소 한 건의 메시지, 그리고 2010년에 개빈과 나카모토가 주고받은 미공개 이메일이나 온라인 포럼 내에서 1:1로 주고받은 비공개 메시지였다.

크레이그 라이트가 호텔 비즈니스 스위트룸에 들어왔을 때, 개빈은 그의 옷차림이 매우 단정한 것에 눈길이 갔다. 크레이그는 화려한 양복과 시계를 즐겨 착용했고, 머리도 깔끔하게 손질되어 있었다. 개빈은 나중에 "그는 가난해 보이지도 않았고, 하층 계급 사람처럼 보이지도 않았다"고 말했다. 크레이그는 개빈이 궁금해하던 몇 가지 질문에 답을 해주었다. 2010년에 왜 모습을 감췄는가? 이혼 소송 중이라던데? 비트코인을 만들 때 왜 이런저런 설계 결정을 했는가?

크레이그는 개빈에게 〈기즈모도〉가 보도한 것과 같은 말을 했다. 곧 사토시 나카모토는 어느 한 사람이 아니라, 데이비드 클라이먼과 암호 기술을 도운 이름 없는 제3의 인물도 포함되어 있다는 것이다. 크레이그는 데이브에 관해 이야기할 때, 눈물을 글썽이는 듯했다.

그다음 크레이그는 노트북을 펴서 자신의 소유라고 주장하는 여러 비트코인 주소를 개빈에게 보여주었다. 개빈은 인도양에 있는 섬나라 세이셸Seychelles에 있는 신탁 계좌와 그간 채굴한 비트코인들의 행방에 관해 물었다. 하지만 크레이그는 자신의 회사들이 어려운 상황이라고 했고, 자신의 슈퍼컴퓨터에 관해서도 이야기했다. 개빈은 잠이 부족해 크레이그가 하는 말을 모두 이해하기 어려웠다.

늦은 오후, 크레이그는 자신의 노트북에 있는 소프트웨어를 이용해 개빈이 제안한 메시지인 '개빈이 특별히 아끼는 숫자는 11이다'에 나카모토가 채굴한 것으로 알려진 블록의 개인 키로 서명했다. 메시지 끝에는 Craig Steven Wright의 이니셜로 'CSW'라는 서명도 함께 붙였다.

나중에 현장에 있는 한 사람은 이렇게 말했다. "그때쯤 방 안에 있던 몇몇 사람은 개빈의 태도와 표정이 달라진 것을 느꼈습니다. 자기 눈앞에 벌어지는 상황에 약간 감탄하는 듯한 모습이었어요."

그다음, 개빈은 자기 가방에서 개인 노트북과 새로 산, 밀봉된 USB 드라이브를 꺼내 포장을 뜯었다. 개빈은 이제 크레이그를 믿게 됐지만, 다른 사람들에게도 자신이 개인 장비로 서명을 검증했다고 말할 수 있기를 바랐다. 사전에 이 장비들을 가져올 거라고 크레이그에게 알려두었지만, 크레이그는 갑자기 예민하게 반응했다. 방금 개빈에게 메시지 서명을 보여주지 않았느냐는 것이었다. 크레이그는 벌떡 일어나 방 안을 서성거렸고, 눈에 띄게 흥분했다. 그러다가 방 한쪽 구석 의자에 털썩 앉았다. "당신과 내가 좀 더 알아가는 것도 좋지 않겠어요?" 크레이그는 지금을 말한 게 아니었다. 시간이 걸리더라도 개빈과 이메일을 주고받으며, 자신이 나카모토의 키로 서명한 메시지를 더 보내줄 수 있다는 뜻이었다.

개빈은 그 제안에 동의했지만, 세련되게 차려입고 곁에서 지켜보던 두 사업가 스테판 매슈스^{Stefan Matthews}와 로버트 맥그리거^{Robert MacGregor}가 목소리를 냈다. 그들은 크레이그와 어느 정도 연관된 nCrypt라는 회사의 대표였다. 크레이그는 왜 이렇게 행동하는 걸까? 이미 어려운 부분은 다 끝냈고, 이제 개빈의 노트북에서 그 과정을 반복하기만 하면 될 뿐이었다. 그때 맥그리거는 이렇게 말했다고 회상했다. "크레이그, 당신 너무 오랫동안 혼자였어요. 개빈은 당신이 발명한 것에 인생의 많은 부분을 바쳤습니다. 그러니 그가 이걸 볼 권리가 있다고 생각해요. 이런 사람을 어디서 찾겠습니까? 스테판과 나도, 그리고 라모나(크레이그의 아내)도 아닙니다. 당신이 해오려던 일을 진심으로 이해하는 사람은 개빈뿐이에요."

크레이그는 라모나에게 전화를 걸었고, 그녀는 "해"라고 말했다.

크레이그는 여전히 머뭇거렸다.

스테판 매슈스는 나중에 내게 이렇게 말했다. "이 모든 이야기를 듣고 있다가, 제가 '우리 같이 해결책을 한번 찾아봅시다'라고 말했습니다."

오후 6시가 되기 직전에, 맥그리거는 자기 비서에게 밀봉이 안 풀린 새 노트북을 호텔로 가져오라고 지시했다. 맥그리거의 비서는 런던 옥스퍼드 서커스 지하철역 근처에 있는 전자제품 매장 커리즈^{Curry's}에서 IBM 씽크패드를 구입해 서둘러 호텔로 가져왔다. 새 컴퓨터를 꺼내 부트하느라 시간이 좀 더 지체됐다. 이후 크레이그가 초기 설정을 하고 호텔 와이파이에 접속한 뒤, Electrum이라는 비트코인 지갑 앱을 내려받는 데에도 시간이 꽤 걸렸다. 이 앱이 있어야 메시지를 입력하고 전자서명을 하여 개인 키 소유를 증명할 수 있었다.

생각보다 시간이 더 걸리자 개빈은 피로가 몰려왔다.

'메시지'라고 표시된 화면 칸에 크레이그는 아까처럼, "개빈이 특별히 아끼는 숫자는 11이다"를 입력했다. '주소' 칸에는 자신의 컴퓨터에서 메시지 서명에 사용한 개인 키에 대응하는 42자리 비트코인 공개 주소를 입력했다. 그리고 '서명' 칸에는 서명 과정에서 생성된, 특정 메시지와 특정 개인 키에 고유한 87자리 영문과 숫자의 문자열을 입력했다.

마지막으로 크레이그는 '검증'이라고 적힌 버튼을 눌렀다.

검증이 되지 않았다. 개빈이 알아차릴 때까지 모두 당황해 숨을 죽이고 있었다. 크레이그가 이전 메시지 끝에 붙인 'CSW'를 빠뜨린 것이다. 크레이그가 'CSW'를 입력하자, '서명 확인 완료'라는 메시지가 떴다.

눈물이 고인 크레이그는 일어나 개빈과 악수했다. 개빈은 세상에 대한 그의 기여에 감사의 뜻을 표했다. 개빈은 사토시 나카모토를 만났다는 데 만족했다. 크레이그는 비트코인 작업을 함께 하며 알게 된 특유의 날카로운 성격을 그대로 지니고 있었고, 자신이 실제로 사용하는 키로 메시지에 서명하고 검증하는 과정을 설득력 있게 해냈다.

다음 날 아침, 크레이그와 매슈스, 맥그리거는 호텔 식당에서 개빈과 함께 아침 식사를 했다. 크레이그는 개빈에게 18세기 일본의 상인이자 철학자인 토미나가 나카모토Tominaga Nakamoto에 관한 책을 건넸다. 그는 자신의 가명이 이 인물에게서 영감을 받은 것이라고 설명했다. 이후 개빈은 매사추세츠로 돌아가, 한 달 뒤로 예정된 나카모토 정체 공개 행사를 기다렸다.

살짝 논쟁이 될 만한 얘기

장 폴 사르트르Jean-Paul Sartre가 노벨 문학상을 받았을 때, 그는 스웨덴 아카데미에 편지를 보내 거절했다. 1964년 10월 그는 이렇게 설명했다. "내 이름을 장 폴 사르트르라고 서명하는 것과 노벨 문학상 수상자 장 폴 사르트르라고 서명하는 것은 다릅니다." 자신의 명성이 어떤 기관의 명예에 기대지 않고 독립적으로 평가받아야 한다는 뜻이었다.

반세기 후, 크레이그 라이트는 자신의 상황을 비슷한 실존주의적 시각에서 표현했다. 사토시 나카모토로서의 극적인 데뷔와 함께 올린 블로그 글에서 그는 사르트르가 노벨상을 원칙적으로 거부한 일을 인용하며, 자신 또한 다른 사람들의 인정이나 검증을 원하지 않는다고 밝혔다. "만약 내가 상을 받는다면(사실 아무도 상을 주지 않았지만), 상금은 절대 받지 않을 것이다. (……) '크레이그 라이트'라고 서명하는 것과 '크레이그 라이트, 사토시 나카모토'라고 서명하는 것은 다르다." 그는 의미심장하게 덧붙였다. "나카모토는 죽었다. 하지만 이것은 시작에 불과하다."

마지막으로, 앞서 쓴 모든 내용과는 다소 모순되는 듯 보이지만, 크레이그는 암호화 서명이 어떻게 작동하는지 상세히 설명했다. 이어서 나카모토가 채굴한 것으로 알려진 블록 9의 개인 키를 사용해 사르트르 인용문에 전자 서명을 한 것으로 주장하는 문서를 첨부했다.

몇 시간 만에 모든 것이 무너져 내리기 시작했다.

컨센서스 2016 블록체인 콘퍼런스 참석차 뉴욕에 머물고 있던 개빈은 크레이그가 나카모토임을 증명하는 간단명료한 메시지 서명 시연을 기대했다. 하지만 크레이그가 보여준 것은 이해하기 어려운, 지나치게 기술적이고 난해한 '엉터리' '횡설수설'이었다.

온라인에서는 크레이그가 올린 사르트르 인용문 게시글을 분석하던 이들이 더 큰 문제를 발견했다. 레딧 이용자 JoukeH는 크레이그가 나카모토의 키로 서명했다고 주장한 사르트르 인용문을 그대로 복사해 구글에서 검색해본 결과, 해당 서명이 블록체인에 공개된 2009년 거래에서 가져온 것임이 드러났다. 비트코인 개발자 피터 토드Peter Todd는 이렇게 말했다. "마치 제가 조지 워싱턴임을 증명하겠다며 헌법 복사본을 내밀고 '봐요, 여기 조지 워싱턴의 서명이 있어요'라고 말하는 거나 마찬가지죠."

그날 아침, 개빈은 뉴욕 타임스스퀘어 메리어트 미르키스 호델에서 열리는 패널 토론에 참석할 예정이었다. 주제는 여전히 비트코인 세계에서 논란이 되고 있던 확장성 문제였다. 하지만 토론의 초점은 그가 크레이그를 지지한 일과 크레이그의 블로그 글에 대한 비판으로 옮겨갔다. 개빈은 왜 자신이 크레이그 라이트가 나카모토라고 확신하게 되었는지 설명했지만, 손날로 공중에 선을 그어 보이며 자신과 나눈 대화 내용을 밝히는 데에는 선을 긋겠다고 했다. 크레이그가 '비공개'를 원했기 때문이다.

　나카모토를 반대했고, 이더리움을 창립한 비공식 지도자이자 정신적 구심점이며, 거리낌 없는 공개 행보로 유명한 비탈릭 부테린이 무대에서 개빈 옆에 앉아 있었다. 사회자가 다음 질문을 던지기 전에 부테린이 먼저 입을 열었다. "살짝 논쟁이 될 만한 얘기 하나 해도 될까요? 왜 제가 크레이그가 나카모토가 아니라고 생각하는지 말씀드리겠습니다. 크레이그가 정말 나카모토의 개인 키를 가지고 있다면, 기술적으로 '보란 듯이' 증명했을 것입니다. 경제학 이론 중 신호이론signaling theory에 따르면 어떤 사실을 증명할 때, 깔끔하고 명확한 방식과 어지럽고 불분명한 방식이 있는데, 후자를 택했다는 건 애초에 전자를 쓸 수 없기 때문일 가능성이 높다는 뜻이죠." 부테린은 여유롭게 청중의 웃음과 박수를 즐겼다. 개빈은 웃고는 있었지만, 불편한 기색이 역력했다.

　"저는 해킹당한 게 아닙니다." 개빈이 단호하게 말했다.

　다음으로 보안 전문가 로버트 그레이엄Robert Graham은 '크레이그 라이트의 사기 수법이 어떻게 작동했는지'에 대해 상세한 기술 분석 자료를 내놨다. 컴퓨터 보안 전문가 댄 카민스키Dan Kaminsky는 독자들에게 "사기꾼들은 언제나 할 말이 많지만, 지금 중요한 건 오직 수학"이라고 말했다. 그는 트위터에도 이렇게 올렸다. "나카모토는 IT 전문 기자들에게 일종의 모비 딕Moby Dick 같은 존재지만, 익명의 비트코인 창시자의 신원은 중요하지 않다." 크레이그는 새로 사 온 컴퓨터에 Electrum 지갑 앱을 내려받았다고 주장했지만, 해당 앱 제작사는 사건 당일 자사 사이트에서 영국 IP로 해당 지갑이 내려받아진 기록이 없다고 밝혔다. 한 언론의 헤드라인은 "크레이그 라이트는 자신이 비트코인을 발명했다고 믿게 만들고 싶어 한다. 믿어선 안 된다"였고, 댄 카민스키가 쓴 글의 제목은 '암호학적으로 입증된 사기꾼'이었다.

이번에도 언론은 문체 분석 전문 기업인 Juola & Associates에 도움을 요청했다. 이번에 연락을 취한 매체는 〈인터내셔널 비즈니스 타임스International Business Times〉인데, 공교롭게도 〈뉴스위크〉와 같은 모회사 소속이었다. Juola & Associates의 존 노커는 크레이그 라이트가 사토시 나카모토일 가능성은 낮다고 판단했고, 자신이 여전히 가장 유력한 후보로 보는 인물은 할 피니라고 밝혔다.

한편 크레이그는 개빈에게 개인적으로 '망했다'며 '엉뚱한 글을 올렸다'고 안심시키려 했다. 하지만 서명을 베낀 잘못된 게시물이 왜 올라갔는지는 일절 설명하지 않았다. 크레이그는 '곧' 올바른 글을 올리겠다고 했다.

그다음 날에도 새 게시물이 올라오지 않자, 개빈은 이렇게 메시지를 보냈다. "제발, 오늘 안에 부탁해요. 내 확신이 흔들리기 시작했고, 당신이 날 교묘하게 속인 건 아닐까 하는 생각도 들기 시작합니다."

nCrypt의 스테판 매슈스는 상황이 완전 웃음거리가 된 것을 수습하려고 개빈에게 크레이그가 사르트르 게시물을 곧 여러 차례 수정하려 들 것이라고 말했다. 매슈스는 개빈에게 블록 9에 있는 나가모도 주소로 아주 적은 양의 비트코인을 보내는 것을 한번 시도해볼 수 있겠느냐고 조심스럽게 물었다. 그러면 크레이그가 그 비트코인을 다시 보내 개인 키를 보유했음을 증명할 수 있지 않겠느냐며. 크레이그는 같은 방법으로 존 마토니스와 BBC 기자 로리 셀런-존스Rory Cellan-Jones에게도 증명할 예정이었다. 개빈은 동의했고, 당시 50달러 상당인 0.11BTC를 보냈다.

다음 날에도 또 지연이 발생했다. 크레이그 측 관계자들은 그가 한 번도 언급한 적 없는 또 다른 신탁을 설립했으며, 그 신탁은 세이셸 혹은 싱가포르에 있는 것으로 보이고, 그곳에 개인 키가 보관되어 있다고 밝혔다. 하지만 법적 문제로 크레이그가 그 키를 입수하지 못해 서명을 조작했다는 것이다. nCrypt의 로버트 맥그리거는 신탁 수탁자로부터 '코인을 송금'하라는 '구두 승인'을 받았으며, 현재는 서면 승인을 기다린다고 말했다. 마침내 수요일, 크레이그는 준비가 된 듯했다. 그의 블로그에는 "비범한 주장에는 비범한 증거가 필요하다"라고 적혀 있었다.

BBC의 셀런-존스와 그의 팀은 컴퓨터 화면을 향해 카메라를 설치했다. 화면에는 나카모토의 블록 9 주소를 가리키는 초록색 화살표와 셀런-존스가 그 주소로 보낸 비트코인이 표시되어 있었다. 셀런-존스가 그 주소로부터 비트코인을 돌려받는 순간, 그래픽은 빨간색 화살표로 새 잔액을 가리키도록 바뀔 것이고, BBC는 이 장면을 TV로 보도할 수 있을 것이다.

몇 시간이 흘렀다.

스테판 매슈스는 나중에 무슨 일이 있었는지 내게 설명해주었다.

28장

연속된 비명

그날 아침, 매슈스는 크레이그가 코인을 보내는지 확인하려고 그의 집에 갔다. 하지만 도착했을 때, 라모나는 이렇게 말했다. "문제가 생겼어요. 크레이그가 하려고 하지 않아요."

곧바로 크레이그와 직접 대화를 나눈 매슈스는 이런 얘기를 들었다. "저는 항상 이걸 하고 싶지 않다고 말해왔잖아요."

매슈스는 이렇게 말했다. "솔직히 지금은 당신이 과거에 무슨 말을 했든 상관없습니다. 지금 상황을 보세요! 당신은 이걸 하겠다고 블로그에 글을 썼고, 세상 모든 사람이 당신이 한 거라고 믿고 있이요. 마치 포커 테이블에 앉아서 이미 판돈을 다 걸어버린 것과 같단 말입니다."

크레이그는 라모나에게 차를 한 잔 만들어달라고 부탁했다. 잠시 매슈스와 더 대화를 나눴고, 매슈스가 휴대전화를 만지작거리자 크레이그는 일어나 방을 나갔다. 라모나가 돌아와 크레이그가 어딨냐고 묻자, 매슈스는 크레이그가 라모나와 함께 있을 거로 생각했다고 답했다. 라모나는 다시 방을 나갔다.

"그러고 나서 믿을 수 없을 정도로 끔찍한 비명이 들렸어요. 한 번이 아니라, 연속적으로 계속됐어요." 매슈스가 회상했다.

라모나는 계단 꼭대기에 있었고, '완전히 흥분한 상태'였다. 매슈스는 급히 위층으로 올라갔다. "라모나가 저를 욕실로 밀어 넣었는데, 샤워기는 켜져 있었고, 크레이그는 의식을 잃은 채 샤워기 아래에 누워 있었어요." 신체 대부분은 샤워 칸 밖에 있었지만, 머리와 어깨는 물줄기를 맞고 있었다. "30센티미터가 넘는, 풀을 벨 때 쓰는 마체테 칼이 변기 위에 피범벅이 된 채 놓여 있었고, 다른 벽에 있는 세면대에서 시작된 핏자국이 바닥 전체와 크레이그의 셔츠에 묻어 있었으며, 샤워기 바닥 물에도 피가 섞여 있었어요." 매슈스는 크레이그를 샤워 칸에서 끌어내고, 문 뒤에 걸려 있던 목욕 가운을 꺼내 그의 목 양쪽에 난 상처에 감쌌다.

개빈은 맥그리거에게서 이메일을 받았다. "큰일 났습니다. 크레이그가 방금 자해를 시도했고, 화장실에서 심하게 피를 흘리고 있어요. 구급차는 불렀습니다."

BBC의 로리 셀런-존스도 비슷한 메시지를 받았다. 그는 그 시점에 BBC의 간부 회의에 불려 들어갔다고 한다. BBC는 사태의 최근 전개를 '매우, 매우 심각하게' 받아들였고, 한 고위 간부는 '주의 의무duty of care'•가 있다는 이유를 근거로 셀런-존스에게 이 사건에서 손을 떼라고 했다.

크레이그의 집에서는 구급대원이 도착해 매슈스에게 크레이그한테서 떨어지라고 말했고, 다른 구급대원은 샤워기를 끄고 나가라고 했다. 매슈스는 옆방에서 경찰 두 명에게 조사를 받았다. "아마 한 시간쯤 지

• 기자나 제작진이 취재 대상자 또는 자사 직원에게 정신적·법적 피해가 가지 않도록 신중하게 행동해야 할 책임.

나서야 크레이그가 들것에 실려 나갔습니다. 집 앞은 마치 살인 사건 현장 같았습니다." 매슈스가 말했다.

크레이그는 피를 철철 흘렸다고 했지만, 병원에는 단 하룻밤만 입원했다. 다음 날 그는 한 작가와 커피를 마시기로 했고, 그 전에 그 작가에게 '영국 사법당국, 크레이그 라이트 체포 임박 시사'라는 제목의 기사 링크를 이메일로 보냈다. 해당 기사는 비트코인 창시자가 다른 사람들이 연루된 비트코인 관련 범죄에 대해 형사 책임을 질 수도 있다는 내용을 담고 있었다. 작가를 만난 자리에서 크레이그는 최근 자신의 행동을 설명했다. 만약 자신이 증명을 강행했다면 감옥에 가게 되었을 것이고, "그들은 나와 내 가족을 파괴했을 겁니다"라고.

크레이그가 보낸 링크는 언뜻 보면 업계 뉴스 사이트인 SiliconANGLE인데, 비트코인 커뮤니티 사람들은 주소에 'l'이 하나 더 들어간 가짜 사이트 SilliconANGLE이라는 점을 금방 눈치챘다. 사이트는 등록된 지 얼마 안 됐으며, 해당 기사는 다른 어떤 매체에도 실린 적이 없었다. 나중에 내가 매슈스에게 이 일에 관해 물었을 때 그는 "그 사이트나 기사에 대해 크레이그와 한 번도 얘기를 나눠본 적이 없습니다"라고 했다.

같은 날, 크레이그는 개빈에게 개인적으로 이메일을 보냈다. "저는 당신에게 거짓말을 하거나 속인 적이 전혀 없습니다만, 제가 '사기꾼'으로 보이는 편이 나을 겁니다." 자신이 사토시 나카모토임을 증명하는 것보다 사람들이 그렇게 생각하는 게 낫다는 뜻이었다. 그리고 그는 인터넷에 작별 인사 같은 글을 남겼다.

"죄송합니다. 저는 할 수 있다고 믿었습니다. 수년간의 익명성과 은폐를 벗어던질 수 있다고 믿었죠. 하지만 이번 주 여러 가지 일이 벌어지고, 최초의 암호화 키 접근 권한에 대한 증거를 공개하려 준비하면서 저는 무너졌습니다. 용기가 나질 않습니다. 도저히 못 하겠습니다……. 이제야 알았습니다. 제가 이 일을 감당할 만큼 강하지 않다는 것을요. 저의 이 나약함 때문에 저를 지지해준 분들, 특히 존 마토니스와 개빈 안드레센에게 큰 피해를 주었다는 점을 잘 알고 있습니다. 그분들의 명예와 신임이 제 행동으로 돌이킬 수 없을 정도로 훼손되지 않았기를 바랄 뿐입니다. 그분들은 저에게 기만당한 게 아니지만, 세상은 이제 그걸 절대 안 믿겠죠. 그저 죄송하다는 말밖에 제가 할 수 있는 일이 없습니다. 그럼, 이만."

걸림돌

처음에 사람들은 개빈에게 일말의 신뢰를 보냈다. 댄 카민스키는 크레이그가 올린 사르트르 게시물의 명백히 조작된 서명을 지적하며, 왜 개빈이 "공개 키 연산은 비공개로 유지될 수도 있지만, 비공개여야만 한다"라고 주장하는 크레이그의 말에 자신의 이름을 걸었는지 개인적으로 메일을 보내 따져 물었다. 하지만 그 주장은 처음부터 말이 안 됐다. 공개 키 암호 기술의 핵심 원리는, 특정 공개 키(그리고 그 공개 키로 생성된 비트코인 주소)의 소유권을 해당 공개 키에 대응하는 개인 키로 전자 서명을 만들어 공개적으로 증명할 수 있디는 것이다. 이 과징에서 개인 키 자체는 절대 공개될 필요가 없다.

개빈의 답장은 이랬다. "그러게 말입니다. 저도 참 뭐 하는 짓인지 모르겠습니다……. 크레이그의 글을 보기도 전에 제 글을 공개하겠다고 한 건 분명 실수였죠. 전 그냥, 누구든지 확인할 수 있는 서명된 메시지가 있을 줄 알았습니다. 어쩌면 '나카모토 찾기'에 뛰어든 것부터가 잘못인지도 모르겠네요. 그래도 나카모토에겐 늘 고마웠거든요."

코넬대학교 컴퓨터공학 교수인 에민 귄 시러Emin Gün Sirer는 개빈에게 이메일을 보내 크레이그가 블록체인에서 어떤 속임수를 썼을 가능성이 있는지 물었다. 개빈은 "내가 속았을 수도 있다"고 답했지만, 시러 교수가 제안한 식은 아니라고 판단하며, 대신 "Electrum을 내려받는 데 사용된 와이파이가 해킹당했을 가능성은 있다"고 인정했다.

곧 개빈에 대한 비트코인 커뮤니티의 시선은 점점 냉담해졌다. 인간보다 코드를 더 믿는 진정한 신봉자들이 봤을 때, 크레이그의 증명 과정에 인간적인 신뢰와 직관이 불필요하게 많이 개입되었다는 회의가 일었다. 로버트 맥그리거가 크레이그 라이트가 나카모토라고 믿은 이유는 스테판 매슈스가 비트코인 출시 전에 크레이그가 백서를 보여줬다고 했기 때문이었다. 존 마토니스는 개빈에게 "제가 한 번이라도 뭘 부탁드린 적이 있나요?"라며 런던에 와달라고 부탁했다. 개빈은 나카모토와 주고받은 이메일과 비슷한 느낌이 나는 한 통의 이메일과 크레이그가 쓴 몇 편의 학술 논문이 '나카모토의 학문적이고 수학적인 문체와 일치하는' 점 때문에 런던에 가기로 마음먹었다. 크레이그의 공식 발표에 참여한 언론은 개빈의 위상과 평판을 믿었다.

일부에서는 개빈의 동기마저 의문을 품기 시작했다. 비트코인 확장성 논쟁에서 개빈은 '확장 지지자들', 그리고 마이크 헌과 동조했고, 헌의 비트코인 XT가 실패로 끝난 뒤에는 그 대안으로 비트코인 클래식Bitcoin Classic을 밀기 시작했다. 어떤 이들은 나카모토 단독으로, 만약 돌아온다면, 이 계속되는 블록 크기를 둘러싼 갈등을 도덕적으로 해결할 수 있다고 생각했다. 그런데 자신이 나카모토라고 주장하는 크레이그가 마침 개빈과 같은 생각이었다.

개빈이 비트코인 세계에서 차지한 위치 자체에 대해 오래전부터 불편한 시선을 보내는 이들도 있었다. 그는 사실상 프로젝트의 리더였지만, 애초에 비트코인은 리더 없는 체계를 지향하는 것 아니었던가? 다른 개발자들은 개빈이 밀큰연구소Milken Institute가 주최한 콘퍼런스에서 비트코인에 대해 연설한 뒤, 베벌리힐스 호텔에서 정장을 빼입고 흑맥주를 홀짝이는 모습을 보며, 자만심이 도를 넘었다고 느꼈다. 그들은 2015년 런던에서 열린 블록 크기 관련 회의에서 개빈이 한 말에도 불쾌감을 느꼈다. "그냥 제 영향력을 행사해, '우린 이렇게 할 겁니다. 싫으면 다른 프로젝트 찾아보세요'라고 해야 할지도 모르겠습니다."

개빈이 크레이그 라이트를 나카모토로 인정한 날 아침, 비트코인 핵심 개발자들은 개빈이 해킹당했을 가능성을 들어 프로젝트 소스코드에 대한 접근 권한을 일시적으로 박탈했다. 그러나 개빈이 계속해서 크레이그를 지지하자, 이 조치는 영구적으로 바뀌었다. 일부는 개발자들이 이 기회를 이용해 경쟁적 이상을 가진 불편한 존재를 제거하려 했다고 보았다. 하지만 과거 개빈은 만약 나카모토가 돌아온다면 기꺼이 프로젝트의 알림 키alert key를 그에게 돌려줄 것이라고 말한 적이 있다. 따라서 개빈이 정말로 크레이그를 나카모토라고 믿는다면, 핵심 개발자들 입장에서는 프로젝트가 사기꾼일지도 모르는 사람에게 넘어갈 위험에 처한 셈이었다. 비트코인 핵심 개발자 피터 토드도 만약 개빈이 크레이그를 나카모토라고 믿는다면, 그는 '신뢰할 수 없거나 무능한 사람'이라고 주장했다.

블록체인 핵심 개발자로 개빈의 뒤를 이은 블라디미르 반데르 란 Wladimir van der Laan은 나중에 이렇게 말했다. "그는 프로젝트에 도움이 되기보다는 오히려 걸림돌이었습니다."

스콧과 스튜어트

2022년에 다시 나카모토 사건을 맡은 뒤로, 나는 매주 일요일 아침이면 《윌리를 찾아라! Where's Waldo?》를 하듯, 〈뉴욕타임스〉 안쪽 지면에 실린 개인이 낸 아주 작은 광고를 샅샅이 뒤지는 습관이 생겼다.

1991년 10월, 〈뉴욕타임스〉 미국판 48면 한구석에 작고 난해한 광고 하나가 처음 실렸다. 클래런스 토머스 Clarence Thomas 대법관 인준 청문회 관련 기사들이 1면을 장식한 가운데, 그 특이한 광고는 마이클 볼튼 Michael Bolton 의 〈Time, Love & Tenderness〉 음반 투어 전면 광고 직전에 있었다. 그 이후로 거의 빠짐없이 매주 한 번씩 이 광고가 실렸다. '타임링크 TimeLink'라는 것의 데뷔를 알린 이 광고에는 예순네 자의 의미 없는 숫자와 문자가 나열되어 있었고, 그 뒤에 '1991년 10월 10일 오전 11시 45분'이라는 시간이 적혀 있었다. 광고를 낸 사람은 스튜어트 하버 Stuart Haber 와 스콧 스토르네타 Scott Stornetta 인데, 둘 다 내 사토시 나카모토 후보자 표의 열 번째 순위에 올라 있던 인물이다.

30년이 지난 뒤, 신문 지면 광고의 인기가 시들해지자 그 광고는 더욱 눈에 띄게 되었다. 아마도 가장 오래 지속된 신문 광고일지도 모른다. 광고는 딴 세상 문자처럼 보였고, 비밀결사에 보내는 은밀한 신호처럼 느껴졌지만, 1990년대 초 빠르게 온라인으로 전환되던 세상이 직면한 심각한 문제, 곧 인터넷에 올라온 정보가 진짜인지 어떻게 확인할 수 있을까 하는 문제에 대한 일종의 해결책이었다.

컴퓨터가 생기기 훨씬 이전부터, 세상은 문서와 관련해 해결할 문제가 있었다. 예를 들어, 어느 늙은 재벌의 유언장이 정확히 언제 수정되어 그의 재산이 자식들 대신 간호사에게 돌아가게 되었는지 말이다. 일반인도 스스로 봉인한 편지를 보내고, 나중에 우체국 소인을 증거로 삼아 그 편지 내용이 특정 시점에 존재했음을 입증할 수 있어야 했다.

과학과 발명의 영역에서는 특허 및 부와 명성은 아이디어의 선점을 입증하는 데 달려 있었다. 그 선점을 위해 수 세기 동안 과학자들은 암호를 활용해왔다. 아이작 뉴턴Isaac Newton의 경쟁자였던 로버트 훅Robert Hooke은 1660년에 탄성에 관한 자신만의 이론을 정립했지만, 이를 거의 20년 동안 발표하지 않았고, 발표 당시에도 암호문anagram 형태로 발표했다. 나아가 그 이론으로 회중시계에 시간의 정확도를 유지하는 데 핵심 역할을 하는 헤어스프링hairspring을 최초로 발명할 수도 있었다. 물론, 이후 그 법칙을 요약한 리틴어 문구 임호문의 의미를 밝히며 자신의 공로도 인정받았다.

이후, 과학자들에게는 페이지마다 번호가 붙고 일련의 규칙을 적용한 제본형 실험실 노트를 작성하는 것이 관례가 되었다. 과학자는 잉크로 수기 작성했고, 한 페이지를 공간 없이 꽉 채우며(한 페이지 내에서는 잉크 색을 바꾸지 않고), 페이지마다 수기로 서명과 날짜를 적었다. 그리고 보통 실험실 책임자 같은 증인이 그 페이지에 마찬가지로 잉크로 서명과 날짜를 남겼다. 이렇게 하면, 만약 과학자가 자신의 발견과 관련해 법정에 서게 되더라도, 자신이 주장하는 시점에 사건이 실제로 일어났음을 입증할 수 있는 강력한 증거 문서를 갖게 되는 셈이었다.

바로 이런 문제들이 스콧 스토르네타의 관심을 끌었다. 1989년, 스탠퍼드대학교에서 물리학 박사학위를 갓 취득하고 스콧은 당시 제록스Xerox사의 실리콘밸리 소재 팔로알토 연구소Palo Alto Research Center에서 근무하던 중, MIT대학교 병리학 교수 테레자 이마니시-카리Thereza Imanishi-Kari가 연루된 사건 기사를 읽게 됐다. 그녀는 면역학 관련 논문을 공동 저술해 저널 〈Cell〉에 발표했으나, 연구 부정 행위로 고소당했다. 같은 연구실 연구원이 데이터 조작을 폭로한 것이다. 연방 정부의 지원을 받은 연구여서 미 의회가 개입했고, 비밀경호국Secret Service이 연구 노트에 대한 포렌식 조사를 진행한 결과, 핵심 노트 한 권의 적어도 3분의 1 이상이 작성 날짜와 순서와 맞지 않는다는 점이 발견됐다.

이마니시-카리는 이후 결백이 입증되었고, 비밀경호국의 분석도 오류가 있었다고 밝혀졌지만, 이 사건은 스콧의 머릿속에서 쉽게 사라지지 않았다. 세상이 점점 디지털화되어 종이와 잉크가 사라지면, 비슷한 문제는 더욱 빈번하고 심각해질 것이 분명했다. 온라인상 자료는 조작하기 훨씬 쉬워졌고, 그 조작을 발견하기는 훨씬 더 어려웠다. 온라인상에는 위조 시도를 감지할 수 있는 봉인 같은 정확한 대응 수단이 없었다. 스콧은 뉴저지의 통신업체 벨코어Bellcore로 이직했을 때도 이 문제를 고민했다. 그는 "온라인 데이터 자체의 무결성이 보장되지 않으면, 우리는 먼저 역사 자체를 의심하게 될 것이고, 결국 우리 사회의 근간마저도 의심하게 될 것이라고 확신했습니다. 정말 한시도 잊을 수 없던 고민이었습니다"라고 말했다.

벨코어에서 스튜어트 하버를 만난 스콧은 면접 때부터 금세 친해졌고, 스튜어트가 함께 문제를 풀어나가는 데 관심이 있을 거로 생각했다. 두 사람은 언뜻 보기엔 어울리지 않는 조합이었다. 스콧은 모르몬교 신자이자 자유 지상주의자로, 전공이 이론 물리학인 만큼 꽉 막힌 구석이 있었다. 반면 스튜어트는 뉴욕 퀸스 출신의 진보적 성향으로, 대학 시절 하버드에서 거리 공연을 했고, 뉴저지 그레이트 어드벤처Great Adventure 놀이공원에서 3인조 공연단의 일원으로서 전면 광대 분장을 하고 공연했고, 파리에서는 2인조 공연을 한 적이 있다. 스튜어트는 그곳에서 곡예사인 미국인 여성을 만나 결혼했다.

스튜어트가 컴퓨터공학 박사학위를 받은 시점은 공개 키 암호학이 태동하던 때였고, 그는 암호학에 깊이 몰두하고 있었다. 스콧이 벨코어에 입사했을 때 스튜어트는 이미 2년 차였다. 스콧은 암호학이 디지털 기록의 무결성을 보장하는 데 중요한 역할을 할 수 있다는 걸 직감하고, 스튜어트에게 접근했다.

이들의 생각은 공증인의 디지털 버전을 만드는 것이었다. 곧 문서가 언제 작성되었고, 진본임을 증명하도록 도장을 찍는 방법을, 신뢰할 만한 중앙 기관 없이 구현하는 것이었다. 하지만 사용자는 그 공증인이 부패하거나 조종될 위험이 없다는 것을 어떻게 담보받을 수 있을까? 몇 주간 화면 앞에서 고민하던 스튜어트는 포기할 생각까지 했다. "이걸 증명할 방법은 없을 것 같아"라고 스콧에게 말하면서도 "그래도 논문 하나는 내고 싶어. 시스템에서 신뢰라는 요소를 제거할 수 없다는 걸 남겨보자고"라고 했다.

그리고 어느 날 밤, 스콧과 아내 마르시아는 뉴저지 교외 집 근처로 저녁 식사를 하러 나갔다. 그런데 대기 줄에 서 있던 스콧에게 갑자기 번

뜩이는 아이디어가 떠올랐다. 스콧과 스튜어트가 시스템에서 신뢰 요소를 제거할 수 없다고 생각한 이유는 그렇게 하려면 세상 모든 사람이 공모해야 하기 때문이었다. 특정 기록의 사본을 모두가 가지고 있지 않은 이상, 그 기록이 변경되지 않았다는 사실을 누구도 알 수 없지 않은가? 순간 스콧의 머리를 세게 내리친 아이디어는 '그래! 맞아! 세상 모든 사람이 공모하게 만들자!'였다. 이렇게 불가능을 증명하려던 노력이 오히려 그것을 가능하게 만드는 방법으로 이어졌다. 나중에 스콧은 이렇게 말했다. "마치 가방을 뒤집어 까놓은 것 같았습니다." 그리고 그때 스콧은 마르시아를 바라보며 말했다. "중요한 뭔가를 알아낸 것 같아. 그리고 그걸 아는 사람은 나뿐이야."

그 아이디어는 두 가지 요소로 이루어져 있었다. 하나는 기술적인 부분으로, 암호화 기술을 이용해 문서들을 변경할 수 없도록 순차적으로 연결하는 방식이었다. 곧 앞쪽 문서를 손대려면 이후의 모든 문서도 함께 고쳐야만 했다. 다른 하나는 사회적인 요소로, 문서들의 연결 상태를 가능한 한 많은 사람과 공유함으로써, 누구도 임의로 조작할 수 없는 집단적 현실을 만들어내는 것이었다. 여기에 인센티브 구조도 있었다. 시스템에 참여하는 모든 사람은 자신의 문서 무결성이 시스템 전체의 무결성에 달려 있기 때문에, 자발적으로 이를 지키려 할 것이다.

하지만 당시 기술력으로는 역부족이었다. 데이터 저장 비용이 지나치게 비쌌고, 전화선으로 연결됐던 인터넷은 속도가 너무 느려서, 네트워크 내 다른 모든 사람의 기록을 각 이용자가 온전히 보관하기란 기대하기 어려웠다. 하지만 스콧과 스튜어트는 기발한 대안을 생각해냈다. 동료 한 명이 '머클 트리Merkle tree'라는 암호학적 데이터 구조를 써보자고 제안했다. 이 구조는 각각의 문서에 고유한 '수학적 지문(해시hash)'을 생성한 뒤, 그것들을 다시 하나로 통합해 지문들의 지문이라 할 수 있는 단일한 값으로 요약해주는 방식이다. 덕분에 수많은 문서의 무결성을 단 하나의 숫자열로 증명할 수 있었고, 어느 한 문서라도 바뀌면 이 최종 지문도 즉시 달라진다. 서비스 이용자는 지난 일주일 동안 시간순으로 기록된 문서들의 전체 요약 값, 곧 예순네 자리 '지문의 지문'을 전달받게 된다. 여기에 스콧과 스튜어트는 한 겹 더 보호 장치를 했다. "우리는 그 값들이 전 세계적으로 합의된 것임을 확인하고 싶었습니다"라고 스튜어트는 말한다. 그렇게 해서 매주 〈뉴욕타임스〉에 최신 '지문'이 실리는 광고가 등장하게 된 것이다. 처음에는 벨코어가 이 서비스를 운영했는데, 스콧과 스튜어트는 나중에 Surety Technologies라는 자신들의 회사를 세웠다. 고객으로는 지식재산을 보호하려는 제약회사와 증거물 취급 이력을 공식적으로 남기려는 경찰서 등이 있었다. 스콧의 표현을 빌리면, 신문 광고는 '반박할 수 없는 저장소이자, 모두가 지켜보는 공증된 장소'였다. 주당 100달러로 사실상 뚫을 수 없는 방어막을 만들어냈다. 스콧은 매주 정해진 요일에 〈뉴욕타임스〉 광고 담당자에게 전화를 걸어 숫자들을 불러주었고, 담당자는 들은 숫자들을 다시 읽어 확인했다. "일관되게 매주 그렇게 진행했습니다."

스튜어트와 스콧은 세계 최초의 블록체인을 발명한 셈이었다. 이들이 사이퍼펑크는 아니지만, 온라인 개인정보 보호에 대한 사이퍼펑크들의 문제의식에는 공감했고, 스튜어트는 자신들이 개발한 시간 인증 서비스에 관한 공지를 사이퍼펑크 메일링 리스트에 올렸다. 사이퍼펑크 공동 창립자인 팀 메이는 이들의 작업이 얼마나 중요한지 강조했다. 실제로 비트코인 백서에 실린 여덟 개 참고문헌 가운데 세 편은 스튜어트와 스콧이 공동 저술한 논문이다. 사토시 나카모토가 여기에 결정적으로 추가한 것은 화폐 개념과 채굴 인센티브 구조였다. 하지만 수년 뒤, 스콧은 비효율적이고 에너지 소모가 심하다는 이유로 늘 논란이 되어온 작업 증명 방식이 비트코인에 적합한 장기적 해법은 아니라고 생각했다. 그러면서도 "제게 나카모토의 작업은 스튜어트와 제가 한 일을 뛰어넘는 진정한 천재의 산물입니다"라고 말했다.

스콧은 컨설팅 대가로 여러 번 비트코인을 받은 적은 있지만, 직접 비트코인을 산 적은 없었다. 투기하는 사람으로 비치고 싶지 않았기 때문이다. 이건 일종의 메시지이기도 했다. 스콧에게 비트코인은 훨씬 더 광범위한 가능성을 지닌 무언가를 알리기 위한 광고일 뿐이었다. 바로 블록체인이다. "반지의 제왕에 그런 대사가 나오잖아요. '그 반지는 자체적인 힘을 가지고 있어.' 블록체인은 결국 전 세계의 모든 기록과 거래 속으로 파고들 겁니다. 그리고 그와 함께 '업그레이드된 화폐(money++)'도 출현하겠죠. 하지만 지금은 아직 게임이 막 시작된 1회초일 뿐입니다." 스콧의 집 앞에는 파란색과 회색 테슬라가 나란히 서 있었고, 각각의 번호판에는 'BLCKCHN'과 'BLKCHN2'라고 적혀 있었다.

나는 스콧에게 나카모토가 한 사람이 아니라 집단일 수도 있냐고 물었다. "그런 다양한 능력을 갖춘 사람을 여러 명 만나보았는데, 팀이 필요하다는 생각은 전혀 들지 않았어요. 나카모토가 보낸 모든 이메일을 읽어보면, 그의 말투는 편안하고 즉흥적인데, 위원회나 여러 명이 번갈아 말하는 느낌이 전혀 없거든요." 반면 스튜어트는 확신하지 못했다. "시스템 설계, 명확하게 작성한 문서, 그리고 코딩까지, 이 세 가지를 한 사람이 모두 해낸다는 건 꽤 큰 부담일 거예요."

필연적으로 스콧과 스튜어트는 나카모토 후보 명단에 올랐다. 비트코인이 '블록체인'이라는 용어를 쓰기 전에, 나카모토는 '타임체인'이라는 단어를 사용했다. 〈뉴욕타임스〉 광고는 초기부터 스튜어트와 스콧이 제공한 서비스를 타임링크라고 불렀고, 이 둘의 회사 Surety Technologies의 안내 책자에는 블록들이 사슬처럼 연결된 이미지가 있었다. 나카모토가 새로운 비트코인 주소를 만들 때 쓸 수 있었던 암호화 알고리즘이 여러 가지 있었는데, 놀랍게도 나카모토는 내가 확인한 바로는 Surety가 사용한 것과 똑같은 두 가지 알고리즘(SHA-256과 RIPEMD-160)을 선택했다. 비트코인의 제네시스 블록에 시간 기록을 남기기 위해 〈런던타임스〉라는 정기 간행물을 이용했다는 점도 사실은 스콧과 스튜어트의 방식에서 그대로 가져온 것이다. 〈런던타임스〉 헤드라인은 비트코인의 시작일을 확정 짓고, 나카모토가 출시 전에 비밀리에 블록을 미리 채굴하지 않았음을 사용자들에게 보여줌으로써 비트코인의 코인 분배 공정성과 고정된 화폐 공급에 대한 신뢰를 구축했다.

스콧은 나카모토 역할을 해낼 시간이 충분했을 것이다. 비트코인 백서가 나오기 전 해인 2007년, 고등학교 수학 교사였던 스콧은 나카모토처럼 학업이나 연구에 집중하기 좋은 일과를 보냈다. 또한 20대 초반, 모르몬교 선교 활동으로 2년간 일본에서 생활한 경험도 있다.

스콧이 나카모토냐는 질문을 받을 때마다 늘 하던 대답은 일본어로 "아니에요, 저는 나카모토가 아닙니다. 그리고 만약 제가 그 사람이라고 해도, 지금 이 자리에서 그렇게 말하겠습니까?"였다. 스튜어트 역시 여러 차례 받은 같은 질문에 "아니요, 제가 아닙니다"라고 답했다.

"스튜어트와 저는 이 문제에 대해 스위스처럼 중립적인 입장을 고수하는 것이 매우 중요하다고 생각합니다"라고 스콧은 말했다. "누가 나카모토라고 주장하든 우리는 공식적으로 어느 쪽에도 치우치지 않으며,

여러 블록체인 진영 사이에서도 중립을 지키고 있습니다."

하지만 크레이그 라이트는 스콧과 스튜어트를 자기 편으로 끌어들이려고 했다. 두 사람은 크레이그와 연관된 IT 매체 〈코인긱CoinGeek〉이 주최한 한 콘퍼런스에 함께 모습을 드러냈다. 둘은 참석하기 전까지도 크레이그를 둘러싼 이야기를 깊이 파고들지 않았으며, 스콧의 아내 마르시아도 경계심을 보였다. 그녀는 콘퍼런스에서 크레이그가 나카모토라는 "선언을 하도록 만들려고 여러 차례 시도했습니다. 하지만 스콧이 언급한 대로, 스콧과 스튜어트는 나카모토를 자칭하는 이들에 대해 중립적인 입장입니다"라고 말했다.

"사실 스콧과 나는 좀 곤란한 상황에 빠졌습니다"라고 스튜어트가 덧붙였다. "그 콘퍼런스 직후에 우리가 함께 하려던 어떤 일에 관한 기사가 나올 예정이었죠. 그런데 〈코인긱〉 측에서 우리와 크레이그가 무대에 있는 사진을 공개하면서 분위기가 달라졌죠. '크레이그 라이트와 함께 무대에 섰다고요? 이게 말이 됩니까?' 하면서 말이죠. 그렇게 저희가 계획한 일도 물거품이 됐죠."

나는 스콧과 스튜어트가 너무 순진해서, 둘 중 누구도, 혹은 둘 다 나카모토일 리 없다고 생각했다.

"채소 탈수기 있어요?"

2015년 말(내가 크레이그 라이트를 폭로하는 이메일을 받은 시점으로, 당시 비트코인 가격은 약 375달러였고 암호화폐는 가족 중에서도 덕후 수준의 친척 정도만 들어봤을 법한 이야기였다)부터 2021년 말(사힐 굽타가 일론 머스크가 나카모토라는 이론을 갑작스럽게 제기했고, 비트코인 가격이 5만 2,000달러에 달했으며, 한 가정의 가장인 이민자 우버 기사조차 온 가족의 저축을 듣도 보도 못한 NFT*에 쏟아붓겠다며 들떠 있던 시기)까지, 나카모토의 정체를 추적하던 열성 네티즌들은 쉬지 않고 이런저런 후보들을 내놓았다.

2021년 2월, 고등학생 때부터 9년긴 비트코인을 접해온 펜실베이니아대학교 졸업생 에번 해치Evan Hatch는 지금까지 나온 이론 중 비교적 잘 다듬어진 이론 하나를 내놓았다. 에번은 Chainalysis에서 일하는 룸메이트를 통해 나카모토가 벨기에 출신 암호학자일지도 모른다는 소문을 접했다. Chainalysis는 블록체인의 투명성을 이용해 해킹이나 자금

● 대체 불가능 토큰(Non-Fungible Token).

세탁 수사에서 코인 흐름 추적을 전문으로 하는 기업이다. "저는 '그거 참 이상하다'고 생각했죠." 에번이 말했다. 그는 룸메이트가 설명한 그 모호한 인물이 나카모토와 일치하는 구석이 있는지 더 구체적으로 확인하기로 마음먹었고, 새서맨을 발견했다. 말총머리에 반다이크 스타일로 수염을 기른 젊은 미국계 사이퍼펑크 렌 새서맨Len Sassaman이었다. 에번은 이렇게 회상했다. "수상쩍은 단서들이 있다는 느낌이 들었어요. 오히려 부정하려고 점점 더 깊이 파고들었습니다." 이후 수년간 새서맨을 조사하며 에번은 '점점 더 자신이 옳다는 확신'이 들었다고 했다.

새서맨은 벨기에에서 데이비드 차움 밑에서 박사 과정을 밟았다. 곧 나카모토의 활동 시간대는 물론 학문적 분위기에 맞아떨어졌고, 게다가 디지캐시 창시자가 지도교수였다. 새서맨은 해커이자 오픈소스 프로그래머였고, 할 피니와 함께 PGP 작업을 했으며 금융 암호학 분야에도 관여했다. 또한 가명 사용에 강한 신념을 갖고 있던 인물로, 자기가 작성한 코드에 'rabbi'라고 서명했다. 할 피니 세대의 리메일러보다 개인정보 보호 기능이 더 강화된 믹스마스터Mixmaster를 운영했고, 더 안전한 가명 메시징 시스템을 제안한 논문 〈핀천 게이트The Pynchon Gate〉의 공동 저자이기도 하다. 그는 P2P 시스템에도 정통해 믹스마스터가 P2P 네트워크상에서 운영됐고, 비트토렌트를 만든 브램 코언과 샌프란시스코에서 룸메이트였던 적도 있다. 미국인이지만, 새서맨은 영국식 영어를 사용하는 습관이 있었다.

나카모토와 연결되는 안타깝지만 설득력 있는 마지막 정황은 나카모토가 프로젝트에서 갑작스레 사라진 이유와 자신의 비트코인 재산을 전혀 손대지 않은 초월적인 자제력을 설명해준다. 2011년 7월, 나카모토가 세상과 마지막 소통을 한 후 3개월 만에, 십 대 시절부터 우울증과 신경성 질환을 앓아온 새서맨은 31세의 나이에 스스로 목숨을 끊었다. 위키리크스 측은 트위터에 "위키리크스의 친구 렌 새서맨은 영원히 암호화되어 익명의 존재가 되었습니다. 편히 쉬어요, 렌. 우리가 계속 싸워나가겠습니다"라고 남겼다.

〈뉴스위크〉의 도리언 나카모토 관련 기사 후폭풍을 본 에번은 자신의 주장을 홍보할 사람을 고용했다. 그는 "수많은 기자가 '됐습니다. 그런 이야기는 다 허구였고 또 듣고 싶지 않습니다'라고 했어요. 그리고 맥시maxi로 통하는 비트코인 열성 지지자들은 예민합니다. 이 이야기를 마치 종교처럼 믿고 있죠"라고 회상했다. 그는 〈코인데스크CoinDesk〉라는 뉴스 사이트가 자기주장을 믿지 않았다고 말했는데, 그 이유는 "저는 도리언 나카모토가 아닙니다"라는 나카모토의 발언이 새서맨이 죽은 지 3년 후에 나왔기 때문이다. 에번은 나카모토 계정이 해킹당했다는 입장이었다.("저는 도리언 나카모토가 아닙니다"라는 발표가 나온 이후 이 계정이 해킹된 증거는 2014년 9월, 곧 그 선언이 나온 지 6개월 후에야 확인되었다.)

결국 에번은 자신의 가운데 이름인 '르웅Leung'을 필명으로 사용해 블로그 플랫폼 〈미디엄Medium〉에 자신의 이론을 직접 게시했다. 새서맨의 정신 건강 문제에 깊게 공감하며 글을 썼지만, 새서맨의 가족들이 불쾌해할까 봐 걱정했다. 그러나 오히려 새서맨의 아내 메러디스 패터슨Meredith Patterson과 여러 친구에게서 접근 방식이 섬세하고 주장도 흥미롭다는 반응을 들었다. 메러디스는 남편이 나카모토라는 증거는 없다고 말했지만, 자신은 접근할 수 없는 암호화된 하드디스크 드라이브를 남기긴 했다고 했다. "정말 비밀이 많았던 사람이에요."

새서맨의 관련성은 아일랜드 더블린시티대학교Dublin City University 미세 유체역학 교수인 젠스 듀크리Jens Ducrée가 발견한 사실과도 일치한다. 젠스는 나카모토 미스터리에 깊이 빠져들어 비트코인 백서에 인용된 문헌들을 집중적으로 분석했는데, 여덟 개 참고문헌 중 하나가 네덜란드 학회에서 발표된 논문집 인쇄본 외에는 다른 곳에 전혀 등장한 적이 없는, 시간 기록상 희귀 논문이었다. 이를 근거로 젠스는 나카모토가 거의 틀림없이 베네룩스 국가들과 어떤 식으로든 연관이 있다고 결론내렸다. 새서맨은 실제로 벨기에에 거주한 적이 있다.

하지만 나는 젠스만큼 벨기에와의 관련성을 크게 보지는 않았다. 그렇게 조심스러운 나카모토가 이렇게 명백한 단서를 그것도 확연히 남겼을 가능성은 희박했다. 그 학회 논문집 인쇄본은 런던의 영국 도서관 British Library과 캐나다의 국립 과학 도서관National Science Library에서 모두 쉽게 열람할 수 있었다. 에스토니아 학자가 작성한 시간 기록 관련 온라인 자료 목록에도 이 논문이 인용되었고, 닉 사보의 오래된 웹페이지 아카이브에는 그 에스토니아 페이지로 연결되는 링크도 포함되어 있었다.

나는 에번에게 새서맨이 비트코인에 대해 '바보 같은 것'이라고 비판한 일 등 여러 가지를 물었다.

"새서맨은 장난기 많은 사람이었어요. 그는 심오한 농담꾼 같은 인물이었죠." 에번이 말했다.

새서맨은 뼛속까지 해커였다. 새서맨과 메러디스 패터슨은 둘 다 전문 연구소가 아니라 개인이 직접 실험 장비를 갖추고 유전자나 생물학 실험을 시도하는 DIYDo-It-Yourself 생명공학 운동에 참여했으며, 두 사람의 교제는 메러디스가 개발자 중심의 해커 콘퍼런스 CodeCon에서 가정용 도구로 DNA 정제 시연을 하기로 한 바로 전날 시작되었다. 당시 메러디스는 원심분리기가 하나 부족했는데, 새서맨은 그날 밤 파티에서 사람들에게 "야채 탈수기 있어요?"라고 물으며 돌아다녔고, 결국 하나를 구했다. 얼마 후 새서맨은 콘퍼런스장 한가운데서 파란색 케이블 타이로 즉석에서 청혼 반지를 만들어 메러디스에게 청혼했다. 새서맨은 자물쇠 따기에 유난히 흥미를 보였으며, 메러디스에 따르면 20대 초반에는 쇼핑몰 내 상점들의 물리적 보안을 테스트하는 회사에서 일하기도 했다고 한다.

하지만 메러디스는 새서맨이 비트코인을 진심으로 비판했다고 말했다. 고등학교 시절 펜실베이니아에서, 새서맨의 친구들이 그의 이메일을 해킹해 당시 여자 친구와 주고받은 연애편지를 찾아냈고, 그 일로 그는 오랫동안 고통을 겪었다. 그 경험은 그의 삶에 깊은 영향을 남겼고, 결국 사생활 보호에 대한 집착으로 이어져 암호학과 컴퓨터 보안 분야에서 일하게까지 되었다. 새서맨은 비트코인이 추적 가능하다는 점을 심각한 결함으로 보았다. "모두 비트코인을 온라인 익명성의 승리라고 여겼어요. 하지만 새서맨은 '아니, 전혀 아니야'라고 했죠." 메러디스가 말했다.

자신이 발견한 내용을 훨씬 더 극적으로 폭로하는 이들도 있었다. 익명의 유튜버 베얼리 소셔블Barely Sociable은 음산한 신시사이저 배경음과 다양한 영상 자료를 세련되게 편집한 영상에서, 부드러운 중저음으로 이렇게 말했다. "한 후보는 사토시 나카모토의 모든 특징과 하나도 빠짐없이 일치합니다." 그러고는 그 인물이 애덤 백이라는 주장을 펼치며 심층적인 근거를 제시했다. 베얼리는 음모론자였다. 그는 개빈 안드레센이 크레이그 라이트가 나카모토라는 말을 진심으로 믿은 적이 없으며, 애덤 백과 관련된 진실을 알면서도 '공모'해왔다고 주장했다.

애덤은 사이퍼펑크였고, 그의 해시캐시 소프트웨어는 비트코인에서 중요한 역할을 했으며, 기술력도 뛰어났고, 게다가 영국인이라는 등, 베얼리의 주장 중 많은 부분은 익숙한 내용이었다. 하지만 그는 사람들이 놓친 몇 가지 구체적인 사항을 강조했다. 나카모토가 웨이 다이에게 보낸 첫 이메일에는 애덤과 이전에 주고받은 내용들을 언급했는데, 애덤은 그 이메일들을 공개한 적이 없었다. 베얼리는 애덤이 사생활 보호를 이유로 개인 이메일은 공개하지 않는다는 주장을 '좋은 사람인 척하려는 제스처virtue signaling'에 불과하다고 봤다. 그 이메일들이 아예 존재하지 않았다고 베얼리는 주장했다. 애덤의 공개 활동에 눈에 띄는 공백기가 있다고도 지적했다. 2005년부터 2010년 사이에는 특허 출원을 중단했고, 2007년부터 2010년까지는 자주 활동하던 메일링 리스트에서 거의 모습을 감췄다는 것이다. 3년간의 공백기 이후 애덤이 다시 나났을 때는 몰타에 살고 있었는데, 베얼리는 몰타를 '거액의 돈을 벌었을 때 세금을 적게 내기 위해 이사 가는 곳'이라고 의미심장하게 표현했다. 애덤은 2012년에 비트코인 관련 위키피디아 문서 편집을 시작했는데, 본격적으로 비트코인에 공개적으로 관여한 것은 2013년 4월이었다.

베얼리는 나카모토 숭배자들의 공격을 미리 차단하는 데도 신경 썼다. 그는 사람들이 자신의 코인을 노릴까 봐 나카모토가 사생활 보호가 필요하다고 생각한 것을 '완전 허튼소리'라고 일축했다. 버젓이 자기 정체를 드러내고도 재산과 안전을 지켜낸 사례가 많다는 점을 근거로 들었다. 베얼리는 잠시 음모론 안경을 벗어놓고 봐도, 나카모토가 정부의 표적이 될 수 있다는 우려 역시 '좋은 사람인 척하려는 제스처'에 불과하다고 평가했다.

애덤은 트위터에 답글을 올렸다. 시작 문장은 "저는 사토시 나카모토가 아닙니다"였다. 자신은 그저 단편적인 구글 검색으로 떠오른 새로운 후보자일 뿐이라고 했다. 닉 사보가 짧고 간결한 답변으로 의심을 더 산 것과 달리, 애덤은 자세히 부연했다. "어떤 요소들과 시점은 돌이켜보면 의심스러워 보일 수 있지만, 우연과 사실은 언제나 깔끔하게 정리되지 않습니다." 그는 베얼리가 제시한 나카모토와 일치하는 여러 우연의 일치를 모두 인정하면서, 베얼리가 언급하지 않은 몇 가지도 덧붙였다. "그래도 저는 나카모토가 아닙니다. 문제는 이 논쟁에 매달리는 이들 대부분이 프로그래머나 컴퓨터공학자가 아니다 보니, 겉보기엔 의심스러운 우연들이 실제로는 전혀 근거 없고, 대화 중 드러나는 실수들도 비트코인 기술을 깊이 이해하지 않고는 알아차리기 어렵습니다. 예컨대, 나카모토라면 분명히 알고 있어야 할 질문들 말입니다." 한때 사이퍼펑크였던 존 칼라스는 간결한 반론을 내놨다. "애덤 백이 나카모토가 아니라는 가장 큰 근거는 그가 비밀을 지킬 만큼 과묵한 사람이 아니라는 겁니다."

모든 가능성

애덤 말이 맞았다. 나처럼 컴퓨터공학을 거의 접해보지 못한 인문학 전공자는, 어떤 후보가 나카모토처럼 '전자 서명'이라는 용어를 썼다거나 C++로 코딩을 했다는 사실만으로도 '큰 의미'를 부여했다. 하지만 해당 분야나 인접한 분야 사람이라면, 그런 것들이 얼마나 흔한 일인지 알고 과도한 의미도 부여하지 않는다. 꼭 기술적인 측면에서만 유사점을 찾을 필요는 없었다. 나카모토를 추적하는 이들은 어떤 후보가 마침표 뒤에 두 칸 띄어쓰는 습관이 있다는 사실에 집착했지만, 내 경험상 타자기로 타자를 배운 사람이라면 흔히 갖게 되는 습관이었다. 나카모토가 비교적 나이가 있을지도 모른다는 점은 유추할 수 있지만, 그뿐인 단서였다.

스카이 그레이 역시 닉 사보가 사토시 나카모토라는 자신의 주장을 거듭 강조하면서 비슷한 지적을 했다. "단순성의 원리, 곧 오컴의 면도날 원리에 따르면 사토시 나카모토일 가능성이 가장 높은 사람은 누구겠습니까?" 나는 점점 깨닫게 되었다. '오컴의 면도날'은 나카모토 연구자들이 즐겨 써먹는 상투적인 수사였다. 이 이론은 어떤 주장을 뒷받침하는 데도 쓸 수 있었고, 정반대의 주장에도 끌어다 붙일 수 있어서, 결국 아무런 설득력도 없는 말이 되어버렸다. 그에 못지않게 자주 들은 말은 의학 진단에서 유래한 격언이었다. "말발굽 소리가 들리면, 드문 얼룩말보다 흔한 말을 떠올려라."

스카이 그레이는 이렇게 썼다. "비트코인은 직관적인 아이디어와는 거리가 멉니다. 수년에 걸쳐 서서히 형태를 갖춰야 하는, 어쩌면 평생에 걸쳐 다듬어야 하는 종류의 아이디어죠. 사이퍼펑크적 사고방식에서 시작해, 가장 추상적인 수준의 경제학에 깊은 열정을 지닌 사람이 이례적인 암호 기술 개념들을 오랜 시간에 걸쳐 습득하고 발전시킨 결과입니다. 최근에 언론에서 과학적 배경만 있으면 누구든 비트코인의 창시자일 수 있다는 식의 주장을 내놓는데, 이는 일부 '기자들'이 비트코인과 그 기원에 대해 얼마나 무지한지 잘 보여줍니다."

이제 나에게 초창기 나카모토 연구는 일종의 멀리 떨어진 단서들을 연결해내는 패턴 인식 사례 연구로 보였다. 로이터 통신이 도리언 나카모토의 본명이 '사토시'를 포함한다는 사실을 두고 '기막힌 우연'이라 표현한 일도 그리 대단한 우연은 아니었다. 나는 나 자신을 포함해 아무도 나카모토 미스터리에 대해 제대로 아는 것이 없다는 사실을 조금씩 깨닫게 되었다.

분명 나는 컴퓨터공학을 더 깊이 이해해야 했다. 코로나 기간, 사워도우(천연 발효 빵)를 굽거나 창가 화분에 파를 기르는 대신, 나는 하버드대학교에서 무료로 제공하는 입문 온라인 컴퓨터과학 강좌 CS50에 등록했다. 최근 졸업생 중에는 위저Weezer의 리드 보컬인 리버스 쿼모Rivers Cuomo가 있는데, 그는 꽤 코딩에 열중하는 사람이라고 한다. 나는 반복문loop과 조건문condition, 그리고 'and', 'or', 'not' 같은 컴퓨터 언어를 배웠다.

강사인 데이비드 말란David Malan은 쉽게 이해할 수 있도록 강의를 체계적으로 구성했다. 2주 차에는 텍스트를 분석해 해당 글을 이해하는 데 필요한 학년 수준을 알려주는 프로그램을 작성했고, 4주 차에는 인스타그램 스타일의 사진 필터를 만들어낼 수 있었다. 초기 과제 중 하나는 기본 암호학과 관련된 것으로, 우리는 C 언어로 카이사르 암호를 이용해 메시지를 암호화하고 복호화하는 프로그램을 작성해야 했다.

나는 낯선 행성의 신나고 들뜬 여행자 같았다. 내 생각이 뇌에서 손끝으로, 다시 키보드를 거쳐 화면으로 흘러가는 순간마다 아드레날린이 솟구쳤다. 나는 그 속도를 전혀 예상하지 못했고, 엄청난 작업이 순식간에 완성되는 것을 보고 깜짝 놀랐다. 처음으로 프로그래밍이란 무엇인지 엿볼 수 있었다. 세상을 숫자로 바꾸고, 그 숫자들에 무언가를 행한 뒤 다시 되돌리는 일이었다. 나는 코딩을 어려워한 이유가 그 표면적인 생경함 때문인지 궁금해졌다. 이상한 구두점으로 언어를 훼손하고, 단어를 잘라내며, 기호들로 뒤범벅된 모습 때문인지도 모른다. 코딩은 기계라는 외계인과 소통하는 언어였다. 나는 그 불투명함을 얕음으로 오해했는데, 그 속에 감춰진 것은 심오함, 문제 해결, 전략 짜기, 사고에 대한 사고였다. 코딩은 세상의 한 조각을 수학과 논리만으로 표현하는 일이었다. 코딩이란 금속과 실리콘 덩어리를 내 뜻대로 움직이게 하는 것이었다. 할 피니가 떠올랐다. "제가 항상 좋아하는 것은 지적 도전을 극복했을 때 얻는 그 실용적인 능력입니다." 코딩은 작성자에게 쓸모 있는 퍼즐을 푸는 듯한 생산적인 만족감을 안겨주었다.

물론, 프로그램이 제대로 작동하지 않는데 왜 그런지 알 수 없어 머리가 터질 듯한 답답함도 경험했다. 며칠을 고민한 끝에, C 언어의 엄격한 문법 때문에 유일한 실수가 한 줄 끝에 세미콜론을 빠뜨린 것임을 알게 되었다. CS50 강의 4주 차까지는 어떻게든 따라갔지만, 그때부터는 포인터에 발목이 잡혔다. 포인터는 다른 변수를 가리키는 변수인데, 이론상으로는 이해가 되었지만 실제로 적용하려면 미치도록 어렵고 혼란스러웠다.

그리고 2022년 여름, 나는 다시 도전해보기로 마음먹었다. 이 선택이 너무 당연하게 느껴진 이유는 어쩌면 약간의 판단력 이상까지는 아니더라도, 적어도 내가 세상을 바라보는 창이 극도로 좁아졌다는 자각이었는지도 모른다. 이 낯선 세계에서 길을 찾고 싶다면, 그 세계의 언어를 어느 정도는 구사할 수 있어야 한다고 느꼈다. 여전히 나는 나카모토 추적 작업을 어떤 식으로든 자동화할 방법이 있을 거라고 믿었다. 다른 사람들도 문체 감식을 시도하긴 했지만, 정말 '제대로' 해본 걸까? 나는 인터넷에서 방대한 정보를 내려받아, 내 맥북이 그 안에서 흔적을 걸러내게 만들고 싶었다. 컴퓨터 전문가들이 숫자에 정통했다면, 나는 언어 전문가였다. 그들이 못 듣는 걸 나는 들을 수 있었고, 그들이 놓친 걸 난 포착해낼 수 있었다.

이번에는 파이썬을 배웠다. 고급 프로그래밍 언어로, 조종석의 버튼과 다이얼이 절반쯤만 있는 비행기 같았다. 조작의 정밀도는 다소 떨어지지만, 그만큼 실수할 가능성도 줄어든다. 《어린이를 위한 파이썬 Python for Kids》과 《속성 파이썬 Python Crash Course》을 읽었고, Codecademy와 freeCodeCamp에서 실습 중심의 온라인 코딩 실습도 해봤다. 첫 프로그램도 하나 짜냈다. 설치 예술가 제니 홀저 Jenny Holzer 의 《잠언 Truisms》에 나오는 "권력 남용은 놀라운 일이 아니다", "무엇이든 탐구해볼 만한 가치가 있다" 같은 격언을 무작위로 잘라 섞어 새로운 문장으로 재조합한 뒤, 그걸 내 이메일로 보내주는, 매일 한 번 자동으로 실행되는 프로그램이었다.

'죄책감과 자기 채찍질이 긍정적인 결과로 이어질 수 있다.'

'권력자들과 친하게 지내야 한다.'

'구원은 언제나 매력적이다.'

내 믿음은 점점 더 굳어졌다. 온라인상 미스터리의 열쇠는 결국 온라인에 있다는 믿음이었다. 나는 웹 스크레이퍼web scraper, 곧 초기 인터넷에 남아 있는 사이퍼펑크 같은 커뮤니티 게시글을 긁어모아 테라바이트 단위로 저장하는 도구를 만들려고 했고, 도움이 필요했다. 학생과 과외 강사를 연결해주는 위잔트Wyzant라는 웹사이트에서 세스를 찾았고, 그는 내게 수업 일정 예약 링크를 보내주었다.

그런데 그에 대해 더 알아보려다 실수를 저질렀다. 위잔트는 성을 공개하지 않지만, 세스의 프로필에서 몇 가지 단서를 종합해 그의 페이스북 페이지를 찾아냈다. 세스는 '문화 전사culture warrior'●였다. 그는 미국의 보수 성향 라디오 진행자이자 음모론자로 잘 알려진 알렉스 존스Alex Jones에 대해 긍정적인 게시물을 올리고 있었다. 나는 기술적인 지식을 원했다. 그런데 왜 세스가 누구인지 신경 쓰게 되었을까? 하지만 신경 쓰였다. 그래서 다른 강사를 찾았다. 그렇게 크리스토퍼와 정기적으로 영상 수업을 하게 되었다. 그의 정치 성향은 전혀 알지 못했다. 하지만 비트코이너들이 자신들이 소중히 여기는 기술과 그것을 만든 인간을 분리하고 싶어 하는 마음을 새삼 이해하게 되었다.

● 사회적·문화적·정치적 논쟁에서 강경하고 적극적으로 자신의 입장과 가치를 옹호하며 싸우는 사람.

우여곡절 끝에 사이퍼펑크, 엑스트로피언, 합리주의자, 암호학자, P2P 등 내가 목표하는 집단들을 대상으로 한 웹 스크레이퍼를 만들어냈다. 몇몇 자칭 기록 보관자는 특정 기간의 메일링 리스트 기록을 자신의 웹사이트에 보관하고 있었다. 예를 들어 웨이 다이는 1996년부터 2002년까지의 엑스트로피언 메일링 리스트를 가지고 있었다. 처음 스크레이퍼를 실행했을 때는 두 시간 동안 작동하다가 오류로 중단됐다. 나는 일부를 수정해 다시 실행했다. 하나의 아카이브를 긁어모으는 데는 며칠이 걸리기도 했다. 더 노련한 프로그래머라면 훨씬 빠른 도구를 만들 수 있었으리라 생각했다.

'스크레이핑'이라는 단어가 떠올리게 하는 거슬리고 삐걱거리는 소리는 내가 아침에 일어나 노트북 팬에서 나는 백색소음을 듣고 프로그램이 밤새 멈추지 않았다는 걸 확인할 때 느끼던 평온함과는 전혀 어울리지 않았다. 아내는 처음 몇 번은 거실에서 컴퓨터가 돌아가는 모습을 지켜보던 나를 보고 "비트코인 채굴은 잘 되고 있어요?"라고 물었지만, 곧 컴퓨터를 다른 방으로 치워달라고 부탁했다.

무언가를 소유하게 된 듯한 짜릿한 흥분이 몰려왔다. 얼마 안 돼 수십 년간의 대화 기록을 담은 수십만 행의 방대한 자료가 쌓였다. 엑셀 파일 각 행은 자성자, 이메일, 날찌, 시간, 제목, 본문, 그리고 게시물이 수십번 웹페이지의 링크까지, 하나의 게시물 기록이 정리되어 있었다.

스크레이핑이 끝나기를 기다리는 동안, 나는 사토시 나카모토가 남긴 6만 단어 분량의 글을 샅샅이 뒤졌다. 그는 담백한 문체로 글을 썼고, 자신의 의견이나 개성을 거의 드러내지 않았다. 하지만 'wet blanket(흥을 깨는 사람)', 'sweet(좋다는 의미의 감탄사)', 'clobbering(망치다)'처럼 조금이라도 나카모토 특유의 어투가 엿보이는 대목을 발견할 때마다 나카모토 어투 목록에 하나씩 추가해나갔고, 결국 200개가 넘는 단어와 표현이 모였다.

나는 또 다른 프로그램을 만들었다. '사토시타이저Satoshitizer'는 긁어온 아카이브를 분석해 나카모토 어투를 찾아내고, 통계표를 뽑아낼 수 있었다. 덕분에 하나의 아카이브를 10가지가 넘는 기준으로 순식간에 분석하고 순위를 매길 수 있었다. 예를 들어, 게시글을 가장 많이 올린 사람, 나카모토 어투를 가장 자주 쓴 사람, 영국식 나카모토 어투를 쓴 사람, 전자화폐 관련 용어를 사용한 사람, 그리고 나카모토가 사용한 윈도즈 및 기타 소프트웨어를 주제로 토론한 사람 등이 그 기준이었다. 나는 소음 속에서 의미 있는 단서를 찾고 있었다.

곧 내 접근 방식이 옳았다는 확신이 생겼다. 처음 보는 이름들이 쏟아졌고, 익숙한 인물들에 대해서도 새로운 사실을 알게 됐다. 예컨대, 2001년부터 2009년까지 Metzdowd 메일링 리스트에서 활동했고, '진보 성향 막장 쇼'에 글을 올리는 사람들을 차단하던 로버트 헤팅가는 나카모토 어투를 가장 많이 사용한 인물이다. 게시글 한 편당 평균적으로 나카모토 어투를 가장 많이 사용한 인물은 누구였을까? 사토시타이저가 토해낸 이름은 트래비스 해슬록Travis Hassloch이었다. 그는 memoryless*, hosed**, white paper*** 같은 표현을 사용했으며, 과거에 비자Visa에서 일한 이력이 있었다. 구글에서 그를 검색해보자, 검색 결과 상단에 뜬 글 중 하나는 아르스 테크니카Ars Technica 블로그에서 Dimitrios4615라는 사용자가 남긴 댓글이었다. "비트코인의 창시자

* 과거 상태에 의존하지 않는, 곧 '기억 없는' 상태를 뜻하는 기술적 용어.
** 망한, 엉망이 된, 실패한 상태를 의미하는 속어.
*** 백서.

는 트래비스 해슬록이다."

또 한 가지 놀라운 점은 많은 미국 토박이가 글을 쓸 때 영국식 표현을 섞어 쓰는 습관이 있다는 것이었다. 뉴햄프셔 출신의 어떤 이들은 'maths(수학)'를 'uni(대학교)'에서 공부했던 일을 추억했다.[*] 할 피니는 'bloody(맙소사)'와 '-s'로 끝나는 영국식 철자를 '-z' 대신에 자주 사용했다. AI 비관론자 성향이 짙은 엘리에저 유드코스키는 특히 심해서, 'bloody this(이런 망할)', 'loads of that(엄청)', 'spot on(딱 맞아)' 같은 표현을 지나치게 많이 사용했다. 그렇다면 나카모토는 단지 철자를 틀렸던 걸까, 아니면 영국 마니아의 허세였을까?

너무 오랜 시간 암호학자들의 이름 목록을 들여다보았더니 눈앞에 떠다니는 점들이 보이기 시작했다. 일본인 암호학자 중 나카모토라는 이름을 가진 사람이 보였고, 그 근처에 이름이 '-oto'로 끝나는 사람이 또 있어 뭔가를 발견(onto)한 것만 같았다. 내가 정확히 무엇을 찾는지, 비트코인 창시자임을 결정적으로 밝혀줄 한 가지 단서가 무엇인지도 도무지 감이 잡히지 않았다.

수백 명, 많게는 수천 명에 이르는 사람이 나카모토가 전문성을 보인 분야에서 적어도 어느 정도 지식을 가지고 있었다. 그러니 일반인들이 주변에서 관련이 있거나 얼핏 연관 있어 보이는 전문 지식을 가신 사람을 만나면, 그 사람이 나카모토일지도 모른다고 쉽게 생각하는 것도 이상할 일이 아니었다.

내가 새로 발견한 이 길이 옳은 방향이라는 확신이 들었다.

[*] 미국 영어는 math와 university.

33장

DJ 선 러브

나카모토 열풍은 공백을 참지 못했다. 크레이그 라이트가 2016년 봄에 크게 망신을 당한 뒤, 비트코인 가격이 치솟을 때마다 자칭 나카모토들이 마치 러시아 혁명 이후 죽은 줄 알았던 아나스타샤Anastasia 대공녀로 행세한 수많은 사칭자처럼 우후죽순 등장했다. 이들은 대개 무언가를 팔았다.

어깨까지 머리를 기른 46세 독일인 교수이자 박사인 외르크 몰트Jörg Molt는 무책임한 아버지라는 비난과 선 러브Sun Love라는 이름의 디제이 활동 전력이 있던 인물로, 그가 내놓은 상품에는 나카모토 스쿨 강좌, 비트코인 스파클링 와인, 그리고 멋지게 실패한 비트코인 기반 연금 펀드 등이 있었다. 몰트는 자신을 비트코인 '공동 창시자'라고 주장했다. 이후 그는 멕시코로 가는 비행기를 타기 위해 프랑크푸르트 공항에 있던 중 수백만 달러를 사취한 혐의로 체포되었다.

벨기에인 위르겐 에티엔 귀도 데보Jurgen Etienne Guido Debo는 엉성한 영어로 글을 쓰고 과거 날짜가 기재된 PGP 키를 진짜라고 내세우면서도 자칭 ‘진짜 사토시 나카모토’라고 주장했다.

　호주 출신의 필 ‘스크론티’ 윌슨Phil ‘Scronty’ Wilson은 자신이 크레이그 라이트와 데이비드 클라이먼과 함께 비트코인을 공동 개발했다고 주장하며 〈비트코인의 기원Bitcoin Origins〉이라는 장문의 문서를 공개했다. 하지만 그는 관련 이메일을 5년 전에 모두 ‘말끔히 삭제해버렸다’는 어처구니없는 말을 했다.

　하와이 출신의 한 남성은 여러 비트코인 관련 상표를 출원하고 웹사이트를 만들어 다음과 같은 주장을 내놓았다. “본인은 비트코인 및 블록체인 기술의 발명자로 알려진 사토시 나카모토, 곧 로널드 케알라 쿠아 마리아Ronald Keala Kua Maria이며, 자산 연동형 전자 지급 준비 통화 및 P2P 전자 현금 시스템 등에 저작권을 주장하는 바입니다.”

　나는 ‘증인’이 되어달라는 어렴풋한 부탁을 담은 또 다른 ‘나카모토’라는 인물의 이메일을 받았다. 이 사람은 이전에 ‘사토시 나카모토’라는 이름으로《제네시스 블록과 작업 증명The Genesis Block: The Proof of Work》이라는 책을 출판했다.

　nakamotofamilyfoundation.org라는 웹사이트에는 곧 출간될 비트코인 창시자의 회고록《양면성Duality》에서 발췌한 21페이지 분량의 글이 게시되었으나, 모국어가 영어가 아닌 사람이 쓴 듯한 어색한 영어 표현과 철자 오류가 많았고, ‘사토시 나카모토’라는 이름을 일본에서는 ‘존 스미스John Smith’처럼 흔하다고 잘못 설명했다. 그런데도 〈블룸버그〉는 이 글을 ‘비트코인 창시자 사토시 나카모토의 회고록 핵심 발췌문’이라는 제목으로 그대로 인용해 보도했다.

　다음은 런던의 영국 국민건강서비스NHS에서 근무하던 파키스탄계 영국인 빌랄 칼리드Bilal Khalid였다. 그는 숫자로 길흉을 점치는 수비학

numerology에 깊은 관심이 있었고, 영화 〈대부〉에서 배우 제임스 칸 James Caan을 보고 "나는 디지털 화폐의 대부다"라는 깨달음을 얻었다는 등 다소 황당한 이유로, 법적으로 이름을 '제임스 칸'으로 개명했다. 안타깝게도 그 '대부'는 자기 개인 키를 '하드디스크 드라이브 사고'로 잃어버렸고, 애덤, 할 그리고 개빈과 주고받은 이메일은 '해킹'으로 잃었다고 주장했다.

이 자칭 나카모토들 중 상당수는 자신이 과거 사이퍼펑크였다고 주장했다. 하지만 사이퍼펑크란, 1969년 미국 뉴욕주에서 열린 전설적인 록 페스티벌 우드스톡 Woodstock처럼 실제 참석자보다 기억 속 참석자가 훨씬 많은 집단이었다. 이들은 서로를 경멸하며 비난하기도 했다. 벨기에 출신 자칭 사토시 데보는 크레이그 라이트가 자신을 사칭한다고 비난했고, 파키스탄계 영국인 자칭 사토시 칸은 크레이그가 수십 대의 컴퓨터를 동원해 비트코인을 채굴했다는 주장에 대해 "참 어이없는 말이다!"라고 조롱했다. 이에 크레이그는 '스크론티' 윌슨을 '사기꾼 사토시 Scam-toshi'라 부르며, 자칭 나카모토 회고록 발췌문의 저자가 "날짜도 기술적 세부 사항도 제대로 맞추지 못한다"고 냉소했다.

또 다른 자칭 나카모토 한 명은 정도가 더 심했다. 그는 먼저 2014년 미국 법무부 공매에서 실크로드의 압수된 비트코인 약 3만 개를 1,800만 달러에 영리하게 매입한 벤처 투자자 팀 드레이퍼 Tim Draper에게 접근했다. 팀은 나에게 나카모토의 정체에 대해 깊이 고민하지 않으려 했다고 말했다. 그는 비트코인의 탈중앙화되고 리더가 없는 특성을 좋아했다. 하지만 전화 통화에서 아시아계 미국인 특유의 억양을 지닌 이 남성은 자신이 진짜 나카모토라고 팀을 설득하는 데 성공했다. 그는 익명성을 유지하면서도 팀과 함께 비트코인 2.0을 만들고 싶어 했고, 이번에는 몇 가지를 다르게 하고 싶다고 말했다.

"만약 이 사람이 사토시 나카모토라면, 꽤 흥미로운 일이겠다고 생각했어요"라고 팀은 회상했다. 둘은 일련의 과정을 진행했는데, 점점 상황이 꼬여갔다고 한다. 팀은 이 문제를 증권거래위원회SEC와 상의해야 한다고 판단했고, 실제로 그렇게 했다. '나카모토'는 전화 회의에 직접 참여했다. 그러나 팀이 개인 법률 대리인에게 그 남자가 준 모든 서류를 보여주자, 시간상 불가능한 '아주 사소한 차이점'을 발견했다. 팀은 그 남자에게 전화를 걸어 큰일 났다고 말했다. 그러자 그는 팀을 협박하며 전화를 끊었다. 팀은 전화번호를 바꾸고 SEC에 그 남자가 사기꾼임을 알렸다. 팀은 그가 SEC 통화에 응하는 모습을 떠올리며 "그 사람, 무척 당황했을 거예요"라고 말했다.

팀은 그를 직접 만나거나 본 적이 전혀 없었다. 팀은 내게 말했다. "그게 핵심이라고 생각합니다. 반드시 만나서 얼굴을 확인해야 합니다."

크레이그 라이트가 다시 나타나자, 이 가짜 나카모토 후보들은 모두 종적을 감췄다.

34장

뻔함에서 느끼는 피로감

2017년 5월, 크레이그 라이트는 마치 미뤄둔 일을 마무리하려는 듯 개빈 안드레센에게 이메일을 보내 "작년 일은 미안하지만, 서명할 수 없다"고 했다.

6개월 전, 개빈은 자신에게 크레이그가 여전히 나카모토라고 믿는지 묻는 사람이 많아지자, 블로그에 이렇게 썼다. "그가 진짜 나카모토든 아니든, 이제 신경 쓰지 않았으면 합니다. 저는 '누가 나카모토인가'라는 게임에 휘말린 것을 후회하며, 이제는 더 즐겁고 생산적인 일에 시간을 쏟을 것입니다."

그때쯤 개빈은 비트코인 작업에서 손을 뗐다. 초창기에 참여했고 비트코인의 가격이 급등한 덕분에, 그는 자신이 한 일에 대해 '충분한 보상을 받았다'고 생각했다. 크레이그를 지지했다가 '개인적으로' 엄청난 비난과 공격을 받았다는 점만 인정할 뿐, 그는 평소처럼 침착한 태도로 비트코인을 인수한 핵심 개발자들과 자신을 내쫓은 이들에 대해서는 언급을 자제했다. 가끔 제프 가직 같은 초기 동료 개발자들이 온라인에서 개빈을 비판하는 이들에 맞서기도 했다. 하지만 개빈은 기자들과의 대화를 끊었다. 크레이그에게는 "제 걱정은 마세요. 저는 반 은퇴 상태를 즐기고 있습니다. 제가 아끼는 모든 이들은 여전히 저를 사랑하고 존중하며, 당신이 저를 속였다는 사실에는 신경 쓰지 않습니다. 당신이 저를 속인 건 사실이지만, 대부분 생각하는 그런 식은 아니었잖습니까"라고 답했다. 그는 성인 같은 관용으로 "언제든 대화가 필요하거나 원하면, 기꺼이 들어드리겠습니다"라고 덧붙였다.

크레이그는 다시 세간의 주목을 받기 시작했다. 먼저 nCrypt의 후신인 nChain이 소유한 〈코인긱〉과의 일련의 화기애애한 인터뷰를 통해서였다. 크레이그는 당시 nChain의 수석 연구원이었다. 존 마토니스는 '내가 나카모토를 만난 이야기'라는 블로그 글을 쓴 지 꼭 1년 만에, nChain에서 기업 전략 부사장으로 일하게 되었다. 7월에 네덜란드에서 열린 비트코인 콘퍼런스에서 마토니스가 무대에 올라 연설할 예정이었지만, 대신 마이크를 '호주 시드니 출신의 전설, 비트코인 던디• 씨, 크레이그 라이트'에게 넘겼다. 관객은 어리둥절해하며 손뼉을 쳤다.

크레이그는 '비트코인의 미래'를 주제로 강연했고, 이어 질문을 받았다. 첫 질문은 회의적이면서도 한편으로는 그를 믿는 듯한 뉘앙스였다. 크레이그가 예전에 올린 사토르느 관련 블로그 글의 '가짜 서명 증빙'을 지적하면서도, 그가 정말 나카모토라면 보유 중인 비트코인을 시장에 던질 생각이 있는지 물었다. 크레이그가 답했다. "솔직히 말해서, 질문하신 분이 신경 쓰실 일은 아니죠. 여긴 왕도 없고, 영광스러운 지도

• 1986년 영화 〈크로커다일 던디(Crocodile Dundee)〉 주인공에서 따온 별명으로, 호주 출신인 크레이그의 괴짜스러운 이미지를 풍자한 표현이다.

자도 없습니다. 나는 나카모토를 끝장내러 나온 겁니다. 여러분이 원하는 방식은 아니겠지만요." 이후 그는 한 게임 콘퍼런스에도 나와 선글라스를 끼고 강연했는데, 그때는 질문을 받지 않았다.

크레이그는 점점 더 대담해졌다. 10월 취리히 모임에서 강연하던 중 한 참석자가 그의 자격을 문제 삼자, 스태프 한 명이 무대 뒤에서 액자에 담긴 크레이그의 학위 증서와 자격증이 수북이 실린 손수레를 밀고 나왔다. 그를 비판하는 쪽도 점점 대담해졌다. 2018년 4월 서울에서 열린 한 콘퍼런스에서 크레이그가 무대에 오르자, 비탈릭 부테린이 자리에서 일어나 이렇게 외쳤다. "왜 이런 사기꾼이 이 콘퍼런스에서 연설하도록 허락된 겁니까?"

그때쯤, 런던에서 개빈을 밀착 지원해준 사업가들과 크레이그가 나카모토라는 홍보전을 위해 언론 관계자들을 접촉한 홍보 담당자들 배후에 더 크고 복잡한 조직이 있었다는 사실이 드러났다.

2015년 여름, 최근 감사 결과 자신이 소유한 회사 한 곳이 560만 달러의 세금을 체납했고 그중 190만 달러는 과태료라는 사실이 밝혀져 호주 국세청의 압박을 받던 크레이그는 한숨 돌릴 기회를 얻게 되었다. 크레이그는 인터넷 도박 회사 Centrebet에서 임원으로 일할 당시 부하직원이던 스테판 매슈스에게 자신이 비트코인을 발명했다고 말한 적이 있다. 매슈스를 통해 한 투자자 그룹이 nCrypt를 설립하며 크레이그와 거래가 성사됐다. 이들은 그의 빚 560만 달러를 대신 갚고 그의 지식재산권을 인수하는 조건으로 1,500만 달러를 지급했다. 지식재산권을 활용하는 계획에는 크레이그를 사토시 나카모토로 화려하게 공개하는 전략이 포함되어 있었다. nCrypt는 또한 이 모든 과정을 기록할 유능한

스코틀랜드 소설가 앤드루 오하간 Andrew O'Hagan을 대필 작가로 고용했다. 내부 이메일에서 단지 'c'라고만 언급된 인물, 캐나다 온라인 도박 업계 거물 캘빈 아이어 Calvin Ayre가 이 모든 일의 배후에 조용히 자리하고 있었다.

개빈은 nCrypt가 개입한 사실을 알고 있었지만, 그 회사가 크레이그와 어떤 관계인지 묻거나 깊이 생각하지 않은 듯했다. 항공료와 런던 호텔비를 그 회사가 대신 지불하는 것, 비밀 유지 계약에 서명하는 것, 크레이그 측 팀에 언론 전략을 맡기는 것, 그리고 자신의 블로그 글을 그들과 조율하는 것의 의미에 대해서도 충분히 고민하지 않은 듯 보였다.

많은 사실이 처음으로 드러난 계기는 nCrypt가 어리석게도 비밀 유지 계약을 체결하지 않은 앤드루 오하간 때문이었다. 오하간은 이후 〈런던 리뷰 오브 북스 London Review of Books〉에 이 사건에 관한 난처한 내용을 담은 글을 게재했다. 오하간은 크레이그가 자살 시도 다음 날 커피를 마시며 만난 작가다.

이제 와 보면 분명 의심스러운 점들이 있는데도, 특종을 잡은 기자들은 개빈만큼도 상황을 파악하지 못했다. BBC의 IT 기자 로리 셀런-존스는 처음 크레이그에 대해 취재 요청을 받았을 때, 홍보 회사 선택이 이상하다고 생각했다. 데이비드 보위 David Bowie와 스파이스 걸스 Spice Girls 같은 음악 관련 PR을 주로 해온 회사였기 때문이다. 하지만 분명 특종감이었다. 셀런-존스는 당시를 이렇게 기억했다. "저는 사실 취재 욕심이 굉장했습니다. '대단한 기삿거리가 될 수도 있겠다'고 생각했죠."

크레이그는 인터뷰 예행연습을 세 번이나 했지만, 기자 중 한 명과 동행한 암호학 전공 학자에게 "꺼져"라고 말하는 등 거친 모습을 보였고,

이메일 기록이 있는데도 BBC가 자신을 촬영하는 데 동의한 적 없다고 주장했다.

크레이그가 2017년에 다시 공개석상에 모습을 드러냈을 무렵, 사이퍼펑크들의 초기 이상과 변해버린 비트코인의 현실 사이의 괴리는 현저했다. 수수료와 여러 마찰 때문에 비트코인은 소액 결제에는 적합하지 않았고, 이민자들이 가족에게 저렴하고 간편하게 송금하는 수단으로서도 매력적이지 않았다. 해킹, 횡령, 사기 등으로 체포되는 이들이 속출하면서 블록체인 포렌식 산업이 성장해 비트코인의 개인정보 보호라는 신화는 점점 무너졌다. 사이퍼펑크라는 말을 한 번도 들어본 적 없는 새로운 세대가 성장하면서, 줄리언 어산지와 에드워드 스노든Edward Snowden●의 폭로를 목격하고 감시 자본주의에 환멸을 느꼈지만, 대개 비트코인을 투기 대상쯤으로 여겼다. 심지어 비트코인의 자랑이던 탈중앙화조차 의심받았다. Mt. Gox 같은 제삼자 거래소에 의존하지 않고서는 사실상 비트코인을 사용하기 어려웠으며, 그 거래소들은 사용자의 신뢰를 반복적으로 저버렸다. 채굴도 대부분 중국에 있는 대형 채굴 풀mining pool●●에 집중되었는데, 중국은 전 세계에서 가장 권위주의적이고 사생활 침해가 심한 국가였다.

또한 비트코인 세계는 여전히 내전 중이었다. 개빈과 크레이그가 반대하던 소형 블록 지지자들이 비트코인의 미래를 결정하는 전쟁에서 승리해, 블록 용량을 적정 수준으로만 늘리는 기술적 임시방편에만 동의했다. 크레이그와 그 외 인물들은 대형 블록을 핵심으로 하는 하드

●   NSA 기밀자료를 폭로한 내부고발자.
●●   여러 채굴자가 자원을 모아 공동으로 암호화폐를 채굴하는 조직.

포크hard fork, 곧 비트코인 캐시BCH를 밀어붙였고, 이를 진짜 비트코인으로 인정받길 희망했다. 이후 비트코인 캐시 자체도 분열을 겪었는데, 2018년 11월 크레이그와 nChain이 분리되어 더욱 큰 블록을 가진 블록체인을 만들었다. 그것이 바로 'BSV'로, 'Bitcoin Satoshi Vision'의 약자다.

크레이그가 자신이 사토시 나카모토라고 주장하는 것은 이제 특정 암호화폐를 홍보하기 위한 수단이 되었다. 그는 이 암호화폐만이 비트코인 창시자의 원래 계획을 온전히 구현했다고 선언했다. nChain은 무제한 확장이 가능한 비트코인이라는 이 비전에 기반해 적극적으로 특허 포트폴리오를 구축해나갔다. 크레이그는 점점 더 도발적으로 변했다. '코드는 곧 법code-is-law 운동', 곧 스마트 계약과 비트코인 같은 블록체인 기반의 알고리즘 통치를 뜻하는 이 운동은 "자유에 대한 해로운 공격"이라고 비판했다. 공개 키 암호 방식의 토대이자 사이퍼펑크, 비트코인, 사토시 나카모토 자신이 내세운 온라인 신원 증명의 수단인 개인 키 개념에 대해서는, "자기 배설물이 썩고 있는 연못에 몸을 담그고 있는 두꺼비를 연상시키는, 독기와 악취를 내뿜으며 살짝만 스쳐도 스친 이들의 마음을 오염시키는 개념"이라며 맹렬히 비난했다. 크레이그는 비트코인 소프트웨어 개발자들을 헐뜯었고, 호주 국세청에도 격렬히 반발했다. 르완다에서 열린 Transform Africa Summit 포럼에서 그는 청중에게 "내가 당신들 나라보다 돈이 더 많다"고 자랑했고, 자신의 제트

<hr>

하드 포크란 기존 블록체인에서 갈라져 나온 별도의 새로운 블록체인을 뜻한다. 새 체인은 기존 블록체인의 거래 기록, 곧 원장을 복사해서 시작되며, 자체 채굴자와 독자 소프트웨어로 운영된다. 기존 코인을 가진 사람들은 무료로 새 체인의 코인도 받게 된다. 예를 들어, 비트코인(BTC) 보유자는 비트코인 캐시(BCH)도 갖게 된다.(저자주)

기, 요트, 람보르기니, 1944년산 파테크 필리프 시계도 과시했다.

크레이그는 사토시 나카모토 정체성을 점점 더 당당하게 받아들였다. 2019년 봄, 그는 미국 저작권 청에 비트코인 백서를 등록하려 신청했다. 또한 자신의 이력을 신화적인, 검증 불가능한 이야기들로 채워나갔다. "저는 20대 초반에 말기 암 치료를 받았습니다. 젊은 시절 여러 차례 죽음을 맞닥뜨리게 되면 사람이 바뀝니다." 왜 2010년 말 비트코인 프로젝트에서 물러났느냐는 질문에 그는 첫 번째 결혼이 파경으로 끝나기도 했고, 'Jawbreaker' 팀 일원으로 베네수엘라에 가 성매매 근절 활동에 참여하면서 "조용히 지냈다"고 답했다. 자신을 '비밀 정보요원'이라고 주장하며 콜롬비아 국경 근처에서 "두 차례 총을 맞았다"라고도 말했다. 비트코인의 탄생 배경에 대해서도 구체적으로 언급했는데, 시드니에서 동쪽으로 400km 떨어진 자기가 소유한 목장 내 'Bagnoo'라는 조그마한 헛간에서 비트코인이 시작되었다고 말했다.

비트코인 문화는 항상 연약했다. 확장성 전쟁을 겪고 2017년 알트코인 같은 다른 암호화폐 붐까지 지나왔지만, 그 연약함은 여전했다. 네트워크의 힘은 네트워크의 크기에 달려 있었기에, 경쟁 암호화폐들은 '잡코인shitcoins'으로 불리며 비트코인의 절대 지배력을 위협하는 존재로 여겨졌다. 비트코인을 '존버hodling'하는 것은 신앙과도 같았다. 그런 가운데, 크레이그 라이트가 사토시 나카모토 행세를 하며 사업을 벌이고, 사람들을 설득해 자신들의 코인인 BSV를 사도록 유도하며, 그 '주님의 이름'을 함부로 쓰려는 시도는 '단 하나의 진정한 코인One True Coin'만을 섬기는 비트코인 맥시멀리스트의 분노를 샀다. 하지만 더 근본적인 위협이 있었다. 비트코인은 변하지 않는 기록이었다. 비트코인 사용자들에게 그것은 곧 '진리'를 뜻했다. 크레이그가 쏟아내는 거짓말들을 결코 좌시할 수 없었다.

크레이그가 점점 더 과격해지자, 트위터상의 비트코인 진영도 함께 격해졌다. 한 암호화폐 인플루언서인 댄 다크필Dan Darkpill은 "크레이그 라이트는 사기꾼인가?"라고 트윗했다. 천 명이 넘는 사람이 댓글을 달았고, 천 명 넘게 '좋아요'를 눌렀으며, 수백 명이 리트윗했다. 위키리크스는 크레이그를 '상습적인 조작꾼'이라고 부르며, '여러 차례 거짓말이 들통난 인물'이라고 비난했다. 크레이그는 여러 사람을 상대로 고소하겠다고 협박했고, 이는 대중의 분노에 더 기름을 부었다.

2019년 3월, 호들로넛Hodlonaut이라는 트위터 사용자가 크레이그 라이트를 지속적으로 비판하는 대표적인 인물 중 하나로 떠올랐다. 그의 아바타는 우주복 헬멧을 쓰고 눈에서 레이저를 쏘는 고양이였다. 호들로넛은 '라이트닝 토치Lightning Torch'라는 실험을 시작하면서 수천 명의 팔로워가 생겼고, 트위터 CEO였던 잭 도시Jack Dorsey도 그중 하나였다. 이 실험은 '라이트닝Lightning'이라는 앱이 비트코인 네트워크의 송금 속도를 얼마나 향상할 수 있는지 보여주기 위한 릴레이 형식의 비트코인 전송 이벤트였다. 호들로넛은 열흘에 걸쳐 트윗을 쏟아내며 크레이그를 '사기꾼', '협잡꾼', '정신적으로 분명 문제가 있어 보이는 한심하고 불쌍한 사기범'이라고 불렀다. 그는 "이 사람은 모든 게 너무나 오글거립니다. 왜 자기가 나카모토가 아니라고 굳이 설명하는 글을 계속 읽고 있어야 하는지 모르겠습니다. 이제 뻔함에서 느끼는 피로감이 버겁습니다"라고도 말했다. 그러면서 자신의 팔로워들에게 '#크레이그라이트는 사기꾼 주간#CraigWrightIsAFraud Week'을 함께 선언하자고 호소했다.

3월 29일, 호들로넛은 트위터 DM을 열었다가 크레이그 측 변호사가 보내온 문서를 발견했다. 트위터상에서 사과하고, 공개 법정에서 크레이그가 사토시 나카모토임을 인정하라는 요구와 함께, 일주일 안에 답변하라는 시한이 적혀 있었다. 호들로넛의 본명은 마그누스 그라나스 Magnus Granath이고, 노르웨이에 살고 있었다. 현지 변호사는 가볍게 넘길 일이 아니라고 조언했다. 그라나스는 자금력이 막강한 상대와의 법적 분쟁은 피하고 싶었지만, 크레이그 라이트가 사토시 나카모토라는 주장을 공개적으로 인정하라는 요구만큼은 도저히 받아들일 수 없었다.

이후, 이제는 숨길 필요도 없어진 크레이그의 후원자 캘빈 아이어가 트윗 공세에 가세했다.

"그라나스…… 당신 문제를 해결할 방법이 있습니다."

"그라나스, 마지막 제안입니다."

그라나스는 캘빈 아이어가 어떻게 자신의 이름을 알게 되었는지 의아했다.

크레이그가 영국에 살고 있었기 때문에 그라나스는 영국 변호사와 상의했고, 변호사는 문제가 된 트윗을 삭제하라고 조언했다. 그라나스는 곧바로 그렇게 했다. 크레이그를 비난한 일부 트윗은 '좋아요'가 고작 열두 개도 채 되지 않았고, 그라나스는 이제 모든 것이 일단락된 줄로만 알았다.

하지만 4월 11일, 그라나스는 아침 일찍부터 걱정스러운 소식을 마주하게 되었다. 크레이그가 호들로넛의 성과 이름을 포함한 본명을 밝혀낸 사람에게 5,000달러 상당의 BSV 코인를 주겠다고 한 것이다. 〈코인긱〉은 문제가 된 호들로넛의 트윗 대부분이 노르웨이 오슬로에서 게시되었으며, 그중 적어도 하나는 카스바 Kasbah라는 술집에서 올린 것이라고 보도했다. 또한 호들로넛이 과거에 올린 사진도 다시 게재했는데,

사진 속 인물은 카메라를 등지고 있었지만, 문신이 있는 팔이 드러나 있었다. 〈코인긱〉은 호들로넛이 곧 라트비아에서 열릴 발틱 허니배저Baltic Honeybadger 비트코인 콘퍼런스에 참석할 예정이라고 전하며, '소매를 유난히 끝까지 내리고 있으려고 애쓰는 사람'을 유심히 살펴보라고 독자들에게 당부했다.

그라나스는 순식간에 엄청난 스트레스에 시달리게 되었다. 어느 날, 자신을 지역 경찰서 소속이라고 주장하는 사람이 그라나스가 근무하는 초등학교에 전화를 걸어 그의 성과 전화번호, 주소를 알아냈다. 다음 날에는 한 사설 탐정이 전화해 "호들로넛이 본인이라는 사실을 확인하는 서류에 서명해야 한다"고 말했다. 그라나스가 주저하자, 그 남자는 "지금 누굴 상대하고 있는지 알기나 합니까?"라고 경고했다. 그라나스는 변호사들과 상의한 끝에, 지체하면 소송 비용이 더 늘고 판사를 자극할 수 있다는 조언을 듣고 결국 그 사설 탐정에게 전화를 걸어 서류에 서명했다.

오슬로는 작은 도시였지만, 이제는 전혀 다르게 느껴졌다. BSV 지지자들은 트위터에서 그의 이름을 끊임없이 언급하며, 그를 '암호화폐 트롤troll'●이라고 부르거나, 크리스마스마다 아쿠아비트aquavit●●를 구걸하러 다니는 '아이 없는 알코올중독자'라고 모욕했다. 이제 그라나스는 체육관에 갈 때도 긴 팔을 입어야 했다.

비트코인 커뮤니티는 호들로넛을 적극적으로 감쌌다. 사토시 나카모토가 상징하는 가명 사용 권리는 신성한 것이었고, '익명인'에게 현상금

●　　인터넷상에서 논쟁을 일부러 일으키거나 상대방을 자극하는 사람.
●●　스칸디나비아 국가들의 전통 증류주.

을 건다는 것은 명백한 모욕이었다. 지지자들은 트위터 아바타를 호들로넛의 이미지로 바꾸며 '나는 스파르타쿠스다 I am Spartacus'•라는 연대의 뜻을 표시했는데, 이로써 진짜 호들로넛 계정을 식별하기가 더 힘들어졌다. #WeAreAllHodlonaut 해시태그가 여기저기서 속출했다.

더 많은 사람이 트위터에서 크레이그를 사기꾼이라 부르기 시작했으며, 심지어 '엉망진창에 멍청한 짝퉁 사토시'라고까지 불렀다. 크레이그는 이에 대응해 비탈릭 부테린과 애덤 백을 포함해 여섯 명 가까운 사람에게 사과를 요구하거나, 소송을 걸거나, 소송 위협을 가했다. 캘빈 아이어는 자신과 크레이그가 런던 변호사들과 함께 찍은 사진을 트위터에 올리며 "크레이그와 나는 머스킷 소총을 정비 중이다"라는 글을 남겼다. 비트코인 전문 팟캐스터 피터 맥코맥은 이를 리트윗하며 "크레이그 라이트는 사토시 나카모토가 아니다! 나는 언제 고소당하지?"라고 덧붙였다. 크레이그는 피터에게도 소송을 걸었다. 세계 3대 가상화폐 거래소 중 두 곳인 바이낸스Binance와 크라켄Kraken은 BSV를 상장 폐지했으며, 바이낸스 CEO 창펑 자오Changpeng Zhao는 "한 사람에 대한 공격은 모두에 대한 공격"이라는 글을 리트윗했다.

이전부터 자발적으로 크레이그 라이트를 추적해온 소규모 무리가 있었다. 이들 중 한 명은 호주 국립 보존 기록관 National Archives of Australia에서 크레이그의 군 복무 기록을 입수하기도 했다. 그리고 이제 이들의 활동이 점점 더 활발해졌다. 시드니의 한 병원에서 근무하며 짝퉁사토시 폭로자DebunkingFaketoshi라는 이름으로 활동하던 짐Jim은 크레이그가 비트코인이 탄생했다고 주장한 Bagnoo라는 지역에 실제로 비트코인 개

• 영화 〈스파르타쿠스〉에서 노예들이 한 사람을 숨기기 위해 모두 같은 이름을 외치는 장면.

발에 요구되는 수준의 광섬유 케이블이 깔려 있는지 조사해 그 결과를 발표했다. 네덜란드 암스테르담에 거주하는 은퇴한 IT 전문가 아서 반 펠트Arthur van Pelt는 크레이그의 거짓말들을 낱낱이 기록한 연대기를 작성했다.

피터 맥코맥을 상대로 한 소송은 크레이그가 곧 연루될 일곱 건의 소송 중 하나에 불과했다. 크레이그는 비트코인 백서를 웹사이트에 게재한 일이 저작권 침해라며 코브라Cøbra라는 가명을 쓰며 Bitcoin.org를 운영한 인물을 고소했고, 자신을 '사기꾼'이자 '거짓말쟁이'라고 부른 과거 동료 로저 버를 명예훼손으로 고소했다. 또 그는 코인베이스와 크라켄 거래소를 상대로 비트코인BTC이 진짜 비트코인이라고 '잘못 표기'됐다는 주장으로 소송을 제기했다. 그는 자신이 소유권을 주장하는 11만 비트코인의 개인 키를 되찾기 위해, 비트코인 소프트웨어 변경을 강제할 목적으로 비트코인 개발자 16명도 고소했다. 잭 도시가 설립한 암호화폐 특허권 개방 연합Cryptocurrency Open Patent Alliance, COPA은 크레이그가 사토시 나카모토임을 주장하며 내세운 문서들이 위조되었다며 그를 상대로 맞소송을 제기했다. 크레이그가 그라나스를 영국에서 고소하기 전, 그라나스는 오히려 먼저 노르웨이에서 크레이그를 상대로 소송을 제기했는데, 이는 '부존재 확인 청구negative declaratory relief'를 통해 영국 소송에 선제 대응하려는 목적이었다.

크레이그는 자신이 세상에서 가장 불가사의한 인물이라고 주장했지만, 점점 스스로에 대한 신비를 걷어내려는 듯 보였다.

35장

정보공개법

2022년에 나는 또 다른 유망한 단서를 발견했다. 2019년 봄, 국토안보부 산하 이민 세관 집행국ICE 부책임자인 라나 사우드Rana Saoud는 마이애미에서 열린 오프쇼어얼러트OffshoreAlert 콘퍼런스에 참석해 '암호화폐와 가상화폐공개Initial Coin Offering, ICO● 규제: 증권인가, 상품인가, 통화인가?'라는 제목의 패널 토론에 참여했다. 그 자리에서 그녀는 불법 온라인 시장 중 실크로드의 뒤를 이은 '블랙마켓 리로디드Black Market Reloaded' 사건을 수사하던 동료 이야기를 꺼냈다. "그 친구는 정말 똑똑하고 진취적으로 사고하는 사람이에요. 어느 날 이런 말을 하더군요. '사토시 나카모토를 인터뷰해 보고 싶어.' 당시만 해도 우리는 '그 사람은 누군가의 상상 속 인물일 수도 있고, 실존 인물일 수도 있고 아닐 수도 있지'라고 생각했어요. 그래서 '이 인물을 꼭 수사해보고 싶다는 요원이 있고, 마침 우리도 예산이 약간 있으니 한번 보내보자. 이 시스템

●　새로운 암호화폐나 토큰을 발행해 자금을 조달하는 방식.

이 실제로 어떻게 작동하는지 알아보자'고 결정했어요. 그렇게 요원들이 캘리포니아로 날아가게 됐고, 조사를 해보니 나카모토가 혼자 한 일이 아니라 다른 세 명이 더 있다는 걸 알게 됐어요. 그래서 그 셋을 만나 함께 앉아 이야기를 나누며 이 시스템이 실제로 어떻게 작동하는지, 어떤 이유로 만들어졌는지 알아봤죠."

이 일화는 한때 레딧에서 잠깐 화제를 모았다가 곧 잊혔다. 처음 라나 사우드의 발언이 담긴 음성을 들었을 때, 나는 회의적이었다. 비트코인이 어떻게 작동하는지 알아내기 위해 굳이 나카모토를 만나야 할 이유가 뭐가 있단 말인가? 게다가 그런 폭탄선언을 너무 무심하게 내뱉었다는 점도 의심스러웠다. "그래요, 나카모토는 캘리포니아에 있는 네 사람이에요. 아무튼요." 만약 그 말이 사실이라면 얼마나 엄청난 일인지 전혀 모르는 듯한 말투였다. 정말 사실이라면, 나카모토와의 최초의 대면, 정부가 그의 정체를 알고 있다는 최초의 증거, 그리고 나카모토가 한 사람이 아니라 여러 명이라는 걸 처음으로 확인한 셈이기 때문이다. 나는 사우드가 동료의 말을 뭔가 잘못 이해했을 거라는 생각이 들었다.

또 다른 한편으론, 나카모토가 인터넷 여론과 언론의 눈을 피해 익명으로 남기를 원했지만, 궁극적으로는 연방 수사관들의 수사를 회피하지 않는, 법을 준수하는 시민일 수도 있다. 어쩌면 자신들의 발명품이 암시장과 연관된 것에 실망해 혼란을 해소하기를 간절히 바라는 사람들일지도 모른다.

질문이 꼬리에 꼬리를 물었다. 그 요원은 어떻게 나카모토와 접촉했을까? 어떤 확신을 주었기에 나카모토가 대화에 나섰을까? 대체 얼마나 오래 이야기를 나눴을까? 그래서 도대체 무엇을 알아냈을까? 나는 라나 사우드에게 전화를 걸었다. 그녀는 국토안보부의 '법무팀'과 먼저 상의

해야 한다고 말했다. 그러나 이 일은 결국 복잡하고 난해한 정보공개법 FOIA 절차에 가로막혀 허탕으로 끝나고 말았다.

나는 라나 사우드가 언급한 바로 그 요원과 직접 이야기를 나눌 수 있게 됐다. 블랙마켓 리로디드 수사를 이끈 라이언 랜더스Ryan Landers였고, 그 수사로 생화학 테러 무기로 악명이 높은 리신과 기타 독극물을 국제적으로 판매한 인물을 포함해 여러 명이 체포됐다. 통화에서 라이언은 자신들이 나카모토를 찾은 이유를 이렇게 설명했다. 당시 수사팀은 비트코인에 아직 밝혀지지 않은 취약점이 존재하는지, 그래서 그 점을 이용해 불법 거래를 추적할 수 있을지 알고 싶었다고 했다. "우리는 그 사람의 남동생, 그리고 아내와도 이야기를 나눴습니다."

잠깐, 뭐라고? "그럼 나카모토는 네 명이 아니라 한 사람이라는 말인가요?" 내가 물었다.

"맞아요."

그렇게 여러 명이라는 설은 사라졌지만, 라이언은 정말로 나카모토가 누구인지 알고 있었다!

"그럼, 누구의 남동생과 아내와 이야기를 나눈 건가요?" 나는 라이언이 이 순간 입을 닫지 않길 바라며 물었다.

"도리언 나카모토입니다." 그가 말했다.

잠깐, 뭐라고?

"우리가 아는 바로는 도리언이에요." 그가 말했다.

예상치 못한 일이었다. 리아 굿맨이 처음부터 옳았던 걸까, 세상은 그녀를 잘못 판단한 걸까? 나는 라이언에게 더 자세히 설명해달라고 부탁했고, 〈뉴스위크〉 기사에는 없던 새로운 증거를 듣기 위해 기다렸다.

도리언과 별거 중인 60대의 간호사인 아내는 도리언이 자폐 스펙트럼 증상이 있고, 모형 기차에 집착했고, 영국에서 모형 기차를 주문할 때 발생하는 은행과 환전 문제 때문에 '늘 화가 나 있었다'고 말했다고 라이언은 회상했다. "그녀가 들려준 도리언에 관한 이야기를 바탕으로 떠올려보면, 비트코인 백서 곳곳에서 도리언의 성격과 동기가 읽힐 정도였어요."

그리고?

그게 전부였다. 라이언이 들려준 이야기도 굿맨의 주장만큼이나 설득력이 없었다. 나중에 라이언은 이렇게 덧붙였다. "나는 창시자가 단 한 명이라고 확신하지는 못했지만, 도리언 나카모토가 관련돼 있고, 아마도 백서를 썼을 가능성은 있다고 봤어요."

라이언은 다른 요원 한 명과 할 피니를 만나기도 했다. 라이언은 할의 아내 프랜에 대해 "아주 친절했고…… 저희를 최대한 도와주려고 애썼습니다"라고 했지만, 당시 할은 이미 시선 추적 소프트웨어조차 사용할 수 없는 상태였으며, 몇 주 후에 세상을 떠났다.

비어 있는 공간

나는 조사가 좀처럼 진척되지 않아 점점 낙담했다.

가장 유력한 나카모토 후보들이 강력히 부인해도 이를 무시하고, 영국식 표현들이 영국인이 아닌 이들이 일부러 흘린 함정일 수도 있다는 점을 감안해도, 그들 중 한 사람이 진짜 나카모토라고 믿기엔 너무 많은 모순이 존재했다.

예를 들어, 웨이 다이에게 무게를 실으려면, 1998년에 상상 속의 디지털 화폐에 대해 몇 문장 정도의 흥미로운 글을 썼고, 그 후 10년간 전자화폐 논의에서 손을 뗐지만, 인공지능 안전성 문제에 눈에 띄게 큰 관심을 쏟던 사람이 갑자기 완벽히 작동하는 시스템을 들고 나타났다고 믿어야 했다.

웨이나 애덤 백을 후보로 삼으려면, 나카모토가 자기 신원을 숨기는 데 역대급으로 뛰어난 전문가임에도 비트코인 백서에서 단 여덟 편의 참고문헌 중 하나로 자신의 연구를 직접 언급했다는 불편한 사실을 받아들여야 했다.

렌 새서맨이 나카모토일 가능성에도 작은 흠이 있었다. 강경한 사이 퍼펑크였던 그는 비트코인을 '과대 평가된' 것이라며, "사이퍼펑크가 지향하는 방식에 어울리지 않는 실패작이고, 또 두 가지 커다란 단점이 있다. 곧 익명 보호 기능도 약하고, 사기 거래를 되돌릴 수 있는 보호 장치도 없다"고 비판한 적이 있었기 때문이다.

닉 사보가 나카모토라고 믿으려면, 본업이 프로그래머가 아닌 사람이 기막힌 수준의 코딩을 해냈다는 사실, 방대한 교양을 바탕으로 거대한 개념들을 즐겨 다루던 그가 'win32의 16비트 wchar와 8비트 ANSI 이중 컴파일' 같은 기술적 잡설에 2년을 바쳤다는 사실, 그리고 수십 년 간 자기 이름으로 블로그를 운영하며 자기 생각과 논리에 대한 자부심 도 강한 그가 인생 최대의 역작을 완성한 순간, 모든 속세의 즐거움을 버리고 베네딕토 수도승의 삶을 자처했다는 점 등을 받아들여야 했다.

할 피니가 나카모토라고 믿으려면, 상당히 억지스러운 상황극을 상 상해야 한다. 그는 자신에게 이메일을 보내기 위해 가짜 계정을 만들어 냈고, 수억 달러에 달하는 자산이 있었음에도 그 돈을 생명 연장을 위한 치료에 쓰지 않았으며, 자신이 세상을 떠난 뒤 살아갈 가족이나, 곧 아 내 프랜이 평생을 바치게 될 루게릭병 연구 같은 곳에 기부하지도 않았 다. 게다가 "익명을 벗는다고 해도 잃을 게 기의 없다"고 내게 말한 그 가, 끝까지 정체를 숨긴 채 이 모든 연극을 이어갔다는 설정도 쉽게 납 득되진 않는다.

사토시 나카모토가 한 사람이 아니라 집단이라고 믿으려면, IT 업계 에서 가장 중대한 비밀과 어마어마한 거액의 열쇠까지 쥔 비밀 조직이 도무지 이해하기 힘든 난관을 뚫고 나서 "절대 입 밖에 내지 말자"고 입 을 맞췄다고 상상해야 한다.

고려해볼 만한 모든 주장에는 치명적인 결함이 있었다.

내 머릿속은 온갖 유행어와 뻔한 말들로 시끄러웠다.

'확증 편향.'

'오컴의 면도날.'

'말발굽 소리가 들리면, 드문 얼룩말보다 흔한 말을 떠올려라.'

아내의 눈에서, 내가 처음 비트코인 세계에 발을 들였을 때 애써 내 눈에서 지우려 했던 눈빛이 보였다. 파티에서 블록체인에 빠져 떠들어대는 사람 옆에 붙잡혀 있노라면 누구나 짓게 되는, 적나라하게 무관심한 표정이었다.

어느 순간, 나는 가족 행사 조율 문제를 두고 '비최적화'라고 말하고 있었다.

"그 말, 정말 하고 싶어서 한 거야?" 아내가 물었다.

"비최적화가 무슨 말이에요?" 딸이 물었다.

"덕후 말투야." 아내가 말했다.

어쩌면 ChatGPT가 도움이 될지도 모른다.

'트래비스 해슬록이 사토시 나카모토라는 주장에 대한 찬반 양측의 가장 강력한 근거는 무엇인가?'

'엘리에저 유드코스키가 나카모토라는 주장을 뒷받침할 근거는?'

'비트코인 백서에 가장 강력하게 영향을 미쳤지만, 공식적으로 인정받지 못한 요소는?'

'나는 도대체 무엇을 찾고 있던 거지?'

'기자가 GPT-4를 업무에 창의적으로 활용할 수 있는 방법들?'

'퍼즐 게임 워들Wordle에서 가장 좋은 첫 단어는?'

잠시 흐트러진 마음을 다잡고 다시 집중했다.

'망했다거나 엉망이라는 뜻으로 hosed라는 단어를 사용하는 사람에 대해, 인구통계학적·연령별·지역적 측면에서 어떤 추론을 할 수 있을까?'

'당신이 사토시 나카모토일 수도 있다고 생각하는 사람을 인터뷰한다고 해보자. 그런데 대놓고 "당신이 사토시 나카모토인가요?"라고 묻고 싶지 않다. 그렇다면, 그 사람이 간접적으로 정체를 드러내게 할 수 있는 좋은 질문들은 무엇일까?'

나는 수십 가지 질문을 던졌다.

게으름의 증거였다.

생각의 문을 열어두는 일이 점점 짜증스러워졌다.

'누구든 나카모토가 될 수 있다면, 도대체 어디서부터 찾아야 하고, 어디서 멈춰야 하지?'

아침 식사를 하며 친구 크리스 벅Chris Buck과 이런저런 이야기를 나누던 중, 허무하게 끝날지도 모른다는 걱정을 털어놓았다.

"어쩌면, 답이 없는 쪽이 더 나은 이야기일 수도 있지."

나는 눈을 굴렸다.

"비어 있는 공간이라는 말 알아?" 사진작가인 크리스가 물었다.

대학 시절 어렴풋이 배운 기억이 떠올랐다. 어떤 대상 주위를 감싸고 있는 공간. 음악 속의 침묵. 엘즈워스 켈리Ellsworth Kelly●.

흠, 어쩌면 크리스 말이 맞을지도 모른다.

나는 갑자기 귀가 솔깃해졌다. 왜 나는 '이름' 따위의 평범한 무언가

●　20세기 미국의 추상화가이자 미니멀리즘 예술가.

가 꼭 필요하다고 생각했을까? 나카모토의 전기에서 우리가 도대체 무엇을 배울 수 있을까? 한낱 평범한 교수가 갑자기 떠오른 아이디어 하나로 대박을 터뜨린 이야기? 아니었다. 나카모토에 대해 가장 흥미로운 점은 그의 부재였다. 나카모토라는 존재는 오히려 우리가 그를 모른다는 사실로 정의되었다.

아침 식사를 마치고 집으로 걸어가면서, 내가 얻은 깊은 통찰에 가슴이 설레었다.

하지만 몇 시간 후, 그 설렘은 사라지고 대신 암울한 기분이 밀려왔다. 크리스는 이 주제에서 전혀 객관적일 수 없었다. 크리스는 유명 인사들의 초상화를 모아 책을 한 권 냈는데, 초상화마다 정작 주인공은 없었다. 사람이 없는 예쁜 대리석 욕실 사진 한 장, 그리고 맞은편 페이지에는 배우 로버트 드 니로Robert De Niro가 사진 속 어딘가에 숨어 있다는 목격자의 설명이 적혀 있었다. 로버트 드 니로는 크리스가 이런 작업에 설득한 50명의 유명 인사 중 한 명이었다. 크리스가 찍은 미국의 유명 힙합 아티스트 나스Nas의 초상화는 무균실 같은 사무실 안에 놓인 가짜 탁상용 크리스마스트리였다. 미국의 유명 스탠드업 코미디언 세라 실버맨Sarah Silverman의 사진은 외부 업체가 만들어온 모둠 뷔페였다. 크리스는 이 책에 '존재하지만, 보이지 않는 초상화Presence: The Invisible Portrait'라는 제목을 붙였다.

나는 기자였지, 개념미술가는 아니었다.

하지만 크레이그 라이트는 달랐다. 눈을 뗄 수가 없었다. 대담함 때문만은 아니었다. 알려진 나카모토가 없는 상황에서 그는 차선책이었기 때문만도 아니었다. 어떤 면에서는 그가 더 나았다. 그는 얼굴이 있었다.

직접 만날 수 있었고, 그에 대해 감정과 의견을 가질 수 있었다. 인터넷에서 유령을 쫓는 일에서 벗어날 잠깐의 안식을 제공했다.

크레이그는 소송을 제기하기 전에, 플로리다주 마이애미에서 피고 신분으로 재판을 받은 적이 있다. 2018년 2월, 아이라 클라이먼^{Ira Kleiman}은 고인 데이비드 클라이먼의 유산을 관리하는 법정 대리인 자격으로 마이애미 연방 법원에 크레이그를 상대로 소송을 제기했다. 고소장에는 크레이그가 W&K 파트너십 문서에 데이브의 서명을 위조하고, 일련의 계약서 날짜를 소급 조작하여 '수십만 개의 비트코인'과 '여러 블록체인 기술'에 대한 지식재산권을 훔쳤다는 내용이 담겨 있었다. 이 재산들의 총 가치는 50억 달러가 넘는 것으로 추정되었다.

언론은 마이애미 재판으로 마침내 나카모토의 진실이 밝혀질 것이라 보도했다. 암호화폐 관련 언론은 이 사건을 '비트코인과 세기의 재판'이라고 불렀고, 〈월스트리트저널〉조차 '비트코인 창시자 사토시 나카모토가 플로리다 재판에서 베일이 벗겨질 수도 있다'라는 제목을 달았다. 하지만 재판의 쟁점은 크레이그가 나카모토인지 여부가 아니었다. 클라이먼 측 변호인들은 크레이그가 단지 도둑이라는 점만을 주장했다. 카일 로슈^{Kyle Roche}는 서두 진술에서 배심원들에게 "우리가 오늘 이 법정에 선 이유는 크레이그 라이트라는 사람이 가장 친한 친구였고 사업 동료였던 이에게 배신을 저질렀기 때문입니다"라고 말했다.

증거 제출 과정은 악몽과도 같았다. 크레이그는 20만 건이 넘는 서류, 총 190만 페이지를 제출했는데, 클라이먼 측 변호인들은 그중 다수의 진위를 문제 삼았다. 로슈는 국토안보부가 W&K의 모든 연구 제안서를 거부했다는 증거를 입수했다. 비트메시지^{Bitmessage} 개발자는 크레이그가 제출한 비트메시지 대화 기록에 적힌 날짜에 앱이 아직 출시되지 않았다고 증언했다. 감정 전문가들은 크레이그가 증거로 제출한 PDF 문서들에 포함된 글꼴들이, 문서 메타데이터●에 표시된 생성 날짜 당시에는 존재하지 않았다고 증언했다. 클라이먼 측 변호사 벨 프리드먼Vel Freedman이 증거 심리에서 크레이그를 심문하자, 크레이그는 격분하여 프리드먼에게 종이 한 장을 던졌고, 이에 재판장은 그를 체포하겠다고 경고했다. 이와 같은 법정 모독 행동으로, 크레이그 측 변호인들은 피해를 줄이고자 크레이그의 정신과 진단서를 제출했는데, 진단서에는 크레이그가 아스퍼거 증후군Asperger's 진단을 받았다고 적혀 있었다.

가장 치명적인 순간은 크레이그가 증인 선서 후 자신은 W&K와 관련이 없다고 증언했는데, 클라이먼 측 변호인들이 호주 법원 문서를 통해 그가 파트너십을 장악한 사실을 밝혀낸 것이다. "우리가 그를 완전히 무너뜨렸죠"라고 프리드먼은 회고했다. 크레이그와 호주에서 함께 일했던 제이미 윌슨Jamie Wilson은 크레이그의 생활 환경과 태도가 갑작스럽게 바뀌었는데, 평소 후드티를 입던 '조용한' 개발자에서 "내가 최고가 되어야 한다, 내가 CEO가 되어야 한다"라며 새로 맞춘 정장과 넥타이를 착용하는 등 확연히 달라졌다고 증언했다. 크레이그 측 변호인들이 제출한 문서에서 "데이브가 스스로 목숨을 끊으려 했다"라는 내용을 시사하자, 클라이먼 측은 이에 반박하며 만약 크레이그가 이 내용을 증언할 수 있다면, "법정 대리인인 아이라도 크레이그가 데이브를 죽여서 그의 비트코인 재산을 빼앗았을 가능성에 대해 증언할 수 있어야 한다"라고 주장했다. 마이애미 배심원단은 크레이그에게 횡령 책임이 있다고 판결하고, 1억 달러의 배상금을 선고했다. 여기에 판사는 4,300만 달러

●　'데이터에 대한 데이터'로, 어떤 파일이나 문서에 대한 정보를 담고 있는 데이터.

를 더 추가했다.

크레이그는 그림 속 비어 있는 공간과는 거리가 멀었다. 그는 나카모토라는 공백을 지나치게 화려한 이야기들과 황당무계한 설정으로 가득 채워 넣었다. 심지어 크레이그의 자살 시도 이야기도, 나는 스테판 매슈스의 설명을 들으며 크레이그가 마치 연극을 하듯 과장되게 꾸며냈다는 인상을 지울 수 없었다. 호주 국세청과 한 인터뷰에서 시작해 마이애미 소송 증언에 이르기까지, 크레이그는 자신이 나카모토의 전자 서명을 제시할 수 없는 이유에 대해 계속해서 말을 바꿨다. 그는 국세청에, 해당 키들이 조각으로 나뉘어 있으며 그 다수를 세이셸에 설립한 튤립 신탁^{Tulip Trust}이라는 기관이 보유하고 있다고 말했다. 하지만 그는 법적으로 해당 자금에 접근할 수 없고, 그 수탁자들의 이름조차 밝힐 수 없다고 주장했다. 이 사건의 조정 판사인 브루스 E. 라인하트^{Bruce E. Reinhart}는 사전 심리 중에 크레이그 측 변호인에게 이렇게 말했다. "당신 의뢰인이 2011년에 수십억 달러어치의 비트코인을 누군가에게 넘겼는데, 그게 누구인지조차 말할 수 없다는 게 누가 봐도 말이 된다고 생각하십니까? 이게 얼마나 말이 안 되는 이야기인지 이해는 하시는 겁니까?"

그러고 나서 크레이그는 그 키 조각들이 6개월 후에 '보증된 택배기사'를 통해 전달될 예정이었으며, 자신은 그 택배기사와 연락할 방법이 없었다고 주장했다. 이후 크레이그는 그 택배기사가 튤립 신탁을 대리하는 변호사 데니스 마야카^{Denis Mayaka}라고 밝혔지만, 라인하트 판사는 그 인물이 실존하는지조차 의문을 제기했다. 클라이먼 측 변호인들은 이 인물을 '미래에서 온 보증된 택배기사'라고 부르며 비꼬았다. 그가 도착하기로 예정된 시점으로부터 한 달 뒤, 크레이그는 자기 집 컴퓨터 시스템과 클라우드 백업이 지독한 해킹 공격을 받아 110만 파운드 상당의 BSV, 특허 출원을 위한 50건의 백서와 관련 서류, 그리고 튤립 신탁이 보유하고 있다고 주장하던 11만 1,000개의 비트코인 개인 키가 유출되었다고 발표했다. 당시 가치로 거의 20억 달러에 달하는 양이었다. 크레이그는 나중에 영국 서리Surrey에 있는 자기 집 한구석에서 '파인애플'이라는 이름의 무선 인터넷 공유기를 발견했다고 주장했고, 자신이나 가족의 것이 아니라고 말했다. 그는 해커들이 집에 들어온 수리공들을 따라 들어왔거나 침입했을 가능성을 시사했다.

크레이그가 계속 바꿔 말한 또 다른 이야기는 자신이 오래전부터 설명해온 삼위일체 사토시 나카모토를 구성하는 '두 번째 인물'과 '세 번째 인물'의 정체였다. 그는 호주 국세청에 세 번째 인물이 데이비드 리스David Rees라고 밝혔는데, 리스는 영국 수학자로 제2차 세계대전 당시 영국 정부가 운영한 비밀 암호 해독 센터인 블레츨리 파크Bletchley Park에서 암호 해독 작업을 했으며, 크레이그의 할아버지도 아는 사이였다고 했다. 그러나 리스의 딸들은 호주 국세청에 아버지가 2008년 당시 90세였으며 "매우 허약하고 약간 정신이 오락가락하시며 기억력이 많이 감퇴해 노인성 치매 진단까지 받았다"고 말했고, 가족들이 모르는 상태에서 아버지가 이와 같은 일을 해냈다는 것은 상상할 수 없는 일이라고 밝혔다.

크레이그는 이전에 데이브 클라이먼이 중요한 역할을 했다고 말했지만, 마이애미 재판이 시작될 무렵에는 데이브가 비트코인 백서의 문장을 다듬는 데 조금 도움을 준 정도라고 선을 그었다. "만약 그 백서가 60페이지짜리 학술적인 장광설로 가득했다면 아무도 읽지 않았을 겁니다." 그가 과거에 데이브를 비트코인의 공동 창시자로 묘사한 것은, 이미 세상을 떠난 친구에 대한 호의적인 표현에 불과했다. "저는 데이브의 역할을 과장했습니다. 그 친구가 그 일부였으면 했고, 아무도 그를 몰랐기 때문입니다."

클라이먼 측 변호사 벨 프리드먼이 크레이그를 상대로 한 네 차례의 증언 녹취 중 하나에서, '두 번째 인물'은 데이비드 클라이먼에서 크레이그의 삼촌인 도널드 앤드루 라이넘으로 바뀌었다. 그리고 '세 번째 인물'에 대해 크레이그는 이제 이렇게 주장했다. "전직 영국 정부 정보기관(GCHQ와 MI6) 요원으로, 러시아 요원들에게 살해당한 사람인데, 기본적으로 자금 세탁 추적 작업을 하던 중 제가 영국에서 그가 사망하기 전에 도와주고 이야기를 나눈 적이 있는 가레스 윌리엄스^{Gareth Williams}라는…… 이름을 썼던 인물입니다." 가레스 윌리엄스는 실제 MI6 출신 요원으로, 2011년에 열쇠가 안에 들어 있는 잠긴 더플백 안에 시신으로 발견되어 언론을 떠들썩하게 했다. 당시 현장에는 타인이 개입한 흔적이 없었고, 탈출 곡예사들이 400번 넘게 같은 상황을 재현하려 했지만 실패했다. 그러나 〈가디언〉지 보도에 따르면, "검시가 끝난 지 며칠 후, 퇴역 육군 하사가 가방 안으로 들어가 안에서 가방을 잠그는 장면이 담긴 영상이 공개되었다." 이에 클라이먼 측 변호사 프리드먼은 믿기 힘들다는 듯 말했다. "그럼, 크레이그 라이트 박사님, 정부 비밀 요원이셨던 건가요?"

네 차례의 증언 녹취 중 또 다른 자리에서, 크레이그는 '세 번째 인물'에 관한 질문에 국가 안보 문제를 이유로 답변을 거부했다. 하지만 이후 비공개로 제출되었다가 공개된 법원 문서에서 크레이그는 새로운 이름을 제시했다. 그 이름은 지워졌지만, 실수로 관련 각주에 '폴 칼더 르룩스^{Paul Calder Le Roux}'의 위키피디아 페이지로 연결되는 링크가 남아 있었다.

르 룩스는 '나카모토 체크리스트'에서 제법 높은 점수를 받은 인물이다. 그는 오픈소스 무료 암호화 소프트웨어 패키지인 Encryption for the Masses(E4M)를 개발했으며, 남아프리카에서 자라 호주 국적을 취득했다. 그가 비트코인 개발 프로젝트에서 물러났고, 자신의 이름을 전면에 내세우지 않은 데는 그럴 만한 이유가 있었다. 무기 밀매, 자금 세탁, 코카인 밀수, 블러드 다이아몬드 거래, 청부 살인 등 여러 혐의로 다수 국가에서 지명 수배 중이었기 때문이다. 2012년 체포된 뒤, 미국 마약단속국DEA에 정보원으로서 협조했고, 이후 징역 25년형을 선고받았다. 만약 그가 나카모토라면, 이러한 이력은 그의 실종과 여전히 고스란히 남아 있는 코인 자산을 설명할 수 있다.

르 룩스의 전기 작가 에번 래틀리프Evan Ratliff는 비트코인이 세상에 등장하기 전부터 르 룩스가 디지털 화폐에 관해 이야기했다는 지인들의 증언을 확보했다. 무엇보다 흥미로운 사실은, 래틀리프가 르 룩스가 사용하던 위조된 콩고 외교관 여권을 입수했는데, 거기에는 그의 이름이 폴 솔로치 칼더 르 룩스Paul Solotshi Calder Le Roux로 기재되어 있었다. '솔로치.' '사토시.' 두 이름의 유사성은 의미심장했다. 물론 문체가 다르다는 등 반박 증거도 있었지만, 르 룩스는 점점 더 늘어나는 나카모토 후보 명단에 이름을 올리게 되었다.

플로리다에서 진행된 소송은 크레이그 라이트의 일인극이 극에 달한 무대였지만, 자신이 나카모토라는 주장은 쟁점의 핵심이 아니었다. 2022년 가을에 재판이 열릴 예정이었던 '그라나스 대 라이트' 사건은 크레이그가 진짜 사토시 나카모토인지 여부를 처음으로 직접 다루는 사건이었다. 법적 쟁점은 크레이그 라이트를 사기꾼이라 부른 마그누스 그라나스의 행동이 합리적인지 여부였지만, 이 사건이 갖는 의미는 훨씬 더 컸다. 재판에 앞서 크레이그의 주장을 반박해온 IT 전문가 아서 반 펠트는 이렇게 말했다. "이 사건에서 가장 중요한 점은 크레이그 라이트가 자신이 사토시 나카모토임을 증명해야 한다는 사실입니다."

먹고 자고 존버하고 반복하라

오슬로 지방 법원 250호 법정은 밝게 빛나는 금발 빛 나무와 유리 칸막이, 부드러운 곡선이 돋보이는 공간이었다. 검은 법복을 입은 변호사들이 모여 있었다. 헬렌 잉에브릭트센 Helen Engebrigtsen 판사석 뒤 벽에는 금관을 쓴 사자가 위엄 있게 서 있는 붉은 문장이 걸려 있었다.

9월의 어느 월요일 아침이었다. 51세의 크레이그 라이트는 가슴을 내밀며 당당하게 걸어 들어왔다. 스리피스 양복을 입고 새끼손가락에 커다란 반지를 끼고 있었다. 태닝한 피부에 환하게 웃는 미셸이라는 이름의 경호원이 몸에 딱 맞는 정장을 입고 그림자처럼 크레이그 곁을 따라다녔다. 미셸은 스웨덴 해병 특수부대 출신으로, 금빛 삼지창 배지를 달고 있었다. 이때 나는 처음으로 크레이그를 보았다. 대중의 관심을 받기 시작한 지 무려 7년, 그사이 그는 머리가 희끗희끗해지고 체형이 둥글둥글해졌으며, 얼굴 혈색도 좋았고 턱도 두툼했다. 하지만 입가는 찡그려 굳어 있었다.

황갈색 머리와 수염을 기른 45세의 마그누스 그라나스는 수수한 안경에 회색 스웨터와 파란 바람막이 재킷을 입고 방 맞은편에 앉아, 어깨에 메는 가방에서 스티커가 붙은 노트북과 얇은 책 한 권을 꺼냈다.

기운 운동장 같았다. 그라나스는 변호사 두 명과 나란히 앉았고, 크레이그는 양옆 자리는 비워놓고 변호사 아홉 명에 둘러싸여 있었다. 크레이그 자신의 주장과 어딘가 모순된 장면이었다. 크레이그는 자신이 온라인 집단폭력의 피해자라고 주장하고 있었다.

노르웨이어 실시간 통역을 위해 외국인 방청객들이 헤드폰을 착용한 가운데, 잉에브릭트센 판사는 사건의 본질은 크레이그 라이트가 사토시 나카모토인지 '합리적 의심의 여지 없이' 입증하는 데 있지 않다고 밝혔다. 그러면서도, 그라나스가 크레이그의 명예를 훼손했는지 여부를 가리기 위해서는 그 문제가 불가피하게 핵심 사안이 된다고 지적했다.

며칠에 걸쳐 재판은 일정한 흐름을 타기 시작했다. 크레이그 측 방청석에는 〈코인긱〉 팀이 자리를 잡았고, 아내 라모나와 아들 벤도 함께 있었다. 그라나스 측 방청석에는 재판을 촬영하던 〈비트코인 매거진〉 팀 네 명과 그라나스의 어머니와 여자 친구가 자리했다.

재판 시작 전, 곧 신원이 공개될 걸 알았던 그라나스는 자기만의 방식으로 실명을 공개하기로 결심하고, 한 노르웨이 신문사와 인터뷰를 진행해 이름과 얼굴 사진을 실었다. 그러나 재판 내내 〈비트코인 매거진〉은 그라나스를 호들로넛이라고만 부르며, 영상에서도 그의 얼굴에 모자이크 처리를 했다.

〈비트코인 매거진〉 통역사가 #WeAreAllHodlonaut이라는 해시태그를 트윗하자, 어떤 사람은 "객관성 따윈 없군요"라고 답글을 달았다. 호들로넛 지지자 중 한 명인 노르베르트Norbert는 '먹고 자고 존버하고 반복하라(EAT SLEEP HODL REPEAT)' 스티커가 붙은 노트북을 두드리며 재판을 실시간으로 트윗 중계했다. 어느 한쪽에 치우쳐 보이면 다른 쪽에서 경계할까 봐 나는 양측 방청석을 오가며 자리했다.

사건의 일부 쟁점은 트위터상에서의 욕설이 법적 명예훼손에 해당하는지 여부였다. 그라나스 측 변호인들은 "크레이그도 받은 만큼 되갚지 않았냐"며, 그가 줄리언 어산지를 '강간범'이라고 불렀고, "약해빠진 멍청이들은 전부 박살 났으면 좋겠다"는 등의 트윗을 올린 사실을 근거로 들었다. 만약 외국인이 법정에 우연히 들어왔다면, 오슬로 법조계에서 저명한 인사인 크레이그 측 수석 변호사 할보르 만샤우스^{Halvor Manshaus}가 'scamtard(사기꾼 병신)', 'bitchboy(겁쟁이 찌질이)', 'leet speakers(인터넷 은어나 써대는 부류)' 같은 단어가 섞인 난해한 노르웨이어를 쏟아내는 장면을 마주했을 것이다. 이어 그라나스 측 변호인 중 한 명이 어리둥절해하던 판사에게 'cuck'(얼간이), 'Low T'(남성 호르몬이 부족한 놈), 'massive Tassy' 같은 용어들을 설명해야 했는데, 이 중 'massive Tassy'는 태즈메이니아^{Tasmania}섬이 삼각형 모양처럼 생긴 걸 여성 음부에 빗댄 외설적 속어다.

한편, 크레이그 측 변호인들은 그라나스가 올린 약 3만 7,000개의 트윗을 샅샅이 검토한 끝에 다음과 같은 문제가 있는 발언들을 찾아냈다. "공식적인 역사 해석에 의문을 제기하는 일이 유럽 대부분에서는 불법이라, 히틀러가 정확히 몇 명을 죽였는지 검증하기 어렵다." "9·11 테러에 대한 정부의 설명은 크레이그 라이트가 사토시 나카모토라는 주장만큼이나 믿기 힘들다." "백신 접종을 강요하는 자들은 위험한 극단주의자들이다. 이쯤에서 끝내야 한다."

때로는 마치 비트코인의 가치 자체가 재판을 받는 듯한 분위기였다.

"익명인 사람에게 책임을 묻는 건 어렵습니다"라고 만샤우스는 주장했다. 그는 크레이그가 가끔 인용하던 플라톤의 《국가Republic》에 나오는 '기게스의 반지Ring of Gyges'● 이야기를 꺼내며, 사람들은 익명의 망토를 두르면 도덕적 통제 없이 악행을 저지르기 쉽다고 덧붙였다.

그라나스 측의 주장은 상당 부분 마이애미 재판에서 제기된 증거를 반복하거나 그것에 기반을 두고 있었다. 이미 여러 차례 지적된 크레이그의 신뢰성 문제에 더해, 그라나스 측은 이번 재판에서 크레이그 라이트가 제출한 문서 중 71건이 조작, 위조, 혹은 작성 시점이 소급된 것으로 보인다는 227쪽 분량의 새로운 포렌식 보고서를 제출했다. 보고서는 회계·경영 컨설팅 기업인 KPMG가 작성했다.

만샤우스는 크레이그의 인격적 결함과 신뢰성 문제를 서로 연결하는 방식으로 맞섰다. 크레이그의 진실성이 의심받게 된 것도, 결국은 그의 '소통 방식' 때문이라고 주장했다. 실제로 지금까지 네 개 법원의 판사 다섯 명이 크레이그의 진술에 신빙성이 없다고 보았다. 에모리대학교Emory University 산하 마커스 자폐 센터Marcus Autism Center 소장 아미 클린Ami Klin은 크레이그가 조롱이 아니라 공감을 받아 마땅하다고 증언했다. 이에 대해 그라나스 측 수석 변호인 오르얀 살베센 하우카스Ørjan Salvesen Haukaas는 반대 심문에서 "자폐 스펙트럼 장애ASD와 자기애성 인격장애NPD의 증상이 유사한 점이 있지 않느냐"고 되물었다.

클린은 이렇게 대답했다. "겉으로 보기에는 두 가지 증상이 비슷해 보일 수도 있습니다. 그러나 임상적으로 보면, 두 증상은 절대 비슷하지 않습니다."

● 투명 인간이 되는 마법의 반지.

크레이그는 신원을 입증하는 방법에 대해 새롭고 분명히 사이퍼펑크답지 않은 태도를 보였다. 그는 개빈 안드레센과 존 마토니스 외에도, "내가 비트코인을 만든 과정을 상세히 아는 사람이 80명에서 100명 정도 있습니다. 사람들이 곧 증거입니다. 신원을 키로 밝힐 순 없습니다"라고 주장했다. 호주 친척 몇 명과 전 동료들이 그의 편에서 증언했지만, 그가 나카모토라는 주장에 대한 그들의 증언은 빈약했다.

크레이그는 최근 오래전 잃어버린 문서들을 발견했다고도 했다. 그중에는 2007년 8월에 작성하기 시작했다고 주장하는 약 80쪽 분량의 백서 초고 원고도 있었고, 같은 해에 작성한 새로 타이핑한 버전도 있었다. 다만 후자의 문서에는 2012년 이전에는 존재하지 않았던 글꼴이 사용되었다. 그리고 크레이그는 나카모토의 개인 키에 접근하지 못하는 이유에 대해 완전히 새로운 이야기를 들려주었다. 2016년, 자살 시도 후에 그는 개인 키 조각들이 들어 있던 하드디스크 드라이브를 밟아 부수고 USB 드라이브를 망치로 내려쳐서, 암호 기술로 자신을 증명해야 하는 상황을 절대 맞닥뜨리지 않으려 했다는 것이다. 그렇게 해야만 자신의 적들이 '구실'을 찾지 못한다고 주장했다.

수요일, 재판 셋째 날, 법정에는 전보다 더 많은 사람이 모였다. 파란색 옥스퍼드 셔츠 위에 얇은 브이넥 스웨터를 입은 그라나스는 증인석에 올라, 자신이 비트코인을 알게 된 과정을 차분히 풀어놓았다.

그는 여덟 살 무렵 처음으로 컴퓨터를 갖게 되었는데, 그건 코모도어 64 Commodore 64였고 파일을 카세트테이프에 저장했다고 했다. 어릴 적 그는 자신이 좋아하던 크로네이스 Krone-is 아이스크림콘 가격이 해마다 조금씩 오르는 걸 눈치챘다. 그것이 인플레이션을 처음으로 인식한 순간이었고, 그는 그 사실에 환멸을 느꼈다.

그라나스는 비트코인의 고정된 통화량이라는 개념에 매료된 기억을 이야기했다. 코인 하나를 보유하면 전체 시스템 안에서 자신만의 몫이 생긴다는 발상에도 마음이 끌렸다. 온라인 세계의 거의 모든 것이 쉽게 복제되는 것과 달리, 비트코인은 복제할 수 없는 유일한 무언가였고, 이 같은 희소성은 그라나스에게 기적처럼 느껴졌다.

그라나스는 처음에 트위터 계정을 익명으로 만든 이유에 대해, 만약 비트코인 가치가 매우 높아졌을 때, 자신이 표적이 되는 일을 피하고 싶었기 때문이라고 말했다. 예전에는 '알트코인 같은 잡코인'을 거래하기도 했지만, 그 무렵 그는 이미 '다들 비트코인 맥시멀리스트라고 부를 만한' 사람이었고, 비트코인을 '존버'하면서 다른 모든 암호화폐는 무시했다고 했다. 비트코인이 특별한 이유는 지도자가 없는 시스템이라는 점이라고 그는 강조했다. 비트코인의 작은 블록 크기 덕분에 누구나 네트워크 노드를 운영할 수 있었고, 더 중앙화된 암호화폐는 단지 하나의 데이터베이스 프로젝트일 뿐이며, 권한을 가진 사람들이 편집할 수 있는 것이라고 말했다.

그라나스의 변호사 하우카스는 물었다. "비트코인이 특별한 이유가 지도자가 없는 점이라고 하셨는데, 사토시 나카모토라는 인물이 있지 않습니까? 이 사람 혹은 이 사람들이 누구라고 생각하시는지 말씀해주실 수 있나요?"

그라나스는 "개인적으로 그 사람을 숭배한 적은 없습니다"라고 하면서도 "비트코인 뒤에 있던 사람, 곧 사토시 나카모토라는 이름 뒤의 인물에 대해선 엄청난 존경심을 가지고 있습니다. 저는 그 이름 뒤에 있는 사람 혹은 사람들이 겸손하고 친절하며 이 프로젝트에 매우 헌신적으로 보였습니다"라고 말했다.

"크레이그 라이트 말고 사토시 나카모토라고 주장한 다른 사람을 알고 있습니까?"

"음, 크레이그 라이트가 아마도 가장 공개적으로 자신이 사토시 나카모토라고 주장한 사람일 겁니다. 많은 사람이 이 문제에 관심이 있고, 몇몇은 여러 이름을 추측하기도 했죠. 예를 들어, 많은 사람이 할 피니가 여기에 관여했다고 생각합니다. 닉 사보도 언급되었고요. 그런데 사실 저는 이게 그렇게 큰 의미가 있다고 생각하지는 않고, 깊이 파고들어 본 적도 없습니다. 하지만 분명히 나카모토라고 주장하는 다른 사람들도 있습니다. 아직도 트위터로 나카모토라고 주장하는 몇몇 사람에게서 DM을 받습니다. 그들은 (그라나스가 손가락으로 쌍따옴표 인용부호를 그리며) 도와주겠다고 하지만, 저는 답장을 하지도 않고 그런 주장들을 믿지도 않습니다."

그라나스가 처음으로 크레이그 라이트에 대해 알게 된 건 〈와이어드〉와 〈기즈모도〉 기사들을 접한 후인데, 그는 '사토시 나카모토라는 사람이나 사람들이 이렇게 부주의하게 자신을 드러낼 리가 없을 텐데'라고 생각했다고 했다. 그는 크레이그가 처음에 나카모토라고 주장한 것은 호주에서 세금 문제를 피하기 위한 목적이었고, 이후 BSV를 출시하면서 나카모토라는 신분이 수익성과 연결된 것이라고 추론했다.

그라나스는 이같이 증언했다. "무엇보다도 나카모토를 존경하고 사람들이 속지 않기를 바라는 이들에게 크레이그가 자신이 나카모토라고 주장하는 것이 얼마나 충격적이고 도발적인 일인지 상상할 수 있을 겁니다. 게다가 자신이 나카모토임을 부정하는 사람들을 모두 고소하겠다고 나선다면 말이죠."

그라나스는 비트코인 커뮤니티가 자신을 지지하기 위해 하나로 뭉친 모습을 보고 큰 위로를 받았다고 말했다. 오픈샷츠^{OpenSats}라는 비영리 단체는 비트코인 업계의 주요 기업들을 포함해 2,600명이 넘는 후원자에게서 1,500만 노르웨이 크로네(약 140만 달러)를 모아 그의 소송 비용을 지원했다. 심지어 처음에 크레이그 측 변호사들을 대신해 그라나스에게 연락한 사설 탐정조차 나중에 그 일을 맡은 것을 후회하며, 크레이그를 북유럽 도깨비를 뜻하는 니스^{Nisse}라고 표현하는 메시지를 보내왔다. 그라나스는 비트코인 지지자들의 든든한 후원에 감동한 듯했다. 그는 자신이 비트코인 지지자들과 비트코인을 대표해 법정에 선 것 같다고 말했다.

그라나스가 증언을 마치자 잉에브릭트센 판사는 만샤우스가 읽은 선동적인 트윗들에 대해 혹시 덧붙이고 싶은 말이 있는지 물었다. 이에 그라나스는 "말할 수는 있지만, 굳이 꼭 그래야 할 필요는 느끼지 못합니다"라고 답했다. 그러자 판사는, 아직 그 트윗들에 대해 그의 입장을 들을 기회가 없었기 때문에 물은 것이라고 설명했다. 그라나스는 이렇게 말했다. "문맥 없이 보았을 때 가장 문제가 있어 보이는 트윗은 '백신 강요자'에 관한 것입니다. 그 문제에 대한 제 의견에는 여전히 변함이 없습니다. 그리고 저는 노르웨이 팔로워는 그리 많지 않다는 것도 기억해주세요." 그러면서 백신 접종을 거부했다는 이유로 몇몇 친구가 다른 나라에서 어떤 자유를 박탈당한 일이 있었다고 덧붙였다. "아마 '극단주의자들' 관련 트윗은, 캐나다 총리 쥐스탱 트뤼도가 어린아이들에게 '부모에게 백신을 꼭 맞으라고 전하라'고 말하는 모습을 봤을 때 올렸을 겁니다. 백신을 과도하게 강요하는 모습처럼 느껴졌습니다."

크레이그는 재판 동안 언론 인터뷰를 일절 하지 않았지만, 다음 날 휴정 뒤 나는 〈코인긱〉 기자이자 크레이그의 가장 유능한 지지자인 커트 우커트 주니어Kurt Wuckert Jr.와 저녁 식사를 할 수 있었다. 하루에 한 끼만 먹는다는 커트와 이른 오후에 만나 돼지고기 스튜 한 그릇씩을 먹었고, 그는 식사 후 종합격투기 체육관으로 운동하러 갈 참이었다.

재판에 대한 커트와 나의 관점은 완전히 달랐다. 내가 보기엔 크레이그가 완전히 몰리고 있었지만, 커트는 실시간 방송에서 그라나스의 몸짓이 초조해 보였다고 했고, 판사에 대해서는 "크레이그 라이트 측 주장을 납득한 것 같다"고 했다. 만샤우스가 공감하는 태도를 보였지만, 그라나스는 자신에 관한 '잔인한' 트윗들이 낭독될 때 입꼬리를 씰룩이며 비웃듯 웃었다고 했다. 커트는 그라나스 측 변호사들도 걱정스러워 보였다고 말했다. 그는 솔직히 꽤 낙관적이라며, 현재 판세는 분명히 크레이그 쪽에 유리하다고 덧붙였다.

커트는 크레이그의 터무니없는 해명을 곧이곧대로 받아들였다. 그가 크레이그와 BSV 진영에 끌리게 된 이유는 "비트코인이 기성 통화로 아직도 자리 잡지 못하고 있다는 게 너무 답답해서"라고 했다. 그는 크레이그가 비트코인에 관해 이야기하는 방식이 나카모토와 비슷하다고 느꼈다. 물론 크레이그에 대한 반론들도 잘 알고 있었다. "그런데 저는 애초에 사토시 나카모토라는 존재가 깔끔하게 설명될 거라고는 생각하지 않았어요. 다크웹 출신의 익명 인터넷 인물이잖아요. 근본적으로 정직하지 않은 인물이에요. 믿을 수 없는 화자죠. 그게 바로 사토시 나카모토예요. 그게 요점 아닌가요? 그래서 사람들이 '말이 안 되잖아'라고 해도, 글쎄요. 저는 문학을 좋아합니다. 이야기를 좋아하고, 거창한 허풍이나 서사 같은 걸 좋아해요. 나카모토는 본질적으로 실망스러운 존재일 거라고 항상 생각했어요. 왜냐하면 머릿속 전설은 항상 위대하잖아요.

이건 공포 영화랑 비슷해요. 20~30년 전 특수효과가 별로인 시절에는 괴물을 마지막 장면까지 안 보여줬잖아요. 그래도 무서웠죠. 이야기 자체가 좋았으니까요. 막상 괴물이 등장하면 고무 인형이지만, 상관없죠. 이미 영화를 보는 내내 머릿속에서 무서워했으니까요. 그 빈틈을 우리가 스스로 채우는 거예요. 나카모토도 그랬어요. 그래서 더 매력적이었죠. 그리고 크레이그를 만나보면 이런 생각이 들어요. '그래, 이 사람은 시끄럽고 자폐 스펙트럼 증상이 있는 호주 출신의 골칫덩이야. 하지만 괜찮아.' 우리가 그에게 바란 건, 그 특정 시기에 우리에게 필요한 모습이었을 뿐이에요. 그래서 영화 마지막에 등장하는 고무 괴물 같아도 괜찮은 거죠."

마그누스 그라나스는 "커트는 전부 엉터리로 지어내고 있어요"라고 했다. 다음 날 재판이 끝난 뒤, 나는 그라나스와 그의 여자 친구 카티아와 함께 법원 근처 카페 지하층의 테이블 앞에 앉아 있었다. 카티아는 우크라이나 출신으로, 온라인에서는 카토시라는 이름을 썼다. 그라나스가 오픈 새우 샌드위치를 먹고, 카티아는 초콜릿케이크를 먹으며 우리는 두 사람이 만든 비트코인 문화 독립 출판물 《Citadel21》에 관해 이야기했다. 이 매체는 '풀뿌리의 목소리'를 조명하기 위해 만들어졌다.

두 사람에게 지난 몇 년은 말 그대로 고통의 연속이었다. 소송이 시작된 뒤, 두 사람 모두 아버지를 잃었다. 이어 러시아가 우크라이나를 침공했고, 카티아의 어머니는 오슬로에 있는 그라나스와 카티아의 집으로 피신해 함께 살게 되었다. 소송으로 정신도 피폐해졌다. 재판 기간 내내, 크레이그 측 인사인 캘빈 아이어가 소유한 홍보 회사 소속의 5인조 다큐멘터리 촬영팀이 카메라 두 대를 들고 법정을 나서는 그라나스를 따라다녔다.

그라나스는 가격 변동에 투기하는 암호화폐 중독자와는 정반대였다. "비트코인으로 사람이 변한다고들 했어요. 사람이 변하는 게 아니라, 오히려 그 사람의 본성이 드러날 뿐이라고 하는 사람들도 있고요. 제 생각엔 두 말 모두 맞는 것 같아요."

그렇다면 그라나스 자신은 어떨까?

그라나스는 이렇게 말했다. "저는 그렇게 많이 변한 것 같지 않습니다. 비트코인 덕분에 오히려 진실을 말하려는 제 결의가 더 굳어졌는지도 몰라요. 어떤 사람은 비트코인을 이단이라고도 하고, 어떤 사람은 종교라고도 합니다. 저는 그 점이 흥미로운 관점이라고 생각해요. 왜냐하면 비트코인은 정말 특별하니까요. 역사상 처음으로, 협상할 수 없는 진실이 생긴 거예요. 모두가 동의하는 건, 비트코인 블록체인은 전 세계에 공유되고 있어서 논쟁의 여지가 없다는 겁니다."

나는 비트코인 세계에 만연한 불신에 대해 생각해보았다. 헬스장 중독부터 간 먹기, 심지어 '음경 햇볕 쬐기'까지, 이른바 '존버들'의 삶은 매우 다양했다. 이런 모든 행동은 영화 〈매트릭스The Matrix〉에서 묘사하는 '기존 시스템에서 탈출'을 통해 자유로워지려는 시도였다. 그라나스와 카티아가 창간한 독립 출판물 《Citadel21》에서 citadel은 비트코인 신봉자들이 멸망해 황무지로 변해버린 미래 세상을 떠나, 언덕 위 '요새'에 모여 오직 서로에게만 의지하며 무정부주의적 삶을 살아가는 모습을 그린 비트코인 밈에서 따온 것이다.

실제의 그라나스는 진지하고 겸손하며 잘 웃는 사람이다. 음모론 트윗들을 올리긴 했지만, 나는 그를 점점 좋아하게 되었다. 그 트윗들은 주로 '법정 화폐', '신뢰할 수 있는 제삼자', 그리고 거의 모든 주제에 대한 '공식적 해석'에, 회의적인 사람들 사이에 만연한 불신을 반항적으로 표현한 것이었다.

나는 재판 중 그가 자주 펼쳐 읽던 책에 관해 물었다. 그라나스는 마르쿠스 아우렐리우스Marcus Aurelius의 《명상록Meditations》이라고 했다. 그는 건강과 웰빙, 자기 계발에 몰두하는 요즘 젊은 남성들 사이에서 스토아 철학이 기본 교리처럼 퍼지기 훨씬 전인 20년 전, 톰 울프Tom Wolfe의 소설 《어느 남자의 완전한 삶A Man in Full》을 읽고 그 철학에 빠졌다고 했다. "제가 통제할 수 없는 일에 과도한 의미나 에너지를 쏟는 것은 좋지 않다는 걸 배웠어요. 대신 제가 통제할 수 있는 일에만 집중하는 게 낫다는 거죠. 그리고 이 점이 이번 재판에서도 분명히 적용됐고요." 증언하기 전에 그는 자신에게 이렇게 다짐했다고 했다. '복잡하게 생각하지 마, 그라나스. 그냥 가서 진실만 말해.' 답변이 준비된 것처럼 들리지 않도록 일부러 준비하지도 않았다고 한다. "만약 제가 재판 결과에 집착하거나, '사람들이 뭐라고 할까?', '증언대에서 어떤 질문을 받을까?' 같은 것을 생각했다면 아마 스트레스를 많이 받았을 거예요. 그리고 사실 신상 털기, 현상금, 재판 준비 같은 일들은 제 인생에서 가장 스트레스가 큰 경험 중 하나였어요. 저는 아이도 있고 제 삶이라는 게 있는데, 이 일에 너무 많은 시간이 잡아먹혔어요. 하지만 한편으론 저는 고집이 세다고 할 수도 있고 원칙주의자라고 할 수도 있는 사람입니다. 법정에서 크레이그 라이트가 사토시 나카모토라고 말할 수는 없었어요."

그라나스는 특히 개빈 안드레센에게 실망했다. 크레이그가 여전히 그의 초기 지지에 크게 기대고 있음에도, 개빈은 2016년 이후 입장을 바꾸었다. 마이애미 소송에서 증언한 그는, 캘빈 아이어가 크레이그 라이트 뒤에 있었다는 사실은 금시초문이라고 했다. 런던 호텔 지하에서 있었던 그 결정적인 장면은 '소위 증명식'이라며 비꼬았고, 크레이그는 때때로 정직하지 못하다는 점이 분명하며, 자신은 그의 "횡설수설에 완전히 속아 넘어갔다"고 말했다.

하지만 개빈은 여전히 크레이그가 나카모토라고 믿는 듯 보였다. 그는 크레이그의 행동을 두고, 혹시 '피해망상' 같은 정신적 문제 때문은 아닌지, 자신이 보낸 0.11비트코인을 크레이그가 되돌려주지 않은 것도 사실은 원래 신탁에 보관돼야 할 개인 키를 부적절하게 보유하고 있다는 사실이 드러날까 봐 꺼렸기 때문일 수 있다고 짐작했다.

그라나스는 크레이그 측 변호사 만샤우스가 개빈 안드레센에 관해 묻자 이렇게 말했다. "가능한 한 구체적으로 말씀드리면, 제 전반적인 판단으로는 안드레센은 속은 겁니다. 그런 상황을 받아들이는 건 참 고통스럽고 어렵죠. 이번 사건에서 우리는 마토니스와 안드레센이 '증거'로 활용되는 걸 봅니다. 그런데 왜 이 자리에 나와 직접 말하지 않는지 궁금합니다." 그라나스는 2020년에 트위터에서 존 마토니스에게 아직도 크레이그를 지지하는지 물어봤다고 했다. 그의 지지가 법정에서 증거로 사용되었기에, 다른 사람들에게도 영향을 주는 중요한 문제였기 때문이다. 그러나 마토니스는 그를 차단해버렸다. 그라나스는 말했다. "비트코이너들은 진실을 원하고, 검증하길 바랍니다. 그들이 싫어하는 건 '권위에 기대는 태도'입니다."

카페에서 앉아 있던 나는 왜 사토시 나카모토가 직접 나서서 크레이그에게 반박하지 않는지 궁금했다. 그라나스는 이렇게 말했다. "그럼 전 실망할 겁니다. 저는 나카모토가 절대 그러지 않을 거라고 확신해요. 남자든 여자든, 혹은 여러 명이든, 저는 나카모토가 살아 있는지조차 모르지만, 만약 그렇다고 해도 아무 행동도 하지 않을 겁니다. 설령 그가 지금 나타난다 해도, 비트코인을 통제할 수는 없습니다. 비트코인은 이제 그 자체로 독립체니까요. 실체를 드러낸다는 건 그 사람에게나 그 사람들에게나, 그리고 비트코인 프로젝트에도 좋지 않은 백해무익한 일이 될 겁니다."

나카모토가 적어도 '저는 크레이그 라이트가 아닙니다'라는 디지털 서명 메시지라도 발표할 수는 없었을까?

"그게 멋진 일이라는 건 저도 알고 있습니다. 만약 갑자기 내일 아침에 눈을 떴는데, '호들로넛를 풀어줘라 Free Hodlonaut' 같은 메시지에 서명을 해놓았다면, 당연히 엄청난 일이겠죠. 하지만 저는 그 사람들이 위험을 자초하길 원하지 않습니다. 장차 인류의 자유에 지대한 영향을 미칠 거대한 비트코인 프로젝트와 비교하면, 저라는 존재와 이 법정 공방은 작고 하찮은 지나가는 일 정도에 불과합니다. 그래서 제가 지금 이런 일에 관여되어 있다는 게 더더욱 믿기지 않습니다." 그라나스가 말했다.

그는 이번 일이 끝나면 다시 평범한 시민으로 돌아가길 바랐다.

"호들로넛 같은 사람은 계속 나타나겠지만, 아마도 전 좀 더 자유롭게 제 의견을 표현하려고 다른 계정을 사용할지도 모릅니다. 앞으로 세상이 어떤 방향으로 흘러갈지 지켜봐야겠죠."

잉에브릭트센 판사는 사건 최종 판결을 한 달 뒤로 예정했다.

앨리스터

나는 여러 가능성에 마음을 열어두려고 노력하며, 사소한 우연들을 무심코 따라가보았다. 2023년 4월 말 어느 날, 문득 나카모토의 글에서 본 단어 하나가 떠올랐다. 'hosed.'

나카모토가 자신만의 개성이나 특정한 환경, 감성을 드러내지 않는 간결한 문체를 선호하는 점을 고려할 때, 'hosed'라는 단어는 더욱 눈에 띄었다. 나는 최근에 'hosed'라는 단어를 '망했다'라거나 '완전히 엉망이 됐다'는 뜻으로 들어본 적이 없었고, 1990년대 초반 서핑 문화나 대학 내 남학생 클럽fraternity에서 사용하는 용어와 어렴풋이 연관 지어 생각하고 있었다. 온라인 자료들에 따르면 이 단어의 기원은 제1차 세계대전 당시 군대 속어라고도 했고, 1990년대 MIT대학교에서 '소방 호스로 물을 마시는 것처럼 힘든 교육'을 뜻하는 표현이라고도 했다.

나는 스크랩해둔 자료를 다시 뒤져가며 누가 'hosed'라는 단어를 썼는지 일일이 확인해나갔다. 생각보다 그렇게 잘 안 쓰는 단어는 아니었다. 사이퍼펑크들의 메일링 리스트 전성기 동안 스무 명 정도가 이 단어를 사용했다. 엑스트로피언들 사이에서는 사용 빈도가 더 낮았지만, 그 중 여러 번 사용한 인물은 마크 그랜트Mark Grant였다. 자신을 옥스퍼드 대학교 졸업생이라고 소개했고, 〈엑스트로피Extropy〉라는 잡지에 디지털 화폐에 관한 글을 썼으며, 암호학에 관심 있는 C++ 프로그래머였다. 다음으로 Metzdowd 커뮤니티를 살펴보았다. 2008년 10월 31일 사토시 나카모토가 비트코인 백서를 발표하기 전 3년 동안, 이 단어는 네 차례 사용됐고, 그중 두 번은 같은 사람인 제임스 A. 도널드James A. Donald가 썼다.

제임스는 비트코인에 관한 공개적인 논의에 크게 참여하진 않았지만, 메일링 리스트에서 사토시 나카모토에게 처음으로 답장을 보내며 비트코인 초기 역사에서는 짧게 등장한 인물이다. 그의 답장은 기술적인 지적이었고, 주로 비트코인의 확장성 문제에 관한 것이었다. 몇 차례 나카모토와 의견을 주고받은 뒤, 그는 대화에서 빠져나갔다.

다양한 인물이 수년간 사토시 나카모토 후보로 거론됐다. 특정 인물이 비트코인이나 디지털 화폐, 혹은 관련된 주제와 조금이라도 얽힌 점이 있다면, 누군가가 결국엔 그 이름을 후보 명단에 올렸다. 2014년 5월, 피니어스 게이지Phinnaeus Gage라는 사람이 비트코인톡 포럼에서 한 게시글로 새로운 논쟁을 촉발했다. '사토시 나가모도가 제임스 A. 노널드라는 확실한 증거.' 그는 제임스가 나카모토에게 처음 보낸 답글과 그에 대해 나카모토가 응답한 시간 기록을 제시하며, 나카모토가 제임스의 메시지를 읽고 답변을 작성해 보낸 데 걸린 시간이 단 42초라고 주장했다. "이건 뭐, 나카모토가 타임머신 드로리안 E=MC²DeLorean E-MC2를 타고 번개처럼 답장을 보내고, 곧장 밀리웨이즈Milliways 우주 식당으로 향했다고 상상할 수밖에 없네요." 게이지는 분명 유머 감각이 넘치는 공상과학광이었고, 이 말은 영화 〈백 투 더 퓨처Back to the Future〉에 나오는 타임머신 자동차와 소설 《은하수를 여행하는 히치하이커를 위한 안내서 The Hitchhiker's Guide to the Galaxy》에 나오는 시간과 공간의 끝자락에 존재하는 식당을 동시에 패러디한 화려한 농담이었다.

이 이론의 유일한 문제는, 게이지가 원글이 아니라 복사본에 있는 시간 기록을 참고했다는 점이다. 이메일이 처음 올라온 곳인 Metzdowd 메일링 리스트의 원본 시간 기록을 보면, 실제로는 나카모토가 그렇게 빠르게 응답하지 않았다. 거의 두 시간이 걸렸다. 게이지는 머쓱하게 자신의 실수를 인정한 뒤, 자신이 올린 글 제목에 '기각됨'이라는 단어를 덧붙였다.

좀 더 엄밀한 사토시 나카모토 후보자 조사에서도 제임스의 이름이 언급된 적은 거의 없었다. 문체 분석 전문가들이 공개한 후보 명단에도 없었다. 그를 주목할 만한 특별한 이유가 없었기 때문이다. 그는 수많은 사이퍼펑크 중 한 명이었고, 디지털 화폐에 관심을 보인 인물 중 한 명일 뿐이었다. Metzdowd를 비롯한 여러 메일링 리스트에서 꾸준히 글을 올리긴 했지만, 온라인에서 그의 존재감은 모호했다. 웹사이트마다 그를 캐나다인이라거나, 사망했다거나, '제임스 A. 도널드'라는 이름이 실명이 아니라고 주장하기도 했다.

제임스도 사이퍼펑크이자 자유 지상주의자였고 C++ 프로그래밍을 했다는, 약간은 허술한 근거로 내 후보자 명단에 들어 있었다. 순위는 명단 아래쪽 42위였고, 그 앞뒤로는 내가 왜 추가했는지 기억나지 않는 아쉬쉬 굴하티Ashish Gulhati라는 인물과 영국의 한 조사자가 '정체불명의 후보'라고 묘사한 사람이 있었다.

'hosed'라는 우연의 일치에 흥미가 생긴 나는 다시 사토시타이저 프로그램으로 스크랩한 자료들을 분석하며 작성한 희귀 단어 목록을 살펴보았다. 이 목록은 특정 자료에서 가장 드물게 등장하는 나카모토 특유의 단어들이었다. 만약 나카모토가 사용한 독특한 단어가 그가 진짜 이름으로 활동했을 법한 메일링 리스트에서 역시 희귀 단어로 발견된다면, 그것이 그의 가명을 실제 인물과 연결해주는 실마리가 될 수도 있다고 생각했다. 제임스가 나카모토의 다른 희귀 단어들도 사용했는지 확인해봐야 했다.

내 생각이 맞았다. 제임스는 내가 20년 동안 수집한 모든 목록에서 'fencible'이라는 단어를 사용한 유일한 인물이다. 'fencible'은 훔친 물건이 '장물로 팔 수 있는'이라는 뜻으로, 나카모토가 'non-fencible'이라는 표현으로 한 번 사용한 적이 있는 단어다. 그리고 이 단어는 1998년 10월 사이퍼펑크 메일링 리스트에 제임스가 올린 글에도 등장했다.

내 머릿속에서 무언가 반짝였다.

'fence' ●라는 동사는 꽤 흔한 속어지만, 형용사 'fencible'은 매우 드문 단어다. 구글에서 검색해보니 인터넷상에 거의 사용례가 없었다. 1857년부터 1,300만 건이 넘는 기사가 누적된 〈뉴욕타임스〉 일간지 아카이브를 조회했을 때도, 내가 관심 있는 의미로 'fencible'은 단 한 번도 등장하지 않았다(다른 의미로, 20세기 이전의 방어군 부대를 뜻하는 명사로는 나타났다). 그다음, 언어학자들이 단어의 희귀성을 평가할 때 사용하는 사이트들을 확인했다. 미국 현대 영어 코퍼스_{Corpus of Contemporary American English}(약 10억 단어)와 글로벌 웹 기반 영어 코퍼스_{Corpus of Global}

● '장물아비 역할을 하다, 도둑질한 물건을 팔다'라는 뜻.

(약 20억 단어) 어디에도 'fencible'은 없었다. 176억 단어가 수록된 뉴스 온 더 웹News on the Web 전집에서는 2017년 뉴질랜드 뉴스 사이트에 실린 소매 절도에 관한 인용문에서 단 한 차례 등장했다.

가령 '신뢰할 수 있는 제삼자'나 '영지식증명zero-knowledge proof'● 같은 단어는 외부인의 눈에는 결정적인 단서처럼 보일 수 있지만, 디지털 화폐나 암호화 전문가들의 대화를 가까이 들여다보면 그리 특별할 게 없는 용어다. 반면 'fencible'이나 'hosed' 같은 단어는 암호학이나 컴퓨터과학에만 국한된 말이 아니었고, 오히려 화자의 개성을 더 잘 드러내는 표현이었다.

나는 제임스를 더 자세히 조사해보았다. 그는 사이퍼펑크, 엑스트로피언, Metzdowd, P2P 해커, 코더펑크Coderpunks●● 등 나카모토가 활동했을 법한 여러 메일링 리스트에서 활발히 글을 올렸다. 글을 쓰며 개인정보를 거의 누설하지 않았지만, 드문드문 흩어진 단서들이 있었다. 그는 호주인이지만 실리콘밸리에서 여러 해를 보낸 경험이 있고, 이는 나카모토의 글 게시 시간과 일치했다. 또한 나카모토처럼 미국식과 영국식 철자를 혼용해 사용했다.

제임스는 이념적으로 강경한 사이퍼펑크였다. 그의 자유 지상주의는 사실상 무정부 자본주의에 가까웠고, 암호학이 세상을 바꿀 수 있다는 신념은 아주 강렬했다. 1996년, 그는 사이퍼펑크 메일링 리스트에 이렇게 썼다. "좋아, 친구들, 이게 우리의 계획이야. 우리는 고등수학으로 국가를 파괴할 거야. 지금의 제도적 기업 메커니즘을 암호 기반 메커니즘

●　　정보를 노출하지 않고 진위를 증명하는 방식.
●●　자유 소프트웨어, 프라이버시, 분산 기술에 관심이 많은 해커 성향의 개발자 집단.

으로 대체함으로써 말이지. 그렇게 되면 더 많은 사람이 세금을 안 내고 저항할 기회를 갖게 될 거야.”

그는 디지털 화폐에 특별한 관심이 있었다. 1995년에는 이런 글을 남겼다. “결국 사람들은 은행을 거치지 않고 직접 서로 자금을 이체할 것이다. 그렇게 은행 수수료는 0으로 떨어질 것이다. 은행들은 점차 엄청나게 수익성이 높은 자금 이체 사업을 통제하지 못하게 될 것이다.” 1998년에는 이렇게 썼다. “그것이 앞으로 남아 있는 큰 전투다. 넷머니Net money. 적당히 유동적이고, 많은 사람이 소유하며, 많은 사람이 쓰는, 상품과 서비스로 쉽게 전환할 수 있는 돈.” 내가 기억하기로는, 나카모토가 Bitcoin.org 도메인을 등록한 것과 거의 같은 시기에 제임스는 Netcoin.com 도메인을 등록했다. 2006년부터 2009년 사이 제임스는 Metzdowd에서 나카모토가 쓴 전자화폐 관련 어휘들을 그 누구보다 더 많이 사용했다.

다음은 제임스의 프로그래밍 스타일을 살펴보았다. 1990년대 후반 사이퍼펑크 메일링 리스트에서 그는 PGP를 개선하기 위해 고안된 통신 암호화 소프트웨어인 ‘Crypto Kong’을 홍보했다. 제임스는 이 소프트웨어를 비트코인 개발에 사용된 것과 같은 C++ 언어로 작성했다. 웨이백 머신Wayback Machine●을 통해 소스코드의 보관본을 찾아보니, Crypto Kong은 비트코인과 여러 면에서 닮았다. 제임스 역시 나카모토처럼 윈도즈용 소프트웨어를 코딩했고, 좀 더 특이한 점은 헝가리식 표기법을 사용했다. 나카모토처럼 제임스도 긴 빗금 줄로 코드 섹션을

● 인터넷 아카이브(Internet Archive)는 비영리단체로 웹사이트, 책, 영상 등 다양한 디지털 자료를 보존하는 온라인 도서관 역할을 하는데, 여기서 제공하는 웹사이트 과거 버전 저장 서비스.

구분했다. 비트코인과 마찬가지로, Crypto Kong도 타원 곡선 암호화
Elliptic Curve Cryptography를 사용해 개인 키와 공개 키 쌍을 생성했다.

어떤 온라인 데이터베이스에서 제임스에 관한 추가 정보를 얻었다.
초기 비트코인 개발자들은 코딩 스타일을 근거로 나카모토가 나이가 다
소 많으리라 추측했는데, 제임스는 1952년생으로 현재 70세 정도였다.
그는 사생활을 철저히 지켰으며, 온라인 흔적 역시 철저하게 관리했다.
수만 자에 달하는 글을 자신의 블로그와 다른 블로그에 게시하며 인터넷
에 많이 노출된 듯 보였지만, 사실상 그는 존재감이 거의 없었다. 트위터,
페이스북, 링크드인 같은 SNS에 자기 이름으로 된 계정조차 없었다. 그
의 280만 달러짜리 캘리포니아주 팔로알토 소재 주택과 40만 달러짜
리 텍사스주 오스틴 주택은 구글 거리 뷰에서 모자이크 처리되어 있었
다. 구글에 정식으로 요청하거나, 제임스의 두 아들 중 한 명이 구글에
서 일하기 때문에 가능했을 조치였다. 제임스의 사진을 쉽게 찾을 수 없
었다. 나카모토처럼 그는 스위스에 있는 개인정보 보호에 중점을 둔 이
메일 서비스인 프로톤메일Proton Mail을 사용했고, 이메일 주소 앞부분
은 무작위로 보이는 여러 개의 자음과 모음 한 개의 조합이었다. 'Jim's
Blog'라는 이름의 블로그를 운영했지만, 성은 밝히지 않았다. 그는 블
로그 독자들에게 "오랫동안 세상과 단절된 시간을 보냈다"고 말했다.

찰칵, 찰칵, 찰칵. 마치 자물쇠의 핀들이 하나씩 맞물려 들어가는 느낌
이었다.

제임스가 나카모토 후보에서 제외된 이유 중 하나는 그가 나카모토에
대해 비판적인 반응을 보였기 때문일 수도 있다. 게다가 단순히 구글 검
색만으로는 그를 찾기 어려웠다. 워낙 치밀하게 자신의 정체를 감춰와
서 뭔가를 알아낸 듯해도 금세 한계에 부딪히기 일쑤였다. 깊이 파고들

만한 이유가 없다면 자연스럽게 그를 제쳐두고 더 직관적인 나카모토 후보자들 쪽으로 시선이 갈 수밖에 없었다.

이제 나는 제임스가 나카모토에게 보인 반응에서 더 중요한 사실은 그 내용보다 그가 가장 먼저 반응했다는 점이라는 생각이 들었다. 2008년의 나카모토를 떠올려보았다. 이제 막 자신의 천재적인 작품을 세상에 내놓았지만, 아무런 반응이 없었다. 그래서 관심을 유도하기 위해 자신을 향한 비판을 시작한 건 아닐까. 진심이었을 수도 있다. 닉 사보는 이렇게 썼다. "다른 사람들과의 논쟁은 물론, 자기 자신과의 논쟁도 중요하다. 나는 이것을 '양자 사고'라고 부르는데, 이는 종종 서로 모순되는 가능성을 동시에 고려하도록 요구한다." 이러한 행동은 결과적으로 제임스가 이 일에 어떤 역할을 했는지 감추는 효과도 있었다.

제임스는 할 피니나 닉 사보만큼 여러 자격 조건을 갖추지 않아도 되었다. 예를 들어, 영국식 영어를 일관되지 않게 사용하는 척할 필요도 없었을 것이다. 그리고 만약 할 피니가 또 다른 자아로부터 자신에게 비공개 이메일을 보냈다는 걸 믿을 수 있다면, 제임스가 공개 포럼에서 가짜 계정을 통해 자신과 대화했다고 믿는 건 훨씬 더 믿기 쉬운 일이었다. 할이나 닉과 달리, 제임스는 자신이 나카모토가 아니라고 부인한 적도 없었고, 내가 아는 한 그런 질문을 받은 적조차 없었다. 그는 자신의 블로그에서 비트코인에 대해 '최종 시스템으로 사용하기엔 너무 이른 시제품 단계'라는 의견을 남기기도 했다.

'Jim's Blog'에서는 몇 가지 단서가 더 드러났다. 2008년 10월 31일 직전, 제임스는 금융 위기에 집중하고 있었다. 10월 11일에 쓴 글 제목은 '위기의 원인'이고, 글은 이렇게 시작되었다. "구제금융은 실패할 것이다." 비트코인 제네시스 블록에 삽입된 〈런던타임스〉의 헤드라인은 무엇이었는가? '영국 재무장관, 두 번째 은행 구제금융 임박.' 다음 달에는 제임스가 '영국의 퇴보'에 관해 블로그에 글을 올렸다.

블로그는 나카모토가 소위 '그만둔 이유'에 대한 답도 제공했다. 제임스의 아내는 2016년 4월, 오랫동안 끔찍한 병을 앓다가 세상을 떠났다. 만약 제임스가 나카모토라면, 이것이 프로젝트에서 떠난 이유를 설명해주지 않을까? 그는 책임감과 슬픔에 짓눌린 남편이었을 것이다.

무엇보다도, 'Jim's Blog'에는 나카모토에 관한 가장 난해한 질문, 곧 왜 가명을 선택했고, 또 끝까지 그 가명을 고수했는지에 대한 설득력 있는 답이 있었다.

내가 늘 궁금했던 건, 사토시 나카모토의 미스터리가 밝혀지는 것보다 그 미스터리 자체가 더 흥미로울 수도 있다는 점이었다. 워싱턴에서 딥 스로트가 누구인지 추측하는 일은 워터게이트 사건에 수십 년간 생동감을 불어넣어준 오락거리였지만, 막상 그가 마크 펠트라는 사실이 밝혀졌을 때는 별다른 감흥이 없었다. 그 미스터리는 우리의 상상을 사로잡았지만, 그 인물 자체는 그리 인상적이지 않았다.

비트코인 출시 전에 할 피니와 함께 나카모토의 코드를 검토한 레이 딜린저는 다음과 같이 말했다. "나카모토의 정체는 중요하지 않다. 비트코인 프로토콜은 그 자체로 의미가 있다. 창시자가 후진국 독재자든, 중앙아메리카의 작은 나라 벨리즈의 다리 밑에서 사는 노숙자든, 낙타를 타고 비르 타윌 Bir Tawil • 을 횡단하며 휴대전화로 작업하는 유목민 아랍 여성이든, 나이로비의 노점상이든, 혹은 NSA에서 일하는 암호 해독

• 이집트와 수단 사이, 국제법상 아무도 공식적으로 영유권을 주장하지 않는 무주지.

가든, 러시아 총정보국GRU에서 월급을 받는 '트롤 농장troll farm'● 직원이든, 유명한 보안 연구원이든 사이퍼펑크든, 프로토콜은 똑같다. '나카모토'는 그 프로토콜 밖에선 존재하지 않는다. 나카모토는 그 프로토콜을 개발하는 동안 누군가가 쓴 가면일 뿐이다. 그리고 그 가면을 누가 썼는지는 중요하지 않다."

나도 어느 정도는 동의했다. 나카모토가 이미 많은 사람이 그일 거라고 짐작하는 닉이나 할이라면, 그 사실이 확인된다고 해도 새로울 게 없을 것이다. 반대로 그가 아무도 들어본 적 없는 사람이라면? 그 경우엔, 그의 이름을 안다는 것, 그가 이름도 생소한 어느 동네에 사는 똑똑한 대학원생이고, 현실에선 컴퓨터 앞에서만 살면서 우연한 통찰 하나로 비트코인을 만들어냈다는 걸 알게 된다면 그냥 '지식' 하나 더 얻는 일처럼 느껴질 것이다. 그의 '진짜 이름'을 안다고 해서, 우리가 뭘 더 알게 되는 건 아니었다.

'Jim'은 자신의 정체나 거주지를 드러내는 구체적인 내용을 거의 언급하지 않았지만, 그의 글이나 댓글에서 단서들이 드문드문 나타났다. 그는 자유 지상주의자나 암호 무정부주의자가 되기 전에는 급진 좌파였다. 15세 때 트로츠키주의Trotskyite●● 분파인 스파르타쿠스파Spartacist에 가입했으나, "스파르타쿠스파에 환멸을 느꼈고, 직접민주주의에도 실망했으며, 대의민주주의도 별로 좋아하지 않았다"고 말했다. 17세 때는 무정부 사회주의와 마오쩌둥Mao Zedong의 사상과 혁명 이론을 따르는 마오주의자 집단 같은 급진 단체에 가입했는데, 그 이유는 주로 이 두

●　공장처럼 운영되며 악의적 댓글, 게시물, 가짜 계정 등을 양산하는 조직.
●●　마르크스 사상의 한 갈래로 프롤레타리아 정치 혁명을 강조함.

집단이 트로츠키주의자들에게 가장 미움을 받는 집단이기 때문이었다. 결국 그는 자유가 재산권에 있다고 결론 내렸고, 무정부 자본주의자가 되었다. 자신의 암호화 소프트웨어 'Crypto Kong'의 이름을 홍콩에서 따왔는데, 이는 '국가 억압에 대한 저항의 상징'이었다. 분명히 자신을 어떤 '-주의자'로 규정하는 것을 즐겼다.

그는 1970년대에 발표한 논문 두 편의 저자로 온라인에 또 다른 흔적을 남겼고, 나는 시드니대학교 물리학부 대학원생 시절 그를 알고 지낸 사람들과 이야기를 나눴다.

당시 학과 교수였던 밥 휴잇Bob Hewitt은 제임스의 입학 지원 과정에서 면접관이었다. 멜버른에서 온 제임스를 그는 '보헤미안' 같았다고 기억했다. 시드니에 살 곳은 정했냐는 질문에, 당시 샌디라는 이름으로 알려진 제임스는 걱정 없다며 다리 밑에서 자면 된다고 했다고 한다. 밥은 이렇게 말했다. "꽤 괜찮았어요. 사람 좋고 친근한 친구였죠. 그냥 좀 이상했을 뿐이에요."

한번은 제임스가 이런 말을 했다고 한다. 당시 학생 운동가들이 즐겨 쓰던 화염병은 던지기 전에 안에 든 액체가 잘 섞이도록 흔들어줘야 했는데, 그 과정이 번거롭다는 것이었다. 그는 그중 하나의 성분을 용매로 대체하면 흔드는 과정을 생략할 수 있다는 아이디어를 떠올렸다. 제임스는 그 액체를 담은 병들을 물리학과에 보관해두었고, 다른 학생 한 명을 끌어들여 함께 실험했다. 밥은 어느 날 퇴근하려고 버스를 기다렸는데, 어디선가 작은 폭음이 들렸다. 다음 날 그가 "어제 그 소리, 너였냐?"고 묻자, 제임스는 "괜찮아요. 폭발까진 아니고, 그냥 불길만 좀 있었어요"라고 답했다고 한다.

다른 일화도 있다. 한번은 밥이 제임스와 다른 물리학과 학생들을 점심에 집으로 초대했다. 식사 후 모두가 돌아간 뒤, "제임스 차를 얻어 탄 학생들한테서 전화가 걸려왔어요. 다들 '무사히 도착했어요'라고 말하긴 했는데, 그 귀갓길이 상당히 아찔한 경험이었다"고 했다고 한다. 길이 막힌 지점에 진입 금지를 알리는 흙더미가 있었는데, 제임스는 차를 그냥 몰고 그걸 넘었다는 것이다.

제임스가 쓴 논문 중 하나는 초심리학parapsychology을 다룬 것이었다. 〈시간 대칭 열역학과 인과성 위반Time-Symmetric Thermodynamics and Causality Violation〉을 공저한 대학원 동료 브라이언 마틴Brian Martin은 예지 능력을 수학적으로 설명할 수 있다는 발상은 제임스가 낸 것이라고 말했다. 브라이언은 훗날 제임스를 이렇게 묘사했다. "제임스는 천재적이지만 이해하기 어려운 과학자라는 고정관념에 실제로 어느 정도 들어맞는 보기 드문 인물이에요. 자기한텐 너무나 자명해서 굳이 설명할 필요가 없다고 여긴 논증 단계를 툭툭 건너뛰었죠. 하지만 그 하나하나가 다른 사람들에겐 이해하기 힘겨운 과정이었어요."

제임스는 끝내 박사 과정을 마치지 못했다. 모든 학생이 학술 발표를 해야 하는데, 밥의 기억에 따르면 "발표 시간은 원래 50분인데, 제임스는 10분 만에 끝냈고 질문도 거의 없었어요. 아무도 그가 무슨 말을 하는지 이해하지 못했거든요. 제임스가 천재로까지 불릴 정도는 아니지만, 논문을 설명하는데 전혀 이해할 수 없었어요." 결국 제임스는 박사 논문인 〈특이점 정리의 전제와 우주의 재생 가능성Assumptions of the Singularity Theorems and the Rejuvenation of Universes〉이 통과되지 못하자 박사 과정을 중도에 그만두게 됐다. 밥은 제임스가 지도교수의 압박에 못 이겨 논문을 서둘러 발표하며 그런 참혹한 결과가 나왔다고 믿었다.

제임스는 학계에 진출하는 대신 애플 컴퓨터용 소프트웨어 개발을 시작했다. 그중에는 '샌디의 워드 프로세서Sandy's Word Processor'와 고속 디스크 운영 체제가 있다. 이후 제임스는 미국으로 건너가 Epyx사에서 비디오 게임을 프로그래밍했으며, 나중에는 Informix 같은 데이터베이스 회사에서 근무했다. 나카모토는 한때 할 피니에게 보낸 이메일에서 데이터베이스 용어에 대해 의도적으로 이렇게 썼다. "일반인에게 '로그log'는 마음대로 삭제하라는 뜻이지만, 데이터베이스 전문가에게는 삭제하면 다른 모든 파일이 다 날아가는 걸 의미합니다." 또 나카모토는 비트코인의 위키피디아 페이지에 대해 "삭제되지 않길 바랍니다. 만약 삭제된다면, 그 결정을 뒤집는 게 쉽지 않을 겁니다. 조직이란 일단 결정이 내려지면 고수하려 드니까요"라고 썼다. 이후 나카모토는 이 발언을 수정하며 "적어도 저는 그렇게 생각합니다. 보통은 그렇지만, 위키피디아는 다를지도 모르겠습니다"라고 덧붙였다. 제임스는 위키피디아 편집자이기도 했다.

'Jim's blog'를 꼼꼼히 살펴보니, 제임스는 비트코인과 그 취약점에 대해 맹목적으로 찬양하지 않으면서도, 깊이 있고 신뢰할 만한 식견이 있었다. 그는 분명 비트코인을 자신이 원하는 특정 미래로 가는 디딤돌로서, 긴 역사적 관점에서 바라보았다. 한 독자의 댓글에 답하며 그는 이렇게 주장했다. "나는 나카모토가 누구인지, 그리고 그의 정치적·사회적 목표가 무엇인지 알고 있다." 그러나 내가 발견한 가장 흥미로운 점은 그것이 아니었다.

나는 비트코인 세계에서 널리 퍼진 '사토시 나카모토는 반드시 선한 인물일 것'이라는 가정을 믿은 적이 없었다. 비트코인 지지자들이 나카모토를 신과 같은 존재로 치켜세우는 것은 희망적인 투사에 불과하다고 항상 생각해왔다. 그들은 그가 이타적이고 겸손하며 인류를 고양하기 위해 미래에서 온 존재라고 믿었고, 할 피니는 그런 이미지에 딱 맞아 특히 매력적인 사토시 나카모토 후보가 되었다.

제임스는 그렇지 않았다. '자유 없는 세상에서의 자유^{Liberty in an Unfree World}'라는 부제를 단 자신의 블로그 글에서, 그는 실리콘밸리의 일부 사람을 매료시킨 인터넷 이념인 신반동주의^{neoreaction}를 옹호했다. 신반동주의자들은 세상을 어둡게 바라보았다. 그들은 사회가 '대성당^{Cathedral}'이라 부르는 학계, 언론, 관료 엘리트에게 장악되었다고 믿었고, 사회 정의를 실현하려는 노력을 경멸했다. 그들이 주장한 최선의 길은 민주주의를 버리고 군주제를 복원하는 것이었다. 제임스의 신반동주의는 특히 노골적인 기독교적 요소와 풍부한 편집증적 시각을 포함했으며, 그는 코로나19 팬데믹을 예수회의 음모로 돌렸다.

화려한 정치관과 더불어, 제임스는 인종차별적이고 동성애 혐오적이며 여성 혐오적인 언사와 의견을 꾸준히 내놓았다. 그는 너무 거칠어서 1990년대에는 엑스트로피언스 메일링 리스트에서 퇴출당했고, 2014년에는 IQ 과학처럼 금기시되는 주제의 토론을 일정 부분 허용해온 실리콘밸리의 영향력 있는 블로그 슬레이트 스타 코덱스^{Slate Star Codex}에서도 차단당했다. 그러나 제임스는 라오스의 비교적 검열하기 어려운 도메인에 호스팅된 자신의 블로그라는 안전한 공간에서 "여성은 엉덩이나 등 위쪽을 채찍질해 다스려야 한다"고 적었고, "강간 혐의 대부분은 사실이 아니다. 문제는 성인 남성의 어린 소녀를 향한 성욕이 아니라, 어린 소녀, 특히 놀랄 만큼 어린 소녀의 성인 남성을 향한 성적 욕구다"라고 주장했다. 제임스는 이른바 대안 우파^{alt-right}로 불리는 극우 블로그 세계에서 적지 않은 추종자를 거느렸으며, 그의 게시글 중 일부는 천 개가 넘는 댓글을 받기도 했다.

만약 제임스가 나카모토라면, 그가 비트코인을 세상에 내놓으며 가명을 쓴 건 너무도 당연한 선택이 아니었을까? 그는 너무 독설적이고 해로운 인물이기에, 그와의 연관성만으로도 그의 천재적 발명은 태어나자마자 목이 졸렸을 것이다. 그는 자신의 작품을 누가 만들었느냐가 아니라 그 자체로 평가받기를 원했을 것이다. 만약 제임스가 나카모토라면, 지금 그가 내세우는 파시스트 정치 성향은 비트코인 지지자들이 중시하는 반권위적 사이퍼펑크의 가치와는 닮은 점이 거의 없었다. 제임스는 비트코인이 자신에게 위협이 될 수 있어서가 아니라, 자신이 비트코인에 위협이 될 수 있기에 자신을 숨겼다.

비트코인은 전부터도 평판에 문제가 있었다. 암호화폐가 지나온 거품과 폭락의 주기마다, 기대와 흥분, 과도함과 사기의 조합이 되풀이되었다. 매번 거품은 이전보다 더 컸고, 폭락 역시 더 거대해졌다. 가장 최근의 상승장에서는 비트코인 한 개 가격이 6만 9,000달러라는 최고치를 찍었고, 이후 붕괴 과정에서 암호화폐 거래소 FTX는 역사상 최대 규모의 금융 사기 사건 중 하나로 기록되었다. 비트코인 지지자들은 이 사기들이 비트코인 자체와는 무관하다고 정당하게 주장할 수 있었다. 사실 이런 사기 사건들은 비트코인이 탈중앙화를 통해 해결하려 한 '신뢰할 수 있는 제삼자' 문제를 여실히 보여주는 사례였다. 그러나 정부와 은행을 거치지 않고, 익명성을 중시하는 비트코인의 특성상, 비트코인 자체 역시 이러한 사기 문제와 완전히 무관하다고 보기는 어려웠다.

나는 암호화폐 커뮤니티에 제임스가 나카모토라는 사실을 알고 있거나 의심하는 사람들이 있을까 궁금했다. 과연 나만 이 어두운 진실을 우연히 발견한 걸까? 만약 나카모토가 도리언 나카모토처럼 해롭지 않은 일반인이라면, '나카모토는 사생활을 존중받아야 한다'는 입장은 적어도 합리적이었다. 만약 나카모토가 독재 정권 아래에서 숨어 사는 반체제 인사라면, 나 역시 그의 비밀을 보호하고 싶었을 것이다. 하지만 나카모토가 제임스라면? 그건 비트코인의 창시자를 명예와 부를 포기한 암호화폐 세계의 구세주로 보거나, 세상이 경배해야 할 수줍은 천재라는 이야기를 무너뜨리는 일이다. 혹시 '나카모토는 사생활을 존중받아야 한다'고 주장하는 이들 중 일부는 독설가이자 아동 성 학대 옹호자인 제임스가 비트코인 창시자라는 사실이 비트코인 이미지에 큰 타격이 될 것을 알고, 사실상 그들 종교의 명성과 투자 가치 보호를 위해 감추는 것은 아닐까? 2020년 6월, 누군가가 비트코인 유튜브 인플루언서에 대해 "아직 성인으로 떠받들지는 말자"고 트윗하자, 나카모토 후보 중 한 명인 애덤 백이 이렇게 답했다. "아마 나카모토를 공식적으로 부정할 준비를 해야 할지도 모릅니다. 만약을 위해 가명까지도 완전히 지워버립시다."

제임스 외에도 후폭풍을 일으킬 수 있는 나카모토 후보는 또 있다. 닉 사보는 최근 몇 년 사이 트위터에서 과격한 인물로 변해, 극보수 성향의 방송인 터커 칼슨Tucker Carlson의 글을 리트윗하고, 선거 사기와 '흑인의 생명도 소중하다Black Lives Matter' 운동에 분노를 쏟아냈다. 결국 그는 트위터를 떠났고, 제임스가 'Jim'으로 활동하던 우파 성향의 트위터 대안 플랫폼 갭Gab에 글을 올리기 시작했다. 이디리움의 비탈릭 부테린은 이렇게 말했다. "닉 사보의 몰락을 지켜보는 건 정말 슬펐습니다. 우리는 그를 기려서 암호화폐의 백만분의 일(1/1,000,000) 단위에 그의 이름을 붙이기까지 했는데…….☹"

사이퍼펑크 전성기 이후, 팀 메이는 산타크루즈산맥 자락 외딴집에서 고양이 '니체'와 방대한 총기 수집품을 벗 삼아 홀로 지내며 정신적으로 점점 불안정해졌다. 그의 말년은 인종적 증오(그는 과거보다 더 노골적인 표현을 써가며, 흑인, 유대인, 히스패닉계 미국인 3,500만 명을 "가스실로 보내버려야 한다"고 썼다), CIA 음모론, 그리고 동네 타코 집에 남긴 온라인 리뷰가 뒤섞여 있었다. 결국 그는 술에 절어 생을 마감했다. 돌이켜보면, 수학으로 유토피아를 건설하고 과학으로 죽음을 초월하고자 하는 사람들이 결국 인간이라는 한계에 좌절하며 극도로 소외된 삶을 살다 갈 수밖에 없다는 건 어찌 보면 당연했다.

비트코이너들은 사토시 나카모토가 누구인지 중요하지 않다고 자주 이야기했다. 그리고 만약 그가 누구인지 모른다면, 그 말이 사실일 수도 있다. 하지만 사실 그들은 나카모토가 끔찍한 인물이 아니길 바랐다. 비트코인은 아직 세상에서 인정받지 못하고 있었다. 그래서 비트코이너들은 항상 '존버'와 '잡코인'에 대해 떠들어댔다. 비트코인과 나쁜 나카모토는 어울리지 않았다. 만약 제임스가 나카모토라면, 여성, 아이, 흑인, 성소수자, 그리고 위험 회피적인 기업을 더 이상 끌어모으기란 어려웠을 것이다. 증오를 조장하고 소아성애를 옹호하는 인물이 만든 제품을 사용하는 걸 불편해하는 사람은 말할 것도 없다. 그리고 만약 비트코인이 더 나은 미래로 가는 다리라고 믿고, 사기꾼 떼가 비트코인 브랜드에 입힌 피해를 걱정하는 사람이라면, 창시자가 끔찍한 인물로 밝혀지는 일이 비트코인 기술에 지울 수 없는 오점을 남기고 인류의 진보를 가로막을 거라고 우려할 수밖에 없었다.

세상에서 가장 큰 비밀 하나를 혼자서만 알고 있다는 묘한 기분이 들었다. 나는 기자로서의 대성공이 가져올 영광을 상상하며, 나보다 앞서 나카모토를 추적한 조슈아 데이비스, 애덤 페넨버그, 리아 굿맨, 앤디 그린버그, 그웬 브랜원 같은 이들이 느꼈을 법한 도취감에 빠졌다.

나는 또 다른 우연의 일치들을 발견했다. 제네시스 블록에 언급된 〈런던타임스〉의 헤드라인, '영국 재무장관, 두 번째 은행 구제금융 임박'에서 재무장관은 앨리스터 달링Alistair Darling이다. 제임스 A. 도널드James A. Donald의 'A.'는 바로 앨리스터다. 이런 우연이 있을까? 분명 부활절 달걀 같은 숨겨진 의미가 있었다. 제임스는 하와이에 부동산을 여러 채 소유하고 있었다. 2008년 6월 19일, 애덤 백이 사토시 나카모토에게서 첫 이메일을 받기 두 달 전, 〈호놀룰루 스타 애드버타이저Honolulu Star-Advertiser〉는 제2차 세계대전 참전용사인 84세의 '사토시 나카모토' 부고 기사를 실었다. 제임스는 가명을 정할 때 이 이름을 차용한 것일까?

나는 뒤를 돌아보는 일이 잦아졌다. 몇 년 전, 편집증을 자극하는 또 다른 취재를 하면서, 사놓고 묵혀둔 문서 파쇄기를 꺼냈다. 내 휴대전화의 프라이빗 릴레이private relay● 설정을 켜서 IP 주소도 감췄다. 공공장소에서는 내 노트북 화면을 누가 볼까 봐 신경이 쓰였다. 제임스를 메모할 때는 그의 이름 대신 이니셜만 썼다. 몇 달간 연락이 없던 닉 사보가 내가 누군가와 연락한 직후 이메일을 보내왔다. 우연으로 보기엔 석연치 않은 구석이 있었다.

나는 제임스에게 인터뷰 요청 메일을 보냈다. 며칠 뒤, 놀랍게도 그에게서 답장이 왔다. "이메일로 얘기하는 게 편하겠네요." Jim은 그렇게 적었다. 다만 전화나 화상통화도 가능할 수는 있는데, 며칠 뒤에 알려주겠다고 했다.

왜 특정 통신 방식을 선호하는 걸까? Jim이 인터넷 연결이 불안정한 곳에 있는 게 아니라면, 그게 문제가 될 이유는 딱히 떠오르지 않았다.

●　　사용자의 실제 위치나 신원을 추적하기 어렵게 IP 주소를 숨기는 기능.

2009년, 나카모토는 "안타깝게도 제가 있는 곳에서는 외부와 연결이 어렵습니다. 그래서 일하기가 좀 더 힘듭니다"라고 썼다. Jim은 혹시 하와이 외딴집에서 가까운 동네의 인터넷 카페에서 글을 보내고 있는 걸까? 아니면 자신이 어느 시간대에 있는지 들키고 싶지 않았던 걸까?

두 달이 지나도록 Jim은 시간을 내주지 않았다. 그쯤 나는 직접 그를 찾아가기로 마음먹었고, 먼저 무엇을 해야 할지 따져보았다. 나는 그가 하와이에 있거나, 혹은 이미 세상을 떠난 아내가 묻힌 호주에 돌아가 있을 거라고 짐작했다. 그의 위치를 먼저 확인해야 했고, 어쩌면 예전에 뉴스 프로듀서로 일한 내 여동생이 조언해준 대로 몇 가지 사전 준비도 해야 할지 모른다.

Jim이 나카모토일 수 있다는 생각에 제동이 걸리는 지점이 딱 하나 있었다. 나카모토는 의사소통 과정에서 분명한 감정선을 보여줬다. "정말 고맙습니다"라는 감사 표현, "유감입니다" 같은 연민, "죄송합니다"라고 사과하는 겸손함, "저는 글쓰기보다는 코딩을 더 잘합니다" 같은 자기 절제된 태도 같은 것은 Jim과 너무도 달랐다. 나는 Jim이 수년에 걸쳐 남긴 글들을 훑으며, 공감이나 감사, 열정의 흔적을 찾아보려고 애썼다. 느낌표 하나, 사과 한마디, 감사 표현, 혹은 어떤 공감이나 연대감이라도. 하지만 감정이 없는 건조한 문장들뿐이었다.

Jim이 나카모토라는 확신이 커지고, 이를 뒷받침하는 증거가 하나둘 늘어날수록, 나는 반박 증거를 받아들이기는커녕 애초에 찾으려는 마음조차 사라지고 있다는 걸 깨달았다. 지금 당장이라도 내 가설을 뒤엎을 무언가를 마주하게 될지 모른다는 불안감이 엄습했다. 그래서 그를 만나러 비행기에 오르기 전, 먼저 해야 할 일이 하나 더 남았다는 걸 알았다.

39장

글쎄……

벤 로리Ben Laurie는 웨일스에 있는 자신의 농가에서, 자연석 벽과 천장에 노출된 서까래가 있는 탁 트인 사무실에 앉아 있었다. 밝은 파란색 티셔츠 위에 베이지색 플리스 재킷[*]을 걸쳤고, 60대쯤 돼 보이는 얼굴에, 테 없는 타원형 안경을 썼으며, 흰머리에 앞머리를 살짝 세운 듯했고, 링 귀걸이를 하고 헤드셋을 쓰고 있었다.

나는 비트코인에 관해 이야기할 시간을 내줘서 고맙다고 인사했다.

"별말씀을요. 언제나 재미있는 주제니까요." 벤이 말하며 환하게 웃어주었다.

벤은 구글에서 보안 담당 수석 엔지니어였는데, 오픈소스 소프트웨어 운동의 선구자로 더 잘 알려져 있었다. 오픈소스 프로젝트를 지원하는 비영리단체인 아파치 소프트웨어 재단Apache Software Foundation을 공동 설립하기도 했다.

---

[*] 털이 보송보송한 보온용 외투.

그는 기술 전문가들 사이에서 비트코인에 대해 가장 꾸준히 비판적인 목소리를 내온 인물이기도 하다. 하지만 나는 먼저 그가 1999년에 제안하고 그 이후 10년간 계속해서 발전시켜온 디지털 현금 시스템인 루커Lucre에 관해 묻고 싶었다.

벤은 1990년대 후반, 사이퍼펑크 메일링 리스트에서 소액 결제 및 해시캐시에 관한 토론에 참여했다. "익명성을 보장하는 유일한 방안은 데이비드 차움이 제안한 방식이지만, 특허가 걸려 있어서 저는 이것저것 시도해보는 정도였어요"라고 벤은 회상했다. 그는 자신의 암호학 멘토 중 한 명인 데이비드 와그너David Wagner가 고안한 '암호학적 원시 구조cryptographic primitive'를 이용해 유사한 방식을 구현할 방법이 있다는 걸 깨달았다. "루커는 익명 디지털 화폐로, 소액 결제에 사용할 수 있을지도 모르는 시스템이었어요."

몇 초 동안 화면 속 벤의 얼굴이 멈춰 있었다. 다시 화면이 움직이며 벤이 이렇게 말했다. "인터넷이 안 돼요. 36시간째예요. 지금은 휴대폰에 테더링 중이라 좀 불안정하네요. 완전히 외진 곳에 삽니다."

나는 왜 루커가 널리 퍼지지 못했는지 물었다. "그건 학술 연구 차원에서 한 거였어요. 멍청한 실수도 몇 번 했는데 제 암호학 멘토분들이 도와줘서 고쳤죠. 그런 걸 구현할 수 있다는 걸 보여주는 게 목적이었어요. 딱히 제가 어떤 화폐를 밀고 싶었던 건 아니었고요." 그는 다른 디지털 화폐 개발 시도에는 별 관심을 두지 않았다고 했다. "RPOW는 본 기억도 없습니다. 비트코인도 마찬가지고요. 제가 그 메일링 리스트에 있긴 했지만, 아마 메일을 제대로 안 읽었을 겁니다. 전 원래 메일 관리가 엉망이라서요. 게다가 세상 돌아가는 걸 열심히 챙겨보려는 타입도 아니고요."

비트코인이 등장하기 전부터, 벤은 스팸 문제를 해결하기 위한 방식으로 고안되었다가 이후 비트코인의 핵심 구성 요소가 된 작업 증명에 대해 공개적으로 비판적인 입장을 취해왔다. 벤은 케임브리지대학교 컴퓨터과학자 리처드 클레이튼Richard Clayton과 함께, 작업 증명이 '일반 사용자 입장에서는 너무 비싸다'라는 결론을 내리기도 했다. "아이디어는 훌륭하지만, 현실과는 맞지 않죠."

2011년에 벤은 "비트코인? 글쎄요"라는 트윗을 남겼다. 자신의 블로그에는 이렇게 썼다. "친구 하나가 비트코인에 대한 갑작스러운 열풍을 알려줬습니다. 그런데 저는 묻고 싶습니다. 왜일까요? 지난 10년 사이에 무엇이 달라져서, 1999년 당시에는 잘 구현되지 않았던 제 시스템을 포함한 여러 유사한 시스템이 이제는 가능해졌다는 걸까요?" 이 글과 후속 글에는 주로 부정적인 댓글이 달렸다. 존 마토니스는 "달라진 점은 피어 투 피어 시스템이 훨씬 견고해졌다는 것이다. 벤의 친구가 벤에게 비트코인을 '알려줘야 했다'니 정말 놀랍다!"고 적었다. 주코 윌콕스는 자신도 벤이 이런 반응을 보일 줄 몰랐다며, 벤이 제대로 이해하지 않고 글을 쓴 것 같다고 지적했다.

이후 벤은 비트코인에 대한 비판을 좀 더 구체적으로 밝혔다. 그는 작업 증명을 환경 파괴적인 재앙이라 생각했고, 비트코인은 폰지 사기Ponzi scheme●라고 보았다. 벤은 탈중앙화 화폐는 본질적으로 불가능하다고 주장했는데, 어느 네트워크든 기존 전체 컴퓨팅 파워의 50퍼센트 이상을 확보하지 못하면 더 많은 컴퓨터를 동원한 쪽에 언제든 압도당할 수 있기 때문이라고 했다. 사토시 나카모토 역시 이른바 '51퍼센트 공격'의

● 　신규 투자자의 돈으로 기존 투자자에게 수익을 돌려주는 다단계 사기 수법.

위험성을 경고했는데, 그는 공격자에게는 비트코인을 손상하기보다는 코인을 채굴하는 쪽이 더 매력적인 유인이 될 것이라고 믿었다. 반면 벤은 공격자의 동기가 꼭 금전적인 것에 한정되지는 않는다고 봤다.

나는 벤에게 물었다. "비트코인에서 감탄한 부분도 있나요?"

벤은 고개를 들었다. "흠." 그는 다시 웃으며 턱을 쓰다듬었다. "별로 없어요. 설계가 꽤 형편없다고 생각하고요."

그는 다시 한번 턱을 쓰다듬으며 옆을 올려다보았다.

"굳이 꼽자면, 사람들의 상상력을 자극해서 실제로 사용하게 만들었다는 점은 조금 감탄할 만하죠. 하지만 그뿐이에요. 전혀 엉뚱한 용도로 쓰였고, 비효율적이고 낭비가 심하니까요."

그는 "검증할 수 있는 원장이라는 개념, 그러니까 블록체인 기술 자체는 정말 유용하다고 생각해서 매우 긍정적으로 봅니다. 다만 그걸 바탕으로 제대로 작동하는 탈중앙화 시스템을 만들 수 있다고는 생각하지 않아요"라고 덧붙였다.

그리고 블록체인은 나카모토가 발명한 것이 아니다. 나카모토 자신도 백서에서 그렇게 인정했다.

"그래요. 백서는 그렇게 자세히는 안 읽었어요." 벤이 말했다.

"사토시 나카모토가 누구일지 생각해본 적은 있나요?"

"아, 네. 솔직히 전혀 감이 안 잡혀요. 그렇게 많은 돈을 가졌는데도 사라져버렸다는 게 정말 흥미롭죠. 제가 생각할 수 있는 설명은 두 가지뿐이에요. 하나는 그들이 죽었거나, 다른 하나는 개인 키를 잃어버려 너무 창피해서 인정하지 못한다는 거죠."

벤은 배꼽을 잡고 웃었다.

"렌 새서맨은 어때요?"

벤은 아니라는 듯 코를 찡그렸다.

이번에도 벤은 "렌과 꽤 친했어요. 렌은 그렇게 겸손한 사람이 아닙니다. 그런 일을 하고도 입을 다물고 있을 리가 없어요"라며 웃었다.

"그럼, 할 피니는요?"

"어떤 면에서는 그가 제일 마음에 들어요. 할에게 한 가지 돋보이는 차이점이 있다면, 이미 세상을 떠났다는 거죠. 하지만 나카모토는 할이 죽기 전부터 한동안 침묵했어요. 할은 건강이 점점 나빠졌고요. 뭐, 누구도 그럴 만한 가능성은 없어 보입니다. 특히 할은 많이 아팠으니까요. 돈이 많았다면 그렇게 앓고만 있지는 않았을 겁니다." 키를 잃어버리지 않았다면.

비트코인이 바보 같은 이유와 나카모토 미스터리에 대한 벤의 생각을 모두 들어보고 나서, 나는 이렇게 말했다. "음, 이건 어때요? 코드 문체 감식에 대해 들어본 적 있나요?"

그는 잠시 생각하며 왼쪽 위를 바라보다가 말했다.

"네, 들어봤습니다."

40장

브라이언

나는 제임스 도널드를 직접 만나러 호주로 가기 전에, 확실한 증거가 필요하다고 판단했다. 제임스를 나카모토라고 밝히는 데는 전혀 거리낌이 없었다. 오히려 그에 대해 할 수 있는 가장 좋은 평가일 수도 있다. 하지만 그를 찾아가는 데 드는 시간과 비용, 노력, 그리고 자신을 '무서운 사람'이라며 총까지 들고 다닌다는 그의 이미지, 나카모토와는 감정의 결이 많이 다른 듯한 인상 등을 고려할 때, 단순한 정황적 추측만으로 행동하고 싶지는 않았다.

렉스 프리드먼은 정기적으로 '나카모토 추측 게임'을 진행하는 팟캐스터로, 2021년 6월에는 이더리움 공동 창립자이자 이후 암호화폐 카르다노Cardano를 만든 찰스 호스킨슨Charles Hoskinson과 인터뷰를 하며 또 한 번 이 게임을 벌였다.

"혹시 당신이 진짜 사토시 나카모토일 가능성도 있나요?"

"아니요." 호스킨슨은 말했다. 이어 그는 애덤 백이 '오컴의 면도날 기준으로 가장 유력한 후보'라고 생각한다고 덧붙였다. "그의 소재, 공백기, 나이, 기술력이 모두 딱 들어맞습니다." 그는 할 피니의 코딩 능력과 암호학 수준이 그다지 정교하지 못하다고 봤다. "하지만 만약 정말 궁금하다면…… 미국 육군이 작성한 '코드 문체 감식'에 관한 훌륭한 논문이 있습니다. 기계 학습 기법을 이용해 사람들이 코드를 작성하는 방식을 일종의 지문으로 만들어내는 연구입니다."

2015년에 발표된 〈코드 문체 감식으로 프로그래머 신원을 추적하기 De-anonymizing Programmers via Code Stylometry〉라는 논문은 미 육군의 지원을 일부 받아 진행된 연구로, 미국 컴퓨터과학자들이 C와 C++ 코드 샘플을 분석한 결과를 담고 있다. 연구진은 1,600명의 프로그래머에게서 각 프로그래머가 작성한 9개의 파일을 수집해 총 14,400개의 파일을 확보했다. 그런 다음 이 파일들의 작성자 정보를 익명 처리한 뒤 원작성자를 맞히는 실험을 진행했는데, 무려 94퍼센트라는 놀라운 정확도를 보였다.

대부분의 기술이 그렇듯, 코드 문체 감식 역시 선한 목적에도, 악한 목적에도 쓰일 수 있다. 이란의 한 프로그래머는 자신이 만든 무해한 사진 공유 소프트웨어가 포르노 사이트에 쓰인 소프트웨어와 문체상 유사하다는 이유로 사형 선고를 받았다. 하지만 이 기술은 악성코드 작성자를 추적하는 데 유용하게 쓰일 수도 있다.

미군 지원을 받은 연구진은 코드 중첩의 정도처럼 '쉽게 감출 수 없는' 특징들에 주목했다. 예를 들어, 단순히 함수 안에 함수가 있는 것이 아니라, 함수 안에 함수가 있고, 또 그 안에 함수가 있는 구조를 말한다. 그리고 이 논문은 비트코인 출시 7년 후에 발표되었다.

내가 코드 문체 감식법을 바로 적용해보지 않고 미뤄둔 이유는, 어느 후보에게 적용할지 더 명확히 파악하고 싶었기 때문이다. 그러던 중,

2015년 논문의 공동 저자이자 당시 뉴욕대학교 사이버보안센터^{Center for Cybersecurity} 산하 프라이버시 보안 및 자동화 연구소^{Privacy Security and Automation Lab} 소장이던 레이철 그린스타트^{Rachel Greenstadt}에게 연락했다. 레이철은 나에게 박사과정 학생 브라이언 티머먼^{Brian Timmerman}을 소개해주었다. 화상통화로 만난 브라이언은 마치 야경이 한눈에 펼쳐진 창문 앞에 앉아 있는 것처럼 보였지만, 그때가 오전 11시였고 브라이언은 캐나다 국경 근처 시골에 있었다. 그는 같은 프로그래밍 언어로 작성된 프로그램들을 비교할 때 가장 좋은 결과가 나온다고 확인해주었다.

나는 브라이언에게 보낼 코드를 구하느라 이것저것 뒤졌다. C와 C++가 비슷한 점이 많아, 유력 후보 몇 명의 코드 샘플을 구하는 데 도움이 되었다. 웨이백 머신에 숨어 있던 샘플도 꽤 있었는데, 여기에는 제임스 도널드, 할 피니, 애덤 백, 웨이 다이, 렌 새서맨, 폴 르 룩스가 포함되었다. 또한 초기 디지털 화폐를 탑재한 P2P 시스템인 모조 네이션^{Mojo Nation}●에 참여한 브램 코언과 주코 윌콕스, 〈엑스트로피〉에 디지털 화폐에 대해 글을 쓴 마크 그랜트, 매직 머니라는 디지털 화폐 시스템을 고안한 익명 사이퍼펑크 Pr0duct Cypher, 그리고 루커 개발자 벤 로리, 마지막으로 캐나다 출신의 전 PGP 프로그래머 콜린 플럼^{Colin Plumb}이라는 뜻밖의 인물도 포함했다.

2주가 지나 8월 중순 평일 점심 무렵, 브라이언이 이메일로 결과를 보내왔다. 나는 긴장이 돼서 첨부파일을 열 수가 없었다. 브라이언이 무슨

●　나는 모조 네이션 파일들을 브라이언에게 전달하며, 닉 사보와 친분이 있는 사이퍼펑크이자 더그 반스와 함께 모조 네이션을 공동 창립한 짐 맥코이가 작성한 것으로 표시했다. 하지만 짐은 나중에 이 프로젝트의 C 코딩은 브램 코언, 주코 윌콕스, 그리고 그렉 스미스(Greg Smith)가 했다고 알려주었다. 짐은 "전 파이썬이 전문입니다!"라고 말했다.(저자주)

결과를 내놓았느냐에 따라 앞으로의 취재 방향이 크게 달라지기 때문이었다. 30시간 넘게 비행기를 타고, 총을 든 괴팍한 백인 우월주의자의 집에 불쑥 얼굴을 들이미는 일이 그리 내키지 않았지만, 제임스가 그 주인공이길 바랐다. 국제적인 뉴스거리고, 뜻밖의 반전이 될 테니까.

첨부된 PDF 파일을 열었다. 파일 이름은 단순명료했다. '테스트 보고서: 코드 문체 분석 적용 결과.' 우선 '개요High Level Overview' 부분을 살폈다. "분석 결과, main.cpp의 저자로는 벤 로리Laurie-lucre●가 가장 유력하다." 비트코인의 또 다른 핵심 파일인 node.cpp 작성자에 대해서는 벤 로리(40%), 모조 네이션의 코언-윌콕스(30%), 할 피니(30%)가 삼파전 양상을 보였다.

이게 정말 맞을까? 벤 로리는 내가 만든 나카모토 후보자 명단에서 69번째였다. 그 앞에는 아일랜드 출신 세 명의 컴퓨터과학자 그룹인 크립토 마노 그룹Crypto Mano Group, 뒤에는 벤과 함께 작업 증명을 반박하는 논문을 쓴 리처드 클레이튼이 있었다. 벤은 2011년부터 비트코인을 날카롭게 비판해왔고, 이미 2004년에 작업 증명에 관해 언급했다. 그는 사이퍼펑크 메일링 리스트에도 참여했지만, 내가 아는 한 자유 지상주의적 견해를 표방한 적은 없는데……

정신을 차렸다. 나는 그 결과가 내가 바라던 게 아니라는 이유로 애써 외면할 구실을 찾고 있었다. 벤은 사토시 나카모토라기엔 좀 밋밋한 인물이었다.

브라이언은 적용한 분류 방식의 정확도가 77.2퍼센트라고 했다. 다만 결과에는 온갖 단서가 붙어 있었다. 코드의 목적처럼, 문체와는 무관

●　벤 로리의 온라인 닉네임.

한 요소들도 결과를 왜곡할 수 있었다.

브라이언에게 벤 로리를 제외하고 다시 테스트를 돌려달라고 부탁했다. 이번에는 main.cpp와 가장 잘 맞는 인물로 코언-윌콕스가 떠올랐다. 두 번째 파일인 node.cpp는 할 피니가 70퍼센트, 코언-윌콕스가 30퍼센트의 일치율을 보였다.

나는 브라이언에게 한 번 더 테스트를 돌려달라고 부탁했다. 이번에는 위조하기 가장 어렵고 특정 분야에 덜 의존적인 특징들, 곧 '추상 구문 트리abstract syntax tree'● 만을 분석 대상으로 삼았다. 이번 결과에서는 main.cpp와 node.cpp 두 파일의 작성자가 100퍼센트 벤 로리로 확인되었다.

나는 여전히 벤 로리가 나카모토라는 결론을 내릴 수 없었다. 마치 벤 로리를 제외하고 같은 실험을 했을 때 할 피니나 코언-윌콕스가 가장 근접하게 나왔다고 해서 그들이 나카모토라고 단정할 수 없는 것과 마찬가지였다. 다만 이 테스트들로 제임스 도널드가 나카모토가 아니거나 적어도 비트코인의 주요 개발자는 아니라는 점은 확인됐다. 그리고 이 사실을 받아들이면서, 나는 지금까지 무시해온 몇 가지 불편한 모순을 인정할 수밖에 없었다.

Jim이 작성한 코드는 어떤 면에서는 나카모토의 코드와 비슷했지만, 또 다른 면에서는 달랐다. 예를 들어 'adult site' 같은 나카모토의 표현은, 평소 직설적인 Jim의 스타일에 비해 의외로 섬세하게 느껴졌다. 얼마 후 나는 이메일로 Jim에게 내 몇 가지 질문에 대한 답을 받았다. 왜

● 코드의 문법적인 구조를 계층적으로 분석해 나무처럼 정리한 것으로, 작성자의 스타일이나 습관 등을 간접적으로 드러내주는 데이터 구조.

Jim과 Metzdowd 메일링 리스트의 다른 이들이 비트코인에 대해 처음에 그렇게 조심스러웠을까? Jim은 이렇게 말했다. "사람들이 멍청해서 그래요. 똑똑한 사람들만 이게 얼마나 중요한지 알아챘죠. 게다가 개인적인 위험이 꽤 컸기 때문에, 사람들은 눈에 띄지 않게 행동했어요. 결국 그 위험은 생각보다 적었는데, 정부가 비트코인이 얼마나 위협적인 것인지 잘 이해하지 못했기 때문이에요. 지금도 그렇고요." 그렇다면 사토시 나카모토가 과연 나에게 답장을 할까? 그래서 Jim에게 '당신이 나카모토가 맞느냐'는 이메일을 보내봤지만, 그는 더 이상 답장하지 않았다.

벤 로리를 좀 더 진지한 후보로 조사했다. 그의 아버지 피터는 컴퓨터가 막 보급되기 시작한 시절 컴퓨터 분야의 프리랜서 기자로 활동했는데, 그 이전인 1970년에 《도시 지하: 국가 방위의 비밀 계획Beneath the City Streets: The Secret Plans to Defend the State》이라는 전문 서적을 저술했다. 이 책은 영국의 지하 핵전쟁 방어망을 폭로하는데, 이 방어망은 고위 관료들의 대피소, 식량 저장고, 안전 가옥을 연결하는 비밀 터널로 이루어진 복잡한 네트워크였다.

1998년, 벤과 형 애덤, 그리고 보이 조지Boy George의 세션 키보드 연주자인 도미닉 호켄Dominic Hawken은 〈데일리 텔레그래프Daily Telegraph〉 광고를 보고 영국 국방성이 냉전 시대 핵 벙커를 매각한다는 소식을 접했다. 이 셋은 그 시설을 구매해 더 벙커The Bunker라는 보안 인터넷 호스팅 사업을 시작했다. 영국 켄트에 있는 축구장 10개 정도 크기의 부지 아래, 1,700평(약 5,600m²), 3층 규모의 지하 건물은 마케팅이 따로 필요 없었다. 지상에는 CCTV, 경비견, 철조망이 설치되어 있었고, 지하 30미터 깊이에는 (4미터 정도의) 두꺼운 콘크리트 벽, 9톤 무게의 폭발 방호용 문, 전자기 펄스EMP 차폐 장치, 3개의 발전기 시스템과 함께 3개월간 외부 전력 없이도 운영할 수 있는 지하 디젤 연료 탱크가 있었다. 나는 피터 로리의 책《도시 지하: 국가 방위의 비밀 계획》을 떠올렸다. 비트코인이란 무엇인가? 어쩌면 핵전쟁 속에서도 살아남을 수 있는 지하 네트워크가 아닐까?

나는 시큰둥한 마음으로 몇 가지 단서를 더 연결해보았다. 벤은 나카모토가 비트코인 백서를 발표하기 하루 전인 2008년 10월 30일, 자신의 루커 백서 개정판을 발표했다. 벤은 오픈소스 소프트웨어 개발에 깊이 관여해왔고, 루커를 헝가리식 표기법을 써서 C++로 직접 코딩했다. 수학을 전공한 그는 이후 비트코인에서도 쓰이게 된 오픈소스 암호화 라이브러리OpenSSL● 개발을 감독한 적도 있다.

2006년 벤의 이메일 서명은 전 코카콜라 CEO 로버트 우드러프Robert Woodruff가 한 말이었다. "누가 공을 가져가든 상관하지 않는다면, 사람이 할 수 있는 일이나 도달할 수 있는 범위는 무한하다." 그 이전에는 인도 최초의 여성 총리 인디라 간디Indira Gandhi의 말을 서명으로 썼다. "할아버지는 내게 세상에는 두 종류의 사람이 있다고 하셨다. 일하는 사람과 공을 가로채는 사람. 할아버지는 내가 첫 번째 부류가 되도록 노력하라고 하셨다. 거기엔 경쟁자가 적다고 하시며." 나카모토는 자유 지상주의자라기보다는 실용주의자처럼 보였고, 이 점에서도 벤과 닮았다.

나카모토가 처음 접촉한 것으로 알려진 인물은 애덤 백이다. 벤은 작업 증명을 비판하는 글을 쓸 때 애덤의 해시캐시를 연구했고, 영국 컴

● 여러 사람이 자유롭게 사용하며 개선될 수 있도록 공개된, 데이터를 안전하게 암호화하고 보호하는 기능을 모아놓은 프로그램.

퓨터 보안 커뮤니티에서 둘은 알고 지낸 사이였다. 비트코인 출시 두 달 뒤, 벤은 블로그에 고객들에게 위험을 초래할 수 있다며 비자카드의 새로운 보안 프로그램에 대한 글을 올렸다. "세계 경제를 박살 낸 것도 모자라, 은행 업계가 이제는 우리 개개인을 파멸시키려는 게 아닌가 싶다."

멀리서 전체 그림을 보고 공통점을 찾아내려는 추론 방식과는 정반대로, 어떤 인물이든 지나치게 가까이 들여다보면 나카모토일 가능성을 뒷받침할 만한 단서 하나쯤은 얼마든지 찾아낼 수 있었다. 혹시 벤이 비트코인을 비판한 것도, 내가 제임스 도널드를 의심했듯이 의도적인 눈속임이었을까?

41장

바큘라

벤이 "네, 코드 문체 감식, 들어본 적 있습니다"라고 말했을 때, 나는 해당 분야 전문가에게 코드 샘플 12개를 보내 분석을 의뢰했다고 설명했다. "그리고 가장 일치한 사람이 당신입니다."

"대단합니다!" 벤이 몸을 뒤로 젖히며 손뼉을 치고 웃으며 말했다. "저도 제가 진짜라면 좋겠네요. 그럼 훨씬 근사한 집에서 살고 있겠죠?" 그러고는 또 한 번 웃었다.

"저는 백업을 꽤 잘하는 편이에요." 벤이 손을 허공에 휘젓고 사무실 주변을 가리키며 말했다. "사실, 여기 있는 컴퓨터 전부, 매일 백업하고 있습니다." 자신은 비트코인 키 같은 걸 잃어버릴 사람이 아니라는 뜻이었다. 벤은 바큘라Bacula라는 백업 소프트웨어를 썼다. "밤이 되면 슬그머니 와서 컴퓨터에서 데이터를 쫙 빨아가죠." 그가 다시 한번 웃었다.

내가 말했다. "만약 누가 사토시 나카모토라면, 비트코인의 대표적인 비판자로 나서는 건 꽤 괜찮은 위장술이 될 수 있겠네요."

벤이 또 웃으며, 커다란 캔 음료를 한 모금 마시고는 말했다. "그러게요, 정말 그럴듯한 위장이겠는걸요."

나는 그와 나카모토의 공통점들을 살펴보면서, 두 사람이 동일 인물일 가능성을 뒷받침하는 근거들에 관해 이야기를 나눠보고 싶다고 말했다. "좋습니다. 계속하세요. 저라고 추측한 사람이 당신이 유일한 건 아니지만……."

나는 2014년에 일리노이대학교 컴퓨터공학 교수 앤드루 밀러^{Andrew Miller}가 온라인에 가볍게 언급한 주장을 말해주었다. 그는 근거가 없음을 인정하면서도, 비트코인은 웨이 다이의 아이디어이며, 닉 사보가 백서를 썼고, "벤 로리가 코드를 작성했지만, 아이디어 자체는 싫어했다"고 주장했다.

"그럴듯하지만, 저는 아니에요. 아무튼, 전 아닙니다."

이제 내가 생각하기에 꽤 예리한 통찰이라고 생각한 걸 던질 차례였다. 2009년 초, 나카모토는 "안타깝게도 제가 있는 곳에서는 외부와 연결이 어렵습니다. 그래서 일하기가 좀 더 힘듭니다"라고 썼다. 내게는 벤의 무적 요새를 말하는 것처럼 들렸다. 과연 벤의 대답은? "절대로 말이 안 됩니다. 그곳에는 다중 광케이블이 있었습니다. 저희 요새의 핵심이었죠. 철저한 보안을 자랑하는 호스팅 서비스였습니다."

그렇다면 자신이 이메일 서명에 쓴, 누구 공이든 상관없다는 내용에 대해서는? "네, 그 이론 정말 마음에 들어요. 아무도 그런 얘기를 한 적 없거든요. 그리고 사실 코드 문체 분석도 흥미로운 관점이네요."

〈런던타임스〉 인쇄본에 실린 제네시스 블록 문구도 있었고, 나카모토가 쓴 영국식 철자법도 있었다. 벤은 이렇게 말했다. "저는 철자에 대해 꽤 엄격한 편이에요. 미국식 철자를 섞는 일은 잘 없죠."

나는 나카모토가 비트코인 백서를 발표하기 하루 전에 자신의 루커 백서 개정판을 발표한 것이 교묘한 속임수일 수 있다고 제시했다. 디지털 화폐 A를 발표한 사람이 다음 날 디지털 화폐 B를 발표하는 사람일 리 없다는 뜻이었다. 벤은 웃으며 고개를 끄덕였다. "흥미롭네요. 이 음모론이 참 마음에 듭니다."

나는 본격적으로 말을 이어갔다. 벤은 프로그래머였고, 암호학을 사용했으며, 코드에서도 공통점이 있었다. C++ 언어, 오픈소스 프로젝트, 헝가리식 표기법까지.

벤이 말했다. "사실 비트코인 코드를 직접 본 적은 없어요. 코드에 헝가리식 표기법을 썼나요? 흥미롭네요. 저도 한때는 헝가리식 표기법을 꽤 좋아했습니다. 윈도즈 프로그래밍은 너무 싫어져서 안 쓴 지 꽤 오래됐습니다."

"그뿐이 아닙니다."

"계속하세요, 계속. 정말 흥미롭네요." 벤이 두 손을 맞잡으며 말했다.

벤은 사이퍼펑크, Metzdowd, 코더펑크, P2P 등 여러 비트코인 관련 메일링 리스트에 들어가 있었다. 또한 작업 증명을 연구했고, 비록 좋아하지는 않았지만 깊이 이해하고 있었다. 그는 컴퓨터 보안 전문가였으며, 비트코인 코드는 보안 면에서 극찬을 받았다.

벤이 "사실 이제 코드를 한번 봐야겠네요. 원본 코드 사본 있나요?"라고 물었다. "묻는 이유는 제가 C++에서 사용하는 스타일이 좀 독특한데, 요즘은 다른 사람들 스타일에 맞춰 꼭 제 스타일만 고집하지는 않거든요." 그는 블록을 구분하는 중괄호를 명령문 블록과 일치하도록 세로로 정렬하는 습관이 있다고 설명했다. "꽤 독특한 스타일이죠."

나는 계속 이어갔다. 벤은 위키리크스 자문위원이었고, 나카모토가 불안해 보인 이유는 위키리크스가 비트코인 수용에 관심을 보였기 때문이다. 벤은 또한 PGP 응용 프로그램 개발에도 참여했다.

벤은 딱 잘라 말하지 않고 고개만 끄덕였다.

나는 "뭐, 어쨌든 흥미롭네요"라고 말했다.

"네, 정말 흥미롭네요. 저 이런 얘기 좋아해요. 사실 예전에도 저라는 증거가 있다는 얘기를 들은 적은 있어요. 간헐적으로 보이는 영국식 표현이라든가…… 논문 문체 감식에서 제 글과 나카모토의 글 사이에 흥미로운 뭔가가 나왔는지는 저도 기억이 잘 안 나요. 그런데 헝가리식 표기법 얘기는 처음 들어봤어요. 재밌네요. 다른 우연의 일치들도 그렇고요."

그가 말을 이었다. "그건 그렇고, 신문을 인용하려 했다면…… 저는 사실 〈런던타임스〉는 안 봐요. 전 〈가디언〉을 읽습니다. 저도, 제 아내도 〈가디언〉의 수수께끼 낱말 퍼즐을 즐기거든요. 제 부모님도 〈가디언〉을 보셨고요. 학교 다닐 때부터 그 퍼즐을 풀었어요. 〈런던타임스〉는 문학적 인용이 너무 많아서 제 취향엔 좀 안 맞아요."

그는 나카모토를 한 개인이라고 생각할까, 아니면 집단이라고 생각할까?

"솔직히 말하면, 그에 대해 별다른 생각은 없어요. 특히 까다로운 점은 제가 나카모토와 전혀 교류한 적이 없다는 거예요. 그게 어쩌면 제가 나카모토라는 증거일 수도 있겠죠?" 그가 웃었다. "물론, 정말 저라면 오히려 나카모토와 일부러라도 교류해야 했겠죠." 그는 손가락으로 허공에 나선형을 그리며 머릿속 복잡한 생각을 표현했다. "좀 엉성한 위장이네요."

벤은 나카모토가 개인인지 집단인지 계속해서 생각을 이어갔다. "사실 집단이라면, 영국식과 미국식 영어가 뒤섞인 것도 설명이 되겠죠. 하지만 제 말은 만약 집단이라면, 서로 간에 신뢰가 아주 깊은 집단이었을 거예요. 왜냐하면 집단으로 움직이면서도 시의적절하게 일을 처리하려면, 각자에게 자율성을 충분히 줘야 하거든요. 사이퍼펑크 커뮤니티 안에서는 몇몇 사람 사이에 확실히 깊은 신뢰가 있었죠. 가능성은 있어요. 이 얘기를 글로 쓸 생각이죠?" 벤이 물었다.

나는 그저 몇 가지 가설이 있을 뿐인데, 그중에는 흥미로운 것도 있고 덜 흥미로운 것도 있는 정도라고 대답했다.

"전 당신이 제시한 증거가 정말 마음에 듭니다. 재미있네요." 벤이 말했다.

나는 초기 비트코인 코드 사본을 보내주겠다고 했다.

"만약 그가 제 들여쓰기 스타일을 썼다면 정말 대단한 우연일 거예요. 제가 보기엔 아주 독특한 스타일이거든요. 다른 사람이 그런 식으로 하는 걸 본 적이 없어요." 벤이 웃으며 덧붙였다. "이게 오히려 제 발등을 찍는 꼴일 수도 있겠네요."

그는 대체로 암호화폐에 대해 '꽤 냉소적'이라고 했다. "규제받지 않는 금융이라는 개념 자체는 역사를 통해 입증됐듯이 정말 멍청한 생각입니다. 비트코인은 호구들의 돈을 빼앗는 좋은 수단이 되었죠. 가격이 꼭 오를 필요는 없어요. 단지 조금만 흔들리면 됩니다. 변동성이 있으면 되거든요."

벤이 비트코인에 투기해본 적이 있을까?

그는 고개를 숙이며 "아니요"라고 답했다.

그렇다면 그 변동성을 이용해보는 건?

벤은 계속 고개를 숙인 채 한숨을 쉬었다. "왜냐하면…… 저는 도덕적 양심이 있기 때문입니다. 지구를 파괴하며 돈을 벌 생각은 없어요."

나는 시간을 내줘서 고맙다고 인사했다.

"당신이 쓸 글이 기대됩니다. 말했듯이, 이 모든 게 재밌으면서도 짜 증 나기도 해요. 바보 같은 짓이니까요. 사람들이 이렇게 많은 돈을 쏟 아붓고, 그게 뭔가 가치가 있다고 믿는 게 참 이상하거든요. 분명 아무 가치도 없는 것에 말이죠. 튤립 버블 때 튤립이 전혀 가치 없었던 것과 같은 이치죠." 벤이 말했다.

"하지만…… 돈이라는 건 결국 사회적 약속이에요. 그렇죠? 그러니까 우리가 가치 있다고 믿기 전까지는 그 어떤 것도 진짜 가치가 없는 거잖 아요?"

내 말에 벤이 얼굴을 찌푸렸다.

"그게 100퍼센트 맞는 말은 아니라고 생각합니다. 오히려 그건 돈에 대해 너무 안일하게 보는 시각이에요. 왜냐하면 일반 화폐들을 비트코 인 세계에서는 주권 통화sovereign currency라고 부르는데……."

"법정 화폐요?"

"맞아요, 법정 화폐를 말씀드리는 겁니다. 비트코인은 왜 법정 화폐가 아니죠? 사람들을 위해서지, 독재자들을 위해 존재하게 된 게 법정 화폐 가 아니잖습니까."

"글쎄요, 법정 통화는 정부 명령으로 강제되는 것 아닌가요?" 내가 딱 딱하게 말했다.

"하지만 그게 바로 가치를 부여하는 거죠. 어쨌든 법정 화폐는 그 나 라의 국내총생산GDP에 실질적으로 뒷받침됩니다. 그리고 그건 전기를 태우는 것과는 달리 실제로 가치 있는 자산이에요. 제가 비트코인에 대 해 항상 하는 말은 이겁니다. 제가 100달러 지폐를 불태우고 그 연기를 병에 담을 거예요. 그리고 사람들이 그 병이 이제 110달러의 가치가 있 다고 믿어야 하는데, 그게 얼마나 명백한 헛소린지 모르겠어요." 그는

웃었다. "그리고 사람들이 저한테 항상 하는 말 중 하나가 '그럼 금본위
제는요?'인데, 저는 '1970년대에 우리가 포기하고, 바보 같은 생각이라
서 더 이상 안 하는 금본위제를 말하는 건가요?' 하고 되묻죠."

통화가 끝난 후, 나는 생각했다. 만약 벤이 사토시 나카모토라면, 기자
가 증거를 들이밀며 정체가 탄로 났다고 맞닥뜨렸을 때도, 그는 유머 감
각과 가벼운 태도를 능숙하게 유지했다는 점에서 정말 대단한 사람일
거라고. 그는 호감 가는 나카모토가 될 것이다. 어쩌면 앤드루 밀러가
말했듯이, 그가 자신이 싫어하는 무언가를 코딩했을지도 모른다.

대화 중에는 벤의 스타일대로 원본 비트코인 코드에서 중괄호가 세로
로 정렬되었는지 바로 알 수 없었다. 지금 살펴보니 그렇지 않았다.

벤과의 대화가 어떻게 시작되었는지 기억이 났다. 화면이 멈췄을 때,
벤은 "지금은 휴대폰에 테더링 중이라 좀 불안정하네요"라고 말했다.
벤이 사는 곳은 인터넷 환경이 좋지 않았다. "사실 집까지 광케이블이
들어와 있긴 한데, 설치하는 데 몇 년이 걸렸어요." 웨일스 정부가 시골
지역에 초고속 인터넷을 설치하기로 했지만, 매년 계속 미뤄졌다고 했
다. 결국 벤 부부는 자신들이 사는 지역에 광케이블 설치를 지원받기 위
해 주민 청원 운동을 조직했다. "정말 골치 아픈 일이었죠. 웃긴 건, 주변
사람들 절반은 '저는 인터넷에서 벗어나려고 여기 왔습니다. 광케이블
은 필요 없어요' 이런 식이었어요. '아, 이게 필수라는 걸 정말 모르시나
봐요? 인터넷이 없는데 집값이 오르겠어요?'"

벤이 웃었다.

나는 2009년 1월 사토시 나카모토가 할 피니에게 쓴 말을 다시 떠올
렸다. "안타깝게도 제가 있는 곳에서는 외부와 연결이 어렵습니다. 그래
서 일하기가 좀 더 힘듭니다."

하지만 벤은 나중에 자신이 웨일스로 이사 온 것이 2011년경이라고
말했다.

42장

요즘 유행하는 건 다 찬성

마그누스 그라나스와 크레이그 라이트 간의 소송이 끝난 지 몇 주 뒤, 크레이그가 내 인터뷰 요청에 승낙했다. 노르웨이 법원은 크레이그에게 불리한 판결을 내렸고, 잉에브릭트센 판사는 판결문에 "법원은 2019년 3월, 크레이그 라이트가 사토시 나카모토가 아니라고 그라나스가 주장할 만한 사실적 근거가 충분했다고 본다"고 적었다. 크레이그는 항소했고, 그의 홍보 담당자인 아일린 브라운Eileen Brown은 인터뷰 중 소송 관련 얘기는 일절 하지 않겠다고 했다.

당시 나는 정말 크레이그의 본모습을 좀 더 직접적으로 경험해보고 싶었다. 우리는 줌Zoom으로 만났다. 그는 서리Surrey에 있는 자택 서재에 앉아 있었고, 목이 훤히 드러나는 셔츠를 입고 있었다. 주변에는 Wintermute와 Snowcrash 같은 사이버펑크 소설 제목으로 이름을 붙여놓은 컴퓨터들이 놓여 있었고, 한쪽에는 일본도가 꽂힌 거치대도 있었다. 나는 벽에 걸린 무하마드 알리의 사진 세 장에 관해 물었다. "정말 맨바닥에서 일어난 사람이죠. 자기 브랜드를 구축했고, 목표를 이루려고 뼈를 깎는 노력을 했죠. 사람들은 그냥 권투라고 하지만, 권투에는 단순한 격투 이상이 담겨 있어요." 크레이그가 말했다.

뒤편에는 빽빽이 낙서로 가득 찬 화이트보드도 보였다. "영문학 석사 과정 마무리 단계거든요. 이 학위 전에 버밍엄대학교에서 중세사와 라틴어로 석사 학위를 받았고, 시간 철학에 관한 논문도 최근 통과했습니다. 버크벡Birkbeck 런던대학교에서요." 현재 법심리학 박사 과정과 치료심리학 석사 과정을 병행한다고도 했다. "저는 '다단계 금융 사기 조직을 운영하는 사람들 유형, 주로 어둠의 삼원Dark Triad ● 성향'을 주제로 논문을 쓰고 있고, 또 다른 논문 주제는 '소셜 미디어와 부족 공동체 형성 social media and the formation of tribal groups'입니다."

트위터에서 논쟁을 벌이며 '#가짜토시faketoshi'라 조롱받던 인물이 사기와 인터넷 양극화 현상을 연구한다고? 크레이그는 눈썹을 치켜올리며 웃었다. "맞아요, 그래서 더더욱 그런 여러 가지 공부를 한 거죠. 저는 뭔가를 이해하려면 정규 과정으로 배우는 게 가장 잘 맞더라고요."

내가 비트코인 업계에서 반신반인, 스마트 계약의 선구자, 유력한 사토시 나카모토 후보 중 한 명으로 통하는 닉 사보를 언급하자, 크레이그는 무심히 일축했다. "심하게 말하고 싶진 않지만, 그 사람은 좀 무지해요. 그나마 좋게 말하면 그렇죠." 어떤 면에서요? "모든 면에서요. 그가 제안한 시스템이 실현되지 못한 데는 이유가 있잖아요. 그걸 구현할 수 있는 코딩 실력이 없었고, 자기가 말한 게 이미 예전에 다 시도되었다는 사실도 몰랐어요. 비트코인을 최초의 탈중앙화 암호화폐라고 주장하는

●　타인을 조종하려는 마키아벨리즘(machiavellianism), 지나친 자기애(narcissism), 동정심 결여(psychopathy)를 모두 가지고 있는 것.

사람들 있죠? 그런 사람들한테 말해주고 싶어요. 저는 비트코인이 나오기 20년 전부터 작업 증명, 분산형 구조, P2P 방식, 디지털 화폐 기능을 갖춘 시스템, 곧 암호화폐가 최소 서른 가지는 있었다는 걸 논문으로 정리해뒀어요."

나는 크레이그의 법정 진술 수백 쪽을 읽었고, 법정에서 열흘간 그를 지켜봤다. 그리고 지금 그가 하는 말은 정말 그다운 발언이었다. 실시간으로는 사실 확인이 거의 불가능한, 대담한 주장이었다. 이전에 들어본 적 없는 얘기였다. 내 공부가 부족했을까? 아니면 그가 암호화폐라는 개념을 의도적으로 확장하고, 숫자를 부풀려 말했으며, 막상 추궁하면 실제로 구현되지도 않는 몇몇 시스템을 들이밀며, '비록 그런 이름은 아니었어도 엄연한 암호화폐였다'라고 주장할 심산이었을지도 모른다. 이런 분야를 깊이 파고들지 않는 대부분 사람에게 그는 충분히 천재로 보일 수 있었다. 그래서일까? 그토록 많은 논란과 사건을 겪고도, 아직도 그를 추종하는 이들이 있는 이유가?

크레이그는 나와 인터뷰한 직후 트위터에 이렇게 썼다. "나는 외부의 인정에 집착해 너무 오랫동안 분노해왔습니다. 이제 관두겠습니다." 그는 1월부터 일련의 워크숍을 열겠다고 발표했다. 만약 학회에서 자신을 환영하지 않거나(그의 주장에 따르면), 아예 초청받지 못한다면(다른 증거들이 시사하듯), 직접 워크숍을 열겠다는 것이다. 또한 일반 청중이 자신을 야유하거나 자신의 주장에 의문을 제기한다면, 자신을 믿어주는 이들과 이야기하겠다고 했다. 첫 워크숍은 런던에서 열릴 예정이며, 개인정보 보호, 익명성, 신원 확인 같은 주제를 다룰 것이라고 말했다.

워크숍 첫날은 쌀쌀하고 흐렸다. 행사는 런던 중심 메릴본Marylebone

고급 주택가의 한적한 골목에 있는 작은 벽돌 건물에서 열렸다. 크레이그 반대 트롤들의 방해를 막기 위해, 행사장의 정확한 주소는 하루 전 이메일로만 전달되었다. 입구에서는 신분증을 확인할 수도 있다는 안내를 받았다.

참석자들은 2층에 카펫이 깔린 천장 높은 방에 진홍색 천을 감싼 금속 의자에 앉았다. 벽 아래쪽은 짙은 색 목재 몰딩으로 마감되어 있었고, 워크숍을 촬영할 영상팀이 자리 잡은 발코니도 있었다. 참석자는 30명 정도로 주로 젊은 남성이었으며, 그중 일부는 nChain 직원이었다. 컴퓨터공학과 암호학을 전공하는 크레이그의 아들 벤은 맨 앞줄에 앉아 있었다. 홍보 담당자인 아일린은 약 300명이 실시간 방송에 참여한다고 전했다.

크레이그는 그날 진회색 줄무늬 스리피스 양복에 짙은 빨간색 프렌치 커프스 셔츠, 검정과 빨강이 섞인 무늬 넥타이, 그리고 선명한 주홍색 양말을 신고, 화려한 차림으로 나타났다. 그는 BSV 커뮤니티 밖에선 철저히 배척되었지만, 선별된 청중 앞에서는 샤피Sharpie 펜을 휘두르고 단상 위를 걸어 다니며 말을 이어갔다. 소크라테스식 문답법으로 청중과 소통하다가 가끔 멈춰 화이트보드에 무언가를 적기도 했다. 어느 순간 방 뒤쪽 유리장에 꽂혀 있던 제본된 책을 들어 펼쳐 보이더니 비웃듯 말했다. "여기 있는 책은 거짓말입니다.《셰익스피어 전집The Complete Works of Shakespeare》인데《아테네의 티몬Timon of Athens》이 빠져 있어요."

누군가 억지로 웃었다.

크레이그는 개인 키가 신원을 증명하지 못한다는 주장을 여전히 고수했고, 이제는 아예 비트코인 초창기의 사토시 나카모토처럼 보이려는 척조차 하지 않았다. 그에게 익명성은 '나쁜 놈들에게 더 유리한 것'이었고, 자유 지상주의자는 '그저 범죄자들일 뿐'이었다. 탈중앙화는 철없는 발상이라며, "현실 세계에 오신 걸 환영합니다"라고 말했다.

그는 한편으론 법치주의를 고리타분하게 옹호하면서도, 과속 딱지를 자랑처럼 늘어놓거나, 공항에서 '근거리 스캐너'를 들고 낯선 사람들의 여권을 훔쳐봤다는 식으로 떠벌리기도 했다. "이게 바로 전직 해커의 삶입니다." 세무조사를 받은 일을 두고는 쓸쓸한 농담을 섞었고, 자신을 마틴 루서 킹 목사, 넬슨 만델라, 간디 같은 용기 있는 인물들과 같은 반열에 올려놓기도 했다.

둘째 날 점심시간에, 키가 크고 러시아 정교회 사제처럼 수염을 기른 무뚝뚝하고 냉정한 표정의 크레이그 경호원이 나를 옆방으로 데려갔다. 방에선 크레이그가 기다리고 있었다.

나는 이런 일이 일어날 거라고 계속 기대했지만, 크레이그나 아일린 어느 쪽도 내가 크레이그가 사토시 나카모토라고 믿는지 묻지 않았고, 심지어 그런 전제를 한 말도 꺼내지 않았다. 내 생각 따위는 전혀 신경 쓰지 않는 듯했다. 크레이그의 주장 때문에 비트코인 신봉자들은 분노했지만, BSV는 비주류 암호화폐에 불과했고, 크레이그와 nChain은 특허를 꾸준히 쌓아갔다. 이 분야에 익숙하지 않은 일반인은 뉴스에 자주 등장하는 크레이그를 보고 그가 진짜 나카모토라고 착각하기 쉬웠다.

크레이그가 내게 한 말은 대부분 이전 여러 인터뷰에서 한 말이었다. 나는 예의상 계속 펜을 움직였지만, 그가 현재의 체제 옹호적 관점과 과거의 자유 지상주의적 태도를 어떻게 양립시키는지 궁금했다. 그의 대답은 이랬다. "자유 지상주의자도 여러 종류가 있습니다. 어떤 사람이 변태 가죽옷gimp suit을 입고 그런 옷을 입은 사람들과 재미 좀 본다고 해도, 저는 신경 쓰지 않아요."

아일린이 크레이그를 쳐다봤다.

"왜 그렇게 봐요? 제 가장 친한 친구들 중에도 게이가 있어요. 저 이성애자들도 놀려요. 그러니까 걱정 마세요."

"당신이 '변태 가죽옷'이라고 하자마자 갑자기 동물 캐릭터 의상을 입고 서로 감정을 이입하며 노는 퍼리들furries이 떠올랐습니다. 서로를 쓰다듬는데, 성적 취향이 도무지 이해가 안 되더군요." 아일린이 말했다.

"그래도 보통은 알죠. 왜냐하면 누가 알려줬는지 모르겠지만, 남자는 여자처럼 구멍이 두 개는 없잖아요."

"그래도 털옷을 입고 있으니까요. 말 안 하면 처음엔 전혀 몰라요."

"음, 그래도 저는 알 수 있을 것 같아요." 크레이그가 말하더니, 곧 어떻게 구별할 수 있는지 설명하기 시작했다.

나는 어떻게 이런 사람을 아직도 나카모토라고 믿을 수 있는지 놀라울 따름이었다. 하지만 워크숍 참석자들 사이에서는 크레이그가 나카모토라는 사실이 그냥 당연한 전제로 받아들여졌다. 대화에선 직접 언급되지 않았지만, 이따금 암시처럼 스쳐 지나갔다.

BSV 진영 사람은 비트코인 진영 사람과는 달랐다. 비트코인 행사에서는 헬멧이나 마스크를 쓴 참석자가 종종 눈에 띄고, 발표자도 위즈Wiz, 코이니카루스Coinicarus, 오갓어걸OhGodAGirl 같은 가명을 썼다. 하지만 이곳에서는 모두 얼굴을 드러냈고, 실명으로 자신을 소개했다.

쉬는 시간에 나는 장신에 장난기 있게 웃는 독일 출신의 BSV 지지자 필립 슈넬Philipp Schnell과 이야기를 나눴다. 트위터에서 비트코인 지지자들과 설전을 벌이는 모습으로 익히 알고 있던 인물이다. "약간 재미 삼아, 스포츠처럼 하는 거예요." 그가 웃으며 말했다. 그가 처음 암호화폐에 발을 들인 건 2018년 붐 당시 다양한 코인을 사들이던 때였고, 그 시절 그는 스코틀랜드의 한 증강현실 회사에서 일하고 있었다. 많은 사람처럼, 그도 암호화폐가 처음엔 잘 이해되지 않았다고 했다. "이 가치가 대체 어디서 오는지 전혀 모르겠더라고요. 다들 '금융의 미래'라며 모호하게 말하긴 하는데, 다 허공에 붕 뜬 소리 같았어요. 구체적인 게 하나도 없었죠. 게다가 그땐 제대로 작동하는 것도 별로 없었고, 수수료는 터무니없이 비쌌고요." 그는 한동안 암호화폐에서 멀어졌고, 다시 관심을 두게 되었을 때는 비트코인의 폐쇄적인 분위기가 거슬렸다고 했다. "이게 실제로 어떤 데에 쓸 수 있는지 모르겠더라고요. 도대체 어떤 점이 유용하다는 거죠?"

당시 사토시 나카모토에 관한 흥미로운 미스터리가 돌았고, 자신이 나카모토라고 주장했지만 많은 사람이 사기꾼이라 부르는 한 남자가 있었다. 필립은 크레이그를 조사하면서 점점 관심이 생겼다. "다른 사람들과 완전히 다른 방식으로 설명했어요." 다른 이들이 거만함으로 여길 때 필립은 그것을 '거대한 비전'으로 봤고, 다른 이들이 횡설수설로 들었을 때 필립은 비트코인에 대한 '깊고' '본질적인' 이해를 엿보았다. 비트코인이 최대 초당 7건의 거래를 처리할 수 있던 당시, BSV 진영은 언젠가는 초당 110만 건의 거래를 처리할 수 있다고 주장했다. "다른 모든 것을 압도해버립니다"라고 필립은 말했다.

BSV가 기술적으로 우월하다는 주장은 워크숍 참가자들 사이에서 반복해서 등장하는 핵심 주제였다. 그들은 암호화폐에 대해 합리적인 시각을 가지고 있었다. 암호화폐라면 '당연히' 소액 결제를 가능하게 하는 등 실제로 쓸모가 있어야 한다고 여겼다. 나는 이런 생각이 암호화폐 골수 지지자들의 관점보다 일반 사람들의 필요와 관심에 훨씬 가까웠다고 느꼈다. 사람들 대부분은 개인정보 보호를 원했지만, 편의를 위해 일부를 양보할 의향이 있었다. 또 많은 이가 덜 번거로운 결제 수단을 원했으며, 보안 문제는 외부에 맡겨도 괜찮다고 생각했다. 나는 비트코인 진영에서 가장 목소리가 큰 사람들이 블록체인의 실용성에 대해 합리적인 태도를 버린 탓에 크레이그와 BSV가 설 자리를 얻었다고 확신했다. 탈중앙화와 자기 주권을 열렬히 외치던 이들과 달리, 크레이그는 이 기술의 실제 상업적 활용에 관해 이야기했다.

나는 워크숍에서 크레이그가 나카모토라는 주장에는 회의적이지만, 단순히 BSV가 더 나은 제품이라고 생각하는 사람들을 만나게 될 줄 알았다. 하지만 내가 얘기해본 사람들은 모두 그가 나카모토라고 믿었다. "더 들여다볼수록, 이 사람이 유일한 창시자는 아닐지라도 설계자 역할을 했다는 게 점점 더 그럴듯하게 느껴졌어요." 필립이 말했다.

크레이그를 만난 지 10분도 채 안 되어, 아일린은 내게 이렇게 말했다. "저는 알아봤어요." 아일린은 마이크로소프트에서 여러 해 동안 일하면서 '아스피●를 관리하는' 경험을 많이 쌓았다고 했고, 크레이그는 '자폐적 석학autistic savant'이라고 했다. 크레이그를 둘러싼 각종 논란이 오히려 그가 사토시 나카모토일 수밖에 없다고 그녀가 믿게 된 이유 중 하나였다.

나는 리처드 와디Richard Waddy라는 노신사와 이야기를 나눴다. 흰 말총머리에 청바지를 입고, 챙 위에 돋보기를 얹은 '조지 오웰을 다시 소설 속 인물로 만들자(MAKE ORWELL FICTION AGAIN)'라는 문구가 적힌 야구모자를 쓰고, '요즘 유행하는 건 다 찬성(I SUPPORT THE CURRENT THING)'이라고 쓴 티셔츠를 입고 있었는데, 이는 공권력의 '공식 입장'

●　아스퍼거 증후군이 있는 사람.

에 순응하는 '쉬플sheeple'●을 조롱하는 의미였다. 리처드는 이번 워크숍에 참석하려고 도싯Dorset에서 왔다고 했다. 그는 크레이그가 온라인에서 받는 온갖 비난을 보며 연민을 느꼈다고 말했다. 나는 생각했다. 크레이그 지지자들과 비트코인 맥시멀리스트들은 그렇게 다르지 않다고. 비트코인 지지자들이 사이언톨로지 교도라면, BSV 지지자들은 거기서 갈라져 나온 아류 이단 정도랄까. 두 집단 모두 사회에서 통용되는 합의를 권위적인 정통 교리로 보았고, 그 권위를 거부했다.

처음으로 나는 이런 의문을 품었다. 크레이그가 정말로 나카모토일 가능성이 있을까? 정말 놀라운 반전일 것이다. 그가 나카모토라는 주장을 뒷받침하는 최고의 근거는 '왜 나카모토는 그를 반박하지 않는가?'였다. 만약 다른 누군가가 언제든 나서서 암호학적으로 그를 논박할 수 있는데도 크레이그가 아무렇지도 않게 나카모토라고 주장하며 세상을 돌아다닐 수 있다는 게 어떻게 가능하지? 한 가지 이론은, 감옥에 수감된 팔방미인 범죄자 폴 르 룩스가 나카모토이며, 그와 악마의 거래를 통해 크레이그가 그 대가로 무엇인가를 받고 나카모토 역할을 대신 맡고 있다는 것이다. 혹은 만약 크레이그가 진짜 나카모토이고, 반복적으로 거짓말과 조작이 드러나는 것이 일부러 혼란을 주기 위한 전략이라면, 그는 정말 기막힌 장기 전략을 펼친 셈이다. 그의 신뢰도는 이미 너무나 훼손되어, 설령 그가 나카모토라고 해도 이제는 아무도 믿지 않는 지경에 이르렀다.

●　sheep(양)과 people(사람)의 합성어로 남들이 하는 대로 비판 없이 따라가는 사람, 쉽게 조종당하거나 통제되는 대중을 의미함.

각하

나는 크레이그가 자신의 빚을 떠안고 생활비와 소송 비용까지 지원해 준 캘빈 아이어의 후원을 어떻게 얻었고, 또 어떻게 계속 유지할 수 있었는지 도무지 이해되지 않았다. BSV와 크레이그는 거의 전적으로 이 한 사람이 밀어주고 있었다. 2016년 런던의 한 호텔 비즈니스 스위트룸에서 사토시 나카모토를 만났다고 믿은 개빈 안드레센조차, 이제는 크레이그를 부인하라는 압력에 굴복해 자신의 원래 '크레이그가 나카모토다'라는 블로그 글에 다음과 같은 각주를 달았다. "역사를 다시 쓰는 것은 믿지 않기에, 이 글은 그대로 두겠습니다. 하지만 제가 이 글을 쓴 후 7년 동안 많은 일이 있었고, 크레이그 라이트를 믿은 것은 실수였다는 걸 이제는 압니다." 캘빈은 영리한 사업가로 보였다. 그런데 수많은 반대 증거와 터무니없는 변명을 하는데도, 어떻게 아직도 크레이그를 믿을 수 있을까?

워크숍이 끝난 지 한 달 후, 봄비가 부슬부슬 내리던 어느 날 나는 런던 골든스퀘어에 있는 한 건물에 들어섰고, 1층 회의실에서 캘빈이 기다리고 있었다. 이곳은 그가 소유한 브랜드 및 홍보 회사인 라이트닝 샤크스Lightning Sharks의 사무실로, 이 회사가 마그누스 그라나스 재판을 촬영하기 위해 오슬로로 다큐멘터리 팀을 보냈다.

캘빈 아이어는 밑창에 바느질 선이 도드라진 검은색 가죽 구두에 검정 청바지, 검정 티셔츠를 입고, 겨자색과 갈색 체크무늬의 캐시미어 스포츠코트를 걸치고 있었다. 예순한 살이지만 젊어 보였다. 짧게 자른 머리에 앞쪽만 젤로 세워 스타일링을 했는데, 얼마 전까지만 해도 밀주 업자 영화에 나올 법한, 앞머리를 뒤로 완전히 넘긴 모히칸 스타일을 고수했었다.

캘빈은 완전히 자수성가한 인물이다. 그는 대마초 밀수로 유죄 판결을 받은 서스캐처원Saskatchewan 출신 돼지 농장 주인의 아들이다. 캘빈은 사업 초기에 여러 주식 관련 위반으로 브리티시컬럼비아 증권위원회로부터 제재를 받은 적이 있지만, 이후 인터넷 도박 사업으로 막대한 부를 일궜다. 2006년에는 〈포브스〉 '억만장자 특집호'의 표지를 장식하기도 했다. 한동안 그는 남들 앞에서 자신을 '골드핑거Goldfinger'●라 소개했고, 이 모습이 남성 잡지 〈맥심〉에 실리기도 했다.

그는 코스타리카, 그리고 나중에는 카리브해에 있는 섬나라 앤티가바부다에 있는 대저택에서 보독Bodog이라는 온라인 도박 제국을 운영하며, 요트와 방탄 군용 SUV, 잠수함(30미터 정도만 잠항 가능), 그리고 주로 아시아계 여성 비키니 모델들과 함께하는 삶을 과시했다. 보독은 슈퍼볼 하프타임에 맞춰, 모델들이 가터벨트●●와 헬멧을 착용하고 서로

●   1964년 제임스 본드 007 영화 〈Goldfinger〉에 등장하는 악당 오릭 골드핑거(Auric Goldfinger)를 가리킴.
●●   여성용 스타킹을 고정하는 허벅지 끈이 달린 속옷.

태클을 하는 '란제리 볼Lingerie Bowl'이라는 유료 시청 이벤트도 열었다. 캘빈은 자신을 '억만장자 플레이보이'라 부르며 홍보 자료에 이 문구를 직접 써넣었다. 그의 롤모델 중 하나인 리처드 브랜슨처럼, 캘빈은 자신의 생활 방식과 기업 브랜드를 떼려야 뗄 수 없게 만들었다. 메릴랜드주에서 자금 세탁 등 혐의로 기소된 이후에도, 형식적으로는 도피자 신분임에도 그런 악동 같은 이미지를 벗지 않았다. 이후, 그는 단 한 건의 경범죄에 대해 유죄를 인정하며 감옥에 가는 처벌을 면했고, 이제는 자신의 이미지를 회복하려고 노력하는 듯 보였다.

캘빈을 만나기 하루 전, 그의 홍보 담당자 한 명이 메릴랜드 기소가 국제법을 위반했다는 내용을 담은 문서 두 통을 보내왔다. 캘빈이 미국 정부에 의해 부당하게 기소되었다는 주장을 담고 있었다. 라이트닝 샤크스 사무실에서 내 앞 책상 위에는 은은한 크림색 톤의 고급스러운 명함 한 장이 놓여 있었다. '각하 캘빈 아이어. 앤티가 바부다 정부 특별 경제 사절. 경제 및 비즈니스 개발 담당.'

캘빈은 무뚝뚝하게 악수했다. 감기에 걸렸다고 했다. 일주일 전, 앤티가 바부다에서 전용기를 타고 런던에 도착했다고 했다. nChain 본사가 이곳에 있어, 런던에 자주 들른다고 했다. 회의실과 리셉션 공간을 나누는 유리 벽 너머에는 젊고 매력적인 아시아계 여성 두 명이 앉아 있었는데, 캘빈은 자신의 수행 간호사들이라고 소개했다. 그는 전속 주치의도 두고 있었다. 내일은 방콕으로 떠날 예정이라고 했다. 그곳에 집이 있고, 건강 관리를 위해 가는 길이라고 했다. 요즘 그는 건강 관리에 많은 시간을 쓴다고 했다. "줄기세포 치료, 세포 재생에 효과 있다는 엑소좀exosome 등, 요즘 효과 있다고 인정받는 건 뭐든 다 해보고 있습니다." 캘빈은 장수에 관한 관심은 나와 비슷했지만, 엑스트로피언들과 잘 어울릴 것 같진 않았다.

우리는 밝은 색상의 원목 테이블 앞에 마주 앉았다. 테이블 위에는 유리병에 담긴 탄산수와, 집게가 함께 놓인 견과류 접시가 있었다. 인터뷰를 시작하기 전에, 캘빈이 먼저 내게 물었다. "혹시 이 일 하면서 누군가한테 돈 받고 있습니까?" 나는 출판사라고 답했는데, 질문의 속내는 그게 아닌 듯했다.

"그 사람들이 전부예요? 관련 있는 쪽이?"

"네."

그는 잠시 생각에 잠긴 듯하더니 이내 수긍하는 듯 보였다. 그러고는 몇 년 전 출간이 예정되었다가 출간을 불과 일주일 앞두고 취소된, 외국 기자 두 명이 쓴 크레이그 관련 책 이야기를 꺼냈다. 그는 그 책이 "의도적인 입막음 catch-and-kill • 이죠……. 다시는 세상에 나오지 못하게 된 겁니다"라고 말했다. 캘빈은 그 책이 크레이그의 주장을 입증해줄 내용이라고 믿었고, 크레이그를 반대하는 세력이 무슨 수를 쓰든 출간을 막았다고 생각하는 듯했다.

나는 "그 사람들이 명예훼손으로 소송당할까 봐 걱정한 건 아닐까요?"라고 물었다.

"누가 소송을 건다는 거죠?" 캘빈이 물었다.

"당신과 크레이그 말입니다."

캘빈은 크레이그가 그렇게 많은 사람을 고소하지 않았다고 주장했고, 자신도 책 출간에 대해 별다른 이의가 없었다고 했다.

•   민감한 내용을 확보한 뒤 의도적으로 공개하지 않고 묻어버리는, 언론·출판 업계에서 사용하는 비공식 용어.

캘빈은 2015년과 2016년에 메릴랜드 소송 문제로 조용히 지냈고, 그 문제는 2017년에야 일단락이 났다고 했다. 그는 크레이그를 고소하기 위해서는 크레이그가 공개적으로 나카모토임이 드러나야 했기 때문에, 오히려 아이라 클라이먼 쪽에서 크레이그의 신상을 턴 것으로 믿었다고 했다.

캘빈은 크레이그와 BSV가 대중으로부터 철저히 외면받는다는 걸 인정했다. 그는 크레이그가 드물게 콘퍼런스 강연 기회를 잡아도 이유 없이 초청이 취소되는 일이 많았다고 했다. 또한 BSV 내부가 아니라 외부 인사가 BSV 콘퍼런스에서 연설하기를 수락하면 끊임없이 악성 공격을 받는다고 캘빈은 말했다. "벌써 다섯 명이나 포기했어요. 계속 이런 일이 일어나고 있습니다."

캘빈은 이 모든 반발이 우연이라고 생각하지 않았다. "이 모든 것은 크레이그의 아이디어를 두려워하는 강력한 세력들 때문입니다. 매우 강력한 세력들이죠. 실리콘밸리 전체를 말하는 겁니다. 미국의 기존 결제 시스템도 그렇고요. 그리고 암호화폐 전체에 관한 이야기입니다." 그는 무겁게 말했다.

나는 캘빈과 크레이그가 함께 박해받는다는 공감대를 느껴 가까워졌는지 궁금했다. 그리고 벤처 투자자들이 비트코인이라는 돈을 벌 수 있는 기술이 있는데도 왜 굳이 그 기술을 배척하려 하는지 물었다.

"아주 좋은 질문입니다. 저도 늘 스스로에게 묻죠. '도대체 왜 저러는 걸까?' 이 기술이 기존 수익 모델을 얼마나 위협하는지 다들 잘 알고 있거든요. 사람들을 상품으로 삼는 구글과 페이스북식 모델 말입니다. 이 기술이 그걸 완전히 뒤엎을 테니까요. 그런데도 왜 그들이 줄곧 한목소리를 내는지는, 정말 미스터리예요."

캘빈은 크레이그와 관련된 법정 공방에 대해 놀라울 정도로 낙관했다. 그는 노르웨이에서의 승리를 여러 차례 예측했지만, 크레이그는 결국 패배했다. 하지만 항소심이 진행되는 지금도 캘빈의 낙관론은 변함없었다. "그 사건을 맡은 젊은 여성 판사가 노르웨이 법을 제대로 이해하지 못했다고 생각합니다. 크레이그가 이번엔 압도적으로 이길 거라고 봅니다."

그는 호들로넛 사건에 이미 결과가 정해져 있었다는 뉘앙스를 풍겼다. "2심에서는 크레이그가 얼마나 이해관계가 얽혀 있었는지, 그리고 크레이그에 대한 공격이 얼마나 상업적인 동기로 이뤄졌는지에 대한 추가 증거가 나올 것 같아요." 네? 캘빈은 "개인적으로 그 사건에 부정이 있었다고 믿습니다. 마그누스 그라나스는 노르웨이의 부유층 인사 한 명과 연이 닿아 있습니다"라고 했다. 캘빈은 노르웨이의 석유 재벌인 셸 잉게 뢰케Kjell Inge Røkke를 말하는 듯했다. 그라나스가 몇 년 전 뢰케의 회사인 시티Seetee에서 비트코인 투자를 관리하는 일을 했기 때문이다. 캘빈은 그라나스가 너무 빠르게 법적 대응에 나섰고, '크레이그가 질 거라고 인터넷에서 미리 자랑한' 점을 들어, 마치 이미 결과를 알고 있는 사람처럼 느껴졌다고 말했다.

나는 이 소송들이 시작된 시기가 궁금해 이렇게 말했다. "2019년 초부터였죠? BSV가 출범하고 몇 달 지나서……."

"BSV는 출범한 적이 없습니다." 캘빈이 내 말을 끊었다. "BSV가 원조 비트코인이고, 원조 거래소에서 시작된 겁니다. 2009년으로 바로 거슬러 올라가죠." 캘빈이 말하려는 내용은 BSV 진영에서 일반적으로 받아들여지는 주장으로, 비트코인 가격이 현재 3만 달러인 데 비해 BSV는 겨우 36달러임에도, BSV는 비트코인의 포크, 곧 분기 버전이 아니라

오히려 비트코인이 BSV의 포크라는 것이다. 단지 이름만 도용했을 뿐이라는 것이다.

내가 정말 궁금한 건, 왜 그가 계속 크레이그를 지지하느냐는 점이었다. "판사들이 크레이그의 신뢰성을 의심할 때 기분이 상하지 않나요?"

캘빈은 이렇게 답했다. "화가 난 크레이그는 호감이 가는 인물은 아니죠. 그의 적들도 그 점을 잘 알고 있어서 끊임없이 그를 자극하려는 겁니다." 캘빈에 따르면, nChain의 역할은 학술 강연을 할 때 드러나는 크레이그의 좀 더 따뜻하고 인간적인 면을 보여주는 것이었다. "사실 파티에서는 꽤 유쾌하고 재미있는 사람입니다."

나는 크레이그가 아스퍼거 증후군 진단을 받은 사실을 언급했다.

"방금도 크레이그를 만나고 왔어요. 도무지 아무도 이해 못 할 얘기를 계속 중구난방으로 쏟아내더군요. 그럴 땐 그냥 듣는 걸 포기할 때도 있어요." 캘빈이 말했다.

나는 캘빈이 봤다고 말한 비공개 증명 세션에 관해 물었다. 개빈 안드레센이 참여한 세션 무렵에 있었다고 했다. "사실 바로 이 방에서였어요. 다른 기술 전문가도 몇 명 있었죠. 저는 그게 역사적인 순간이라는 걸 알고 있었고, 저도 그 자리에 있었다고 말하고 싶어서 따라갔어요. 그 자리에서 본 걸 이해할 수 있는 기술자들은 감명받은 것 같았어요. 그건 확실해요. 하지만 전 그런 걸 보고 뭘 판단할 수 있는 사람은 아닙니다. 제가 본 건, 사람들이 자기가 보러 온 걸 보고 만족해하는 모습이었어요."

비트코인은 신뢰를 최소화하도록 설계된 시스템이다. 반면, 캘빈은 신뢰를 극대화하는 사람이다. 그가 크레이그를 나카모토라고 믿은 이유는, 크레이그가 자신에게 나카모토라고 말했기 때문이고, 스테판 매슈스가 크레이그가 백서 초안●을 보여줬다고 말했기 때문이며, 비공개 증명 세션 이후 몇몇 기술자가 '만족한 듯한 표정'을 지었기 때문이다.

캘빈은 크레이그가 BSV에 짐이 될 수도 있다고 생각해본 적이 있을까? "전혀요, 절대 그렇지 않습니다. 크레이그는 정말 뛰어난 인물이고, 그의 아이디어는 거의 모든 면에서 옳습니다. 그리고 그런 질문을 하는 사람들은 대개 세상에 떠도는 온갖 헛소리에 속아 가짜 크레이그 이미지를 믿게 된 거예요."

"'크레이그' 개인 얘기가 아니라 그의 '대중적 이미지'를 말하는 겁니다. 그의 평판이 극도로 치명적이라는 것이죠."

"그들은 크레이그가 치명적인 평판을 가졌다는 허구를 만들기 위해 수억 달러를 썼고, 지금 당신 질문의 의도도 바로 그 허구에 기반한 것입니다. 하지만 그건 진짜 크레이그가 아닙니다. 우리 임무는 사람들이 진짜 크레이그를 보게 하는 거죠." 그는 흥분한 듯 보였다. "진짜 크레이그는 그를 반대하는 적들이 두려워하는 엄청난 강점입니다. 그의 비전이 결국 승리할 것이기 때문이죠." 캘빈이 나를 노려보았다.

다음 질문을 하는 게 당연해 보였다.

"크레이그가 당신에게 실제로 이익이 되었나요?"

그때 캘빈이 나를 뚫어지게 쳐다보았다. 그러고는 그의 홍보 담당자인 게리에게 시선을 돌렸다. 캘빈은 대답하기 전에 승낙을 구하려는 것이었을까? 아니었다. 그 표정은 오히려 '누굴 데리고 시간을 낭비하는 거야?' 혹은 '게리, 너도 새 일자리나 알아보는 게 좋겠어'라는 뜻 같았다.

● 매슈스가 보관하지 않았던 이 '초기 버전'은 그렇게 결정적인 증거는 아니었다. 런던의 한 판사는 매슈스가 그걸 받았다고 주장한 데 대해 '뻔뻔스러운 거짓말'이라고 했다.(저자주)

캘빈은 이내 내가 세상에서 가장 어리석거나 무례한 질문을 한 것처럼 보이는 표정으로 나를 바라보았다.

"'이익'이라니, 무슨 소리죠?"

그가 무슨 말을 하는지 이해하는 데 잠시 시간이 걸렸다.

"당신은…… 사업가인가요? 사업가들은…… 이익을 중요하게 생각하잖아요?" 내가 조심스럽게 물었다.

"이건 '이익' 문제가 아닙니다." 마치 내가 그를 성매매 알선 혐의로 몰아붙인 듯이 이 해외 도박 재벌이 말했다. "이건 '유산'에 관한 문제랍니다."

캘빈은 비트코인이 여러 가지 치명적 위기를 안고 있다고 말하면서도, 그 자체의 가속력으로 명맥을 이어갈 것이라고 했다. "비탈릭도 크레이그가 나카모토라는 걸 알고 있습니다." 캘빈이 이더리움 공동 창업자 비탈릭 부테린을 가리키며 말했다. "하지만 비탈릭은 다른 사람들이 그 사실을 알게 될까 봐 두려워합니다."

터무니없게 들렸다. 내가 물었다. "비탈릭이 여러 차례 공개적으로 크레이그가 나카모토가 아니라고 말했는데, 왜 그렇게 생각하시나요?"

하지만 캘빈은 또다시 내가 상식이 부족한 사람인 듯한 표정으로 나를 쳐다보았다. 그리고 비웃으며 말했다. "그 친구가 바로 그 정도 '수준'이라는 겁니다. 도대체 어떻게 그 깡촌 출신이 크레이그가 나카모토가 아니란 걸 알 수 있죠? 도대체 어떻게 그따위 말을 하죠? 근거가 뭐냐고요?"

캘빈은 자신만의 매체와 자신만의 사실 관계가 있었다.

"캘빈이 좀 직설적이긴 하지만, 안타깝게도 지금 언론은 거의 세뇌된 상태예요"라고 게리가 말을 보탰다.

여덟 달 후, 캘빈은 크레이그를 nChain에서 해고했다. 그리고 얼마 전 사임한 nChain의 CEO는 크레이그를 '#가짜토시#faketoshi'라고 부르며, 캘빈이 크레이그에게 보낸 이메일을 유출했다.

"이 글을 쓰고 있는 지금, 나는 스페인 남부의 한 해변에 있다"라고 메일은 시작되었다. "나는 행복한 삶을 살고 있으며, 앞으로도 계속 이렇게 살 생각이다. 지금 내 삶에서 유일한 부정적인 요소는 당신이 벌인 온갖 소송뿐이다. (……) 당신이 실제로 나를 협박하지 않았다는 설명은 받아들이겠다." 캘빈은 이어서, 크레이그가 나카모토 코인의 소유권을 암호학적으로 증명하지 않으면 다가오는 암호화폐 특허권 개방 연합Cryptocurrency Open Patent Alliance, COPA 소송에서 패배할 것이라고 썼다. 또한 더 이상 소송 자금을 지원하지 않겠다고 밝혔다. "그러니 당신은 이 소송에서 일부러 지는 바보이거나, 아니면 실제로 키를 가지고 있지 않은 바보다. 어느 쪽이든 나는 당신과 함께 몰락할 생각은 없다."

2024년 3월, 런던에서 열린 COPA 재판이 종료되며, 제임스 멜러James Mellor 판사는 이제까지 나온 어떤 판결보다 명확한 판결을 내렸다. 그는 "제시된 증거는 압도적이며, 크레이그가 비트코인 백서의 저자가 아니고, 2008년부터 2011년 사이에 '사토시 나카모토'라는 가명을 사용하거나 그 이름으로 활동한 인물이 아니며, 비트코인 시스템을 만든 사람도 아니고, 그 소프트웨어 초기 버전의 저자도 아니다"라고 밝혔다.

잭 도시가 자신이 한때 운영하던 플랫폼에서 환호하듯 "W"라고 적었다.

캘빈 아이어는 여전히 이렇게 주장했다. "저는 크레이그가 나카모토라는 걸 압니다. 하지만 이제 그건 중요하지 않습니다. 두고 보세요. 크레이그의 발명은 계속될 겁니다. 이건 오직 크레이그 개인의 문제일 뿐이고, 전 그가 안쓰러울 따름입니다.”

그리고 하루 뒤, 캘빈은 “모두 안녕”이라는 글을 올리며, 자신의 트위터 계정을 BSV 관련 팀에 넘기겠다고 밝혔다. 그는 지난 1년간 계획해온 모험을 떠날 것이라고 했다.

그 직후, 크레이그는 마그누스 그라나스를 상대로 제기한 노르웨이 항소와 런던 소송 등 모든 소송을 취하했다. 그라나스는 이후 내게 “정말 기쁩니다. 물론 아직 소송 비용 청구 문제가 남아 있긴 하지만, 더 이상 저를 상대로 한 소송은 없습니다”라고 말했다.

마침내 런던의 COPA 재판부는 크레이그에게 자신의 웹사이트에 굴욕적인 성명을 게시하라고 명령했다. “크레이그 스티븐 라이트 박사는 사토시 나카모토가 아닙니다. 법원은 라이트 박사가 ‘법정에서 광범위하고 반복적으로 거짓말을 했다’고 판단했습니다.” 판사는 크레이그의 전면적인 위증과 문서 위조에 대해 형사 기소 여부를 검토하라며 이 사건을 영국 검찰청Crown Prosecution Service에 회부했다. 이에 따라 체포 또는 송환 조치도 가능성이 제기됐다. 그 무렵, 크레이그의 행방은 묘연했다.

플로리앙

2023년 가을, 나는 플로리앙 카피에로Florian Cafiero에게 사토시 나카모토 문제에 도전해볼 생각이 있는지 물었다. 플로리앙도 이중 정체성을 지닌 인물이다. 한때는 유럽 전역에서 푸치니Puccini와 바그너Wagner 오페라를 부르는 테너 가수로 활동했고, 요즘에는 파리과학인문대학교 Paris Sciences et Lettres University에서 인공지능과 인문 사회과학의 접점에 대해 강의하는 분주한 현역 강사였다. 그의 연구 분야 중 하나는 AI를 활용한 저자 추정 문제였고, 컴퓨터 기반 문헌학의 부교수이자 동료인 장-바티스트 캉Jean-Baptiste Camps과 함께 몰리에르Molière●의 논쟁적인 희곡 저작권 문제를 문체 분석 기법으로 풀어냈다. 하지만 내가 이 둘을 찾게 된 계기는 따로 있었다. 바로 큐어넌QAnon●●의 Q가 누구인지 밝혀낸 그들의 연구였다. 플로리앙과 장-바티스트는 Q가 두 사람이라는 사실

●　17세기 프랑스 바로크 시대의 대표적인 극작가.
●●　2017년 미국에서 시작된 음모론 운동 및 온라인 커뮤니티를 일컫는 이름.

과 그 둘이 언제 교체되었는지 설득력 있게 입증해냈다.

나는 플로리앙에게 나카모토가 등장하기 전 4년 10개월 동안 Metzdowd 메일링 리스트에 작성된 모든 게시물 기록을 보냈다. 또한 수년 치 사이퍼펑크와 엑스트로피언 기록, 그리고 주요 나카모토 후보자들의 장문 글 일부도 함께 전달했다.

몰리에르와 큐어넌의 사례에서는 문체 분석으로 즉각적이고 명확하게 저자를 밝혀냈다. 하지만 사토시 나카모토는 쉽지 않았다. 플로리앙이 두 달에 걸쳐 다양한 방법을 시도했지만, 혼란스러운 결과들이 뒤섞여 나왔다. 백서의 경우, 가장 일관성 있는 일치는 할 피니와 브램 코언이었다. Metzdowd 게시물에서는 2008년에 나카모토와 처음으로 교류한 멤버 중 한 명인 레이 딜린저가 가장 일관성 있게 일치했다. 하지만 두 경우 모두 플로리앙이 누구라고 확정할 만큼 근접한 일치를 발견하지 못했다. 닉 사보, 렌 새서맨, 벤 로리 등은 어떤 테스트에서도 나카모토와 일치하지 않아 후보군에서 제외했다. 오히려 나카모토의 글을 쓴 이는 샘플 대상자 중에 없는, 전혀 다른 인물일 가능성이 더 높아 보였다. 플로리앙의 테스트에서 확실히 드러난 한 가지는 백서에서 포럼 게시물, 개인 이메일에 이르기까지 나카모토의 모든 글이 일관되게 하나의 집단으로 분류되어, 한 사람이 쓴 것으로 보인다는 점이었다.

몇 달 후 어느 날 아침, 나는 Signal*에서 플로리앙이 연속으로 보낸 메시지들을 받고 잠에서 깼다. 첫 번째 메시지에는 "사흘 연속 나카모토 연구 중"이라고 적혀 있었다. 우리는 몇 주째 서로 연락을 주고받지 않았다. 분명 플로리앙은 이 수수께끼에 깊이 빠져든 모양이었다. 그는

●   종단 간 암호화 기능을 제공하는 보안 메신저 앱.

장-바티스트와 함께 최근 '공동 저작' 가능성에 집중하고 있다는 메시지도 보냈다. 비트코인 초창기, ChatGPT가 등장하기 10년 이상 전이라는 점을 고려할 때, 나카모토가 글쓰기 스타일을 의도적으로 바꿨을 가능성보다는 '공동 저작'이 언어 분석을 피할 수 있는 더 그럴듯한 설명이라는 것이었다. 플로리앙은 공동 저작이 두 가지 방식 중 하나로 이루어졌을 수 있다고 보았다. 하나는 두 명 이상의 인물이 번갈아 글을 썼다는 것이고, 다른 하나는 구성원들이 서로의 글을 다듬은 뒤 게시했다는 가능성이었다.

다음으로 플로리앙은 내가 한동안 관심에서 제외한 한 후보에 관해 물었다. Metzdowd 게시판에 자주 글을 올리던 트래비스 해슬록이었다. 해슬록은 내 사토시타이저 프로그램을 돌린 결과에서, 나카모토와 몇몇 독특한 어휘를 공유하는 것으로 나타났다. 그래서 나는 그의 이름과 'Bitcoin'을 함께 검색해봤고, 그 결과 아르스 테크니카^{Ars Technica} 블로그 게시물의 댓글에서 이런 문장을 발견했다. "비트코인의 창시자는 트래비스 해슬록이다."

이 댓글을 쓴 이(Dimitrios4615)와 연락할 방법도 없고, 해슬록을 나카모토 혹은 비트코인과 직접 연결해주는 단서도 없어 나는 그를 후보군에 오래 남겨두지 않았다. 플로리앙 역시 마찬가지였다. 내가 서툴게 분류한 자료로 초기 분석을 진행했을 때, 해슬록은 나카모토와 큰 유사성을 보이지 않았기 때문이다. 하지만 이후 플로리앙과 장-바티스트가 직접 텍스트를 정제하면서 상황이 달라졌다. 수학 공식이나 이메일 주소 같은 '잡음'을 제거해 문체의 핵심 신호가 묻히지 않도록 한 것이다. 그리고 이제 해슬록은 훨씬 흥미로운 후보로 떠올랐다. 플로리앙은 이렇게 썼다. "이 사건을 조사하면서 어떤 단서 하나에 이렇게 흥분되긴 처음이에요. 아직 확신할 수는 없지만, 지금까지 저희 AI가 '나카모토와 유사함'이 아니라 '나카모토일 가능성이 있음'으로 분류한 사람은 이 사람이 처음입니다."

그다음 주, 플로리앙과 장-바티스트는 이 문제에 또 하루를 온전히 쏟아부었다. 그들이 분석 대상으로 삼은 인물군은 26명으로 좁혀졌고, 그 안에는 흔히 거론되는 주요 후보들이 모두 포함돼 있었다. 그들은 약 6만 단어에 이르는 나카모토의 글을 2,000단어 단위로 잘라낸 뒤, 자신들이 개발한 문체 분석 모델을 활용해 각 조각을 누가 쓴 것으로 분류되는지 살폈다. 그 결과, 대부분의 텍스트는 트래비스 해슬록이나 레이 딜린저와 일치했으며, 그중에서도 해슬록과 더 자주 일치하는 경향을 보였다. 플로리앙에 따르면, 이번이 처음으로 '해슬록과 딜린저가 함께 나카모토일 가능성'이, '나카모토가 분석 대상에 없는 전혀 다른 인물일 가능성'과 통계적으로 비슷한 수준에 도달했다고 한다. 그리고 여전히 나카모토의 글 대부분은 하나의 집단으로 분류됐지만, 단 하나의 예외가 있었다. 바로 백서였다. 백서는 다른 인물이 작성한 것으로 보였다.

우연히도 그 무렵 런던에서는 크레이그 라이트의 COPA 재판이 진행 중이었다. 재판 절차의 일환으로, 애덤 백은 마침내 나카모토와 주고받은 초기 이메일을 공개했고, 오픈소스 비트코인 프로젝트에서 나카모토의 첫 협력자인 마르티 말미Martti Malmi는 나카모토와 개인적으로 주고받은 이메일 120페이지 분량을 공개했는데, 그 안에는 나카모토가 직접 쓴 약 2만 단어의 글도 포함되어 있었다. 나카모토 정체를 찾으려는 새로운 시도를 미리 차단하고자 했던 '신화 수호자들'은 이메일 공개 자료를 이용해 나카모토의 정체를 추측하려는 이들을 비열하다며 강력히 비난했다. '정말 역겹다', '비도덕적이다', '완전 허황되다'라며, 그런 추측을 하는 사람을 '완전 개자식'이라고까지 불렀다.

새로 공개된 이메일 텍스트들을 읽으며, 이전 텍스트들에는 없던 몇몇 구어체 표현, 예를 들어 heck, darn, dang, pwn, professorial, retarded 같은 단어들을 발견했다. 이 텍스트들을 플로리앙과 장-바티스트에게 보내 문제 분석 모델을 다시 돌려보게 했고, 결과는 이전과 같았다. 해슬록-딜린저 조합이지만 주로 해슬록 쪽으로 더 많이 일치했다. 그렇지만 한편으로는 해슬록이 진짜 나카모토일 가능성은 작아 보였다. 사토시 나카모토가 본명으로 디지털 화폐를 만들기로 결정하기 전에 디지털 화폐에 대한 강한 관심을 보여오지 않았을까? 또 다른 한편으로는 만약 나카모토가 늘 목소리가 큰 그 디지털 화폐 애호가 집단 출신이라면, 왜 그 누구도 확실히 나카모토로 특정될 수 없었을까? 이는 가능성은 작지만, 나카모토가 어쩌면 겉으로 보기에는 가능성이 작아 보이는 어떤 개인이나 집단에 '불과'할 수 있다는 점을 시사했다. 이 대목에서 보안 연구원 존 칼라스가 내게 한 말이 생각났다. "이건 셜록 홈스 이야기와 같은 겁니다. 뻔한 용의자들이 모두 아니라고 밝혀지면, 이제는 뻔한 용의자들이 아닌 사람들을 찾아봐야 한다는 거죠."

해슬록은 사토시 나카모토와 몇 가지 중요한 면에서 일치했다. 그는 오픈소스 운동의 열렬한 지지자였고, Metzdowd 암호학 메일링 리스트의 단골이었으며, 컴퓨터공학을 전공했다. 경력 대부분을 금융 서비스 기업에서 암호학과 사이버보안 업무를 담당했고, 스스로를 '개인정보 보호 광신자'라고 부르며 'Solinym', 'Shugenja' 같은 여러 가명을 사용했다. Shugenja는 던전 앤 드래곤에 등장하는 일본풍 마법사 캐릭터다. 그는 미국 네바다주 블랙록 사막에서 열리는 예술 행사 '버닝맨 Burning Man'에도 참가했으며, 정치적으로는 대체로 좌파 성향이지만, 한

때는 자유 지상주의자이기도 했다. 그의 주된 불만은 정부보다는 은행을 향했고, 이는 나카모토가 추구한 우선순위와도 일치했다. 몇 년 전, 수수료도 최소 잔고 조건도 없는 핀테크 기업 차임Chime에서 일하던 해슬록은 이렇게 썼다. "은행들은 누군가가 거래 대금을 지불하지 못할 걸 알면서도 그냥 마이너스 통장을 쓰게 내버려두고, 그 뒤에 35달러의 잔액 부족 수수료를 부과한다. 그건 가진 걸 모두 빼앗는 것보다 더 나쁘다. 가난한 사람을 벌주고, 그들을 부채 노예로 만드는 것이다." 그는 2007년 페이팔에 입사해 일하다가, 나카모토가 백서를 발표한 2008년 10월에 퇴사했고, 2009년 2월까지는 별다른 직장이 없었다. 이는 나카모토가 비트코인 코드를 완성하고 세상에 내놓은 그 4개월과 정확히 겹친다.

나는 곧 레이 딜린저와 통화하게 되었다. 목소리가 쉰 듯한 그는 요즘 이런 대화를 나눌 일이 거의 없어서 그렇다고 했다. "누구와 말을 섞을 일이 없다 보니 그런가 봅니다." 레이는 캔자스에서 자랐고, 어머니는 학교 선생님, 아버지는 곡물 창고 관리자였다. 수년간 그는 자신이 나카모토가 아니라고 거듭 부인해왔으며, 스토킹을 당한 일도 있었다. 2020년 팬데믹이 시작된 이후 어떤 남성이 3주 동안 그의 실리콘밸리 집 건너편에 차를 세워두었다. 레이가 외출해 장을 보는 사이, 그 남성이 몇 차례 차에서 내려 집 주변을 어슬렁거리는 모습을 그의 아내가 목격하기도 했다. "아내가 꽤 무서워했죠"라고 레이는 회상했다. 그 3주 동안, 그 차가 집 앞에 주차되어 있을 때마다, 레이는 휴대전화 신호 세기가 평소보다 두 칸 더 강해지는 걸 보게 됐다. "그 사람이 차에 스팅레이StingRay를 가지고 있었던 것 같아요." 스팅레이란 휴대전화 기지국인 것처럼 가장해 신호를 가로채는 장치다. 그는 아마 레이를 사토시 나카모토라고 믿고 도청하려 한 것 같다. "하지만 진짜 나카모토와 관련된 뭔가를 캐내려고 했다면, 괜한 헛수고만 한 겁니다. 그 휴대폰에도, 그전 휴대폰에도 사토시 나카모토 관련 정보는 전혀 없었으니까요."

레이는 아주 오래전에 할과 나카모토와 주고받은 개인 메일을 모두 파기했다고 했다. "비트코인이 점점 주목받기 시작하면서 언젠가 법원 소환장이 날아올지도 모른다는 생각에, 나카모토와 할에게서 받은 거의 모든 자료를 없앴어요. 다만 제가 검토한 코드가 포함된 이메일 한 통만 남겨뒀죠." 그는 하드디스크 드라이브를 약 3.6kg짜리 큰 망치로 부쉈다고 했다. 그리고 나카모토 역시 비슷한 행동을 했을 거로 생각했다. "나카모토는 작전보안OPSEC이 철두철미했어요. 저와 비슷한 점이 있다면, 그도 이메일을 삭제해서 증거를 남기지 않았을 거라는 점이죠." 나에겐 제법 흥미롭게 다가온 말이었다. 애덤 백, 마르티 말미, 할 피니, 웨이 다이 등 다른 인물들은 나카모토와 주고받은 이메일을 굳이 파기할 필요를 느끼지 못했기 때문이다.

과거 레이는 나카모토의 진짜 정체를 '논의할 가치가 없는 주제'이자 '쓸데없는 사소한 잡학'이라 부르며, 이를 밝히려는 사람들을 '바보들'이나 '흥분한 아이들'이라고 깎아내렸다. 하지만 이번 통화에서는 나카모토의 전반적인 특징에 관해 이야기할 의향을 보였다. 레이는 나카모토가 사이퍼펑크와 암호학 메일링 리스트에 참여하지 않은 '예측 불가능한 인물'이나 '비주류 예술가'라는 가설은 가능성이 낮다고 봤다. "사이퍼펑크와 암호학 메일링 리스트에 참여하지 않은 사람이 그만큼 모든 것을 잘 알았을 것 같지 않다"고 말했다. 비록 나카모토가 사용한 암호 기술이 최첨단은 아니지만, 레이는 그가 노련한 암호학자라고 믿었다. "저를 포함한 많은 암호학자는 새로 나온 암호 원리나 프로토콜이 수년간 여러 공격과 검증을 견뎌내고, 업계 최고 전문가들이 취약점을 찾아내기 전까지는 신뢰하지 않는 편입니다." 또한 나카모토가 제네시스 블록에 영국 신문 헤드라인을 포함한 것은 '이상한 일'이라고 했다. 레이는 나카모토가 영국 사람이라고 생각하지 않았다. "딱히 이유를 말할 순 없지만 그냥 그런 느낌이 들었어요. 나카모토의 언어에는 몇몇 영국식 표현이 있지만, 저도 책을 좀 읽다 보면 그런 표현이 익숙해지거든요."

나는 비트코인이 출시된 지 15년이나 지났는데도 나카모토가 법적 처벌을 받을 가능성이 지금도 남아 있느냐고 물었다. 수천 개의 다른 블록체인들이 아무런 법적 문제 없이 출시된 사례가 많기 때문이다. 하지만 레이는 이렇게 말했다. "나카모토는 꽤 어려운 처지였을 수도 있어요. 제가 할을 유력한 후보로 생각하는 이유 중 하나는 그가 예전에 곤란을 겪은 적이 있어서 다시 문제에 휘말리고 싶지 않았을 수 있기 때문이죠." 레이가 말한 '곤란'이란, 1990년대 할 피니가 PGP 소프트웨어 작업을 하던 시절 얘기다. 당시 할은 PGP가 무기로 분류되어 수출이 금지된다는 법을 무시하고, '어느 나라 사람이든 원하는 사람에게 프로그램을 전송'했다. 그 일로, 레이에 따르면 할은 미국 보안 기관과 심각한 마찰을 빚었고, 한동안 비행 금지 명단에 올랐다고 한다(하지만 할의 아내 프랜은 그런 기억이 없다고 한다). 레이가 할을 나카모토 후보로 언급한 것은 이번뿐만이 아니었다. 그는 할과 20년간 암호학 메일링 리스트를 통해 알고 지냈으며, 내가 느낀 것보다 할은 더 강경한 이념가라고 평가했다. "2008년 무렵, 할은 금융기관에 대해 엄청나게 분노했어요. 그들을 없애버리고 싶어 했죠. 비트코인을 은행에 맞서거나, 은행으로부터 개인의 자율성을 되찾기 위한 해법으로 내세운 핵심 인물 중 하나가 바로 할이에요." 레이는 나카모토가 비밀 키를 폐기하고 죽었을 가능성도 있다고 생각했다. 그리고 할은, 레이의 말처럼 '사실상 죽은 사람'이었다.

그런데 레이는 자기 말에 모순되는 이야기를 했다. 나카모토가 여전히 살아 있을 가능성이 더 크다고 생각한다면서, 나카모토는 비밀 키를 잃어버릴 사람처럼 보이지 않고, 만약 죽었다면 그 키는 상속자에게 넘어갔을 텐데 상속자라면 나카모토의 막대한 재산을 쓰고 싶은 유혹을 뿌리치기 힘들 거라고 했다.

수년 전, 레이는 사토시 나카모토가 보유한 코인에 어떤 움직임이 생기면 블록체인에서 즉시 알려주는 프로그램을 만들어두었다. "코인이 움직인다는 건, 나카모토가 죽었고 누군가가 그의 키를 상속받았다는 뜻이죠. 저는 그걸 알고 싶었어요. 아마 제가 그를 꽤 가치 있는 인물로 여겼고, 계속 그의 흔적을 따라가고 싶었기 때문일 거예요. 그는 진짜였어요. 세상이 잘 되기를 진심으로 바란 사람입니다."

내가 레이에게 문체 감식 분석 결과 그가 Metzdowd 메일링 리스트에 있던 두 사람 중 나카모토의 글쓰기와 가장 비슷한 인물이라고 했을 때, 그는 "사실 그에 대해 딱히 할 말이 없어요. 그래도 아직도 1년에 한두 명씩은 내가 나카모토라고 믿는 사람이 있긴 해요"라고 말했다.

내가 다시 트래비스 해슬록 쪽으로 관심을 돌렸을 때, 2018년에 아르스 테크니카 블로그 댓글에서 아무 설명 없이 해슬록을 비트코인 창시자로 지목한 Dimitrios4615라는 사용자가 본명인 디미트리오스 츠올로지아니스Dimitrios Tsoulogiannis라는 이름으로 다른 곳에서도 같은 주장을 한 것을 확인할 수 있었다. 그의 링크드인 페이지에는 '사토시 나카모토 교회의 교황'이라는 별명이 적혀 있었고, 거주지는 라스베이거스로 나와 있었다. 하지만 그가 트래비스 해슬록과 어떤 관련이 있는지는 불분명했다. 곧 우리는 전화 통화를 하게 되었다.

디미트리오스는 당시 플로리다에 살고 있었는데, 2018년에는 카지노 딜러를 그만두고 라스베이거스에 비트코인 ATM이 설치된 오프라인 비트코인 거래소를 새로 열었고, 개장 이틀 만에 토머스 스토^{Thomas Stowe}라는 남자가 와서 도움을 제안했다고 했다. 디미트리오스는 이렇게 말했다. "저도 잘 아는 게 별로 없었어요. 그 사람도 별로 더 아는 게 없었죠. 사무실에서 두세 달 동안 함께 지냈어요. 스토는 포커도 치고, 채굴도 하면서 비트코인 관련 일을 했습니다. 그 사람, 기가 막힌 이야기들을 좀 했어요." 그중 하나는 자기가 아는 트래비스 해슬록이라는 사람이 '어떤 식으로든' 비트코인 창조에 관여했다는 것이었다. 디미트리오스는 소셜 미디어 게시물들도 어쩌면 스토가 디미트리오스의 계정을 이용해 올렸을 수도 있다고 말했다. 다만 디미트리오스는 비트코인을 미국, 중국, 러시아 같은 '주요 강대국' 정부가 만들었다고 생각했다.

나는 스토와 직접 얘기를 나눠볼 수는 없었다. 2022년에 겨우 41세의 나이로 사망했기 때문이다. 하지만 디미트리오스는 스토가 해슬록과 마찬가지로 텍사스 출신이라고 말했다. 나는 해슬록에게 여러 주소로 연락을 시도했지만, 답이 없었다. 며칠 후, 이번에는 그의 이름이 나카모토 후보로 거론됐다는 사실을 알리며 다시 한번 메일을 보내봤다. 그러자 답장을 보내왔다. "그 이야기는 제 친구가 퍼뜨린 소문 같습니다. 이야기를 재미있게 꾸미는 재주가 있거든요. 아마 라스베이거스에서 비트코인 ATM 일을 같이 하는 누군가에게 잘 보이고 싶어 한 것 같아요. 제 개인적으로는 오히려 해가 됐죠. 만약 제가 비트코인을 발명했거나 초기 참여자라면 이런 걱정은 정말 사소한 문제였을 겁니다. 어딘가에 제 섬이나 나라를 세우고, 군대까지 거느리고 살았을 테니까요. 지금처럼 월급쟁이 신세가 아니겠죠." 해슬록은 자신이 '노출을 꺼린다'고 덧붙였고, 암호화폐에 관여하는 것에 대해 '강한 윤리적 문제의식'을 가지고 있다고 말했다. 그리고 이 주제에 관해 자신이 익명으로 쓴 글을 소개해 주었다.

그 글은 2017년에 작성한 비트코인에 관한 폭넓은 개요 성격의 글로, 마치 해당 주제에 대해 자기 생각을 차근차근 정리하는 사람이 쓴 듯했다. 내부자의 시각에서 쓴 흔적은 전혀 없었고, 하물며 비트코인 창시자가 쓴 글이라는 느낌도 아예 들지 않았다.

나는 문체 분석을 의뢰한 결과 해슬록이 나카모토 텍스트 대부분과 가장 일치하는 인물로 밝혀져 연락하게 되었다며 해슬록에게 답장을 보냈다. 몇 차례 이메일을 주고받은 뒤, 전 세계에서 유일하게 친구가 공개적으로 나카모토라고 지목한 사람이 문체 분석 결과 나카모토일 가능성이 가장 높은 메일링 리스트 주요 인물과 일치한다는 놀라운 우연 등을 들며, 그가 나카모토일 것이라는 내 생각을 자세히 설명했다.

며칠 후, 그에게서 이런 답장이 왔다.

"저 아닙니다."

누메로 우노

　여전히 배제할 수 없는 가장 유력한 나카모토 후보가 하나 남아 있었다. 몇 달 전, 나는 또 하나의 단서를 우연히 발견했다. 윌 프라이스라는 사람이 남긴 페이스북 게시물에 대해 인터넷에 떠도는 소문이었다. 그는 할 피니와 함께 일한 적이 있으며, 자신의 페이스북 친구들에게 할이 사토시 나카모토라고 믿는다고 썼다고 했다. 해당 게시물은 곧 삭제되었지만, 처음 몇 줄을 찍은 스크린샷이 남아 있었다.

　할 피니는 나카모토 추정자 명단에서 늘 단골로 거론되던 인물이다. 그는 PGP, 스테가노그래피steganography•, 리메일러 등의 코드를 작성한 경험이 있어, 전술적 비밀 유지 능력 면에서는 닉 사보보다 훨씬 더 노련했다. 물론 후보군이 제한적이긴 했지만, Juola & Associates가 수행한 초기 문체 감식에서도 할은 나카모토와 가장 유사한 인물로 나타났다. 할의 삶과 죽음에 관한 여러 사실 역시 나카모토의 행적과 잘 들

•　정보 은닉 기법.

어맞는 면이 있었다. 예컨대 할은 2010년 11월에 처음으로 비트코인톡에 글을 올렸는데, 이는 나카모토가 그곳에 마지막 글을 남긴 시점보다 한 달 앞선 시기였다. 할의 건강 악화 시점도 나카모토가 프로젝트에서 물러난 시점과 일치한다. 그리고 할이 사망한 이후 수년간 나카모토 명의의 코인이 전혀 움직이지 않았고, 가명이 완벽하게 유지된 이유를 설명해준다.

할은 탈중앙화라는 이상에 깊이 헌신했다. 그가 사망한 이후, 옛 동료들은 그가 PGP 프로젝트에서 맡은 역할에 대해 더 많이 이야기했다. PGP는 대중적으로 처음 공개된 공개 키 암호화 소프트웨어다. 공개 키 암호화에서 해결해야 할 숙제 중 하나는 공개 키가 정말 그 소유자 것인지 어떻게 확인하느냐였다. 1992년, 필 짐머만이 할이 개발한 소프트웨어 2.0버전을 공개하면서 '신뢰의 웹web of trust'이라는 개념이 도입되었다. 이는 사람들이 지인들의 키에 암호학적으로 서명하는 방식으로, 실제 신원을 관리하는 중앙 기관이 필요 없는 체계였다. 키의 신뢰성은 그 키와 연결된 사람들의 수와 질로 판단할 수 있었다. 매달 열리는 사이퍼펑크 모임의 주요 행사 중 하나는 '덕후 키 파티nerd key party'로, 참석자들이 서로의 PGP 키에 서명하는 시간이었다. 할은 이러한 신뢰의 웹 구현과 코딩을 주도한 인물이다.

나카모토가 PGP 작업에 참여한 인물일 것이라는 또 다른 주장이 있었다. Avalanche 블록체인을 공동 창립한 에민 귄 시러는 비트코인 소스코드를 분석한 결과, 나카모토가 독학으로 코딩을 익혔으며 아마도 한 사람이라는 점, 그리고 무엇보다도 "적대적 관점으로 철저히 사고했다"고 결론 내렸다. 나카모토는 정보기관들이 가장 널리 쓰이는 암호 알고리즘에 백도어back door를 심었을 가능성을 극도로 경계하여, 서로 다른 출처(미국과 유럽)의 두 암호 알고리즘을 사용해 새로운 비트코인 주소를 생성하는 이중 스크램블러double-scrambler●를 적용했다. "이런 일은 일반인이 할 수 없습니다"라고 시러는 주장했다. "국가 기관들이 무엇을 할 수 있는지 오랫동안 고민해본 사람이어야 하고, 적대적 환경을 고려해 코드를 작성해본 경험이 있어야 합니다. 결국, 나카모토 후보군이 크게 좁혀질 수밖에 없죠." 시러가 생각하는 인물이 바로 PGP 개발에 참여했다고 믿었다. "그래서 할 피니는 제 기준에서 아주, 아주 훌륭한 나카모토 후보죠."

나는 시러의 말에 일리가 있다고 생각했다. 필 짐머만은 나에게 이렇게 말했다. "저희는 PGP 작업에 참여한 모든 사람에게 강력한 정부들과 맞서 싸우고 있다는 태도를 철저히 심어주었습니다." 할이 신뢰의 웹을 만든 지 몇 년이 지나서야 그의 역할이 알려지게 된 이유 중 하나는 필이 기소 위협을 받던 시기에 조사관들에게 할의 이름을 절대 언급하지 않았기 때문이다. 그는 할과 합의하에 할을 보호하기 위해 그렇게 했다. 필은 "할의 이름을 좀 더 자주 언급하지 않은 것이 미안했어요. 그는 그만한 공로를 인정받아야 합니다"라고 회상했다. 그러나 익명성은 할의 겸손함과 비밀스럽게 일하는 방식을 잘 반영하는 것이기도 했다.

하지만 이 모든 걸 고려하더라도, 나는 2011년에 할이 내게 진지하게 아니라고 말한 이후로 줄곧 그가 나카모토일 가능성에 회의적이었다. 그는 2014년에는 〈포브스〉에 나카모토와 주고받은 개인 이메일을 공개하기도 했다. 비트코인에는 할의 RPOW에서 느껴지지 않는 어떤 정

<hr>

● 암호학에서 스크램블은 데이터를 임의로 뒤섞어 보안을 강화하는 과정을 말하며, 더블 스크램블러는 이 과정을 두 번 거치는 것을 의미함.

제된 우아함이 있었다. 할은 RPOW를 자신의 이름으로 발표했는데, 그렇다면 비트코인을 왜 익명으로 내놓았겠는가? 나카모토가 "사회주의자처럼 들리고 싶지도 않고, 부의 집중도 개의치 않는다"고 쓴 부분도, 할답지 않게 차갑게 느껴졌다. 그래서 나는 할의 옛 동료이자, 할이 나카모토라는 내용의 페이스북 게시물을 삭제한 윌 프라이스에게 연락했을 때도 별 기대는 하지 않았다.

윌은 유명한 할리우드 가문에서 태어났다. 아버지 프랭크는 전설적인 영화사 경영자로, 한때 콜럼비아 픽처스Columbia Pictures와 유니버설 스튜디오Universal Studios 양쪽을 모두 이끈 인물이다. 독서광인 프랭크 덕분에, 윌이 세 형제와 함께 베벌리힐스에서 자라던 시절 프라이스 집안 사람은 모두 역사와 그리스어, 라틴어, 문학을 사랑했다. 윌은 결국 대학에서 고전학을 전공했고, 그 세계에 깊이 매료되었다.

하지만 윌이 정말로 집착한 건 컴퓨터였다. 14세 때, 매사추세츠주 앤도버에 있는 명문 사립 필립스 아카데미Phillips Academy 기숙사에서 직접 조립한 전화 접속 모뎀cell modem으로 초기 인터넷 게시판 서비스에 글을 올릴 수 있게 해주는 소프트웨어를 만들어 팔아 수백 달러를 벌었다. 20대 초반에는 하드디스크에 저장된 파일을 암호화하고자 독학으로 암호학을 공부해 '크립트디스크CryptDisk'라는 소프트웨어를 개발해 공개했다.

그 일로 윌은 당시 정부의 기소 위협에 시달리며 소수의 자원봉사자와 함께 PGP 확장 작업을 총괄하던 필 짐머만의 관심을 끌게 되었다. 할이 PGP 2.0 작업에 몰두하고 있을 때, 필은 윌에게 인터넷을 통한 암호화 통화를 지원하는 소프트웨어인 PGP Phone 프로그램 개발을 맡기고 싶어 했다. 1996년 1월 11일, 윌이 필과 통화하던 중 필은 다른 전화를 받기 위해 잠시 통화 대기 상태로 전환했다가 다시 돌아와 이렇게 말했다. "월, 정부가 수사를 종결하기로 했다네요. 이제 끝났습니다."

이후 PGP는 새로운 국면에 접어들어 법인으로 설립되고 벤처 자본을 유치하기 시작했다. 월과 할은 필 짐머만이 처음으로 채용한 사람이다. 월에 따르면, 영리 회사로 전환한 지 12개월쯤 되었을 때, PGP는 700만 달러의 자금을 확보했고, 그 돈을 무분별하게 써댔다고 한다. 맨해튼에서 열린 무역 박람회에서는 PGP 브랜드 초밥을 제공하고, PGP 브랜드 레이저 쇼를 펼쳤으며, 부스에는 'Privacy(개인정보 보호)', 'Security(보안)', 'Anonymity(익명성)'라는 단어가 새겨진 세 개의 로마풍 기둥을 세우는 데 200만 달러를 썼다. 당시 CEO는 얼마 후 회사를 떠났다.

월은 여러 해 동안 할의 직속 상사였으며, 바로 이 점 때문에 그는 할이 나카모토일 것이라고 거의 확신한다고 내게 말했다. 월은 할이 필 밑에서 일하는 모습을 직접 지켜보았다. 그는 할이 대중의 인정에 얼마나 무관심했는지도 보았다. 또한 할은 기업에 고용된 정규 직원이었기 때문에, 자신이 만든 창작물에 대해 회사가 권리를 주장할 수 있다는 점을 우려할 만한 이유가 있었다. 월은 이렇게 말했다. "장담컨대, 그 계약서 어딘가에는 '코드를 작성하면 그 소유권은 회사에 있다'는 조항이 반드시 있을 겁니다." 2008년경, 월과 할, 그리고 필과 함께 이상주의적 신념을 가지고 시작한 이들 모두는 필이 떠난 이후 PGP의 기업 소유 구조에 완전히 실망하고 지쳐 있었다. 당시 회사는 바클리스^{Barclays} 은행과 업무를 진행하고 있었고, 초기 멤버들은 회사가 CIA와 연관되어 있을 가능성도 의심했다.

월은 할의 프로그래밍 스타일도 아주 잘 알고 있었다. "저는 20년간 할의 코드를 읽었습니다. 할의 코드를 저보다 더 많이 본 사람은 없죠”. 월은 비트코인 원본 소스코드가 여기저기 뒤섞여 있는 듯한 특성이 할 답다고 느꼈다. 할은 주로 C 언어 프로그래머로 알려져 있었지만, PGP 에서는 C와 C++를 모두 사용했다. 그리고 월은 나카모토가 두 가지 서로 다른 암호 알고리즘을 사용한 것에 대해 시러와 같은 의견이었다. 월은 “이런 것들은 저희 같은 사람들에겐 일상입니다. 약간 마법처럼 보일 수도 있지만…… 수백 년을 견디려면, 언젠가는 알고리즘이 깨질 수 있다는 점을 항상 염두에 두어야죠”라고 했다.

“1996년부터 2009년까지 제 일은 괴짜 암호학자들을 찾아내고 채용하고 관리하는 것이었어요. 그중에서도 능력과 지식 면에서는 단연 할이 누메로 우노Numero Uno(1인자)였죠. 대부분의 암호학자가 전문 분야가 있는데, 할은 모든 방면에서 통하는 팔방미인이었습니다. 휘트필드 디피나 마틴 헬만 같은 사람들과 점심 식사 자리에서 대등하게 토론할 수 있었고, 동시에 동료들을 위해 직접 코드를 짜고 그것을 상품화할 수 있는 코드로도 만들어낼 수 있었죠. 업무상 저는 그 분야 사람들을 거의 다 알고 있었는데, 현실적으로 그 시절에 비트코인을 만들 수 있는 사람은 작은 식탁 하나에 둘러앉을 만큼 소수에 불과했습니다.”

월이 확신하게 된 가장 큰 이유는 할의 업무 일정과 진행 중인 프로젝트를 속속들이 알고 있었기 때문이다. “저희는 수년 동안 회사에 대한 반감을 키워왔기 때문에 ‘회사를 더 키워보자’라는 식은 전혀 아니었죠.” 그리고 월에 따르면 비트코인이 등장하기 직전까지도 “저는 할에게 거의 아무 일도 맡기지 않았습니다. 덕분에 월급을 꼬박꼬박 받으면서 오랫동안 자유롭게 자기 일을 할 수 있었죠. 회사 내에서 누구도 건드릴 수 없는 선임 연구원이었고, 시간도 넉넉히 있었습니다. 이 일을 하기 딱 맞는 환경에 있던 사람은 아마 그가 유일했을 겁니다." 2009년 8월, 할은 루게릭병 진단을 받았다는 사실을 PGP 동료들에게 알렸다. 당시 소박한 자리가 마련됐지만, 할이 공식적으로 은퇴한 것은 2011년 초, 사토시 나카모토가 비트코인 프로젝트에서 물러난 때였다.

그렇다면 월은 게시 시간대, 두 칸 띄어쓰기, 영국식 표현 같은 이상한 점들을 어떻게 설명했을까? 월은 대수롭지 않게 여겼다. "익명을 위해 규칙을 정하는 겁니다. '이 사람은 열 시에 일어나고, 두 칸 띄어쓰고, 영국에 산다'는 식으로요. 그게 바로 핵심입니다. 가상의 인물을 만들고, 여러 이메일 계정을 만드는 등, 필요한 건 뭐든 하는 거죠. 할이 멍청할 리 없잖아요. 다 계산된 것들입니다."

하지만 나카모토가 할에게 보낸 이메일에서 "그 말을 할에게서 들으니 더욱 뜻깊다"라고 쓴 부분은 어떻게 설명할까? 할이 자기 자신에게 그런 말을 썼을까? 월은 이렇게 말했다. "저라면 '나카모토한테서 들으니'로, 그 문장을 반대로 썼을 겁니다. 당신이라도 그러지 않았겠어요? 연락을 주고받았다는 증거, 자신이 수신자라는 증거가 필요하지 않겠어요? 이메일 증거가 꼭 필요하죠. 사람들이 할을 너무 과소평가하는 것 같습니다. 믿을 만한 가명이 되려면 실존 인물처럼 느껴져야 합니다." 월은 사람들이 할의 '컴퓨터'라며, 마치 할이 컴퓨터 한 대만 가지고 있는 것처럼 이야기하는 걸 듣고 웃음을 참지 못했다고 했다. "'컴퓨터를 확인했더니, 이런 거래 기록이 있어서 그가 하지 않았다는 증거다'라고 하는데, 사실 할은 컴퓨터가 최소 여섯 대는 있었습니다."

다른 질문들, 예를 들어 할이 어떻게 죽었는지, 그리고 재산을 남기지 않은 이유 등에 대해서는 월도 단지 추측할 뿐이었다. 아마 개인 키를 잃어버렸거나 숨겼을지도 모른다고 했다. 월은 할 가족의 요청으로 페이스북 게시글을 삭제했지만, 이제는 할이 나카모토라는 사실이 공개될 때가 되었다고 느낀다고 했다. "이 이야기가 세상에 알려지지 않은 게 안타깝습니다. '모르는 편이 낫다'라는 말도 안 되는 주장에 전적으로 반대합니다. 그가 세상을 떠난 게 무려 8년 전입니다. 이제는 그 공로를 인정해야 합니다. 나카모토를 폭로하는 걸 불쾌해하는 사람도 있지만 저는 그런 생각에 전혀 동의하지 않습니다. 저는 할이 한 일이라고 믿습니다."

내가 알기로는, 할이 말년에 정체를 부인하고 개인 이메일을 공개한 데에는 단순히 나카모토가 아니기 때문만은 아니며 또 다른 배경이 있었다. 일련의 사건들로 그는 익명성을 더욱 철저히 지키려고 했고, 심지어 가족에게도 진실을 숨겼을 가능성이 있으며, 이 때문에 가족들은 할이 나카모토로 밝혀지는 것을 당연히 걱정하게 됐을 것이다.

마치 나쁜 의도를 가진 사람들의 출현을 예견한 듯, 할은 2013년 3월 비트코인 사용자들에게 작별 인사를 하며 이렇게 썼다. "제 비트코인은 은행 개인 금고에 안전하게 보관돼 있습니다." 할이 나카모토라는 소문이 퍼지자 실제로 위협도 뒤따랐다. '비트코인 트롤Bitcoin Troll'이라는 인물은 할 가족에게 비트코인 천 개를 내놓지 않으면 가족의 개인정보를 인터넷에 공개하겠다고 협박했다. 하지만 할 가족이 가지고 있는 것보다 많은 액수였고, 루게릭병은 치료 비용이 보험으로도 다 충당되지 않을 만큼 큰 돈이 드는 병이었다. 할의 가족은 할을 편안히 돌보는 데 쓸 돈도 빠듯했다. 협박범에게 내어줄 돈은 있을 리 없었다.

2014년 5월 29일 아침, 도리언 나카모토 추격 소동과 할이 다시 한 번 자신은 나카모토가 아니라고 부인한 〈포브스〉 기사가 나오고 얼마 지나지 않아, 샌타바버라 카운티 보안관 사무실 직원 전용 전화로 전화가 한 통 걸려왔다. 전화를 건 남자는 자신이 아내와 아이를 살해했고, 이제 스스로 목숨을 끊고 집에 불을 지르겠다고 말했다. 그리고 주소를 말했다. 할 피니의 집 주소였다.

샌타바버라 경찰 당국은 이미 바짝 긴장하고 있었다. 며칠 전, 엘리엇 로저Elliot Rodger라는 남자가 캘리포니아대학교 샌타바버라 캠퍼스에서 칼부림과 총격 난동을 벌여 6명이 사망하고 14명이 다친 사건이 일어났다. 경찰의 대응은 신속했다. 인근 여러 학교는 곧바로 봉쇄 조치에 들어갔고, 할의 이웃 주민들은 대피했으며, 그 외 주민들은 집에서 나오지 말라는 통보를 받았다. 할의 집에 전화가 울렸다. 조용한 막다른 골목에 있는 목조 주택이었고, 할은 프랜과 간호사의 도움을 받으며 휠체어에 앉아 샤워 중이었다. 프랜이 나와 전화를 받았다. 전화기 너머에는 911 신고 센터 직원이 있었고, "괜찮으신가요? 집 안에 누군가 공격당하고 있나요?"라고 물었다. 이어 911 직원은 "곧 SWAT 팀이 집으로 출동할 예정이며, 여러분께서는 퇴거하라는 요청을 받으실 것입니다"라고 알렸다.

프랜은 문밖을 내다보았다. 집은 전술 장비를 착용하고 돌격용 소총을 든 경찰들로 둘러싸여 있었다. 지붕 위로는 헬리콥터도 맴돌고 있었다. 경찰이 프랜에게 전화를 내려놓고 밖으로 나오라고 소리쳤다. 아들 제이슨과 간호사가 할을 데리고 나왔는데, 샤워 중이던 할은 인공호흡기를 쓰지 않고 있었다. 경찰이 집과 뒤뜰을 수색하느라, 할은 30분 동안 잔디밭에서 떨며 기다려야 했다. 할은 침을 삼키지 못했고, 프랜은 할이 침에 질식할까 봐 내내 불안에 떨었다. 나중에 프랜은 〈와이어드〉와 한 인터뷰에서 "침을 빨아내는 장비 같은 걸 써야 할지도 모르겠다 싶어 정말 초조했어요. 인공호흡기마저도 없었으니까요"라고 말했다.

경찰은 아무것도 발견하지 못했다. 전화를 건 번호도 지역 번호가 아니었다. 당시 급속히 확산하던 '스와팅swatting'• 이었다. 할의 가족은 전에도 여러 차례 스와팅 피해를 보았지만, 이번이 가장 심각했다. 이후 조사 결과, 장난 신고의 배후가 거의 1년 동안 할과 그의 가족을 괴롭혀온 비트코인 트롤임이 밝혀졌지만, 그는 멈추지 않았다. 이후 두 달 동안, 그는 할의 가족에게 아홉 차례나 전화를 걸어 그들을 폭행하겠다고 위협하고 개인정보를 공개하겠다고 협박했다. 그는 끝내 잡히지 않았다.

이후 프랜은 공개적으로 할을 언급하는 일이 아예 없었고, 수년이 지난 후에도 여전히 분노했다. 프랜은 이 사건으로 할은 건강이 악화하고 수명마저 단축됐을 뿐만 아니라, "생애 마지막 몇 달 동안 누릴 수 있었던 평화를 빼앗겼습니다. 이 일로 할은 감정적으로 많이 힘들어했어요"라고 말했다.

그 후로 프랜은 루게릭병 관련 활동에 시간을 쏟았고, 2021년에는 남편을 죽음에 이르게 한 루게릭병을 치료하기 위한 기금 모금 연례 하프 마라톤 대회인 '러닝 비트코인 챌린지'를 시작했다.

나는 윌 프라이스가 로키산맥을 헤매는 미친 보물 사냥꾼이나, 복지 수당을 받던 언론 일을 그만두고 익명에 찾기도 힘든 발명가를 찾아 나선 무책임한 부모처럼, 서로 관련 없어 보이는 정보에서 패턴을 찾으려는 아포페니아 성향일 가능성이 충분하다고 봤다. 그러던 중, 나는 PGP의 수석 과학자였고 애플과 전자 프런티어 재단에서 고위직을 맡았던 컴퓨터 보안 전문가 존 칼라스와 이야기를 나누게 됐다. 콧수염이

• 허위 긴급 신고로 SWAT 팀을 출동하게 만드는 악의적인 장난.

들쭉날쭉 난 존은 유머 감각도 좀 엉뚱했는데, 한번은 '블록체인'이라는 단어만 200번 넘게 반복하며 거의 3분 30초에 달하는 연설을 한 적도 있다.

존은 이렇게 말했다. "돌이켜보면, 할과 나눈 몇몇 대화에서 저는 사실상 비트코인 작업을 하지 않겠다고 말한 셈입니다. 정작 저 자신은 그런 줄도 모르고요." 한 예로, 할은 작업 증명에 대해 자주 이야기했다. "하지만 전 매우 부정적이었어요. 할이 이렇게 말한 기억이 납니다. '자네 말이 맞지만, 이보다 나은 방법이 없잖아.' 할을 아는 우리 가운데 많은 사람은 이렇게 말합니다. '할이 아니면 도대체 누가 나카모토겠어?'"

존은 할이 템플 시티에 살던 도리언 나카모토와 겹치는 부분이 단순한 우연일 리 없다고 생각했다. 물론 〈뉴스위크〉가 지목한 도리언이 비트코인 발명과 관련이 있다고 믿는 건 아니었다. 다만 존은 할이 필명을 정하던 당시 도리언 나카모토라는 이름에서 영감을 얻었을 가능성이 크다고 봤다. 지역 전화번호부를 뒤적이다 눈에 들어왔을 수도 있고, 할과 PGP에 같이 일했던 진 호프먼의 말처럼 조깅 중에 어딘가에서 그 이름을 봤을 수도 있다.

존이 마지막으로 샌타바버라에 있는 할의 집을 찾았을 때, 할은 이미 휠체어를 타고 있었다. 할은 비트코인으로 가족을 위해 샀다는 평면 TV와 캐시미어 양말을 자랑했는데, 집에서는 그 양말을 '비트코인 양말'이라 불렀다. "할에게 대놓고 물어봤어요. 그랬더니 '아니'라고 하더군요. 그런데 그 말투가 진짜 부정인지, 윙크를 곁들인 농담인지 헷갈리게 말하더군요." 존은 프랜과 제이슨에게도 물었지만, 두 사람 모두 부인했다. 할의 오랜 멘토이자 상사였던 필 짐머만도 할을 찾아가 나카모토냐고 물었다. "그랬더니 그는 '아닙니다'라고 딱 잘라 말했어요. 그래서 아내에게도 물었죠. 프랜도 '아니에요'라고 했습니다." 존은 나카모토가 개인 키를 잃어버렸다고 믿는 쪽이었다. "월요일에 채굴을 시작했다가, 목요일에 키를 잃어버렸다고 쳐요. 그렇다고 처음부터 다시 시작해서 사흘간의 작업을 되돌리려 했을까요?"

하지만 존은 '사토시 나카모토=할 피니'라는 단순한 해답을 믿지 않았다. 2009년 4월 18일 아침, 할이 샌타바버라에서 16킬로미터(10마일) 달리기에 참여한 공식 기록이 있는데, 그 시간에 나카모토는 다른 비트코인 개발자에게 이메일을 보내고 있었다. 존은 "슈퍼맨과 클라크 켄트가 함께 찍힌 사진을 설명해야 하는 겁니다"라고 말했다. 또한 할의 주 프로그래밍 언어가 C이지 C++가 아니라는 점도 있었다. "그러니까 평생 C로 프로그래밍해온 사람이 자신의 대표작이 C가 아니라고 말해야 하는 셈이죠."

"재밌는 건, 나카모토가 누구인지에 대해 더 많은 사실이 밝혀질 때마다, '할과 나카모토가 같은 사람이라고 믿는다면 반드시 설명해야 하는 작은 오점'이 나온다는 거예요. 그가 나카모토라는 '확실한 증거'가 나오는 게 아니라는 점입니다."

존은 "앤터니 플루Antony Flew라는 철학자를 아시나요?"라고 묻더니, 플루의 '보이지 않는 정원사 비유Parable of the Invisible Gardener'를 설명해 나갔다. "당신이 숲속 한가운데 있는 한 초원에 왔는데, 아름답고 마치 정원 같아 보여서 '누가 관리하느냐'라고 물었더니 누군가가 '정원사가 오긴 하는데 아무도 본 적은 없대요'라고 해요. 그래서 '그럼 덤불에 방울을 달아 정원사가 누군지 확인해보자'고 제안하죠. 하지만 방울이 울리지 않자, 누군가는 '그럼 정원사가 보이지 않는 존재겠군'이라고 말합니다. 그리고 점점 더 많은 구실이 쏟아져 나오는데, 그 누군가의 표현대로라면 '수천 가지 구실로, 죽음으로 몰고 가는' 상황이죠. '할이 마라톤을 뛰느라 못 했으니, 제이슨에게 시켰을 수도 있지'라고 말할 수도 있지만, 이러면 갑자기 이론이 복잡해지고 억지스러워집니다. '할 혼자가 아니라 제이슨과 함께였다'고 주장하는 셈이니까요. 결국 그렇게 말도 안 되는 쪽으로 설명하게 되는 거죠."

결론적으로 존은 할이 혼자 작업한 건 아니라고 믿었다.

나는 꽤 오랫동안 나카모토가 단체가 아니라고 확신했다. 존에게는 뭔가 깨달음이 필요한 모양이었다. "벤저민 프랭클린이 뭐라고 했죠? '두 사람이 비밀을 지킬 수 있는 건, 그중 한 명이 죽었을 때뿐이다.'"

나는 존의 순진한 두뇌에 전구가 켜지며 고마움이 어린 눈빛이 떠오르기를 조용히 기다렸다.

"셋이 비밀을 지킬 수 있는 건, 그중 둘이 죽었을 때뿐이죠." 존이 내 말을 정정했다. 그가 강연에서 자주 쓰는 표현이었다. 어쨌든 존은 '최고 보안 전문가'였다.

"뭐, 이번 경우엔 한 사람은 이미 죽었잖아요." 존이 이어 말했다. "난 두 사람이 함께했다고 믿어요. 할, 그리고 또 다른 누군가. 어쩌면 세 번째 인물까지 있었을 수도 있어요. 저는 사람들이 나카모토가 누구인지에 대해 제시한 모든 이론을 다 살펴봤습니다. 함께 작업했다는 흔적이 여기저기 남아 있어요."

나는 할이 렌 새서맨과 함께했을지도 모른다는 생각이 들었다. 처음으로 새서맨 이론을 제기한 에번 해치와 이야기를 나눈 뒤, 샌프란시스코에서 새서맨과 함께 살았고 새서맨을 포함한 또 한 명과 〈핀천 게이트〉라는 논문을 쓴 브램 코언에게 연락했다. 브램은 렌 새서맨이 나카모토일 가능성을 완전히 배제할 수는 없다고 말했다. "렌은 항상 익명성에 깊은 관심이 있었어요." 브램은 뒤에서 커다란 고양이 쳇바퀴가 느릿하게 돌아가는 가운데 그렇게 말했다. "렌이 말하는 걸 대충 들어서 희미하긴 하지만 기억나는 게 하나 있어요. Pr0duct Cypher라는 닉네임이 있었고, 그가 사이퍼펑크 메일링 리스트에 익명으로 글을 올리다가 어느 순간 사라졌다고 해요. 그러면 할이거나 렌, 혹은 둘이 함께 만든 필명일 가능성이 있다는 뜻으로 보였어요." 브램에 따르면, 렌 새서맨이 '충분히 정당한 방식이라는 걸 입증하기 위해' 비트토렌트를 익명으로 발표하라고 권유했다고 한다. 브램은 "하지만 저는 그렇게 살고 싶진 않았어요"라고 했다.

브램은 "렌이 비트코인을 혼자 만들어낼 능력은 없었다고 생각해요. 하지만 나카모토가 쓴 글, 특히 공개적으로 남긴 글들을 보면 거의 모든 면에서 렌과 잘 들어맞습니다. 가짜 영국식 영어, 유럽, 행동 방식 같은 것들이요. 당시 사이퍼펑크 메일링 리스트는 거의 죽어가고 있었고요. 할과 렌이 손을 잡았을 가능성은 충분히 있어 보여요. 두 사람 모두 인터넷 화폐라는 개념에 큰 관심이 있었죠. 렌은 그 얘기를 하면서 굉장히 들떠 있었어요"라고 했다.

존 칼라스는 PGP에서 렌 새서맨과 함께 일했지만, 그가 나카모토와 어떤 협력 관계였으리라 생각하지는 않았다. 존은 새서맨을 "코딩보다는 품질 관리QA 쪽에 더 가까운 사람"이라고 표현했다. 코드를 직접 작성하기보다는 테스트하는 역할을 맡았다는 뜻이었다. 벤 로리와 마찬가지로, 존도 새서맨이 그런 비밀을 지킬 수 있었을 것 같지 않다고 생각했다. "렌은 제 친한 친구예요. 그 친구가 그런 일에 관여했을 거라고는 생각하지 않습니다."

존은 할의 협력자를 찾기에 가장 적합한 곳이 할 피니, 웨이 다이, 닉 사보가 모두 속해 있던 엑스트로피언 그룹일 것으로 생각했다. "독학으로 모르는 게 없는 사람들입니다. 그들 중, 암호학에 중간 정도 실력을 갖추고, 제대로 된 은유적인 질문을 던질 수 있는 누군가가 할과 함께 작업하기에 좋은 후보일 겁니다."

나는 간헐적으로 나타나는 영국식 철자, 이념적인 어조("자유의 새로운 영역")와 한층 객관적인 어조("자유 지상주의적 관점") 사이에서 오가는 문체, 그리고 제임스 A. 도널드식 과장된 표현과 균형 잡힌 성격의 흔적("유감입니다")이 공존하는 점을 생각해보았다. 집단 창작자라면 이러한 여러 모순이 설명된다.

오컴의 면도날

월, 그리고 존과 대화한 직후, 나는 친구 앤드루와 점심을 먹으며 그동안의 깨달음을 털어놨다.

"집단일 리 없어." 앤드루가 단호하게 말했다.

분명 별생각 없이 내뱉은 말이지만, 나는 일단 맞장구를 쳤다. "왜 그렇게 확신하는 거야?"

"오컴의 면도날이지. 두 사람이 비밀을 지킨다는 건 불가능해." 그가 말했다.

"세 사람이라면?" 나는 능청스럽게 받아쳤다. "나도 원래는 그쪽에 가까웠어. 하지만……." 개별 후보자마다 설명되지 않는 모순점이 있지만, 집단 창작자라면 그걸 설명할 수 있다는 점 등, 나는 존 칼라스가 한 몇 가지 말을 인용해 설명했다. 그러면서 성공한 음모 사례가 뭐가 있었는지 떠올려보려 했지만, 도무지 생각이 나질 않았다.

나는 이렇게 말했다. "NSA는 비밀이 안 새는 것으로 유명하잖아." 그리고 말을 이어갔다. 1970년대 캘리포니아 암호학자 세 명이 비대칭 암호를 발명하기 전, 영국에서도 세 사람이 독자적으로 같은 성과를 냈다. 하지만 그들은 영국 정보기관 GCHQ 소속이었기 때문에, 해당 사실은 25년이 지난 1997년에야 기밀 해제되면서 세상에 알려졌다.

앤드루는 잠시 내 말을 받아주며 COINTELPRO 이야기를 꺼냈다. 1971년, 'FBI 조사 시민 위원회Citizens' Commission to Investigate the FBI'라 부르는 활동가 여덟 명이 필라델피아 근처에 있던 FBI 지역 본부의 자물쇠 하나를 따고 다른 문은 쇠 지렛대로 강제로 열어 잠입했다. 이들은 여행 가방에 서류를 잔뜩 챙겨 나온 뒤, 그 문서들을 신문사에 보내 FBI가 반체제 정치 단체들을 감시하고 괴롭히는 내부 감시 프로그램 COINTELPRO를 폭로했다. FBI는 1976년까지 이 절도 사건을 조사했지만, 공소시효가 만료되면서 수사는 종결되었다. 범행에 가담한 이들은 자신들의 행위를 비밀에 부치기로 맹세했고, 이후 다시는 모이지 않았다. 사건 발생 이후 43년이 지난 후에야, 여덟 명 중 다섯 명이 자신들의 연루 사실을 공개했다.

"맞아, 아주 드문 일이지."

앤드루는 여전히 회의적이었다.

하지만 수년간 나카모토가 집단일 리가 없다고 생각해온 나는 이제 정반대의 생각을 하기 시작했다.

실리콘밸리의 젊은 개발자

나는 할 피니의 과거를 더 깊이 조사하던 중, 1990년대 초 팀 메이와 다른 사이퍼펑크들이 주고받은 이메일을 발견했다. 팀 메이는 '티아 로스-바이스터Tiia Roth-Biester'라는 이름의 인물이 사이퍼펑크 메일링 리스트에 글을 올린 후 그녀에 대해 호기심이 생겼다. 팀 자신도 한 번도 들어본 적이 없는 이름이었고, 당시 사이퍼펑크 커뮤니티는 남성 위주였기에 여성의 등장은 적잖이 놀라운 일이었다. 로스-바이스터는 디지털 화폐 같은 기술 덕분에 사람들이 세금을 내지 않는 유목민처럼 살 수 있게 될 것이라는 예견적인 내용을 적었는데, 팀은 그 글이 메일링 리스트에서 활발히 활동하던 변호사 던컨 프리셀Duncan Frissell의 글과 매우 닮았다는 점에 놀랐다. 실제로 그 글은 프리셀이 쓴 것이었다.

이 경험을 통해 팀은 직감적인 문체 인식 그 이상을 생각하게 되었다. "단어와 구절의 사용 빈도 분석, 문장 부호 사용 습관 등을 분석하면 어떤 일이 가능할지 생각해보세요. 언젠가는 이것이 중요한 도구가 될 것입니다." 다른 사이퍼펑크들도 무의식적으로 드러나는 습관에 글쓴이가 노출된다고 주장했다. 예를 들어, 스코틀랜드 출신의 그레이엄 토얼 Graham Toal은 'nym(가명)'이라는 다소 점잖은 단어를 사이퍼펑크 중 일부가 즐겨 썼는데, 지난 한 달간 실명으로 글을 쓴 사람 중에서는 단 네 명만 이 단어를 사용했다고 지적했다. 단어를 꾸준히 잘못 쓰거나, 세 가지를 나열할 때 마지막 항목 앞에 찍는 옥스퍼드 콤마 Oxford comma●를 쓰거나, 'digital cash' 대신 'DigiCash'를 쓰는 등의 작은 습관들이 중요한 단서가 될 수 있다는 것이다. 또 다른 이는 《연방주의자 논집》의 저자 논쟁 부분을 밝히는 데 빈도 분석이 활용된 사례를 언급했다.

팀은 CIA와 NSA가 이런 분석을 수행할 수 있는 강력한 도구를 분명히 보유하고 있을 것이라고 믿었고, 사이퍼펑크들 중에 메일링 리스트에 올라온 글들의 저자 식별 작업을 수행할 '님얼라이저 nymalizer'를 함께 만들어볼 사람이 있는지 물었다. 하지만 사이퍼펑크답게, 대화는 곧 이런 정밀 분석을 회피할 수 있는 방어책 쪽으로 옮겨갔다. 팀은 다른 사람의 문체를 의도적으로 흉내 내는 것도 효과적일 수 있다고 제안했다. 또 누군가는 영어로 쓴 메시지를 외국어로 번역한 뒤 다시 영어로 역 번역하는 방식이 도움이 될지도 모른다고 했다. 세 번째 사람은 이런 아이디어를 내놨다. "메시지를 한 번 걸러서 공백이나 들여쓰기, 구두점 스타일, 철자 등을 무작위로 바꾸고, 단어를 임의의 동의어로 바꾸거나 어구 안의 단어 순서를 바꾸는 소프트웨어가 있으면 어떨까요?"

지난 한 달간 'nym'이라는 단어를 쓴 실명 사용자 네 명 중 한 명인 할 피니는 작성자의 문체를 바꿔 킴 카다시안 같은 밸리 걸 Valley Girl 말투처럼 들리게 만들 수 있는 '자이브 jive'나 '밸스피크 valspeak' 같은 소프

● 옥스퍼드대학교 출판부 스타일의 직렬 쉼표.

트웨어 필터가 이미 존재한다고 지적했다. 할은 "꽤 재밌는 프로그램들이죠. 이 필터들을 이용해 변형해보는 것도, 음…… 아주 괜찮을걸요. 그러니까 이 글도 완전 '밸스피크 필터'로 돌린 거임"이라고 했다.

아마도 윌 프라이스의 주장처럼, 나 같은 비전문가는 사이퍼펑크가 자신의 정체를 숨기기 위해 감행하는 노력의 정도를 과소평가했는데, 이는 오히려 신원 은폐의 난이도를 과대평가했기 때문일 수도 있다. 어쩌면 우리는 모순과 이상한 점, 그리고 정리가 안 된 사실들을 배제해야 할 이유가 아니라, 오히려 그런 것들을 전제 조건으로 여겨야 할지도 모른다.

나는 할이 다른 면에서도 나카모토와 닮았다는 것을 발견했다. 할은 2005년 한 콘퍼런스에서 RPOW를 시연할 때, 비트코인의 핵심 기술인 작업 증명과 P2P 네트워킹을 융합해, RPOW와 비트토렌트를 결합해 보였다. 같은 시기 할은 '내가 작업해보고 싶은 프로젝트 중 하나'로 RPOW를 이용한 '포커 같은 P2P 도박 게임'을 언급했는데, 원래 비트코인 소프트웨어에도 포커 게임 코드가 포함되어 있었으나 이후 버전에서 삭제되었다. 비행 자격증이 있는 할은 캘리포니아주 내에서 여러 차례 비행했고, 나카모토의 유출된 IP 주소는 로스앤젤레스 밴나이즈 인근 지역에서 나왔다. 할이 여행 중 밴나이즈 공항에 들러 그곳에서 로그인했을 가능성도 있지 않을까?

나는 템플 시티 지리에 대해서도 더 자세히 조사해봤다. 할과 도리언 나카모토는 차로 3킬로미터 정도 떨어진 곳에 살고 있었는데, 할보다 열 살 많은 누나 캐시가 도리언과 훨씬 가까운 곳에 살았다. 진 호프먼도 "직선거리로 불과 세 블록 반 떨어진 곳인데, 과연 우연일까요? 할이 조깅하다가 도리언 나카모토라는 이름을 알게 됐을지도 모른다"라고 말했다.

할이 비트코인에 관여했다고 스스로 설명한 내용은 지금 와서 보니 믿기 어려웠다. 비트코인의 기술적 혁신을 그처럼 즉각 알아볼 수 있는 인물은 거의 없었고, 그 목표에 할만큼 깊은 관심을 가진 사람도 드물었다. 그런데도 그는 자신이 2009년 초반에 잠깐 관여했을 뿐, 이후 2년 동안은 관심을 두지 않았다고 했다. 2013년 3월에 쓴 회고록《비트코인과 나Bitcoin and Me》에 그는 이렇게 적었다. "비트코인 소식을 다시 접한 건 2010년 말이었는데, 아직도 유지되고 있었을 뿐 아니라, 비트코인이 실제 화폐 가치를 지니고 있다는 사실에 놀랐다." 마지막 문장은 이랬다. "나는 내가 남긴 흔적에 만족한다."

그 후 할은 비트코인톡에 글을 몇 번 더 올렸을 뿐이다. 그는 다른 사람이 시작한 "나카모토에 대한 또 하나의 '가능성 있는' 단서"라는 제목의 글에 영화《맨 오브 스틸Man of Steel》의 대사를 조금 바꿔 인용하는 식으로 댓글을 달았다. "여자 주인공 로이스 레인Lois Lane이 말하길, 평생 흔적을 지우며 살아온 사람을 어떻게 찾죠? 어떤 이에게 그는 수호천사였고, 또 어떤 이에게는 좀처럼 사람들과 어울리지 못하는 유령 같은 존재였어요. 저 'S'는 무슨 뜻이죠?" 할이 세상을 떠난 지 여러 해가 지난 뒤, 캘리포니아공과대학교에서 옆방에 살았던 월터 브라이트Walter Bright는 이렇게 말했다. "나카모토가 되는 건, 할이 정말 좋아했을 만한 정교한 장난이었을 겁니다."

만약 할이 나카모토라면, 닉 사보를 의심하게 만든 여러 정황에 대한 또 다른 설명이 될 수 있을 것이다. 나카모토는 한 발언에서 "비트코인은 수년 전 제가 설계한 다양한 유형의 거래를 지원합니다"라며 에스크로 거래, 보증 계약, 제삼자 중재, 다자 서명 거래 등을 예로 들었는데,

이는 닉이 과거에 구상하던 구조와 상당히 유사해 보였다. 하지만 나는 1990년대에 디지털 화폐의 법적 기반을 조사하던 중, 할 역시 약속어음과 유통 증권^{negotiable instruments}●에 대해 구체적으로 언급한 사실을 찾아냈다. 어쩌면 'SN'이라는 이니셜은 닉 사보가 숨겨 놓은 부활절 달걀이 아니라, 닉에 대한 '존경의 표시'로 할이 남긴 부활절 달걀일지도 모른다. 닉은 할을 나카모토라고 인정한 적은 없지만, 그렇다고 "할 피니는 아니다"라고 말한 적도 없다. 아니, 나카모토가 누구인지 모른다고 공개적으로 언급한 적조차 없다. 사이퍼펑크들 사이의 암묵적 침묵 규칙^{omertà}일 수도 있고, 친구의 뜻을 존중한 조용한 배려일 수도 있다. 어쩌면 닉이 비트코인을 적극 옹호한 것도 루게릭병으로 쓰러진 친구를 위해서인지도 모른다. 닉은 할이 세상을 떠났을 때 이렇게 썼다. "할 피니, 우리는 자네가 그리울 거네."

아마 모두가 이 일을 지나치게 복잡하게 생각했는지도 모른다.

'오컴의 면도날.'

'말발굽 소리가 들리면, 드문 얼룩말보다 흔한 말을 떠올려라.'

할이 정말 나카모토라면, 비트코이너들에게는 그보다 더 완벽한 결말은 없을 것이다. 나카모토를 신성시하는 태도는 정당성을 얻게 되고, 비트코인이 세상을 향한 그의 '선물'이라는 순수한 이타심에서 비롯된 행동이라는 믿음도 뒷받침될 수 있을 것이다. 제임스 A. 도널드는 사람들이 두려워하는 나카모토였다. 반면, 할 피니는 그들이 원하는 나카모토였다.

나 역시 할이 나카모토이기를 바랐다. 선한 사람이 위대한 무언가를

●　금융 거래에서 권리 이전이 자유로운 문서.

창조해냈다는 이야기는 현실에서 좀처럼 느끼기 힘든 따뜻한 도덕적 위안을 준다. 그리고 할을 오래 알고 지내며 함께 일해온 진지한 이들 가운데에서도, 그가 나카모토라고 믿는 사람들이 있다. 대개 그런 진중한 이들의 믿음 자체에 큰 무게가 실린다. 어쩌면 여기서 멈춰도 될 것 같았다. 임무 완료! 나는 그 깔끔한 마침표에 점점 끌려가고 있었다.

하지만 할과 누구보다 가까웠던 월 프라이스와 존 칼라스도 직관에 지나치게 의존했다. 그리고 그들 역시 할이 혼자 해냈다고는 생각하지 않아, 할과 함께 일한 사람이 누구인지는 여전히 미궁이었다.

빈센트 어덜트맨

비트코인에는 친자 확인 같은 게 없었다. 단서를 제대로 해석했는지 확인해줄 결정적인 증거나 확실한 확인 수단도 없었으며, 나카모토가 직접 나와서 관련 개인 키를 증명하거나, 위조되지 않은 당시의 문서라도 제시하지 않는 한 그가 누구인지 증명할 방법은 없었다. 이론상 가장 근접할 수 있는 경우는 나카모토가 실수하거나 누군가에게 비밀을 털어놓은 경우겠지만, 세월이 흐르면서 그 흔적마저 점점 희미해졌다. 어쩌면 나카모토 자신조차 자신의 정체를 증명할 수 없도록 컴퓨터와 개인 키, 이메일 비밀번호를 모두 버리고 비밀을 아무에게도 말하지 않았을지도 모른다.

벤 로리는 비트코인 네트워크가 전 세계 컴퓨팅 연산 능력의 최소 50퍼센트를 차지하지 않는 이상, 언제든 더 큰 네트워크의 공격에 취약할 수밖에 없다고 주장했다. 나카모토의 정체를 밝히는 문제도 크게 다르지 않았다. 2008년 당시 생존해 있던 모든 영어권 필자의 글 샘플과, C나 C++로 코딩하던 모든 프로그래머의 코드 샘플이 전부 확보되지 않는 한, 문체 분석을 통해 가장 유사하다고 지목된 사람이 실제로 나카모토라고 단정할 수는 없었다.

비록 나카모토의 글들이 한 사람의 작품이라고 할 수 있다고 해도, 비트코인을 구상하고 설계하고 코딩한 것은 또 다른 사람들일 수도 있다. 나는 여전히 나카모토가 한 사람이 아니라 집단일 가능성이 높다고 생각했다. 세 개의 이메일 계정을 사용한 점이나, 혼자 만들었다고 보기에는 지나치게 정교한 초기 코드의 보안성을 생각하면, 그편이 더 설득력 있어 보였다.

다양한 조합을 곰곰이 생각해보았다. 드문 얼룩말보다 흔한 말을 먼저 떠올려보면, 닉 사보가 어떤 식으로든 관련되어 있다는 건 너무나도 분명해 보였다. 설령 그가 나카모토는 아니라 해도, 무언가를 숨기고 있다는 정황은 확실해 보였다. 어쩌면 닉은 뒤에서 도왔고, 실제 코딩과 커뮤니티 활동은 다른 누군가가 맡았는지도 모른다. 할 피니는 문체나 코드 스타일 분석에서 가장 유력한 후보는 아니지만, 그렇다고 제외될 만큼 동떨어진 결과도 아니었다.

다양한 팀 구성도 생각해보았다. 닉 사보와 할 피니로 이루어진 팀부터, 닉 사보, 할 피니, 레이 딜린저, 트래비스 해슬록 네 명으로 이루어진 팀, 그리고 이 네 명 중 세 명과 벤 로리, 브램 코언, 주코 윌콕스, 혹은 제임스 도널드 중 한 명이 함께한 조합 등 여러 가능성을 고려했다. 그윈 브랜윈은 〈블룸버그〉 칼럼니스트이자 숙련된 C++ 프로그래머이며 닉 사보의 아내인 일레인 오Elaine Ou를 후보로 언급했다. 일레인은 로스앤젤레스 출신으로, 2009년 2월 "멋진 일을 진행 중"이라는 내용의 트윗을 남겼다.

나카모토가 한 사람이 아니라 집단이라는 생각에는 일관된 맥락이 있었다. 비트코인이 탈중앙화되어 있었듯이, 그 창시자도 탈중앙화되어 있었다. "네로는 로마가 목이 있는 존재이면 좋겠다고 한 적이 있습니다. 그래야 단칼에 벨 수 있다며. 우리도 정부에 그런 목을 들이댄다면, 반드시 베어지겠죠." 같은 가면을 여럿이 나누어 쓴 덕분에 각자는 자신이 나카모토임을 당당하게 부인할 수 있었다.

나는 나카모토를 《보잭 홀스맨BoJack Horseman》에 나오는, 남자아이 세 명이 트렌치코트를 겹쳐 입고 어른인 척하는 빈센트 어덜트맨Vincent Adultman으로 상상해보았다. 아마 나카모토 멤버들은 역할을 교대로 맡았을 것이다. 나카모토가 "저는 변호사가 아닙니다"와 "저는 글쓰기보다는 코딩을 더 잘합니다"라고 썼을 때는 닉 사보가 휴가 중이었고, "non-fencible"이라는 표현을 썼을 때는 제임스 도널드가 운전대를 잡고 있었을 것이다.

내가 이해한 나카모토의 정체도 여러 사람의 영향과 가능성이 뒤섞여 있어 한 개인으로 단정 짓기 어려웠다. 어쩌면 이미 의심받고 있는 사람 중 한 명일 수도, 혹은 그들 중 몇 명일 수도 있다. 또는 우리가 모두 가로등 아래 술 취한 사람이고, 나카모토는 보이지 않는 덤불 속에 숨어 우릴 지켜보고 있을지도 모른다. 그는 결국 얼룩말이었다. 그는 여자일 수도 있고, NSA 팀원일지도 모른다.

나는 나카모토가 아직 살아 있다면, 자신이 만든 '자식'이 이렇게 자란 모습을 보고 어떤 생각을 할까 궁금했다. 비트코인은 이제 거의 주류 자산으로 여겨질 만큼 높은 가치를 지니고 있지만, 2024년 현재의 비트코인을 보고 누가 그것이 창시자의 비전을 실현했다고 말할 수 있을까? 여전히 제대로 작동하는 현금 시스템이라고 보기 어렵다. 네 개의 채굴 풀이 네트워크의 75퍼센트 이상을, 그중 두 개가 53퍼센트 이상을 통제한다는 점에서 탈중앙화 역시 여전히 의문스럽다. 한때 강조된 익명성은 과장된 것으로 드러났고, 법정 화폐에서 비트코인으로 넘어가기 위해 의존한 제삼자 거래소에서 여전히 자유롭지 못하다. 많은 거래소가 신뢰할 수 없다는 사실이 밝혀졌고, 이처럼 의존할 수밖에 없는 경로들마저 점점 더 규제의 표적이 되고 있다. 확장성 문제도 여전히 해결되지 않은 채 남아 있다.

비트코인이 탄생한 배경과, 현재 투기나 자산 저장 수단으로 주로 활용되는 현실 사이에는 커다란 간극이 있다. 그래서 본래 이 기술을 좋아했을 법한 사람들조차 등을 돌리게 되었다.

"나카모토는 아마 손으로 얼굴을 감싸 쥐고 있거나, '우리가 이걸 만들려고 한 게 아니야!'라며 화를 내고 있을 거예요." 존 칼라스의 말이다. 인터넷과 다중 처리 시스템의 이론적 기반이 되는 분산 컴퓨팅 이론을 만든 레슬리 램포트 Leslie Lamport는 비트코인이 해결하고자 한 네트워크 조정 문제를 처음 정의한 인물 가운데 한 명이다. 그는 나에게 이렇게 말했다. "오직 범죄자들을 위한 암호화폐를 만든 꼴이죠."

'암호화는 암호학을 의미한다(CRYPTO MEANS CRYPTOGRAPHY)'라는 투덜거리는 문구가 적힌 스티커를 노트북에 붙여둔 사이퍼펑크의 전설 필 짐머만은 비트코인을 '수치스럽다', '사기와 범죄의 소굴'이라 혹평했다. 확장성 문제 해결에 대한 저항에 실망한 초기 핵심 개발자 마이크 헌은 갖고 있던 비트코인을 모두 팔고 프로젝트에서 손을 뗐으며, 비트코인을 '실패한 실험'이라고 선언했다.

레이 딜린저 역시 비트코인을 '실패작'이자 '재앙'이라고 규정하며 자신의 코인을 모두 처분했다. "블록체인 투기 사태를 보면서 정말로 역겨움을 느꼈습니다. 저는 사업이라는 게 판매자와 고객 양쪽 모두에게 이익이 되어야 한다고 믿는 옛날 사람입니다. 그런데 투기, 곧 비트코인이 해온 방식은, 누군가가 이익을 보면 반드시 똑같은 만큼 손해를 보는 사람이 생기게 마련이죠." 나카모토에 대해 그는 이렇게 덧붙였다. "나카모토는 지금 벌어지는 일을 보고 충격을 받았을 거예요. 그는 평범한 사람들의 손을 떠난 뒤에도 비트코인이 여전히 '정상적인' 방식으로 사용되기를 바랐어요." 레이의 말에 따르면, 나카모토는 비트코인이 개인들이 직접 사용하는 도구에서 점차 금융 시스템의 기반 인프라로 진화하길 기대했다. "사람들이 이런 식으로 과장 광고로 서로 등을 치고 다닐 줄은 몰랐을 거예요. 그러니까요, 그가 사라진 건 그냥 손을 들고 '이제 그만' 하고 떠났을 수도 있죠."

이미 고인이 된 팀 메이 또한 생전에 이렇게 썼다. "나카모토는 토할지도 모릅니다." 다만, 팀은 암호화폐 산업이 점점 더 합법화되고 규제에 순응하게 된 현실에 대한 불만이었다.

다소 요란하고 눈살 찌푸려지는 암호화폐 세상, 거기엔 사기꾼도 있었고, 사이퍼펑크의 언어를 흉내 내는 월가 정장 차림의 위선자도 있었으며, 가짜 유토피아를 외치는 이도 있었다. 하지만 나카모토 후보로 거론되던 이들 같은 가장 선견지명이 있던 사이퍼펑크들은 그런 범죄, 과열, 정치, 그리고 요란함 너머를 바라보았다. 비트코인은 원래의 목적을 달성해냈다. 필요한 실험이었고, 개념적으로나 기술적으로 넘을 수 없을 것 같던 장벽들을 무너뜨려 가능성과 발명의 새로운 지평을 열어준 일종의 개념 증명이었다. 좀 더 낙관적인 이들은 필연적인 미래를 계속 주목했다.

1990년대 중반, 열아홉 살에 대학을 중퇴한 뒤 디지캐시에서 신입 개발자로 근무했던 주코 윌콕스는 개인정보 보호에 집중해왔다. 비트코인이 등장했을 때 그는 비트코인이 이루려는 것을 높이 평가했고, 나중에는 나카모토를 '숭배'하게 되었지만, 비트코인의 개인정보 보호 기능 미흡이 치명적인 결함이며 결국 비트코인 자체를 망칠 것임을 즉시 깨달았다. 또한 그는 비트코인이 점점 '경직'되는 것을 지켜보았다. 2013년, 다른 컴퓨터과학자들이 영지식증명이라는 최첨단 개인정보 보호 중심 암호 기술을 이용해 더 나은 비트코인을 만들 방법을 찾아내자, 주코는 이 새로운 방식을 활용한 암호화폐 '지캐시Zcash'를 만드는 데 전념했다.

제임스 도널드는 비교적 균형 잡힌 시각에서 비트코인을 바라보았다. 그는 비트코인의 익명성 부족과 어느 정도의 중앙집중화를 아쉬워했지만, '돈세탁'에는 속도와 편리함이 뛰어나다고 평가했으며, 최근 개인정보 보호를 강화하고 네트워크상 거래 속도를 높인 소프트웨어 혁신에 가능성을 보았다. 닉 사보는 한때 이더리움을 지지했으나, 나중에는 이를 '잡코인'이라 비난하며 '중앙집중화된 사이비 종교'로 전락했다고 말했다. 그는 일반인들 사이에 암호화폐가 널리 퍼지는 현상을 경멸하며 이렇게 썼다. "암호화폐와 스마트 계약 분야에 다수의 사기꾼과 사기꾼 같은 인물이 들어왔습니다. 이들은 사이퍼펑크 정신, 곧 암호화폐가 지향하는 기본 가치를 전혀 이해하지 못할 뿐 아니라, 오히려 그 가치를 거부합니다. 여기에는 비트코인 같은 암호화폐가 시장 가치를 갖게 되는 '신뢰 최소화' 같은 핵심 가치도 포함됩니다." 그럼에도 그는 자신의 트위터 프로필 사진에 비트코인 열성 지지자임을 상징하는 레이저 눈을 계속 달았다. 애덤 백 역시 레이저 눈 아바타를 사용하며, 원조 암호화폐를 전폭적으로 지지했다. 그는 비트코인을 '다음 천 년을 위한 디지털 금'이라 부르며, 가격이 상승할 때마다 기뻐했고, 사이퍼펑크 가치와 기관들의 암호화폐 수용 소식을 동시에 찬양하며 업계 최대 규모의 민간 기업 중 하나를 운영했다.

아무리 생각해봐도, 내 손에 남은 건 크고 작은 가설들뿐이었다. 할 피니가 나카모토라고 생각할 만한 이유는 많았고, 그러면 좋겠다는 바람도 있었다. 하지만 이 단순하고 만족스러운 결론에 마음이 쏠릴 때마다, 문체 감식과 코드 스타일 분석 결과는 해슬록, 딜린저, 로리 같은 다른 인물들이 더 유력하다고 나왔고, 공개적이든 사적이든 할과 나카모토가 주고받은 자연스러운 이메일도 마음을 흔들었다. 그 간극은 내가 쉽게 넘을 수 없는 벽이었다. 만약 할이 나카모토라면, 그는 의심과 증명 사이에 넘을 수 없는 깊은 간극을 만들어낸 셈이었다.

풀리지 않은 실마리가 하나 남아 있었다. 디지털 현금에 특히 깊은 관심을 보인 사이퍼펑크들, 이를테면 할 피니와 닉 사보는 자신이 사토시 나카모토를 모른다고도, 안다고도 공개적으로 말한 적이 없다. 단 한 명만 예외였다. "나는 나카모토가 누구인지, 그리고 그의 정치적·사회적 목표가 무엇인지 알고 있다." 제임스 도널드는 자신의 Jim's Blog에 달린 댓글에 또 댓글을 달며 그렇게 썼다. 나카모토의 정체에 대해 이렇게 확언한 사람은 원로 사이퍼펑크들 가운데 제임스가 유일했다. 물론, 그의 평소 인터넷 활동 스타일에 비춰볼 때 허풍일 수도 있다. '안다'는 말이 실은 자신이 지지하는 유력 후보가 있다는 뜻에 지나지 않았을 수도 있다. 하지만 그는 정말 그 사실을 알고 있을 '가능성'이 있는 인물이고, 그렇다면 나카모토의 정체에 대해 신뢰할 만한 단서를 가진 유일한 인물이라는 뜻이었다. 내게 남은 마지막 확실한 실마리처럼 보였고, 나는 결국 그를 만나러 가기로 마음먹었다.

나는 미국 내 제임스 소유 부동산들의 감정 기록을 들여다보던 중,

2000년대 몇 년 동안 그가 텍사스주 오스틴에 소유한 한 주택이 호주 북동부 해안에 있는 어느 거리 주소로 등록되었다는 사실을 알게 되었다. 이후의 기록들에서도 미국 내 제임스 소유 부동산들의 등록지는 여전히 그 호주의 마을로 되어 있었는데, 이번에는 거리 주소 대신 사서함 번호만이 기재되어 있었다. 제임스가 그 마을에 집을 가지고 있었거나 한때 거주한 적이 있다는 건 분명해 보였다. 하지만 그는 대부분의 경력을 캘리포니아에서 보냈고, 이 호주 부동산이 그의 생활 반경 안에서 어떤 의미인지는 알 수 없었다. 거기서 연중 내내 지냈을까? 해마다 일부 시기만 머물렀을까? 아니면 단순히 우편 수신용 주소였을까? 사서함만 남아 있다는 것은 이제 그곳에 거주하지 않는다는 의미일까?

내가 알기로 제임스의 아내는 2016년에 사망했고, 'Find a Grave'라는 사이트를 통해 그 호주 마을 묘지에 있는 묘비 사진을 찾을 수 있었다. 그래서 제임스는 적어도 그때까지 그곳에 살았던 것으로 보였다. 그로부터 5년 후, 그는 자신의 블로그에 발코니에서 바라본 듯한 작은 사진 한 장을 올렸는데, 사진 앞쪽에는 자신이 직접 만들었다는 밀주가 담긴 작은 술잔과 주전자가 놓여 있었고, 멀리에는 작은 섬 두 개와 반짝이는 푸른 바다가 보였다. 나는 이 풍경을 같은 마을에서 찍은 다른 바다 전망 사진들과 비교해보았고, 대체로 일치했다. 곧 제임스는 적어도 2021년까지는 그곳에 있었던 셈이다. 하지만 그 후 3년 동안 많은 일이 일어났을 수 있다. 나는 그가 아직 그곳에 있다는 확신도 없이 먼 길을 떠날 생각은 없었다. 이미 항공편을 찾아보고 있었지만, 그마저도 쉽지 않았다. 가장 빠른 항공편은 세 번이나 경유해야 했고, 피지도 경유하는 노선이었다.

나는 퀸즐랜드에 있는 사설 탐정을 온라인으로 찾아보다가, 제임스가 살고 있을 것으로 추정되는 해변 마을에서 차로 갈 만한 거리에 사는 대니얼 퀸Daniel Quinn이라는 사람을 찾았다. 그리고 대니얼에게 그 집 주소와 20년 전 제임스 아들 중 한 명이 운영하던 오래된 대학교 블로그에서 발견한 제임스의 사진 한 장을 보냈다.

며칠 후, 대니얼이 첫 몇 시간 동안 감시한 결과를 담은 보고서를 보내왔다. "마당은 잡초가 무성하고 풀이 길게 자라 엉망입니다. 분명 식물을 좋아하는 사람은 아닙니다." 그는 제임스 집 사진과 함께, 이웃 두 집과 공유하는 낡은 아스팔트 사유 진입로 사진도 첨부했다. 도로 가장자리 근처에는 외롭게 야자나무 한 그루가 서 있었고, 언덕 위에는 울창한 풀숲 사이에 말뚝 위에 세운 방갈로가 한 채 있었다. 방갈로에는 호주 북동부 산호해Coral Sea 쪽으로 발코니가 나 있었다.

대니얼은 사진을 찍은 날 제임스를 목격하진 못했지만, 몇 주 뒤 어느 토요일 아침 대니얼이 보낸 메시지에 나는 잠에서 깼다. 마침내 집 현관에 서 있는 한 남자를 사진으로 포착했다는 내용이었다. 사진 속 인물은 내가 보낸 20년 전 사진과 확실히 일치했다. 단지 세월의 흔적이 느껴질 뿐이었다. 수북한 수염은 여전했지만, 이제는 온통 하얗게 셌고, 큼직한 금속 테 안경도 그대로였다. 뭉툭한 코 역시 변함없었다. 사흘 뒤, 나는 호주행 비행기에 올랐다.

초인종은 없고 방충망 문만 있어서, 나는 제임스 집 문틀을 두드렸다. 언덕 아래에 차를 두고 올라오는 길이라 숨이 가빴다. 바나나 나무 몇 그루를 지나 제임스 집으로 이어지는 자갈길로 방향을 틀어 오르다 보니 금세 지쳤다. 긴장해서인지 입안도 바싹 말라 있었다. 나는 제임스가 사토시 나카모토는 아니라고 거의 확신했지만, 적어도 그 일원 중 하나일 가능성은 배제하지 않았다. 그리고 지금 내가 찾는 해답을 알고 있을지도 모르는 유일한 사람이 바로 그였다.

하지만 제임스가 내 방문을 어떻게 받아들일지 점점 더 걱정스러워졌다. 기자가 현관 앞에 나타나서 귀찮고 성가신 일로 생각할 수도 있지만, 여호와의 증인이나 느닷없이 찾아온 부동산 중개인 정도로 여기는 선에서 그칠 수도 있다. 하지만 제임스는 남들이 자신을 찾지 못하게 하려고 일부러 애쓴 사람이었다. 그는 가파른 언덕 꼭대기, 사유 진입로 끝에 있는 집에 살고 있었다. 그곳은 그만의 은신처였다.

나는 전날 도착했다. 샌프란시스코, 멜버른, 브리즈번을 거쳐 퀸즐랜드의 작은 도시까지 비행기를 타고 왔고, 그곳에서 차를 렌트해 40분 정도 운전해 해안가에 도착했다. 하지만 미국을 떠나기 전, 나는 다시한번 제임스에게 메일을 썼다. 작년 가을, 그와 나카모토 간의 유사점에 대해 질문한 뒤로 제임스는 연락을 끊었다. 이번에는 내가 호주에 있을 예정임을 알리고, 만날 수 있는지 물었다. 최소한 그가 어느 대륙에 있는지는 알고 있다는 사실을 미리 알려주고 싶었고, 좀 더 공손한 접근을 시도해보고 싶었다.

제임스는 답장하지 않았다. 그래서 이번에는 다소 무례한 방법을 시도해보았다. 그의 집 현관문을 향해 테라스를 가로질러 가보니, 통유리 창문으로 거실에서 컴퓨터 앞에 앉아 헤드폰을 낀 제임스가 보였다. 불과 몇 시간 전에 올라온 그의 최신 블로그 게시물은 조지아 사람들이 "자신들의 교회가 파괴되거나, 자신들의 나라가 대지의 여신 가이아^{Gaia} 숭배●와 동성애의 성지로 변하는 것을 원치 않으며, 오래되고 아름다운

●　급진적 환경론자를 조롱할 때 쓰는 표현.

건물들이 불도저로 밀려 악마 같은 포스트모던 흉물로 대체되는 것을
원치 않는다"는 내용의 장황한 독설이었다. 서양 비정부기구들이 조지
아를 동성애자 중심 사회로 만들어, 러시아와의 갈등에서 희생양으로
이용하려 한다는 주장이었다.

현관에는 화분이 몇 개 놓여 있었고, 태평양이 한눈에 내려다보였다.
나는 잠시 기다리다 현관문을 두드렸다. 얼마 뒤, 제임스가 문을 열고
밖으로 나왔다.

그는 예상보다 마른 체형이었고, 검은색 내복 바지에 붉은색 위장무
늬가 들어간 긴팔 셔츠를 입고 있었다.

나는 말을 꺼냈다. "제가 이메일을……."

제임스는 "아, 저는 이메일 확인을 좀 띄엄띄엄해서요"라며 내가 보
낸 메일을 받지 못했다고 했다. 나는 그에게 작년에 나눈 대화와, 지금
내가 쓰고 있는 책에 대해 다시 상기시켜주었다.

"아, 맞습니다." 제임스가 말했다.

나는 그와 꼭 만나 이야기를 나누고 싶다고 말했다.

"그래요. 뭐 간단히 말하면, 말하지 않기로 결심했는데 왜 굳이 당신
에게 말하겠어요." 그의 말투는 유쾌했고, 어딘가 살짝 당황한 듯했다.

나는 그가 나카모토가 누구인지, 그리고 나카모토의 정치적·사회적
목표가 무엇인지 알고 있다고 공개적으로 주장한 유일한 사이퍼펑크라
는 점을 강조했다. 좀 더 자세히 말해줄 수 있겠느냐고 물었다.

"아니요, 죄송합니다."

"좋습니다. 정말 아는 건가요? 아니면 누군지 대략 강하게 짐작하는
정도인가요?"

"제 짐작에 확신이 있지만, 음, 아니에요."

"할 피니라고 생각하시나요?"

"대답할 수 없어요."

"할의 사생활을 존중해서인가요?"

"누구에게도 아무것도 말할 수 없고, 이미 말한 사람에게도 다시 말할 수 없어요."

"맥주 한잔 하실래요?"

"술을 마시다 보면 진실이 나온다고들 하지만, 저는 그 진실을 숨겨야 할 책임이 있습니다."

"점심은요? 억지로 진실을 끌어낼 필요도 없고요."

제임스가 웃었다. "그게 말입니다. 저는 말이 많은 편이고, 술 몇 잔 마시면 말이 더 많아져서요. 안 되겠습니다."

나는 대화를 이어가려고 애썼다. 내 연락처와 그가 좋아할지도 모를 내가 쓴 또 다른 책도 건넸다. 하지만 그의 대답은 점점 단답형이 되었다. 처음엔 당황한 듯했지만, 이제는 왜 그리고 어떻게 이 수상한 사람이 자기 집 현관에 서 있는지 곰곰이 따져보는 것 같았다.

"이런 곳에 사는 이유를 알 것 같아요." 나는 멋진 경치를 가리키며 말했다.

"네." 제임스가 고개를 숙이며 대답했다.

나는 감사 인사를 하고 언덕 아래로 발길을 돌렸다.

나는 코딩을 배웠고, 과열된 노트북 때문에 생긴 짜증과 집착에 가까운 집념으로 인내심 많은 가족조차 힘들게 했고, 머신러닝 전문가와 문체 분석 전문가, 사설 탐정까지 영입했고, 단 3분 만나기 위해 37시간이나 되는 긴 여정을 감행했다. 이 문제에 이렇게 집착하는 사람은 나밖에 없을 거라는 생각이 들었다. 확실한 증거 없이 단 한 명의 후보자나 이론에 집착하지 않으려 주의했지만, 나는 나카모토가 일론 머스크 외에는 그 누구도 아니라고 믿는 사힐 굽타와 점점 공감대를 느끼기 시작했다. 이제 그만할 때가 됐다고 느꼈다.

얼마 후, 미국의 유명 케이블 방송사 HBO는 〈Money Electric〉이라는 다큐멘터리로 나카모토에 관한 또 다른 추측을 제기했다. 이 다큐멘터리는 비트코인 핵심 개발자 출신 피터 토드를 비트코인 창시자로 지목했다. 토드는 비교적 이례적인 후보인데, 감독 컬렌 호백Cullen Hoback은 여러 흥미로운 우연의 일치를 수집했다. 그중 하나는 토드가 비트코인 포럼에 올린 초기 게시물로, 호백은 그 게시물의 시기와 내용이 토드의 계정을 나카모토가 실수로 로그인해 사용한 것임을 암시한다고 주장했다. 나는 이 이론이 흥미로웠다. 완전히 동의할 순 없지만, 적어도 그럴듯해 보였다. 토드는 부인했지만, 나는 그 부인이 큰 의미가 없다는 것을 알고 있었다.

비트코인 커뮤니티는 대체로 고개를 절레절레 흔들며 탐탁지 않다는 반응을 보였다. 익숙한 이유에서였다. 그 다큐멘터리는 토드에게 불필요한 주목을 불러왔고, 나카모토는 여전히 미확인 인물로 남아 있는 편이 비트코인을 위해서도 나았다. 비트코이너들은 호백의 주장에 대체로 회의적이었는데, 직관에만 기대는 듯한 비판들 가운데서도 곱씹어볼 만한 지적이 더러 있었다. 비트코인 핵심 개발자 출신 아미르 타아키는 나카모토의 코드가 나이가 좀 있는 저자를 암시하는 이유를 거듭 짚었다. 더블린에서 나카모토 정체에 관해 지금껏 800쪽이 넘는 대작을 써온 젠스 듀크리는 최근 개정판에서 나카모토가 '수년 전 내가 설계한 거래 유형들'이라며 '보증 계약'과 '다자간 중재' 등을 언급한 점을 다시 상기시켰다. 당시 스물세 살의 토론토 미대생인 토드의 입에서 나올 법한 말은 아니었다. 애덤 백은 철저한 작전보안과 익명성을 지켜온 사토시 나카모토가 과연 다큐멘터리 촬영을 위해 카메라 앞에 여러 차례 섰을지 의문을 제기했다. 애덤은 내게 보낸 이메일에 이렇게 썼다. "지금 시점에서 나카모토의 정체가 밝혀지기는 어렵다고 봅니다. 전자화폐 연구자든 초기 기여자든, 누구를 지목하든지 간에 그 사람이 나카모토라는 주장과 그게 아니라는 반박을 똑같이 설득력 있게 만들어낼 수 있기 때문이죠."

특히 인상 깊은 건, 호백이 자신이 나카모토를 찾아냈다는 데 "매우, 매우 확신한다"고 말하면서도, 정작 그 주장을 뒷받침할 수 있는 문체 분석은 시도하지 않았다는 점이다. 〈더 뉴요커〉의 기디언 루이스-크라우스Gideon Lewis-Kraus가 그 이유를 묻자, 호백은 "그런 세부적인 사항은 대중의 해석에 맡기고 싶습니다"라고 답했다.

나는 여러 인터넷 자료에서 토드가 쓴 2만 단어가 넘는 글을 급히 모아, 문체 분석 전문가 플로리앙 카피에로에게 보냈다. 텍스트를 모으면서 느낀 건, 토드는 나카모토와 달리 오타가 많았다. 또한 비트코인 이전에 토드가 C와 C++로 작성한 여러 프로그램을 머신러닝 전문가인 브라이언 티머먼에게 전달했다. 일부는 그의 깃허브 공개 페이지에서 구했고, 일부는 내 요청으로 토드가 보내준 것이었다.

브라이언은 대부분의 프로그램이 너무 간단하고 틀에 박혀서 유의미한 단서가 없다고 답해왔다. 다만, 코드에서 리눅스 운영 체제와 Vim Code 편집기를 사용했음을 보여주는 흔적은 있었다. 이는 토드가 주로 리눅스용으로 프로그래밍해온 이력과 일치하며, 나카모토가 비트코인을 개발할 때 사용한 윈도즈 운영 체제와 VS Code 편집기와는 달랐다. 실제로 나카모토는 자신의 프로그램의 리눅스 버전을 만들려 할 때 다른 개발자에게 도움을 구했고, 간절해 보였다. 또한 나는 토드가 나카모토와 달리 코드에 헝가리식 표기법을 사용하지 않았다는 점도 확인했다.

토드가 1999년에 작성한 비디오 게임 'Corporate Raiders'용 프로그램이 하나 있는데, 브라이언이 코드 문체 분석을 할 만큼 충분한 분량이었다. 브라이언이 앞서 평가한 후보군에 토드를 포함해 분류 모델을 돌렸을 때, 두 개의 주요 비트코인 파일(main.cpp, node.cpp)과 가장 가깝게 일치한 건 벤 로리였다. 토드는 비트코인 파일 중 node.h에만 가장 근접한 것으로 나타났다. 나는 브라이언에게 이 결과의 의미를 물었다. "이 테스트들로 어떤 결론을 내리기는 어렵고, 누가 분명히 지목되지도 않습니다." 토드에 대해선 "결과만 놓고 보면, 그를 지목하기 어렵습니다"라고 말했다.

플로리앙과 장-바티스트는 주말 동안 토드를 포함한 모델을 바쁘게 다시 돌려봤지만, 여전히 토드가 나카모토가 쓴 글의 저자라는 징후를 발견하지 못했다. 플로리앙은 "제 생각에 토드는 아닙니다"라고 결론지었다.

나는 호백이 나카모토 신원 논쟁에 기여한 점은 인정하지만, 그의 주장은 아마 틀렸을 것으로 생각했다. 호백은 논란의 여지가 많은 주장을 지나치게 확신하며 내세우다가 결국 '나카모토 수수께끼'라는 늪에 빠진 또 한 명의 어리석은 사냥꾼이었다. 피터 토드는 〈코인데스크〉에 "아이러니하게도, 큐어넌QAnon 다큐멘터리로도 유명한 감독이 여기서도 큐어넌 스타일의 우연에 기대는 음모론적 사고방식에 빠진 것 같다"고 말했다.

답이 반드시 밝혀질 것이라고 믿은 사람들도 있었다. 2013년에 "나카모토는 문체 분석으로 밝혀지거나 이미 밝혀졌으며, 나카모토나 누구도 이를 막을 방법이 없다"고 쓴 주코 윌콕스는 10년이 넘은 지금도 그 믿음을 굽히지 않았다. 그는 내게 이렇게 말했다. "저는 여전히 제 주장이 옳다고 생각합니다. 인공지능이 머지않아 우리에게 알려줄 거예요." 다만 나카모토 배후에 있는 사람이 인터넷에 더 이상 아무것도 올리지 않는다면, 그 예외는 있을 수 있다고 덧붙였다. 하지만 나는 아무리 합리적으로 생각해도 나카모토가 누구인지 결코 알지 못할 수도 있다고 확신했다. 기억은 희미해지고 사람은 죽는다. 시간이 흐를수록 해답은 점점 더 멀어진다. 나는 이미 몇몇 가능성을 제외했음에도, 정답에 더 가까워졌다고는 말할 수 없었다. 그가, 그녀가, 혹은 그들이 바로 이 책 안에 있을지도 모른다. 하지만 나카모토가 누군지 '모른다면', 내가 한 번도 들어본 적 없는 사람일 뿐이다. 이 마지막 남은 거대한 미스터리는 끝내 안 풀릴지도 모른다.

나는 그런 결론을 받아들이며 다소 마음이 편해졌다. 나카모토의 엄청난 발명은 여전히 경이로웠지만, 그만큼이나 그의 완벽한 증발 역시 놀라웠다. 머릿속으로 가능한 모든 시나리오를 떠올려봤지만, 그 어떤 설명도, 내가 상상할 수 있는 그 어떤 동기도, 이 수수께끼 그 자체보다 더 강력하진 않았다. 어쩌면 처음엔 일상적인 이유에서 시작된 일이 시간이 흐르며 그에 어울리지 않는 신비로움을 얻었는지도 모른다. 밥 우드워드는 과거 '딥 스로트'인 마크 펠트의 역할에 대해 이렇게 썼다. "워터게이트 사건은 역사의 흐름을 바꿔놓았다. 그래서 나 자신을 포함한 많은 사람이, 거대한 결과에는 거대한 동기가 있었을 거로 생각하는 경향이 있다. 하지만 그건 불필요한 비약일지도 모른다."

어쩌면 비트코인은 내가 상상조차 하지 못하는 훨씬 더 거대한 동기에서 비롯되었는지도 모른다.

49장

새로운 생명체

비관적인 예측들이 빗나간 사례들을 기록해두길 좋아하는 랠프 머클은 암호학 분야에서 기념비적인 업적을 남긴 후, 다른 흥미로운 문제들을 찾기 시작했다. 그중 하나가 바로 수명 연장이었다. 그는 내게 이렇게 말했다. "'성장은 이해가 되는데, 노화는 정말 별로잖아. 그리고 죽음은 대안이 없을까? 죽지 않는 방법은 없을까?' 하는 생각이 어느 날 들더라고요. 꼭 죽음을 거부하는 건 아니지만, 혹시 그보다 나은 선택지가 있지 않을까 하고 말이죠?"

초기에 머클은 냉동 보존 기술에 부정적이었다. 사람이라는 복잡한 분자 기계를, 손상을 최소화하는 방식으로 냉각하고 가열하는 과정이 '너무 어려워 보여서'라고 회상했다. 하지만 결국 이 문제야말로 자신이 다뤄볼 만한 주제라고 생각하게 되었다고 했다. "삶과 죽음이 무엇인지 고민하기 시작했습니다." 그는 6개월에서 12개월 동안 이 주제에 몰두했고, 새로운 관점을 갖게 되었다고 했다. 임상적 죽음은 컴퓨터의 전원을 끄는 것과 같고, 정보 이론적 죽음_{information-theoretic death}은 컴퓨터를 산성 용액에 녹여버리는 것과 같았다. 사람을 혈육과 뼈로 이루어진 존재가 아니라 분자의 정보 행렬로 본다면, 냉동 보존 기술은 정보를 보존하는 방법이 되는 것이다. 만약 누군가 화장되었다면 달리 방법이 없지만 단지 임상적 죽음이라면, 분자 기계가 완전히 망가져 재조립할 수 없을지 모른다는 걱정 대신 자아를 이루는 정보가 회복 가능한지에 집중할 수 있다. 머클은 정보 복구 과정을, 손상되었지만 보존된 냉동인간 상태의 신체라는 암호문을 해독해 원래의 사람이라는 평문을 찾는 암호 해독과 마찬가지라고 보았다. "그 결론에 도달했을 때, 냉동 보존 기술은 그저 그럴듯한 대안에서 매우 설득력 있는 대안이 되었죠." 당시 제록스 팔로알토 연구소Xerox PARC 연구원이던 머클은 전자현미경을 통해 뇌의 정보를 복구할 수 있다는 논문을 썼고, 그가 냉동 보존 기술의 실현 가능성을 확신할 수 있는 근거였다. 또한 에릭 드렉슬러Eric Drexler의 《창조의 엔진 Engines of Creation》이라는 책에서 이론적으로 나노기술이 조립기라는 미세한 세포 수리 기계를 이용해 세포를 복구할 수 있음을 설명한 부분도 그를 더욱 확신하게 했다. 이후 머클은 알코어 생명 연장 재단 이사로 활발히 활동했다.

4월의 어느 오후, 나는 애리조나주 노스스코츠데일의 지루한 사막 평야를 차로 달리고 있었다. 도로 공사로 길이 막혀 우회해야 했다. 목적지가 눈에 들어왔지만, 치과나 출판사 물류센터가 들어서 있을 법한 지극히 평범한 건물이었다. 연회색 미장재로 마감한 낮고 네모진 건물로, 드문드문 지역 식물이 조경되어 있었다. 주차장에는 차가 몇 대 있었고, 건물 외벽에는 반구형 감시카메라가 매달려 있었다. 파란색 글씨로 쓰인 눈에 잘 띄지 않는 간판에는 '알코어Alcor'라고 적혀 있었다.

세계에서 가장 활발히 활동하는 냉동 보존 단체인 알코어는 1994년 캘리포니아에서 이곳으로 자리를 옮겼다. 리버사이드 카운티 검시관 사무소와 보건 당국과 마찰이 있었는데, 그들은 냉동 보존의 이상을 이해하지 못했다. 애리조나주는 지질학적으로나 기상학적으로 안정된 환경을 제공했다. 소노란Sonoran 사막에서는 지진도 태풍도 찾아보기 힘들다. '간섭은 사절'이라는 애리조나주 특유의 정치 문화 또한 이 프로젝트와 궁합이 잘 맞았다.

여기서는 사토시 나카모토가 누구인지 모르는 것이, 알 수 없는 것에 대해 어쩔 수 없이 조금 양보하는 사소한 일처럼 느껴졌다. 우리 모두 평생 훨씬 더 거대한 형이상학적 질문들을 안고 살아가면서도 존재의 마비 상태에 빠지지 않고 잘 견뎌내지 않았던가? 그런데 이곳은 가장 큰 미스터리에 맞선 사람들이 해답을 가지고 있다고 확신하며 세운 일종의 성소였다.

내가 건물에 들어섰을 때, 관리 직원 한 명만 보였다. 넓은 로비에는 〈냉동 보존Cryonics〉 잡지 몇 권이 전시되어 있었다. 그중 한 호에는 1941년 태어나 1991년 냉동 보존된 전직 알코어 임원의 '첫 번째 생애 주기' 이야기가 실려 있었다.

잠시 뒤, 한 남자가 오토바이를 타고 나타나 건물 안으로 성큼 들어섰다. 역도 선수처럼 다부진 몸에 팔이 꽉 끼는 검은색 티셔츠와 운동복 바지, 운동화 차림이었다. 쉰여덟이라는 나이에도, 이마가 벗겨진 머리엔 아직 딸기 빛 금발이 약간 남아 있었다. 피부는 하얗고, 턱에는 짧은 수염이 있었다. "맥스 모어입니다." 그가 주먹을 내밀며 말했다.

본명은 맥스 오코너Max O'Connor이고 영국 브리스틀에서 자란 그는 과학소설 광이었다. 최초 낙서는 로켓과 하늘을 나는 신발 그림이었다. 다섯 살 때는 TV 앞에서 아폴로 착륙 장면을 지켜보았다. 십 대가 돼서는 머리 로스바드와 데이비드 프리드먼David Friedman 같은 자유 지상주의 자들과 인공지능이나 스마트 약물 같은 주제를 다룬 로버트 앤턴 윌슨 Robert Anton Wilson의 책을 읽었다. 열다섯 살에 살해당한 딸 루나의 뇌를 냉동 보존한 인물이 바로 윌슨이고, 맥스는 그를 통해 냉동 보존이 실제 로 존재하는 기술임을 처음 알게 되었다. 열일곱 살 무렵부터는 한 달에 한 번 기차를 타고 런던에 가 생명 연장 모임에 참석했고, 옥스퍼드대학 교 학부생 시절에는 영국 최초의 냉동 보존 단체와 〈바이오스테이시스 Biostasis〉라는 잡지를 창간했다. 이후 캘리포니아 알코어에서 6주간 훈 련을 받은 그는 세인트 앤스 칼리지St. Anne's College 기숙사로 돌아오면서 냉동 보존 약물 상자와 심폐 펌프를 들고 왔다.

맥스는 자신이 관심 있던 많은 것의 중심지처럼 보이는 캘리포니아로 빨리 이주하고 싶어 했다. 그래서 박사 과정은 UCLA에서 철학을 공부 했다. 그 해에 드렉슬러의 나노기술 관련 서적이 출간되면서 냉동 보존 기술에 대한 구체적인 청사진이 세상에 나왔다. "그전까지는 다소 미스 터리였어요. 어떻게 수조 개의 세포를 복구할 수 있겠어요?" 맥스가 말 했다. 1986년, 스물두 살이던 맥스는 알코어 회원 68호로 등록했다. 냉 동 보존은 그에게 너무나도 당연한 선택이었고, 다른 사람들에게 본보 기가 되고 싶었다. 다른 회원들처럼, 맥스도 생명보험에 가입하고 알코 어를 수익자로 지정해 비용을 마련했다.

법적으로 이름을 맥스 모어로 바꾸고 자신만의 철학인 엑스트로피언 사상을 창시했다. 톰 '모로' 벨과 함께 엑스트로피언 그룹을 공동 창립 하고, 〈엑스트로피: 미래 충격 백신Extropy: Vaccine for Future Shock〉이라는 잡지를 발간했다. 맥스는 1992년, 냉동 보존에 관심이 있던 티모시 리어리Timothy Leary 집에서 열린 파티에서 미래의 아내를 만났다. 본명은 낸시 클라크Nancie Clark이고, 훗날 나타샤 비타모어Natasha Vitamore라는 이름으로 알려지게 될 인물이다. "티모시는 생각을 바꿨습니다." 맥스가 아쉬운 듯 말했다. "환생을 믿는 사람들 사이에 있었거든요. 그리고 몇몇 냉동 보존 신봉자와 좋지 않은 경험도 있었던 것 같고요. 결국 그는 냉동 보존을 포기하고, 아마도 자신의 유골을 우주로 보낸 걸로 알아요. 아쉽죠. 초반에 저한테 영향을 준 분이거든요. 티모시에겐 SMI²LE라는 공식이 있는데, 저는 그게 일종의 원조 엑스트로피언 철학 같다고 늘 생각했어요. 우주 이주Space Migration, 지능 증가Intelligence Increase, 수명 연장Life Extension이요."

맥스는 내가 방문하기 두 해 전까지 알코어의 CEO였고, 지금도 여전히 알코어와 냉동 보존 운동을 대변하는 역할을 맡고 있었다. 우리는 로비에서 냉동 보존된 알코어 회원들의 사진을 함께 살펴보았다. 그중 한 명은 중국 출신 여성이었다. "거기서 사람을 데려오는 건 정말 힘들어요. 그래서 아마 다시 그런 시도는 하지 않을 겁니다." 맥스가 말했다. 가장 어린 회원은 뇌종양을 앓던 두 살배기 여자아이인데, 의사 부부의 딸로 몇 차례 수술이 실패한 뒤 태국에서 항공편으로 이송됐다고 한다. FM-2030은 이란계 미국인으로, 1930년에 페레이돈 M. 에스판디아리Fereidoun M. Esfandiary라는 이름으로 태어났고, 트랜스휴머니즘을 추구하는 사상가였다. 그는 췌장암으로, 혹은 맥스의 표현을 빌리면 '비활성화'되어 69세에 생을 마감했다. "제 친구였어요. 2030년까지는 못 버텼지만, 언젠가 돌아올 거라 희망합니다." 맥스가 말했다. 사진에는 라이카라는 고양이와 저먼 셰퍼드종인 너트메그도 있었다. 지금까지 알코어가 냉동 보존한 반려동물은 90마리 정도라고 했다. 맥스의 첫 반려견도 그중 하나인데, 열다섯 살 된 골든두들이다. "전 원래 개를 좋아하지 않았는데, 아내가 너무 원해서 오스카를 키우게 됐어요. 그런데 너무 좋은 녀석이라, 그냥 보낼 수 없었습니다."

그 시점까지 알코어 서비스에 가입한 사람은 약 1,700명이었다. 전신 냉동 보존은 22만 달러, 뇌만 보존하는 '뉴로'는 8만 달러가 들었다. DJ 스티브 아오키Steve Aoki는 자신이 회원이라고 밝혔고, 피터 틸 역시 가입했다는 보도가 있었다. 맥스의 옛 엑스트로피언 친구들 가운데서도 여러 명이 회원이었다. 맥스에 따르면, 무신론자 성향의 컴퓨터 업계 사람들이 주 고객이라고 했다. "해커 정신이라는 게 본래 그렇잖아요. 아주 복잡하고 어려운 문제가 있으면, 그걸 조각조각 쪼개서 해결할 수 있다고 보는 거죠." 하지만 종교적 배경을 가진 회원도 적지 않았다. "천국에 간다고 믿는다면, 아무래도 덜 절박해질 수는 있겠죠. 물론 천국이란 게 정확히 뭔지는 제가 명확한 설명을 들어본 적은 없지만요. 그래도 제 생각엔 이게 신앙과 모순되진 않아요. 제게 냉동 보존은 그냥 응급 의료의 연장일 뿐이거든요." 우리는 보통 먼저 식이요법과 운동을 해보고, 안 되면 약이나 기존 치료법을 써보고, 그래도 안 되면 중증 치료에 들어간다. "진짜 방법이 없으면…… 임상 시험을 시도할 수도 있고요. 그리고 최후의 방법이 바로 냉동 보존이죠."

냉동 보존 분야의 중요한 이정표 중 하나는 1964년에 출간된 로버트 에팅거Robert C. W. Ettinger의 《불멸의 가능성The Prospect of Immortality》이고, 에팅거는 냉동 보존의 아버지로 불린다. 맥스가 이렇게 말했다. "제목이 좀 불편했어요. 저희는 '불멸'이라는 단어를 별로 좋아하지 않거든요." 알코어에 관한 이야기에서 종종 '불멸'이라는 말이 쓰이지만, 너무 과장된 약속이었다. 우주가 영원히 지속될지 누가 알겠나? 아무리 알코어 회원비를 다 냈더라도, 살해당하거나 자동차 사고로 뇌가 회복 불가능하게 손상될 수도 있고, 심지어 '소행성이 머리 위로 떨어져 죽을 수도 있다.'

불멸 신화에는 어두운 문학적 배경이 깔려 있었다. 맥스는 "카렐 차페크Karel Čapek가 쓴 끔찍한 이야기가 하나 있습니다"라며, 죽지 못하는 인물이 등장하는 〈마크로풀로스 사건The Makropulos Affair〉이라는 희곡을 언급했다. 그리스 여신 에오스Eos는 남편 티토누스Tithonus에게 영원한 생명을 달라고 제우스에게 빌었는데, 젊음을 유지해달라는 부탁을 빼먹어 티토누스는 늙기만 할 뿐 끝없이 살게 되었다. 맥스가 "사실 꽤 별롭니다"라고 평한 1974년 존 부어맨John Boorman 감독의 영화 〈자도즈Zardoz〉에는 '영원한 자들Eternals'이라는, 변화 없이 영원히 살아가는 존재들이 등장한다. 이들은 야만인 집단 '브루털스Brutals'를 통제하기 위해 영화 제목과 같은 이름의 신 '자도즈'를 만들어냈다. 숀 코너리가 브루털스 중 한 명인 제드Zed를 연기했는데, 이 영원한 자들은 지루한 삶에 지쳐 야만인에게 자신들을 죽여달라고 애원한다.

우리는 천장까지 닿는 두꺼운 방탄유리로 나뉜 공간 앞에 도착했다. 그 너머에는 알코어의 냉동 보존 회원 234명이 보관된 듀어 플라스크들이 두 줄로 정돈되어 놓여 있었다. 다음 캡슐을 아래로 옮겨 담기 위한 X자형 승강기도 대기 중이었다. 기술자 두 명이 거대한 탱크의 다리를 교체하는 작업을 하고 있었다. 듀어 플라스크는 낮고 땅딸막한 것도 있었고, 키가 큰 것도 있었다. 표준형 듀어는 전신 보존 회원 네 명을 수용할 수 있는데, 새로 개발한 슈퍼 듀어는 열두 명까지 수용 가능했고, 액체 질소의 증발을 늦추는 뾰족한 상단 구조를 갖추고 있었다. 탱크들은 모두 미국 동부의 한 제조업체에서 트럭으로 운반됐으며, 표준형은 약

2만 5,000달러, 슈퍼 듀어는 10만 달러 정도였다. "뇌만 보존한 회원은 따로 보관돼 있어요. 같은 듀어에 전신 보존 회원보다 열 배는 더 많이 들어갑니다." 맥스가 말했다. 맥스와 그의 아내는 전체 알코어 회원의 절반가량과 마찬가지로 뉴로에 가입해 있었다. "나머지는 다 대체할 수 있으니까요. 중요한 데 집중하는 거죠."

우리 앞에 놓인 강철 플라스크 안에는 야구 선수 테드 윌리엄스^{Ted Williams}, 인공지능의 아버지로 불리는 마빈 민스키^{Marvin Minsky}, 그리고 비트코인을 발명했을지도 모르는 할 피니의 머리와 몸이 보존돼 있었다. 나는 할이 어느 듀어 플라스크에 있는지 물었다. 맥스는 잘 기억나지 않는다고 했다. "보안상의 이유로, 보통은 누가 어디에 있는지 공개하지 않아요."

엑스트로피언들이 꿈꾸던 비전 중 상당수가 현실이 되었다. 인터넷 문화의 중심엔 밈이 있었고, 일론 머스크는 여러 면에서 우주 식민지 개척이라는 이상을 대표하는 인물이 되었다. 머스크의 회사 뉴럴링크^{Neuralink}는 뇌-컴퓨터 인터페이스 개발을 선도하고 있었고, 인공 일반 지능^{Artificial General Intelligence}●의 '애완동물'이 되는 것이 인류 생존의 최선책일 수 있느냐는, 다소 엉뚱하지만 완전히 무시할 수는 없는 논의도 이루어지고 있었다. 기술 기반 자유 지상주의자들의 오랜 이상인 '탈출^{Exit}'의 꿈은 여전히 살아 있었고, 바다 위 자치국을 세우겠다는 시스테딩^{seasteading} 구상은 이제 '네트워크 국가^{network state}'로 진화하고 있었다. 이는 인터넷으로 연결된 의도적 공동체로, 그 구체적 실험으로는 온

●　특정 작업에만 국한되지 않고, 인간과 비슷한 수준으로 폭넓고 다양한 인지능력을 갖춘 인공지능.

두라스의 프로스페라Próspera, 지중해의 프락시스Praxis, 그리고 전 세계의 숲속 오두막들을 연결해 분산형 블록체인 도시를 지향하는 캐빈Cabin 등이 있었다.

맥스는 "엑스트로피언들이 정말 많은 걸 이뤘어요"라며 최근의 변화에 어느 정도 만족감을 드러냈지만, 죽음 극복과 관련된 성과에는 실망감을 감추지 않았다. "제가 살아 있는 동안 노화 문제가 해결되긴 어려울 거예요. 30년 전엔 꽤 가능성이 있다고 봤죠. 하지만 자금 지원이 뒷받침되지 않았습니다. 시간이 오래 걸릴 겁니다. 아폴로Apollo 우주 프로젝트처럼 판도를 바꿀 대규모 국가사업이 있는 것도 아니고요. 설령 제가 40년을 더 산다 해도 힘들 겁니다. 결국 저도 냉동 보존되어야 할 텐데, 솔직히 별로 마음에 들지 않아요. 그 안에 들어가고 싶지 않거든요. 그래도 그게 다른 대안보다는 낫겠죠."

냉동 보존과 암호화폐는 서로 공생 관계였다. 미래지향적 사고를 하는 이들은 이 두 분야에 매력을 느꼈다. 비트코인 예수로 불리며, 이후 크레이그 라이트에게 소송을 당하기도 한 초기 비트코이너 로저 버는 스무 살에 알코어에 가입했다. 비탈릭 부테린은 생명 연장 관련 단체에 암호화폐를 기부했고, 2018년에는 투자자 브래드 암스트롱Brad Armstrong이 스텔라Stellar라는 암호화폐로 알코어에 사상 최대 기부금을 냈다. 금액은 500만 달러였으며, 이 기부금으로 할 피니 냉동 보존 연구 기금Hal Finney Cryonics Research Fund이 설립되었다.

더 깊은 연결고리도 있었다. 1990년대 초, '엑스트로피언' 마크 플러스Mark Plus는 영생이 가져올 경제적 문제들을 다루는 학문을 뜻하는 '영생 경제학aeonomics'이라는 용어를 만들어냈다. 극단적으로 수명을 연장한다는 발상은 많은 것을 다시 생각하게 했고, 그중 하나는 401(k) 연금 같은 노후 자산이 인간 수명이 수백 년으로 늘어날 때 어떻게 달라져야 하느냐는 문제였다. 냉동 보존에서 풀어야 할 또 하나의 난제는 비활성화에 들어간 시점의 재산을 재가동되었을 때까지 어떻게 안전하게 보존할 것인가였다. 엑스트로피언들은 자신들을 냉동 보존하려면, 미래에 깨어나 재산을 청구할 수 있도록 돈을 미래로 보낼 방법이 필요했다. 그런 의미에서 디지털 화폐는 냉동 보존에서 커다란 축복이었다.

랠프 머클은 기술자들이 비트코인에 열광하는 이유를 설명하며, 비트코인을 '새로운 생명체의 첫 사례'라고 불렀다. 비트코인은 인터넷상에 존재했고, 자신의 존속을 위해 사람들에게 보상을 제공했으며, 누구도 이를 변경하거나 훼손하거나 중단시킬 수 없었다. 누구나 비트코인 소프트웨어를 실행할 수 있었고, 어떻게 작동하는지 모두 볼 수 있었다. 머클은 다음과 같이 썼다. "핵전쟁으로 지구 절반이 파괴되더라도, 비트코인은 훼손되지 않은 채 계속 살아남아 서비스를 제공하며, 계속해서 사람들에게 유지비를 지불할 것이다."

안드레아스 안토노풀로스Andreas Antonopoulos는 저서 《비트코인, 공개 블록체인 프로그래밍Mastering Bitcoin》에서 비트코인을 '하수구 쥐'에 비유했다. 닉 사보와 일레인 오는 최근 몇 년간 인터넷이 사라지는 상황에도 비트코인이 살아남을 수 있도록 보호하는 방안을 연구해왔다. 특히 일레인 오는 2016년 중국이 암호화폐 금지를 위협하던 때에 영감을 받아 닉 사보와 함께 햄 라디오를 활용해 비트코인 네트워크를 확장하는 실험을 시작했다.

블록체인은 영원했다. 렌 새서맨이 사망한 후, 그의 친구들은 비트코인 거래 기록 속에 수염 난 그의 얼굴을 텍스트와 특수문자만으로 표현하는 아스키ASCII 아트로 담고, "렌 '랍비' 새서맨 1980~2011. 렌은 우리의 친구였습니다. 빛나는 지성, 다정한 영혼, 그리고 영리한 전략가"
라는 글귀를 새겼다. 이 거래 기록은 138,725번 블록에 포함되었으며,
블록체인이 존재하는 한, 그리고 네트워크를 구성하는 모든 컴퓨터에
복사본이 존재하는 한, 영원히 블록체인에 남게 되었다.

비트코인은 모든 유토피아적 프로젝트와 마찬가지로 처음부터 성공
할 가능성이 없었다. 마법 같던 신비로움과 거친 자유로움은 점점 사라
졌다. 하지만 새로운 자산으로서 비트코인의 견고함은 입증됐다. 가격
은 다시 상승하여 2024년 3월에는 사상 최고치인 7만 3,000달러를 넘
어섰다. 금융 서비스 기업 피델리티Fidelity는 이제 개인 투자자들에게 암
호화폐를 투자 포트폴리오의 일부로 소액 배분하도록 권고하고 있다.
블록체인 기술은 불가피해 보였고, 그 기술이 열어준 창조적 공간은 여
전히 흥미로웠다.

사토시 나카모토는 익명성 뒤에 숨은 누군가가 될 수 없는 존재다. 그
이름은 하나의 아이디어이고, 신체도 없으며, 과거에 얽매이지 않아 영
원히 살아남을 것이다.

끝

미스터 나카모토

© 벤저민 월리스, 2026

1판 1쇄 인쇄 2026년 4월 1일
1판 1쇄 발행 2026년 4월 8일

지은이 벤저민 월리스
옮긴이 이재득
책임편집 배상현
콘텐츠 그룹 배상현, 김아영, 김다미, 이윤주, 박화인, 강효원, 강도현, 문혜진, 기소미
디자인 박진범

펴낸이 전승환
펴낸곳 책 읽어주는 남자
신고번호 제2024-000099호
이메일 bookpleaser@thebookman.co.kr

ISBN 979-11-24038-31-4 03320
한국어판 출판권 ©책 읽어주는 남자, 2026

* 북플레저는 '책 읽어주는 남자'의 출판 브랜드입니다
* 이 책의 저작권은 저자에게 있습니다.
* 저작권법에 의해 보호를 받는 저작물이므로 저자와 출판사의 허락 없이 무단 전재와 복제를 금합니다.
* 이 책의 일부 또는 전부를 재사용하려면 반드시 저작권자와 출판사 양측의 동의를 받아야 합니다.
* 책값은 뒤표지에 있습니다.